国家社科基金
GUOJIA SHEKE JIJIN HOUQI ZIZHU XIANGMU
后期资助项目

民国杭州商业与
商人研究（1912—1937）

A Study of Business and Merchants in
Hangzhou in the Republic of China, 1912-1937

潘标 著

中国社会科学出版社

图书在版编目（CIP）数据

民国杭州商业与商人研究：1912-1937／潘标著．—北京：中国社会科学出版社，
2021.4

ISBN 978-7-5203-8285-4

Ⅰ.①民… Ⅱ.①潘… Ⅲ.①商业史—研究—杭州—1912-1937 Ⅳ.①F729.6

中国版本图书馆 CIP 数据核字（2021）第 066877 号

出 版 人	赵剑英	
责任编辑	宫京蕾	
责任校对	秦　婵	
责任印制	王　超	

出　　版	中国社会科学出版社	
社　　址	北京鼓楼西大街甲 158 号	
邮　　编	100720	
网　　址	http：//www.csspw.cn	
发 行 部	010-84083685	
门 市 部	010-84029450	
经　　销	新华书店及其他书店	

印　　刷	北京君升印刷有限公司	
装　　订	廊坊市广阳区广增装订厂	
版　　次	2021 年 4 月第 1 版	
印　　次	2021 年 4 月第 1 次印刷	

开　　本	710×1000　1/16	
印　　张	18.5	
插　　页	2	
字　　数	332 千字	
定　　价	99.00 元	

凡购买中国社会科学出版社图书，如有质量问题请与本社营销中心联系调换
电话：010-84083683

国家社科基金后期资助项目

出 版 说 明

  后期资助项目是国家社科基金设立的一类重要项目，旨在鼓励广大社科研究者潜心治学，支持基础研究多出优秀成果。它是经过严格评审，从接近完成的科研成果中遴选立项的。为扩大后期资助项目的影响，更好地推动学术发展，促进成果转化，全国哲学社会科学规划办公室按照"统一设计、统一标识、统一版式、形成系列"的总体要求，组织出版国家社科基金后期资助项目成果。

全国哲学社会科学规划办公室

序　言

商业史是近代中国民族资本主义研究中的一个重要领域，但直至 20 世纪 80 年代初，学术界对近代中国民族资本主义的研究尚主要限于对民族工业的考察，对新式资本主义商业的探讨则一直付诸阙如。记得本人作为"七七级"大学生当时本科刚刚毕业，即有幸跟随章开沅先生攻读历史学中国近现代史专业硕士学位，因奉章师之命参与整理苏州商会档案这一影响本人毕生史学研究主攻方向的重要工作，需要了解近代中国新式商业与商人的产生发展状况，但却苦于找不到相关研究成果可资阅读参考。尤其是有关近代商人和资产阶级的研究成果还能查阅到数篇论文，而专门研究近代新式商业的成果在当时几乎是空白，遂意识到新式商业是近代民族资本主义研究中十分薄弱亟待开垦的一个新领域。为此，在攻读硕士学位期间还尝试撰写了一篇题为《近代中国民族商业资本的发展及其影响》的论文。由于自认当时的学术功力太浅，这篇练笔性质的论文只在华中师大的内刊《研究生学报》上登载，并未投寄正式出版的刊物公开发表。但或许是当时有关近代商业的研究成果十分少见，此篇在内刊上登载的拙文当年竟然也被中国人民大学报刊复印资料收录转载。因时隔太久，现在已经记不清是被人大复印资料的《经济史》还是《中国近代史》所转载。

毫无疑问，对近代新式商业的研究具有重要的学术价值，不应被长期忽视。因为这一研究不仅可以填补中国近代民族资本主义研究中的一个空白，而且对一系列相关重要问题的探讨也不无裨益。例如中国近代民族资本主义产生于何时？由于以往的考察主要限于民族资本工业的诞生，得出的基本结论是在 19 世纪 70 年代。但如果将民族商业资本的产生与发展纳入考察视野，我们却可发现在上海等若干通商大埠中近代新式商业的产生是在此前的 50—60 年代。而这种新式商业就其性质而言应该属于民族资本主义范畴，由此表明近代中国民族资本主义的产生是在 19 世纪的 50—60 年代，而不是 70 年代。另外，通过对包括金融资本在内的近代商业资本的详细考察，并与工业资本进行对比，我们还可发现商业资本的总额远远大于工业资本，在近代中国整个民族资本中长期占据明显的主导地位，从而进一步说明工业发展不充分和商业畸形发展是近代中国民族资本主义的一大特征，甚至近代民族资本主义在发展过程中呈现出的诸多不足，也与此多有关联。

实际上，当时已有一些师长辈学者以其敏锐的学术眼光意识到研究近代新式商业的重要意义，并通过长期的深厚学术积累推出研究近代新式商业的高水平成果。例如近代经济史专家黄逸平先生不久即在《近代史研究》1986 年第 4 期发表了《近代中国民族资本商业的产生》这篇论文，该文称得上是国内第一篇研究中国近代民族资本商业的重量级论文，不仅依据丰富的史料论述了中国近代民族资本商业的产生及其特点，而且指出，长期以来在中国近代史和经济史研究中，论证中国民族资本主义的产生往往从近代工业开始，忽视了商业中的资本主义关系。而早期的民族资本商业，又被认为是买办商业，撇出了民族资本主义的范畴。因此，分析早期民族资本商业的产生，对于阐明中国资本主义的发生及其规律，有重要补充的意义。随后又有越来越多的学者关注中国近代商业研究，除了整体探讨之外，还有区域研究和行业考察，研究主题也不断扩展深化，相关成果已较为可观。迄今为止，海内外学者出版的专著即有《中国近代商业史稿》（王相钦著）、《中国近代商业史论》（王相钦主编）、《中国近代商业革命》（郝延平著）、《近代中国商业的发展》（科大卫著）、《在商业革命的大潮中：中国近代商事习惯的变迁》（严昌洪著）、《近代上海的百货公司与都市文化》（菊池敏夫著）、《打造消费天堂：百货公司与近代上海城市文化》（连玲玲著）、《中国近代早期工商业发展与社会法律观念的变革》（刘惠君著）等多部。至于发表在各类学术刊物上的相关论文，由于为数太多则无法统计其具体数量。

不过，历经数十年的探讨，目前学术界对中国近代商业史的研究虽然已经取得了不少有分量的成果，但仍需要做出进一步努力。大约两年以前马敏教授主编的四卷本《中国近代商会通史》出版之后，曾邀请部分学者召开了一次小型学术座谈会。与会学者在高度肯定这部大型学术著作的学术价值及其特色的同时，还提出了一些需要进一步探讨的相关研究课题。印象较深的是中山大学邱捷教授在发言中说，到现在为止还没有一部令人满意的多卷本大型中国近代商业通史问世，并说这项艰巨任务恐怕只有华中师大的商会史研究团队才能完成。这当然是对我们商会史学术团队的充分肯定，但我们当时却没有足够的胆识主动接受这一挑战。其具体原因一方面是任务艰巨，困难重重，我们这个团队的每一位成员又都有自己专攻的研究领域，并各自承担了国家社科基金的研究课题，在时间上无法得到保证；另一方面，我们感到撰写多卷本中国近代商业通史的条件还不是十分成熟，尚有待于更多区域和行业研究的成果作为支撑。

令人欣慰的是，对不同区域近代商业的探讨现在也逐渐受到一些学者的重视。例如青年学者潘标即将出版的专著《民国杭州商业与商人研究》，即是他多年研究民国时期杭州这一重要城市的商业与商人的力作。潘标曾跟随我攻读博士学位，在读博期间勤奋刻苦，努力钻研，当他提出以民国杭州商业与商人作为博士学位论文的选题时，我给予了肯定和支持，但也指出这一选题要做好存在较大困难。尽管如此，他仍不畏困难，广搜史料，勤于思考，在经历一番周折和克服一系列困难之后，顺利完成论文的撰写并获得了博士学位。博士毕业之后，他也并没有停止这项研究，而是以学位论文为基础，进一步补充史料并完善内容，最终完成了这部学术著作并即将付梓出版。

作为他读博的指导老师，我对此当然深感高兴。这部学术专著的出版，不仅是潘标个人学术生涯中的一个重要历程，而且也是对中国近代商业史研究的一个贡献。如所周知，杭州自古即是商业和手工业发达的城市，到近代仍然是商业重镇，值得进行深入细致的区域研究。该著从经济史视角考察了清末民初杭州的商业地理和商业转型，论述了民国杭州商业兴衰的脉络，并就商业政策、商业制度和政商关系的发展演变与影响等问题进行了较为全面的探讨，另还对杭州商业发展与杭州商人及其团体的近代转型也进行了论述，最后分析了杭州商业、商人与杭州城市近代变迁之间的密切关系。其研究特色是注重比较研究，兼与苏州等地的商业发展进行了对比考察，以剖析杭州商业的发展特点；同时，也注重行业研究，以丝绸业、茶业、旅游业作为行业考察案例，深入探究民国时期杭州商业繁荣与衰落的缘由。可以相信，这项成果对于弥补近代杭州商业史研究的不足，丰富近代商业史的区域研究和个案考察，进而对促进整个中国近代商业史研究的发展，都具有积极的作用与影响。

但是也要看到，无论是就潘标个人的学术研究而言，还是就整个中国近代商业史研究的深入拓展而论，都还需要在现有基础上作出更进一步的努力。除了需要更为广泛深入地挖掘各类相关新史料，还应注重研究视野以及研究理论和方法的不断创新，做到研究成果数量的增加与学术水准的提升成正比发展。衷心希望有更多青年学者立志投身于近代商业史研究，并期待能够看到更多高水平的研究成果问世。

"历史是划上句号的过去，史学是永无止境的远航。"最后借用著名历史学家章开沅先生的这句名言，与潘标和广大青年学者共勉。

朱 英

2018 年 3 月 25 日于华中师大桂子山

目　　录

绪论　近代杭州商业商人与杭州城市史研究

　　本书属杭州近代城市史研究范畴。城市史研究是史学研究的重要组成部分，中国近代城市史研究面向日趋扩展，涵盖城市政治、经济、社会、文化、交通、社团等领域，各个领域下又有诸多子领域，如城市政治又可分为城市社会治理、城市管理等。城市史研究随着史学发展而取得了瞩目的成绩，并随着现代城市发展显示出巨大的研究前景和价值。中国近代城市史研究发端于上海、天津、重庆、武汉等大城市，随后迅速向中小城市扩展。就研究对象而言，有侧重经济为主的城市商业史、城市手工业史等专题成果，也有以考察社会生活为主的城市生活史、城市人口史等学术精粹。就研究方法而言，有单体城市的个案研究，也有从全局概览江南城市发展的整体研究，更有学者进而探讨城市与其腹地的经济互动。① 单体城市研究，不同区域城市的研究方法与内容呈现出不同特点，学界对于苏杭等传统商业城市大多以经济史角度切入。苏州与本书研究对象杭州有着高度的历史近似性，因此，简略回顾近代苏州商业商人研究，对于近代杭州商业商人研究不无裨益。

　　商业研究方面，2005 年，王翔发表《外贸摩擦、合群抗争与产业升级——以 20 世纪 20 年代苏州丝绸业为中心》一文，论证了近代苏州商业的两个特点，一是苏州传统商业门类丝绸以出口日本与朝鲜为主，二是近代苏州商人表现出了很大的技术改良热情。以上二点与近代杭州不同。本书研究表明，1912 年以后，杭州丝绸基本上以绸缎内销东北为主、生丝外销为主，在这种情形下，苏杭两地对于技术改良表现出了不同的热情。但王翔研究表明，苏州有着与杭州高度类似的商业系统。②

---

① 王卫平、董强：《江南城市史研究的回顾与思考（1979—2009）》，《苏州大学学报（哲学社会科学版）》2010 年第 4 期。

② 更多有关苏州城市商业史研究请参考何方昱：《时空维度与城市史研究的新趋向——兼评〈天堂与现代性之间：建设苏州（1895—1937）〉》，《史林》2013 年第 6 期。

商人团体研究方面，1991 年，朱英在《辛亥革命时期新式商人社团研究》一书中，论证了苏州商人势力假借市民公社渗透到市政建设、地方治安、工商文教、卫生消防以及公益事业等社会生活的许多领域，是一部以国家与社会视角研究苏州商人团体近代化的力作。笔者研究表明，近代杭州商人虽然也有类似之行动，在主动性与深入性方面却有所不及。2015 年，尹萍在《清末民初商会在商标纠纷调处中的居间作用——以苏州总商会为样本》① 一文中，以处理商标纠纷调处为个案，论述近代苏州总商会地位的逐渐式微，虽然在研究深度上没有超越朱英，但此文结论与笔者研究近代杭州商会命运的结论基本一致。

1999 年，张海林在《苏州早期城市现代化研究》一书中，深入论述苏州工商活动、政治结构、市民构成、传播方式、社会心态、教育模式、社团组织、市政建设、治安管理、社区福利等方面从传统到现近代的多种变化过程。以现代化视角研究苏州城市各方面的发展变化，在当时是属于较新颖的研究范式，但该研究对苏州商业与商人在近代化进程中新与旧的矛盾统一缺乏必要论证。②

与苏州类似，近代以来，杭州商业经历了较为深刻的变化。商业地位，上海崛起以前，商业素称发达，俨然为东南商业中心，自上海成为中国经济中心以后，杭州的商业地位顿显逊色，逐渐成为上海辐射区域之一。商业种类，一方面其兴衰虽有起伏，但整体并未减少。另一方面，由于市场格局变化和西方因素冲击，新式商业种类如旅游业、新式交通运输业、近代金融业、娱乐业等应运而生。这些新式商业门类的出现和发展，对杭州城市社会生活等层面产生了一定程度的影响。

杭州的商人及商人团体，在新旧历史场景转换之下，也产生了较为深刻的变化。随着社会和商业的近代转型，杭州商人和商人团体，在对旧因素传承和自我转变的基础上，借着新因素纷纷破土而出。各类新式商人不断产生，新式商人团体也随之涌现，其地位和力量也不断提高和发展壮

---

① 在朱英等率先开启苏州商会研究之后，学界多有后起研究成果，如邱澎生：《由代收税捐看清末苏州商会的"代表性"问题》，《四川大学学报（哲学社会科学版）》2014 年第 1 期；曾桂林：《义利之间：苏州商会与慈善公益事业（1905—1930）》，《南京社会科学》2014 年第 6 期；纪浩鹏：《社团网络中的近代苏州商团》，《江南大学学报（人文社会科学版）》2017 年第 2 期。对近代苏州商人的研究不断细化，但在研究深度上均未能超越。

② 茅家琦：《城市现代化轨迹的多维探索——评张海林教授新著〈苏州早期城市现代化研究〉》，《江苏社会科学》2000 年第 5 期。

大。杭州新式商人及其团体，在不同历史时期，在政治上表现出了不同的参与程度和参与热情；在城市社会生活上，诸如城市的管理、社会慈善、公用事业及近代教育等方面，都作出了相当程度的贡献。他们的所作所为，既有受杭州既定环境因素的影响，也在某种程度上影响了杭州的经济、文化和市民习俗。

因此，如欲全面认识近代杭州城市的变化及其原因，商人与商业是不可或缺的重要研究内容。长期以来，学术界对杭州商人及其组织或商业都有不同程度的研究，相关成果也不少，有些层面还取得了可喜的进展。尽管如此，近代杭州还是有诸多方面值得更深入探讨，如杭州商业整体荣衰及与城市社会变迁关系如何？杭州商人群体与地方政府之互动关系如何？这种互动关系是基于怎样的地方属性？以及此种关系如何影响了近代杭州商业与社会？更进一步，作为小社会大政府时代，近代杭州地方政府在如何影响商人与商业基础之上，进而影响了杭州社会及其近代化进程？这些都是本书力图回答的问题。

一　近代杭州商业商人研究评介

随着区域史研究的展开，最近十几年来，学界无论是在近代杭州商业发展变化状况，还是在杭州商人及其团体研究方面，均取得了一定的学术成果。这些成果的取得，对促进近代杭州城市研究，有着重要的指引作用。综观学术史，学界对于近代杭州商业与商人的研究，并没有表现出时间先后的特征，而是呈现齐头并进的格局。只是在研究视角上不断拓展。为便于行文，对商业与商人及其团体进行分类表述。

（一）近代杭州商业研究

民国时期，政府及有关机构为了取得相关数据以作制定政策之基础，即有对杭州商业进行调查统计之举。1932 年，铁道部财务司调查科查编有《京粤支线浙江段杭州市县经济调查报告书》，对截至 20 世纪 30 年代初杭州市县的地理环境、户口、物产及农业、工业、商业、交通、社会概况、地方财政作了调查统计。同年，浙江建设委员会调查浙江经济所编有《杭州市经济调查》一书，对 1931 年杭州市之市政、文教、交通、农业、工业、丝绸、商业、金融、社会等项作了调查报告，其中"丝绸"部分还有单行本问世。

1985 年，民建杭州市委员会、杭州市工商业联合会以及杭州市地方志编纂办公室等机构编有《杭州工商史料》3 辑。1987 年，政协杭州市委员会文史资料研究委员会编纂的《杭州文史资料》出版，其中第 9 辑为《杭州工商史料选》。以上均属于民国杭州商业情况整理，虽然谈不上学术研究，但为开展近代杭州城市研究提供了重要史料来源。

20 世纪 80 年代，改革开放之后，商业大潮涌动，浙江又是商业发达大省，学界遂开启了对于近代杭州商业历史的关注。梳理学术史不难发现，学界最先关注到的是近代杭州传统商业，这与杭州传统的商业属性高度契合，体现了学者"一切历史都是当代史"的学术自觉与历史关怀。

丝绸业是杭州知名的传统商业门类之一，曾经为杭州商业发展作出了巨大贡献。1985 年，朱新予主编《浙江丝绸史》，由浙江人民出版社出版发行。这部书系统全面地梳理了丝绸在浙江，尤其在杭州的发展历史。关于民国时期的丝绸历史，着重介绍了丝绸改良、蚕丝教育、机械缫丝工业与丝织印染等工业发展问题。① 从学术脉络来看，此书对杭州丝绸业兴衰史，尤其是丝绸业对杭州商业发展影响的研究，明显不够深入，却撬动了近代杭州商业研究的未来。1997 年，周峰主编《民国时期杭州》一书，在多位学者对杭州商业作总体性或一般性描述之余，已经显示了学术化发展的倾向。2002 年，程长松研究并出版了《杭州丝绸史话》一书，全书简略介绍了杭州丝绸的源流及发展状况，已有了一定程度的研究自觉。②

21 世纪前 10 年，虽然学界的研究内容还大多局限于传统商业门类，但研究视角与方法迅速趋于多样化，研究深度随之提高。

田锡全出版了其博士后研究工作报告，以区域史视角对包括杭州在内的长江三角洲地区米粮贸易状况进行了详尽研究。虽然这篇报告并非以杭州为个案，但在一定程度上厘清了包括杭州在内的长三角诸城市近代米粮贸易格局变动的多重原因。比如他认为，近代长三角米粮贸易格局的变动，并非单纯的经济原因，乃是与近代社会的重大变动联系在一起的。这种区域史研究的视角，比起传统的研究路径更具有解释力。③

杭州在进入近代后，虽然新式商业得到一定程度的发展，但传统商业依然表现出顽强的生命力，且在杭州整体商业中占有重要地位。这些传统商业在近代化进程中，自身面临发展路径的转换问题，其近代化一方面受到包括政府政策在内的外界诸多因素的影响，另一方面也影响着杭州商业整体近代化，进而影响杭州城市近代化的进程与特色，因此具有极强的研

---

① 参见朱新予主编《浙江丝绸史》，浙江人民出版社 1985 年版。

② 程长松：《杭州丝绸史话》，杭州出版社 2002 年版。

③ 田锡全：《长江三角洲的米粮贸易：变动社会中的传统贸易（1927—1937）》，博士后研究工作报告，2004 年。

究价值。在这种背景下，学界对近代杭州诸如银钱业、典当业、茶馆业等进行了研究。① 通过梳理这些研究成果的视角与路径，可以明显发现学界研究深度的不断提升。

2007 年浙江大学杨现华硕士论文《民国时期杭州典当业研究》，主要从杭州典当业兴衰历程、内部的组织架构与管理制度、经营状况与自身特点及典当业之于社会所产生的意义等几个方面进行系统论述。杨现华虽然较早开启了近代杭州传统商业研究，但并没有给学界带来视角与路径上的启发。

2009 年，陶水木发表《三十年代前期浙江钱业风潮原因论析》一文，视野宽度得到较大提升。陶水木首先以区域史视角研究了 20 世纪 30 年代前期浙江钱业风潮与当地工商业的关系问题，认为"中国蚕丝业的惨落和上海金融风潮直接引发了 30 年代浙江的钱业风潮；浙江银行业自 1927 年以后的迅速发展、特别是 1931 年以后与整个经济不相协调的畸形发展，也是引发浙江钱业风潮的重要原因"。② 该论文尤显创新性之处有二，一是以国际国内双重因素分析浙江钱业风潮发生原因，二是同时强调浙江钱业风潮发生的地方属性。2010 年，朱荫贵发表《论抗战时期的杭州钱庄业》一文。同为研究杭州钱业，与陶水木不同，朱荫贵此文开启了近代化研究范式。朱荫贵认为，根据外在社会环境变化调整、改革自身，是近代杭州钱庄业得以长期生存和发展的根本原因。从一个侧面来说，朱荫贵的结论符合历史本相。但同时必须指出两点，一是这一研究未能指出作为传统商业门类的钱业，在近代化进程中表现出怎样的特点。换言之，此文没有涉及传统商业与新式商业在近代化中存在着怎样的差异性。二是，所谓的近代杭州钱业能够根据外在社会环境变化调整、改革自身，到底是主动行为，还是被动为之？在近代杭州，厘清这一问题非常重要。以丝绸业、茶业和钱业为代表的杭州传统商业，因循守旧力量强大。在国家制度与政策逼促、社会新势力与国内外新式商业竞争压力下，这些传统商业如何视之，作出何种应对？论述清楚这些问题，才能理解近代杭州商业发展的脉络与内在逻辑，进而理解杭州商人近代化状况，终而达到对杭州近代化的整体理解。可惜的是，学界未就以上问题展开研究。

---

① 主要有杨现华：《民国时期杭州典当业研究》，浙江大学硕士论文，2007 年；陶水木：《三十年代前期浙江钱业风潮原因论析》，《民国档案》2009 年第 3 期；朱荫贵：《论抗战时期的杭州钱庄业》，《安徽史学》2010 年第 1 期。

② 陶水木：《三十年代前期浙江钱业风潮原因论析》，《民国档案》2009 年第 3 期。

旅游业是近代杭州的新式商业门类。在大多数国内学者还以传统视野研究传统商业时，作为海外学者，汪利平率先开启了研究视角与研究内容的双重创新，他首先从城市空间转换的角度研究了近代杭州旅游业变迁，他认为，杭州当地政府意识到上海崛起深刻影响了区域格局，而这种意识是杭州旅游业得以发展的重要原因。虽然这种观点在笔者看来值得商榷，有些论述可能不尽符合历史真实面貌，但其重要意义在于他率先提出了在当时耳目一新的观点和视角，[①] 为后来者创新研究提供了很好的思路和灵感。

2011 年以来，国内学界开启了近代杭州旅游业的研究。[②] 项文惠在《民国杭州旅游》（2011 年）一书中，对杭州旅游的近代转型与文化创新等层面进行了系统性研究。此书主要贡献在于，论证了近代杭州旅游业发展的一些根本原因，诸如经济发展和生活水平提高，在习俗东渐大潮下市民价值观念得到改变，以及近代交通工具引进后对游客产生的吸引力。2016 年潘雅芳发表《民国时期杭州旅馆业的转型及其社会根源探析》（《史林》2016 年第 6 期）一文。潘雅芳认为，近代新经济发展与民族资本投资是杭州旅馆业兴盛的坚实基础，旅馆业兴盛的重要机遇得益于近代交通推动旅游市场的发展，而近代新式社会风尚是旅馆业兴盛的推动力，近代杭州城市中心变迁是旅馆业兴盛的客观原因，这展现了旅馆业与杭州社会和旅游业发展之间的互动关系。两位学者均认为，近代杭州旅游业的发展，是因为近代交通体系、市民消费习俗以及经济的发展。潘雅芳在此基础上进一步提出了旅馆业与杭州社会之间的互动关系。两位学者这些观点都是符合历史事实的。在此基础上或许可以进一步追问，近代杭州旅游业的发展，政府在其中扮演了什么角色？杭州地方政府发展旅游业的终极目的果真是为了发展旅游业吗？旅游业的发展，果真是纯粹建立在政府对于城市的改造上吗？这其中又对杭州城市的近代化产生了怎样的影响？所有这些问题，均未见学界展开争论。

周膺、吴晶著有一部综合性的通史性著作《杭州经济史》，其中涉及民国时期的经济，以经济文化学维度，论证外来因素作用下民国经济现代化等问题，是一部力作。近一二年来，对于新式商业的研究体现了学者时代关怀的自觉意识，如何王芳等从休闲空间的视角来加深对近代杭州社会

---

① 汪利平：《杭州旅游业和城市空间变迁（1911—1927）》，《史林》2005 年第 5 期。

② 传统研究路径的成果主要有雷丽娟：《民国时期杭州近代旅游业研究》，杭州师范大学硕士论文，2011 年；张建融：《杭州旅游史》，中国社会科学出版社 2011 年版。

演进规律的认识，① 这充分体现了休闲产业流行下学者的敏锐研究视角与现实关怀。

（二）近代杭州商人及其团体研究

陶水木是学界最先关注近代杭州商人及其团体的学者，与研究近代杭州商业一样，其研究由浅入深，视角趋于多元化。1998 年至 2007 年的十年间，相继有高水平著作与论文问世。以区域史与近代化研究为路径的有专著《浙江商帮与上海经济近代化研究（1840—1936）》（2000 年）。在此书中，陶水木认为浙江商帮②是上海许多新兴商业的开拓者，经营规模大，执上海许多当时新式商业之牛耳，而且，转入上海近代商业经营的以旧式商人、职员、学徒为主。此书实际上是迄今为止极为少数的研究浙籍商人客地商业活动的典范之作，开拓了近代浙籍商人，包括杭州商人的研究视野。此外，陶水木研究近代杭州商人的学术成果还有论文《浙江商帮与中国近代商业的产生》（1998 年）、《浙江商人与上海经济近代化》（2001 年）、《民国时期杭州丝绸业同业公会的近代化》（2007 年）等，均以区域史与近代化研究路径展开，这种新颖的研究视角与多元化研究内容，具有开创性。同一时期，冯筱才独辟蹊径，将视角切入商人组织的政治活动，给学界带来了全新的研究内容与研究路径。在《江浙商人与1924 年的"齐卢之战"》（2000 年）、《近世中国商会的常态与变态：以1920 年代的杭州市总商会为例》（2003 年）等论文及其专著《在商言商：政治变局中的江浙商人》（2004 年）中，冯筱才提出了一些全新的概念与观点，比如他认为，近代杭州总商会内部"其多数成员的政治态度趋于保守，关注的焦点是商业经营环境的稳定和改善"。③ 也即是说，近代杭州商人政治参与是一种常态商业经营外的"变态"，这种观点的提出，影响深远，此后诸多研究近代浙江或杭州商人的学术成果，大多会涉及商人的政治参与或政治活动等问题。略为遗憾的是，冯筱才的这一视野并未引领学界成为研究的主流趋势，更未能在此基础上形成学术争鸣而有所突破。此后冯筱才将研究触角进一步延伸到党商关系领域，如在《劳资冲

① 何王芳、陈银超：《民国杭州城市休闲空间的发展（1911—1937）》，《民国档案》2017 年第 2 期。

② 此书研究对象是浙江商帮。检视全书，杭州商人占比较少。但既然属于商帮之一部分，故而也将其纳入研究范围。

③ 冯筱才：《近世中国商会的常态与变态：以 1920 年代的杭州市总商会为例》，《浙江社会科学》2003 年第 5 期。

突与"四一二"前后江浙地区的党商关系》一文中，冯筱才认为，江浙地区在"四一二"后党部力量为取得话语权，与地方绅商发生冲突，党部力量继续鼓动工人罢工。[①] 党商关系或政商关系同样没有引起学术界的高度关注，成为研究自觉。研究近代中国商业与商人，回避党商或政商关系，无法深层认识商业、商人与城市近代化的关系。当然，冯筱才在此文中的观点值得商榷。其实冯文研究范围仅及苏州，不能轻率将这一结论扩展到其他地区。本书第四章第四节研究表明，杭州党政力量在"四一二"前后态度高度一致，奉行国民党中央政策，严格限制劳资纠纷烈度，也并未与地方绅商发生任何冲突。

此后，随着比较史学、新社会史的兴起，学界对于近代杭州商人及其团体的研究更趋于多元化。代表成果如张一青等的《温、甬、杭三地浙商群体比较》（2008 年），从地方文化和商人性格入手，分析了两种因素对三地商人群体所造成的影响，以及因此而所取得不同的商业成就和对社会所产生的影响；王春霞等的《近代浙商与慈善公益事业研究（1840—1938）》（2009 年），主要论述了 1840 年至 1938 年间浙商参与的主要慈善和公益活动及其特点；周膺的《杭商的文化学特征与杭州人文精神》（2010 年）较为系统地论证了杭商与杭州地理、经济、文化特质及与杭州近代工业化、杭州社会关系等问题，一部分篇幅涉及近代杭州商人，其中主要论述了杭州商人与经济关系。周膺认为，北京国民政府时期，杭州的民族工业不论在数量还是规模上都有了一定程度的发展，其中比较明显的是丝织业、棉纺织业和火柴业，并且认为此时杭州工业企业存在资本小、技术设备落后，以及主要依赖政府资本、地主资本、官僚资本和外国资本等特征。[②] 应当说，这些观点孤立来看基本上符合历史事实，但应当将其置于不同历史阶段进行比较，以及将之与杭州近代化进程特点进行关联性论证，才能深层次显示历史之意义。可能受研究主题限制，此书也并未就杭州地方政府政策与杭州商人经营之间的关系展开论述。可能同样原因，这一不足在周膺、吴晶的《晚清民国杭商研究》（2011 年）一书中也没有得到补充。[③] 近代中国是一个政府力量彰显的时代，因此之故，这一视角对于深入研究近代杭州商业发展变化，杭州商人商业活动特点，以及由

---

① 　冯筱才：《劳资冲突与"四一二"前后江浙地区的党商关系》，《史林》2005 年第 1 期。

② 　该书分为七章，其中第三章为"杭商的多元经济因素"，此章之第二部分"杭商与近代工业化"与本书研究内容略有关联。

③ 　此书主要考察了杭商群体构成，分析了杭商与现代经济组织与杭州现代化的关系问题。

此而来的杭州近代化特点均非常重要。其实，在《晚晴民国杭商研究》出版前一年，尹铁在《浙商与近代浙江社会变迁》（2010 年）一书中①，已注意到这个问题。在此书中，尹铁以现代化视角探讨了浙江商人与浙江工业、交通、金融、文化教育及城市化进程之间的关系问题，并辟有专门部分论及近代浙江工业化的政策环境。尹铁认为，近代国家政策环境对于企业的兴办、发展起着重大作用。可惜的是，此书在这一部分失之简略，寥寥数笔即戛然而止，没有深入分析政府政策对商业与商人造成何种正反两面的影响，进而这种影响如何作用杭州近代化特质。这些不足有待后来者加以完善。

检视近代杭州商人及其团体研究，可以发现两个比较明显的特点。

其一，后来者研究在广度上有所超越，但总体而言深度未能跟上。就广度而言，从商人的商业经营扩展到商业以外活动，如慈善公益、政治参与以及人文精神等。但在内容扩展的同时，总体上深度却未见跟进。仅就所拓展的研究成果而言，王春霞等人在 2009 年关于近代浙商与慈善公益事业研究，涉及慈善组织管理机制与浙商慈善理念，较陶水木 2004 年与2005 年发表的《北洋政府时期上海慈善资金来源初探》和《北洋政府时期旅沪浙商的慈善活动》2 篇论文在研究视角方面有较大拓展，显示了一定程度的超越。② 但这只是个案，总体上还是未能超越前人研究框架。如冯筱才开拓的政商关系研究，尤其是杭州政商关系，鉴于民国时期尤其是南京国民政府时期浙江的独特地位，是非常值得研究的。冯筱才的这个视角，确也引起了学界一定反响，但是就后续研究成果而言，如尹铁在《浙商与近代浙江社会变迁》等著作中，有关浙商政治参与，基本上只是浙商政治活动的简单罗列。浙商的政治活动背景是什么？不同阶段呈现怎样的不同，其原因又是什么？浙商的政治活动较之他省体现出怎样的异同，这种异同昭示了什么？以上内容均没有涉及，也远未能超越冯筱才已有的研究深度。

其二，研究内容多有重复，且呈现扁平化趋势，少见有深度力作。

杭州既是历史名城，有着深厚的文化与经济积淀，近代浙江在全国政

---

① 该书作者还在 2014 年出版了《商人与杭州早期现代化研究》一书，全方位探讨了商人与近代杭州社会变迁的关系。

② 2012 年，陶水木在《浙商精英与民国上海慈善述论》一文中，以"得诸社会，还诸社会"的浙商慈善研究结论，大大超越了自身以往的研究，同时将浙商慈善研究推向新的高度。

治版图中又占据着特殊的地位。近代以来，一方面上海的崛起对杭州影响
至深至巨，另一方面在迈向近代化进程中杭州又表现出传统优势与现实劣
势并存的矛盾格局。进入当代，杭州的商业大潮风起云涌，挟电子商务的
巨大优势与特色，在全国商业版图中占据重要地位。所有这些因素，掀起
了学界研究杭州历史的学术热情。近些年来，有关杭州商业商人研究成果
确也不少。但是就这些成果而言，深度力作少见，重复研究较多，学者个
人研究与学者群体研究无不呈现此一症态。如尹铁在 2010 年出版的《浙
商与近代浙江社会变迁》一书，论述了浙商与浙江的现代化等问题，但
在 2014 年，作者在《商人与杭州早期现代化研究》一书中，又重复这一
主题。虽然将研究对象从浙江缩小至杭州，但无论是研究主题还是研究视
角，均呈大同小异之态，且未能取得突破，这其实是一种重复。再比如，
尹铁的这两本著作与周膺的《杭商的文化学特征与杭州人文精神》及周
膺、吴晶的《晚清民国杭商研究》在研究内容上也存在一定重复。当然，
周膺的研究主题、视角和侧重点与尹铁多有不同，在一定程度上反映了学
者个人研究旨趣的差异。

二　本书研究内容对近代杭州城市史研究的有益补充

本书主要研究三个方面内容。一是近代杭州商业整体兴衰及与杭州城
市社会变迁之关系；二是近代杭州商人群体及与地方政府、商业与社会诸
方面之关系；三是地方政府如何深刻影响了城市商业的运行轨迹。以上三
方面正是目前近代杭州城市研究所缺乏的。显然，这种研究的缺乏导致对
近代杭州城市发展变化在诸多面相上认识的不足。

杭州为宋元两代通商口岸之一，对外贸易，素称发达。但自清季海禁
既开，我国对外贸易，渐以上海为中心，于是浙江省的对外贸易，转而趋
向衰落。自 1895 年《马关条约》签订后杭州开埠贸易以来，商业在起伏
中向前发展和转型。沪杭铁路开通以前，杭州因有京杭大运河之便，为浙
江、安徽、江苏、江西等省货物转运的中枢，商业堪称发达。沪杭甬铁路
竣工并开通以后，运河运输顿显落后，杭州之商业贸易，明显不及以前
旺盛。

杭州商人也随历史发展而呈现出不同的特点。清代，由于杭州商业的
发达，传统丝绸商人群体不断壮大，同业会馆开始出现。鸦片战争后，因
上海、宁波开埠通商，杭州的钱庄进入金融化阶段，杭州银行家开始出
现，并在民国时期得到进一步发展。民国时期还产生了诸如西医药、电力
电灯、五金制造等新式商人。1937 年 12 月杭州沦陷，杭州商业萧条，商

人力量也随之衰落。

因此，无论是杭州商业、商人还是杭州社会的发展变化与转型，均深刻地受到整个近代中国变化的影响。本书试图将杭州置于整个近代中国转型的大环境下，在整体考察其内部商业、商人发展源流状况的基础上，分析和论证商业在近代社会转型面前和近代工业兴起后，受到了怎样的挑战，作出了怎样的回应，取得了哪些成绩及对杭州社会各个层面产生了哪些影响。在近代化过程中，杭州作为一个区域，毗邻上海这个中国商业中心，其商业地位较之上海，扮演了何种角色。上海成为中国商业中心后，杭州商业与之形成了怎样的互动格局。并且还将考察开埠后杭州在对外贸易中的发展与冲突，以及商人所扮演的角色和所遇到的困境及其反应。

1927 年至 1937 年这十年被称为国民政府的"黄金十年"。在这十年里，国民政府争取和平环境，韬光养晦，积极从事国内建设，在政治、经济、社会、文化教育等领域均取得了相当的成绩。在这种前提之下，本书试图探索杭州与浙江两级政府是如何制定发展计划，如何影响和引导商人团体，进行杭州各个领域的建设，取得了哪些成就，在发展建设当中，商人团体和杭州与浙江两级政府存在着怎样的冲突和融合，以及两者在严重矛盾交织中各自的策略和背后的利益考量。

此外，本书还将考察杭州商人的政治参与程度及其动机。本书认为，商人的政治参与程度与动机直接体现了作为近代商人的政治素质。这种政治素质小而言之决定了其商业成就之大小，大而言之还间接影响了地方社会的近代化进程。

概而言之，在研究内容方面，本书对近代杭州城市史研究的有益补充主要体现在三个方面。一是本书首次尝试基于商业地理特色与近代商业转型逻辑，系统性构建了民国杭州商业整体性兴衰脉络及其地方特色。二是厘清史实，正本清源，与学界通常结论不同，论证新式商业旅游业在民国杭州地方政府引导下，只能沦为挽救传统商业颓势之工具，而不能担当杭州商业近代化旗帜的尴尬角色。其三，无论是杭州浙江两级地方政府，还是杭州商人，均体现了强烈的地域特色。地方政府与国民党中央的高度一致，与杭州商人政治意识的淡薄，一起构建了特色鲜明的近代杭州商业发展史，进而影响了近代杭州社会变迁史。

本书努力就上述诸方面对近代杭州商业与商人进行分析考察，在研究内容上希冀对近代杭州城市史研究有所补益。

三　本书相关研究的界定

（一）地理和时间范围

杭州自成为一个区域建制以来，境域范围屡有变迁。清以前不在本书研究范围之内，故不予以回顾和考察。有清一代，杭州称为杭州府。清朝末年，杭州府辖治钱塘、仁和、余杭、临安、于潜、昌化、富阳、新城8个县，并包括海宁州。1912年，民国政府废杭州府，"并钱塘、仁和二县为杭县，并为浙江省会"①。1927年5月，杭州市政府成立，重新划分杭州市城区范围，即"划杭县所属城区、西湖全部及附近部分地区，设置杭州市。同年7月，划定杭州市的境域范围为东面自江干区沿会堡、高塘2区，至乔司区；北面至湖墅区；西面自江干区起，沿西湖旁至钦履区留下镇及调露区。同年10月，将乔司区、调露区及钦履区的留下镇划归杭县。杭州市辖城区、西湖、江干、会堡、高塘、湖墅6区"②。1932年，杭州市疆域重新变动，总体来说，"东西相距二十六公里，南北相距三十公里，东北西南相距三十六公里，西北东南相距二十三公里"③。而到了1936年，"改划杭州市与杭县西南界线，全市面积250.835平方千米"④。日伪占据杭州期间直到1945年，杭州城区疆界还有变动，因不在本书研究范围，故而也不予以考察。

各个时期杭州的城区范围屡有变动，本书的研究也基本限于相应时期的疆界内，即相应市区及附近郊区为主要考察对象。

至于研究时间，主体上限于1912年至1937年。但为了研究的需要，某些章节酌情前推至清末，后延至抗战期间。

（二）研究内容界定

本书主要研究民国时期杭州的商业与商人，因而，有必要对商业与商人作一界定，以明确研究对象。

清光绪二十九年，即1903年，载振、伍廷芳起草《钦定大清商律》，并公布实施。宣统二年，即1910年，因各地总商会要求，农工商部提出《大清商律草案》交资政院。这一草案对于商业与商人界定较为完备，但因时局扰攘，未经议决即遭废弃。1914年，农商部将这部前清未议决之

---

① 干人俊：《民国杭州市新志稿》（卷1），杭州出版社1983年版。
② 蒋天荣、王平：《杭州市公共交通志·综述》，杭州市公共交通总公司2002年版。
③ 建设委员会调查浙江经济所编：《杭州市经济调查》，1932年，第29页。
④ 蒋天荣、王平：《杭州市公共交通志·综述》，杭州市公共交通总公司2002年版。

草案略加修改，提交袁世凯批准。其草案含有"三月二日教令第二十七号，公布《商人通例》"①，并于当年9月施行。这个《商人通例》，其实以德国有关商法对商人的定义为蓝本，结合中国当时的实际情况而加大范围，作出了商人的定义："本条例所称商人，谓为商业主体之人，凡以下各种营业，谓之商业：1. 买卖业；2. 赁贷业；3. 制造业或加工业；4. 供给电气煤气或自来水业；5. 出版业；6. 印刷业；7. 银行业兑换金钱业或贷金业；8. 承担信托业；9. 作业或劳务承揽业；10. 设场屋以集客之业；11. 堆栈业；12. 保验业；13. 运送业；14. 承揽运送业；15. 牙行业；16. 居间业；17. 代理业。"②

条例中所称商人主体范围是非常明确的，即凡从事上述17项业务之任何一项者，即为商人，也罗列了17项所谓商业种类。根据民国时期杭州商业的实际情况，本书基本按照1914年之《商人通例》中对商业和商人定义范围进行研究。另外，基于研究需要，对于某些行业，其工业与商业的区分，以处于制造环节和流通环节为标准。即处于制造环节者为工业，处于流通环节者为商业。很明显，本书研究范围将限于流通环节。

在分析和叙述方法上，本书章节不受时间延续性限制，即章节间将以彼此不同的问题方式展开论述。

四　本书篇章结构与内容

国内外史学界虽然尚未有近代杭州商业与商人整体研究成果，但在现有研究成果中，美国学者汪利平的《杭州旅游业和城市空间变迁（1911—1927）》，国内学者冯筱才的《江浙商人与1924年的"齐卢之战"》《近世中国商会的常态与变态：以1920年代的杭州市总商会为例》《劳资冲突与"四一二"前后江浙地区的党商关系》等论文及其专著《在商言商：政治变局中的江浙商人》，陶水木的《浙江商帮与中国近代商业的产生》，尹铁的《浙商与近代浙江社会变迁》《商人与杭州早期现代化研究》，项文惠的《民国杭州旅游》等或多或少涉及本书的研究内容。尽管这些研究成果能给予后来研究者不少有益借鉴，但也给本书的撰写增加不小难度。创新是学术之根本，为了不使本书相关研究成为简单的重复劳动，更为了使学术研究焕发应有的荣光，笔者力求在观点、视角等方面都

---

① 李浦：《商人通例》，朝阳大学1923年版，第11页。

② 陶汇曾：《商人通例释义》，上海商务印书馆1926年版，第10页。

有新的创建与贡献，以建构自己独特的学术见解与研究结论。以下对此略作陈述。

本书除在绪论中论及近代杭州商业与商人研究现状、相关研究界定、本书研究意义，在结语部分探讨了近代化进程中杭州商业与商人特质外，主体部分分为五章。第一章主要分析杭州商业地理特征和近代杭州商业转型，探讨杭州与周边地区，主要是长三角地区商业格局的历史演变。在这种背景下，杭州商业所面临的困境及其回应。陶水木在其《浙江商帮与中国近代商业的产生》一文中曾论及商人因素在商业近代化中的作用。与其不同的是，本章的创新在于将近代杭州商业及其转型置于整个中国近代转型中去考察，主要将交通变迁、区域格局变动——特别是上海崛起对传统型城市影响以及社会变化因素纳入分析范畴，从多维度透视近代杭州商业转型的复杂面相。

顺此思路，本书第二章主要考察近代杭州商业在整体上的兴衰脉络。在论述总体性情况后，撷取典型传统商业门类丝绸、茶叶，深度探讨近代杭州商业繁荣与衰落的情形及原因，并以旅游业为例分析新式商业的有限发展。学界对于单个商业门类的研究，往往只涉及兴衰状况与原因。本章突破之处，一是将近代杭州商业视为一个整体加以考察，整体的重要意义在于涵盖了新旧两种商业此消彼长昭示的近代社会转型特质，尤其是杭州城市社会转型的独有特质。二是将杭州商业放到国际环境中加以考察，进一步揭示其兴衰的深层原因。三是在本章第四节，论述近代杭州市政府建设城市的思路及其必然失败的原因。汪利平认为，发展旅游业是杭州政府的认识自觉。[①] 根据历史事实分析，本书持相反意见，认为南京国民政府时期杭州市政府之所以发展旅游业，实际上是为了挽救日益衰落的传统商业。也就是说，发展旅游业只是手段而非目的。当然，汪文论述的是北京政府时期的杭州。但是本书认为，北京政府时期的杭州政府，更谈不上发展旅游业的自觉。

商人是商业活动的主体。本书第三章考察杭州商人及其团体的演变，主要是商会和各同业公会的特点和历史作用。商人及其团体的转型，学界多有涉及。朱荫贵《论抗战时期的杭州钱庄业》一文，虽为研究钱业，其实也涉及近代商人组织的转型。此文中朱荫贵提出了改革自身是钱业得以继续发展的重要原因之一，笔者高度认同这一观点，但希望在此基础上作进一步研究，即近代杭州商人团体，因为行业不同，

---

① 汪利平：《杭州旅游业和城市空间变迁（1911—1927）》，《史林》2005 年第 5 期。

面临同样的政策与竞争环境，做出的转型努力完全不同，这其实是基于行业性质的基本考量。传统商业往往被动转型，而新式商业则没有传统包袱，其实是作为新型组织形式出现的。本章努力避开常识性叙事，力求在考察商人结构分化组合及与异地商人组织比较基础上，论证杭州商人及其团体在近代转型与发展中的独特性。另外一点是，对于存在异说的杭州商会成立时间，本章作了客观而详细的考证。考证的重要意义在于时间因素的指向作用，即凭其可进一步论证近代杭州商人异于其他城市的独有特质。

　　第四章以政商关系为核心，通过商业制度与商业政策的演变，以及有关政商之间的互动，深入分析民国时期杭州政商关系的实质。冯筱才对商人的政治活动多有研究，也提出了迥异于传统的独到观点。但冯筱才主要是站在商人的视角看问题，没有重点考察政府在近代城市商业与商人活动中的重要影响。直至近代，中国都是一个强政府、弱社会的国家。政府在社会各个领域都扮演了十分重要的角色，抛开政府的因素，很多社会现象缺乏解释力。因此，本书将政府纳入研究范围，论述其在近代杭州城市变化中的种种影响。在商业领域，商人并非总是俯首称臣，本书论证表明，双方存在激烈的斗争。当然这种激烈的抗争也只是商人的一种在商言商行为，而非学术界通常认为的政治活动。[1]本章的劳资纠纷问题，即站在政府视角论证劳资纠纷之运行，论证表明，无论是在北洋政府时期，还是南京国民政府时期，劳资纠纷其实都是在杭州地方党政机构设定的框架内进行，都符合不同时期不同党政组织之利益与目标，在一定程度上越出学界当下之研究。[2]

　　分析近代杭州商业和商人，一个重要的落脚点是它们与杭州城市社会发生怎样的关联。第五章着重分析杭州商业与商人活动，对杭州各个方面所产生的影响，杭州既有的城市社会特点对商业与商人又造成了怎样的制约。尤其是近代杭州商人的政治参与，有着独特的地域特征。冯筱才是政商关系研究领域的重要学者，后来研究者对这一研究也多有延续，但总体未能超越前者。在冯筱才的《近世中国商会的常态与变态：以1920年代的杭州市总商会为例》《在商言商：政治变局中的江浙商人》等论文与专

---

[1]　马军：《1945至1949年上海米商研究》，《史林》2007年第6期。

[2]　这一部分之研究结论与冯筱才《劳资冲突与"四一二"前后江浙地区的党商关系》及王奇生《工人、资本家与国民党——20世纪30年代一例劳资纠纷的个案分析》中的相关观点均有不同。

著中，提出了近代商人在商言商之总体特征。本书在此基础上，作了更加深入论证，一是认为近代商人的政治参与热情与勇气具有鲜明的地域特质，二是以国家权力理论俯视近代杭州商人的政治参与，可以得出近代杭州商人面对不同政权所表现出的不同政治态度及其原因。此外，本章力图论证清楚，无论是近代杭州商人，或是近代杭州商业，都是在新旧夹杂中前进，而不是非此即彼的状态。

本书希望在既有相关研究基础上，除前文述及的在研究内容方面作有益补充外，还希望在学术视角与史料运用上有所创新与突破。综合学术前史梳理，无论是有关民国时期的商业、商人，或是杭州商业、商人的研究成果，均堪称丰富。既有论著，更有论文，研究涉及各个方面。然而也存在几个方面的不足，这些不足，也即是本书努力突破的方向。一是所有有关研究杭州商业、商人及其团体的学术成果，尚未有专门涉及杭州整体商业者，更未有系统性的相关专著问世。换言之，学界尚缺乏以整体史视角研究近代杭州商业荣衰。杭州自古以来为一商业大都市，近代以来其商业地位虽然被上海等大都市所取代，但也形成了自己独有的特点。以整体史视角研究其近代以来商业的发展变化，研究杭州商业历史与现实辩证发展的关系，既具学术意义，亦具现实意义。二是在所有研究杭州的学术成果中，鲜有将杭州市政府纳入研究视野者。近代中国是一个强政府、弱社会的国家，近代杭州尤甚，政府在各个时期的城市发展中扮演了极其重要的角色，有时候甚至是决定性的力量。因此，研究杭州商业，抛开对政府的研究，将缺乏学术穿透力。本书将政府纳入研究视野但非停留于此，而将研究触角深入到政府的行为自觉，亦即将政府作为主动行为者一方，考察其对于近代杭州商业与商人造成的深刻影响。三是在研究杭州商人的相关论著中，只有冯筱才涉及了商人与政治关系问题，这在上文已有表述。除此外，缺乏商人尤其是商人团体与政府的关系研究。近代杭州商人团体与政府，是怎样的一种互动关系，这种互动关系又怎样影响了杭州商业的发展及变化，继而影响到杭州市社会的有关方面，是一个很有意思的学术问题，也为从更深层次和更多维度观察近代杭州的发展变化提供了钥匙。四是就史料层面来讲，在梳理学术史中发现，有关研究杭州的学术成果中，除冯筱才、陶水木使用了杭州市商会档案外，其他学者甚少使用档案材料。另外，利用民国时期大量杭州市地方报刊和杭州市政府所编辑出版的期刊，如《杭州民国日报》《东南日报》《市政月刊》《市政季刊》等史料来源作研究的，也不是很多。这些报刊和期刊载有大量反映当时的政治、商业、社会等信息，甚至比档案更能反映历史真实。因此，本书将以这些报刊、期刊为重要史料来源。

最后，在研究方法上，本书尽量做到客观公正，以科学严谨的治学态度做到论从史出，克服以论带史。但由于作者学识所限，期以臻于完美，确非易事。

第一章　清末民初杭州商业地理和商业转型

商业的发展，地理因素具有非常重要的作用。商业不仅是商品本身的竞争与流通，还与一国或一地所处的地理位置以及与周边国家或地区的地理格局有着密切关系。所谓商业地理，即是"对于货物之流通，研究地理之影响"。[①] 有关地理环境与地方所产货物，货物如何从一地流通到另一地，它的地理远近以及流通效率等问题，均属于商业地理范畴。这就涉及都市间交通方式、区域商业关系和商业格局等问题。

商业转型预示着某些旧商业类型的淘汰，或融入新因素后的继续发展。此外，因为新工业产生，导致商业活动方式改变，因为社会发展而致新式商业类型的产生，都可看作是广义上整体商业转型的一部分。

第一节　杭州商业地理与区域商业关系变迁

商业地理与商业活动不是各自独立，分别发展，而是在彼此影响下前进的。一定的既存商业地理环境和格局，在一定时期内势必影响和规定着某一区域的商业关系；而随着商业和社会的不断发展变化，交通运输方式和生产能力的进步，也必然促进某一区域商业地理环境和商业格局的改变。

一　杭州商业地理及其演变

自南宋以来，杭州逐渐成为中国东南第一大都市，商业十分繁荣。到了清朝，据《光绪杭州府志》记载，"杭俗之务，十农五商，水陆所辖，亦繁厥场，谷书丝夜，末以本丰，盈虚有时，芸生之宗，互市方兴，奇巧

---

① 千里：《商业地理通论》，《杭州商业杂志》1909 年第 1 期。

流溢，贩脂卖浆"。① 可见清末时，杭州商业还是颇为繁荣的。杭州风景之秀丽，天下闻名，"近玩湖光，远观山色，眼界空阔，增人奕趣不少也"。② 而杭州繁荣的商业，除深厚的环境因素外，还与地理因素密切相关。

商业地理包含了"各种环境下各种货物之生产与分配的科学，又是研究各种环境下商业发展的状况，并怎样去发展的科学"。在这种思路之下，商业地理要求"注意人生与商业地理的密切关系"。③ 因为人类的衣食住行和一切物质欲望的要求，莫不从土地上取得，而土地上的产物大都受天然环境所支配。

在上述商业地理视野下，杭州最大的特点是多产丝绸和茶叶。杭州地理形势四周多山，又处在温带气候区内，四季雨量充足，"土性肥饶，事业极发达，山地多产茶，而杭县的龙井，格外有名，是天产物中的名产。丝织物为工艺中上品，杭县的绸缎、绫罗、纱绢都是销路颇远，销数颇大的"。④ 既然因为天然地理的因素，使得杭州以丝、茶闻名于世，因此商人从事丝茶业者居多，丝行、茶行在杭州遍地都是，尤其是南京国民政府时期，杭州市政府对杭州丝茶业的发展倾注了大量精力。

然而，近代以来，作为传统行业的丝茶业逐渐走向衰落，尤其是上海崛起后，杭州商业不得不面临转向的困境。在这种情形下，杭州商业地理特性再一次决定了其发展走向。杭州山水，尤其是西湖美名，绝不在丝茶之下。因此，旅游业继丝茶业，成为杭州又一个被政府重点发展的商业门类。

杭州在省内外商业地理格局中的角色，自清末至民初，随着商业与交通的进步，以及政治经济形势的变化，发生了深刻变化。

其商业地理形势，省内而言，1895 年杭州开埠前，宁波尚居于杭州之上，而基本垄断对外贸易。1895 年开埠后，杭州作为省会城市，在全省居于最重要之地位。省内之绍兴、衢州、金华等地货物，互相来往，均要经过杭州。这是因为杭州周边河流交错，水道众多。钱塘江自北向南，流经杭州。杭州湾从城市之东绕过，城市之南，丘陵蜿蜒。与省外则"自闽浙接壤之南岭，北至苏州，又沿海岸而抵上海。其间区域甚廓。而

---

① （清）龚嘉隽主修：《市镇》，《光绪杭州府志》（卷 6）。

② 王桐龄：《江浙旅行记》，北平文化学社 1927 年版，第 49 页。

③ 郑午昌：《商业地理》，中华书局 1933 年版，第 5—6 页。

④ 王仁奎：《本国商业地理》，世界书局 1931 年版，第 20—21 页。

杭州适位其中央。既当四达之衡，复得水利之便。故商帆贾舶，络绎于途，其繁剧诚非笔墨可形容也"。① 从南部的福建到北部的上海、苏州，皆为商业繁荣之区，而杭州居于中心位置，其商业地理位置之重要，自不待言。此外，在近代交通兴起以前，杭州与其他地区主要靠水运借以完成货物运输。杭州因为处于京杭大运河最南端，只要溯流而上，便可到达上海以及更北之区域。钱塘江源于安徽歙县，集合众多水系，最终在杭州城南部集合，东流汇入杭州湾。因此，如欲往安徽，则可循钱塘江水系即可，也颇为方便。

历史上，杭州因为自身商业的繁华，加上优越的地理位置，在上海崛起以前，俨然为一区域之商业中心。

自上海成为近代中国商业中心，加上近代新式交通的出现和发展，杭州的商业地理形势和格局产生了深刻变化。

在省内，杭州依然处于全省商业中心和交通枢纽地位。一方面，传统货物运输模式河运依然发挥着独立作用，如从杭州由小轮船往北，可以到达吴兴。另一方面，河运与近代公路一起发挥作用，如欲从杭州到富阳，则可从公路坐汽车前往，然后可从钱塘江坐船前往兰溪；从杭州到绍兴，则可先横渡钱塘江，然后便可坐汽车到达。可见省内交通建设，还是以杭州为中心。因此，交通与商业的相互作用和影响，使得杭州依然处于全省商业中心地位。

与省外关系，自上海崛起以来，杭州地位与作用，不复有昔日荣光。上海距"吴淞口二十公里。航运，北通冀鲁及东三省，南达浙闽香港，西由长江上溯又可达重庆成都，东渡太平洋可达美国，此外，世界各重要航线，也都以上海为经行必要的港口。陆运南有沪杭甬路，北有京沪路，自南京渡江后，可与津浦路衔接"。② 上海因为有着这样优越的地理位置与交通优势，便一举成为全国工商业中心，并将全国大部分地区纳入了其辐射范围。

由以上可知，杭州商业地理特点及商业地理格局的变迁，共同决定了在历史演变的过程中，其商业重点，必然从传统的丝绸、茶叶到近代以旅游为发展方向。③ 这也昭示了从传统走向近代过程中，杭州商业地位的历

---

① ［日］腾部国臣：《中国商业地理》，上海广智书局 1907 年版，第 68 页。

② 郑午昌：《商业地理》，中华书局 1933 年版，第 273 页。

③ 本书第二章第四节论证了杭州市政府发展旅游业的真正目的是挽救日益颓势的传统商业，恰恰反映了政府在历史转折时期，没有处理好商业地理与历史发展的关系。

史必然。

二　地区间交通方式的变迁

交通始终是商业发展的重要因素。商业的发展，有赖于良好的交通条件。无论是商品生产，还是商品运输，都与自然环境的好坏息息相关。因此，欲改进商品的生产、交换和流通效率，必然要改进交通条件和运输工具，前者有关道路改造，后者有关交通工具改进。不仅如此，交通方式的改变，还影响到各地商业之间的格局。比如，在通信便捷的情形下，各城市的商业，不再是以往的不相闻问，而是联系更加紧密。

反过来，商业发展也可以促进交通发达。考察中国近代以来交通发展历史便知，无论是公路建设，还是铁路筑造，甚或是电报电话铺设，总是以主要商业大都市为起讫点，而前者的进步，又能反过来带动后者及其周边地区的商业发展。交通与商业便在这样的良性互动中得以发展。

在近代新式交通兴起以前，杭州与外界来往主要凭借水道和陆上古道。"杭州地濒钱塘江之下流，一面临海，一面临湖，运河横贯其中，在昔交通，全赖舟楫，故独得其便，城南面江，延长十里，是曰江干，为钱塘江出入之咽喉，城北沿运河，曰湖墅，司嘉兴、湖州、松江、苏州一带之贸易。"① 除了钱塘江和运河，杭州境内还有其他众多水系河流，承载着历史上杭州与外界的商旅来往，只是由于历史沧桑，"河道逐渐淤浅，通航河段缩短，水运条件越来越差"。② 提高通航水平，往往要花力气修浚。综合观之，杭州的水道可分为以下几种：

一是钱塘江，中心点位于城南江干。以杭州为中心点，可以通达省内之桐乡、诸暨和萧山。通往这些地方的货物，一般以民船为主。此外，沿钱塘江也可以通达省外的苏州和常州。

二是内河。内河的交通中心，位于城北拱宸桥，为著名的苕溪流域。这些水系，可以通达双林、菱湖、湖州、南浔、嘉善、苏州和上海，交通堪称方便。此外，有下河线，"即往来于艮山门落塘，向西北行，出拱埠，而达苏州"。③

除了水路航行，近代以前，杭州与外界还有陆上古道互相连接。

如果说水路是自然形成的水上交通网络，那么，陆路便是人们几千年

---

① 浙江财务人员养成所编：《杭州市经济之一瞥》，1932 年，第 10 页。
② 徐望法主编：《浙江公路史》（第 1 册），人民交通出版社 1988 年版，第 10 页。
③ 浙江财务人员养成所编：《杭州市经济之一瞥》，1932 年，第 12 页。

来凭借智慧和汗水不断对自然进行改造的结果。"经过几千年的发展，浙江形成了以杭州为中心与周边苏皖赣闽相连的省、府、县、乡之间的古代道路网络。"① 大体而言，近代以前杭州与外界相连的古道主要有以下几条：

一、杭州至苏州古道。可以自武林门经过临平，出杭州后可抵达嘉兴，最后到达苏州，全路段长度共计 168 公里，春秋战国时代即已奠定基本的走向；或可以自武林门经过塘栖，出杭州后也可以抵达嘉兴，最终到达苏州。

二、杭州至湖州和南京古道。这条路以武林门为起点，出杭州后经过武康、湖州等地，最终到达南京。这条古道在浙江境内，长达 127 公里，在"三国东吴时形成，是六朝都城建业（南京）通往会稽的要道"。②

三、杭州至安徽歙县古道。从武林门出发，经余杭、临安、昌化，出杭州后到达安徽省歙县，整条古道长达 214 公里。

四、杭州至宁波古道。全条古道长达 200 公里。以杭州境内的浙江驿渡钱塘江为起点，经过西兴，从萧山出界，过曹娥江到达宁波。并且这条古道与有名的苏杭古道衔接，是古代浙江北部非常重要的古道。

除以上几条主要古道外，从杭州出发，还有到达诸如福建福州、安徽宣城，省内的金华和温州以及桐庐和淳安等城市的古道。从这些数量众多的古道也可想见，古代杭州商业发达的程度。

随着近代中国紧锁的国门被打开，商业不断发展，社会不断进步，于是新式道路建设不断展开。旧有水运继续发挥作用，但水上出现了近代新式轮船。公路、铁路不断出现，汽车、火车随之而来，大大加速了各地区间的经济商业往来。

近代新式运输方式，首先是在既有基础上出现了轮船航运。

杭州虽然水系众多，有钱塘江、京杭大运河等环绕，但由于杭州山区半山区特点，"历史上运杭粮食及农副产品，多采用木制手推独轮羊角车或竹筏，经小道溪流短驳至江河沿岸，再用木帆船装载。"③ 木帆船纯粹依靠风力航行，受自然力影响大，速度慢，效率低下。进入近代后，逐渐为轮船所取代。

---

① 丁贤勇：《新式交通与社会变迁——以民国浙江为中心》，中国社会科学出版社 2007 年版，第 66 页。

② 任振泰主编：《杭州市志》（第 3 卷），中华书局 1999 年版，第 284 页。

③ 任振泰主编：《杭州市志》（第 5 卷），中华书局 1999 年版，第 615 页。

宣杭古道之"独松关"

资料来源：朱金坤等：《余杭历史文化研究丛书·径山胜览》，西泠印社出版社 2010 年版，第 33 页。

中日甲午战后，1895 年杭州开埠，拱宸桥设有海关，此处可以通行小轮船，举凡"嘉湖、苏松及上海之货物，在铁路未通以前，皆由小轮运载"。[1] 据国民政府铁道部财务司调查科一份调查报告显示，19 世纪 20 年代，杭嘉湖内河航运可达 10 吨有余的浅水汽船航线共有 4 条，由杭州分别可以通达上海、苏州、湖州。而装载量可达三四十吨的钱塘江轮船航线可达临近之萧山、富阳和桐庐。[2]

浙江陆路交通首先以铁路建设为地方士绅和商人所注目。

上海与杭州之间的铁道，沪杭线的建设过程，曲折而复杂，最先清政府商准由英国商人承建苏杭甬铁路。由于英国商人迟迟没有动工，1905年，以汤寿潜为代表的浙江绅商要求清政府改由商办，得到批准后，于 1906 年正式动工。后又由于英商反对，几经曲折，还是归于商办，最终沪杭线于 1909 年 8 月正式通车，全线长 186.7 公里。"1916 年 12 月，沪杭沪宁接轨完竣，两路通车。"[3] 之后，在杭江铁路的基础上，又修筑了浙赣铁路，并于民国"22 年（1933 年）12 月通车至江西玉山，全线长

---

① 浙江财务人员养成所编：《杭州市经济之一瞥》，1932 年，第 10 页。

② 铁道部财务司调查科编：《京粤支线浙江段杭州市县经济调查报告书》，1932 年，D27—D32 页。

③ 实业部国内贸易局编：《中国实业志·浙江省》，1933 年（癸），第 5 页。

24 公里，23 年（1934 年）建筑玉山至南昌"。[①]

杭江铁路起点站——钱塘江边站

资料来源：杭州通鉴委员会编：《杭州通鉴》（上卷），人
民出版社 2014 年版，第 657 页。

　　民国时期杭州公路建设，因为经费及观念等原因，基本上是在旧有的
古道上进行。最早的公路建设，由 1916 年的浙江军政府提出，于 1920 年
开始筹备，并于 1922 年真正着手。"1924 年，商办杭余（杭州到余杭）、
余临公路通车。随后加快，到 1937 年，初具规模，古代的几条主要道路
都已建成公路或铁路。"[②] 以杭州为中心的浙江公路建设计划与建筑过程，
其复杂与曲折可与铁路建设相颉颃，也取得了相当成就。至 1930 年代，
其公路总计有"杭富路，杭州至富阳，37 公里；京杭国道杭吴段，杭州
至吴兴，92 公里；沪杭公路杭乍段，杭州经海宁至乍浦，117 公里；萧绍
曹段及百甬段，杭州经绍兴至宁波，198 公里；杭徽公路，杭州经余杭至
屯溪，242 公里"。[③]

　　以上诸公路中，沪杭路因为连接杭州至上海和苏州而显得尤其重要，
"本路自江苏之上海至杭州，为江浙两省沿海诸地联络之要道，全路长

---

①　干人俊：《民国杭州市新志稿》（卷 9），杭州出版社 1983 年版。

②　徐望法主编：《浙江公路史》（第 1 册），人民交通出版社 1988 年版，第 11 页。

③　倩以：《杭州全集》，中国文化出版社 1948 年版，第 72 页。

杭徽公路黄驼岭盘山公路

资料来源：浙江省政府建设厅统计委员会编：《浙江省公路统计》，1933年。

215.6公里，在浙江境内长139.56公里"。①

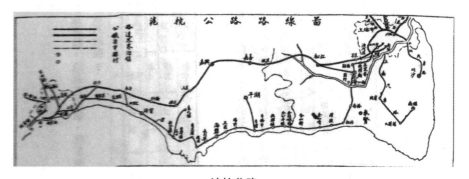

沪杭公路

资料来源：实业部国内贸易局编：《中国实业志·浙江省》，1933年（癸），第22页。

从杭州出发，凭借上述诸条路线，可轻松到达南京、苏州、上海等大都市，交通状况得到极大改善。比如，在近代新式交通兴起以前，以杭州为目的地，货物"从上海、苏州运来，都要通过城内长约20公里的河

---

① 实业部国内贸易局编：《中国实业志·浙江省》，1933年（癸），第22页。

道，由于城河狭隘，船舶拥挤，要两三天才能通过，天旱的时候，城河水浅，五六天才能到达"。① 随着水上新式运输工具汽轮的出现，同样距离，时间缩短到了 20 小时，而随着铁路开通，依靠火车运输，这一时间又缩短到了 4 小时。② 近代新式交通运输方式，对促进商业的发展，加强区域商业联系，效果显而易见。当然，如果跳出杭州一隅而放宽眼光，将整个长三角纳入研究视野，则新式交通对于杭州就别有一番意味了。

三　杭州在长三角商业格局中的角色演变

民国时期在学界尚无长三角概念，现在学界关于长三角的地理范围，也有多种说法。王家范通过研究后认为，所谓长三角指的是明清时期以苏杭，特别是苏州为中心的商业都市。③ 樊树志则认为长三角其实是包括明清时期的苏松常、杭嘉湖几个江浙主要城市。④ 美国学者罗兹·墨菲认为，长江三角洲在地理上包含了太湖地区、镇江以东地区以及杭州湾以北地区。⑤ 另外还有黄宗智、戴鞍钢等学者分别从不同角度提出了自己关于长三角的界限。⑥ 本书采樊树志的说法，即以苏州、松江、常州和杭州、嘉兴、湖州为考察范围，而以苏、杭与上海之间的关系演变为核心。下文以上海崛起为时间界限，说明苏杭与上海之间的角色转换关系。

前近代时期，苏杭为江南地区的商业核心区域，有"上有天堂，下有苏杭"的美誉。从地理位置上讲，苏州处于明清时期繁华富庶的江南——长三角中心区域，其地形"洪川交流于城下"，又兼而"万舍环抱乎外郭，塘埭高崇，货物衍积，护以群岭，限以重湖，信江南之奥壤也。府枕江而倚湖"⑦。不但如此，苏州还因为大运河的关系，既可下达杭州，又可相连于长江，巡江而到达湖北、安徽，交通极为方便。因此，苏州的

① 徐望法主编：《浙江公路史》（第 1 册），人民交通出版社 1988 年版，第 26 页。

② 浙江财务人员养成所编：《杭州市经济之一瞥》，1932 年，第 10—12 页。

③ 王家范：《明清江南市镇结构及历史价值初探》，《华东师范大学学报》1984 年第 1 期。

④ 樊树志：《明清长江三角洲的市镇网络》，《复旦学报》1987 年第 2 期。

⑤ ［美］罗兹·墨菲：《上海——现代中国的钥匙》，上海人民出版社 1987 年版，第 34 页。

⑥ 分别参见：黄宗智：《长江三角洲小农家庭与乡村发展》，中华书局 2000 年版；戴鞍钢：《港口·城市·腹地——上海与长江流域经济关系的历史考察（1843—1913）》，复旦大学出版社 1998 年版。

⑦ （乾隆）《苏州府志》（卷 1），《形势》。

商业发展很早，明清时期就有"如家之有府库，人之有胸腹也"之美誉①，可见地位之高，声望之隆。

杭州则位于钱塘江与京杭大运河终点，自古以来，可谓水陆两便。水运"有钱塘江轮舟寄泊江干，运河小轮上下于嘉兴吴兴及苏州镇江之间，为内河航运之中心"②。加之城内众多水系纵横交错，彼此连接一气，运输堪称便利。因此，杭州能成自宋以来的东南大都市，良非偶然。

比如，杭州的湖墅是几百年来极有名气的米市所在，"凡沿运河而来之米船皆归之"③。便利的运输，为杭州湖墅米市创造了一片繁荣景象。大米来源属地众多，浙江省内嘉兴、吴兴、长兴；安徽巢湖、芜湖、广德；江西九江、修水、铜鼓；江苏常州、无锡、苏州、松江、溧阳、宜兴等，络绎不绝，"每日平均到货，七八十船"。④ 由此观之，在未有近代新式交通与上海开埠以前，江浙皖赣之间的商业来往极为频繁，而苏杭俨然为两大中心点。

事物的发展或者落后，其原因往往是多方面的。苏杭历史上辉煌的某些因素，恰恰成为其日后近代化展开的阻碍。诚然，在新式交通工具产生以前，苏杭可以凭借天然的河道便利，取得商业上的先发优势。然而，河道并非总是予人玫瑰。以杭州而言，"城市之间好几处地方运河逐年变浅，并且迄今地方当局未采取补救措施"，如此一来，"就对农业和贸易造成非常严重的问题"。⑤ 苏州也发生类似情况，"道光四年，丹徒、丹阳一带运河严重不畅，造成堵塞坝外的米船'不下千号'，'客贩来船，未能络绎前进'的情况，入清以后，终于因水利不兴，淤塞现象越来越严重，原来停泊浏河港的船只都转往上海"。⑥ 同样是河道淤塞，同样是地方政府未能对此进行改善和修浚，其结果便是，苏杭两市一起逐渐失去区域商业中心地位。

有学者认为，诸如铁路、公路等近代交通方式兴起，以及近代战争尤

① （乾隆）《苏州府志》（卷1），《形势》。

② 铁道部财务司调查科查编：《京粤支线浙江段杭州市县经济调查报告书》，1932年，第407页。

③ 浙江财务人员养成所编：《杭州市经济之一瞥》，1932年，第82页。

④ 浙江财务人员养成所编：《杭州市经济之一瞥》，1932年，第82页。

⑤ 中华人民共和国杭州海关译编：《近代浙江通商口岸经济社会概况——浙海关、瓯海关、杭州关贸易报告集成》，浙江人民出版社2002年版，第666页。

⑥ 何一民：《中国传统工商业城市在近代的衰落——以苏州、杭州、扬州为例》，《西南民族大学学报》2007年第4期。

其是太平天国起义对苏杭造成的毁灭性破坏，是苏杭商业地位进一步衰落的两个不可忽视的原因。① 以历史眼光来看，这种观点有一定道理。然而，笔者以为这一观点并未切中问题之肯綮，亦即造成苏杭近代以来商业中心地位异位的根本原因，并非以上二点。抛开近代新式交通运输方式是历史的必然这一因素不说，即便没有太平天国起义造成的破坏，随着时代变化，苏杭也必然为上海这样的近代化都市所取代。况且，新式交通对哪个城市都是公平的，苏杭与上海，均建有铁路和公路。当一个城市率先开始迈向近代的新商业经济，这个城市才因新式的交通而更上层楼，而近代这样的城市，第一个，也是最彻底的一个，便是上海。换言之，上海崛起，才是传统商业城市苏杭衰落的根本性因素。

就地理位置和原始交通条件而言，上海就不输给苏杭。上海之东，濒临大海，可直通大洋联系西洋而无碍，并且有黄浦江这一天然深港为依托，又位于长三角东端，苏州河也流经此处。当近代的脚步声响起之时，有识之士便发出了上海"为世界各国通商之第一口岸，尤擅形胜，固所谓天府之国也"② 的呼声。

自上海崛起以后，商业格局发生了根本性变化。无锡、常州素以从属于苏州的米、布转运码头著称，上海开埠以后，它们与苏州的经济联系逐渐削弱，与上海的联系不断加强，进口商品及南北货，经由上海采购占无锡转口内销总额的70%—80%。③ 杭州原来是省内甚至安徽、江西的商业贸易中心，并与苏州联系密切。自上海崛起以后，杭州在长三角的商业中心地位也被上海所取代。据《杭州商业杂志》于1909年对嘉兴府各属县市物产所作的调查显示，各属县市将所产物品直接销往上海而不转境杭州的情况较为普遍，而尤以各类丝、布、麻为主力军。④ 向来以杭州为集散地的安徽茶叶，在面临新形势时，政府要求将省内"祁门茶箱由芜屯公路转江南及京沪铁路直达上海。浮梁茶箱，由景德镇公路至鹰潭转浙赣及

① 分别参见何一民：《中国传统工商业城市在近代的衰落——以苏州、杭州、扬州为例》，《西南民族大学学报》2007年第4期；戴鞍钢：《港口·腹地·城市：上海与长江流域经济关系的历史考察》，复旦大学出版社1998年版；丁贤勇：《新式交通与社会变迁——以民国浙江为中心》，中国社会科学出版社2007年版。

② 魏颂唐：《浙江社会经济地理之鸟瞰》，《经济学季刊》1936年第1卷第3期。

③ 转引自何一民：《中国传统工商业城市在近代的衰落——以苏州、杭州、扬州为例》，《西南民族大学学报》2007年第4期。

④ 《调查录：嘉兴府各属物产调查表》，《杭州商业杂志》1909年第1期。

沪杭铁路,直达上海。至德茶箱,由至德帆运至安庆转输运沪"。① 这进一步显示,并非因为有了近代新式的铁路与公路,使得安徽作出将特产茶叶直接运往上海的决定,而是因为安徽面临困境,为"改进"各项措施,而选择上海这个有着得天独厚、无可比拟商路与商机的城市。而宁波则声称"上海向来是我们进行商业的中间媒介"。② 表现出与杭州在商业上没有多少关联的样子。

近代以来,杭州等传统意义上的区域商业中心城市,为上海这样的近代化商业都市所取代,是历史发展的必然。随着清政府紧锁的大门被炮火轰开,内向型内陆经济被无情淘汰,外向开放型海洋经济扑面而来,上海由于风云际会,得时代先进风气之先,傲然崛起,其商业和经济的辐射力席卷整个中国。从这个意义上说,无论是国内其他城市,还是长三角地区的商业都市,其境遇大同小异而已。

第二节　旧商业的困境与转型

历史以来,杭州基本上都属于消费型城市。即使进入近代,工业在上海等地蓬勃发展时,杭州也基本上局限于商业型都市范畴,而工业较少,重工业则几乎阙如。而所谓杭州的旧商业,概指杭州的传统商业门类,如丝绸、棉织、茶叶、钱业等。这些旧商业,进入近代以后,均面临程度不等的发展困境。杭州商人在困境面前,有采取转变发展策略和改进产品质量而在一定时期内取得较好发展的,也有虽因循守旧,却依然能取得较好发展的,这体现了历史的发展不能躐等,只能于新旧夹杂中渐进之特质。

一　旧商业的困境

杭州的旧商业,指的是几个较大的传统商业门类及其子行业。大体涵盖丝绸业、茶业、棉织业、锡箔业、中医药业、银钱业、典当业、米业、饮食业、酱酒业、盐业、旧式交通运输业、旅馆业及所谓的"五杭"③ 等20多种行业门类。

---

① 国民经济建设运动委员会安徽省分会:《经济建设半月刊》1936 年第 2 期。
② 中华人民共和国杭州海关译编:《近代浙江通商口岸经济社会概况——浙海关、瓯海关、杭州关贸易报告集成》,浙江人民出版社 2002 年版,第 666 页。
③ 即杭剪、杭扇、杭粉、杭线和杭烟。

　　近代以前，杭州多种旧商业经历了相当的繁荣。例如江干的木行业，到晚清时，已达十余家之多，至辛亥革命前后，"嘉湖各地经济发展，各路水客，纷纷来杭采购木材，业务繁兴"。[1] 这些大小水客一俟木材采购完毕，便装船运往上海，时人可以看到杭州"大小河道，生气盎然，大船满载木材顺流而下前往上海"。[2] 湖墅是杭州历史上有名的商业繁华区，那里有著名的湖墅三大行：纸行、米行、锡箔庄。比如其中的米业，"清末民初，杭州粮食主要来自安徽巢湖一带，当时湖墅经营粮食业务的大小米行共有二三十家"，[3] 繁荣可见一斑。

　　近代以降，随着外国商业势力入侵，带来两个困境，一是国内产品直接面对其竞争的压力；二是由于国外工业产品或采取了近代科学技术，或对产品进行新工艺加工，以迎合消费者求新求变的心理，由此也给国内产品带来了技术、工艺等不断更新的压力。

　　杭州旧商业首先面对的是国外商品的直接竞争，这种竞争到了何种激烈程度呢？实际上，时至清末民初，国外货物，或称之为洋货，在杭州市场上极为常见，乃至形成无孔不入之境。

　　纸张本是杭州比较发达的旧商业之一，然而，在当时的市场上却很少见到没有洋纸参杂的本土纸张。扇子为著名的"五杭"之一，虽为本土制造，但扇子上或涂有洋漆，或糊有洋纸，或上有洋色。衣帽也算是杭州比较发达的旧商业之一，但当时市面上已大量充斥着洋缎或者洋布，以至"入布肆者，几无从觅一匹土布；入绸缎庄，宁绸湖绸等货居小部分，且所谓宁绸湖绸中之染料，亦参以洋色"。[4] 若再追究其制造机器，则更无所谓纯粹的本土货物，因为当时已有某些厂家，为改进工艺，引进了先进的国外制造机器。

　　从销售环节上讲，这些工艺精良、物美价廉的产品，往往因为受到消费者青睐，商家也乐于销售。清末，在杭州最繁华的街市，有人对沿街商店所售商品作过一个具体而详细的观察，结果却令人大为感慨，"自三元坊直上，至鼓楼前，为我省城至繁盛之市面，俗家所谓肉心者，此也。试

① 　陈瑞芝：《杭州江干木行业的历史概况》，政协杭州市委员会文史资料委员会编：《杭州文史资料》（第 2 辑），1983 年。

② 　中华人民共和国杭州海关译编：《近代浙江通商口岸经济社会概况——浙海关、瓯海关、杭州关贸易报告集成》，浙江人民出版社 2002 年版，第 655 页。

③ 　陈鼎文、于学勤：《清末民初杭州湖墅的商业情况》，政协杭州市委员会文史资料委员会编：《杭州文史资料》（第 9 辑），1988 年。

④ 　知白：《杂录：过大街市面之感言》，《杭州商业杂志》1909 年第 1 期。

问售本国出产物者几家？售纯然本国出产物所制造，绝无他国物参杂者有几家？"① 由此可以看出，杭州本土商品遭受洋货竞争的严峻态势。

再如杭州的绸缎，就传统而言，往往被认为是工艺先进，所以能够长期畅销而不衰。旧时消费习惯，讲究实用而易得之产品，绸缎就是一般平民常用之物。近代风气大变，有些城市民众消费习惯趋于奢华。商家为迎合消费者心态，绸缎花色趋于繁富，价格随之扶摇直上，绸缎"始一变而成奢侈品。价格日益飞腾，非有中人之资，遂不敢向之过问，致人人心目中皆存购用洋货呢绒之观念"。② 由于杭州本土商家策略上的失败，给国外呢绒以可乘之机，工艺先进且价廉物美的呢绒便在很大程度上替代了绸缎，导致呢绒在国内大行其道，杭州绸缎销路相形见绌的尴尬局面。

质言之，杭州本土商品遭受外来货物竞争的根本原因，还是来自于新技术、新工艺的压力。洋货因为技术先进，设计精巧而美观，往往能够获得良好的市场，这在蚕丝业上表现得也很突出。

蚕丝业属丝绸业之一种，也是杭州旧商业之一。蚕丝是中国长期以来十分重要的日用天然原料，应用颇为广泛，在近代以前拥有很高地位。其他国家技术不断革新，这种单纯依靠天然原料为出产手段，很难与国外产品竞争。我国"养蚕人家，只图一时获利，不顾出品优劣。加以迷信观念，深入人心，如养蚕不见生客，说是一见生客，就会给他带去"。③ 在这种老旧落后观念影响下，一旦蚕患有疾病，主人一不知详细探究病源何来，二不知如何对病蚕进行应有的隔离，以防止相互传染，反而搞些迷信活动，所做之事对恢复病蚕健康毫无益处，遂导致蚕丝质量下降。反观西方，不以蚕丝天然优点为凭恃，而是通过技术改良，使之更具价值和耐用性。欧洲的法国和意大利，从养蚕到缫丝，再到制丝，整个过程、每个步骤都有详细研究，也有很多发明创造和技术改良。日本则从最初的模仿，迅速过渡到采用新方法，生产过程中采取"复摇式"，不但使丝质得到大幅度改进，产量也得到很大提高。终使日本的"生丝贸易勃兴，在万国丝业赛会会时，揭此旗帜，诩为独一无二之特点，以招徕顾客"。④ 一向占据优越地位的中国生丝，在跨入近代后，面对西方的技术革新，如一味

---

① 知白：《杂录：过大街市面之感言》，《杭州商业杂志》1909 年第 1 期。

② 韩祖德：《江浙绸业衰落之原因及其补救方法》，杭州市政府社会科编：《杭州市国货运动周特刊》，1929 年。

③ 《几种工商业》，《我国的蚕丝业》，民众生计小丛书第二种。

④ 陈重民：《今世中国贸易通志》，商务印书馆 1924 年版，第 23 页。

固步自封，不思进取，不谋改良技术，则其商业地位之江河日下，自不待智者而后明。

总体而言，近代以来杭州旧商业遭遇世界政治、经济、国内社会形势的变化以及新技术的冲击、外国商品的竞争等不利因素，大多陷入困境。所不同者，只是时间之迟速，程度之深浅而已。

二　旧商业的变与不变

近代中国历史处于不断变化格局之中。一种事物，只有顺应变化趋势，作出积极努力，方能在变局中站稳脚跟，谋得发展。近代以来，所谓"欧风美雨"，相逼而来，国内有识之士艳羡者有之，倾慕者有之，艳羡与倾慕之余，求变者更是如潮流不可断绝。

就商业而言，诸如交通运输的焕然一新，商业产品的日新月异、繁杂多变，挑起了具有近代思想眼界商人的敏感神经，等而下之，受到了普通消费者的青睐。面对这种商业趋势，国内商界如能善加利用，顺势而为，自然也能博得消费者的认可。否则，正如时人所认识到的，"苟昧于先机迟迟不应焉，则他人必先我为之，我即为违时失势之人，必在天演淘汰之列矣"。[①] 杭州旧商业亦不能例外，面对严峻的商业新形势，杭州旧商业因为所处位置的不同，所作出的反应自然也大不一样。下文分别以杭州旧商业中典型的商业门类钱业、箔业、丝织业为例作相应的分析和比较。

钱业在杭州旧式商业中，比较独特，在传统走向近代的过程中，其业务兴衰虽然也随其他商业一道起伏有致[②]，其组织形式也由会馆走向同业公会，但其商业模式却基本没有改变，这体现了传统力量的延续性和近代化过程的渐进性特点。

杭州钱业始自太平天国起义以后，先有胡雪岩在阜康开设钱庄，后有胡藻青、张筱庄、潘赤文等相继开设大小规模不一的钱庄。然而钱业在往后数十年的发展过程中，其业务对象、经营模式和内部管理却并没有因为形势的变化而有所变化。旧有模式和作风，一般难以适应新时代的发展，但对于钱业却并非尽然。换言之，钱业的某些旧模式，较之于新式金融业如银行来说，非但不显掣肘，反而显出一种落日余晖般的绚烂优势。

---

① 《论近日商界之趋势》，《杭州商业杂志》1909 年第 1 期。

② 有关杭州钱业兴衰可参见王恭敏：《浙江钱庄业的兴衰》，《浙江近代金融业和金融家》，浙江人民出版社 1992 年版；陈国强主编：《浙江金融史》，中国金融出版社 1993 年版；陶水木：《三十年代前期浙江钱业风潮原因论析》，《民国档案》2009 年第 3 期。

很多时候，钱业较银行业更能获得商户的青睐和认可。钱业的业务对象，无非是一个个活生生的商人，而商人的思想和习惯，却并未随时代变化而遽然改变。在商业不景气时期，那些失败的厂主"狃于旧习，多不能以财产向银行抵押"。① 此时，钱业就能显出优势，因为钱业大多依靠信用进行商业活动②，尤其是有商业实力的商号，无需抵押即可取得款项，而银行的稳健作风和严格手续，反而限制了其业务的开展。钱业的这种"亲民"特点，往往更能博得社会的认同和青睐。银行的组织架构体系和经营作风皆来自西方，有着一套严格的营业时间，而银行职员对于一般顾客，经常傲慢无礼，完全不像钱庄的伙计，态度和善，服务殷勤、周到，自然更能吸引顾客。

钱业以上的这些传统旧习，在近代化过程中，不但没有阻碍其发展的步伐，反而显出一种固有优势，因此也不具备改变的必要和动力。然而，某些明显陈习陋规，却也没有与时俱进，进行适当改革，实际也限制了其发展。

钱业对于客户虽极为亲善，对于其职工，却近乎苛刻。一般钱庄订有非常严格的店规，对职工的人身约束相当严格，"尤其对学徒管束更严，既不能高声谈笑，更不能重步行走，行动不得自由。如果荐保靠山不硬，或者有点过失，甚至对经理等不善奉承，均有借故被开除的风险"。③ 这种不符合近代西方科学管理制度的陋习，显然不合时代进步的需要。

钱业在步入近代后，最显著的变化是同业组织形式的改变。钱业组织在 1912 年以前，与其他行业一样，以会馆形式存在。经辛亥革命短暂的政局动荡，到 1914 年前后，杭州市场逐渐稳定。随着杭州商业的发展，钱业也呈现出一片欣欣向荣景象。于是，1930 年，把原来位于柳翠井巷的创始于清同治年间的钱业会馆改为"杭州市钱业同业公会，选举王子球任主席"。④ 实际上，杭州市钱业会馆改组为同业公会也并非出于钱业自身意愿，而是因为南京国民政府法律所驱动。1929 年 8 月 17 日，南京国民政府公布《工商同业公会法》，规定"凡在同一区域内，经营各种正

① 浙江财务人员养成所编：《杭州市经济之一瞥》，1932 年，第 28 页。

② 1930 年代因商业衰败，商业信用濒于崩塌，钱业曾有短期的改信用放款为抵押放款的，但这并非是长时期和主流现象。

③ 吴彝生：《有关杭州钱庄业的几点回忆》，政协杭州市委员会文史资料委员会编：《杭州文史资料》（第 6 辑），1986 年。

④ 杭州市政协文史委编：《杭州文史丛编》（经济卷下），杭州出版社 2002 年版，第 207 页。

当之工业或商业者，均得依本法设立同业公会"。① 1930 年以前，杭州市
各商业组织均称为"杭州市商民协会某某业分会，民国 19 年（1930
年）以后，又陆续改组成为同业公会"。② 也就是说，杭州市钱业公会是
在南京国民政府制定《同业公会法》，强制各地设立同业公会要求下才改
组设立。

通过以上分析，可以看出，对于钱业而言，不变是其本质，变则是一
种被动的接受，是一种表象。这是由它的行业属性决定的，对于彼时需要
借贷的商家来说，钱业少规矩、多方便的特性，更适合他们的商业需求。

箔业在杭州旧商业中比较知名，主要用于城乡间节日祭祖之用，集中
于当时湖墅一带，全省"藉此以生活者男女职工不下十数万人"③，而杭
州一市，从此业者估计"达六万人"④。

杭州箔业的一成不变，较之钱业尤过之。箔业本属于迷信行业之一
种，"自民国建都南京，努力于打倒迷信。然数百年来相沿成习，深入脑
海，殊离骤易，且平民生计所关，时不易救其失业"⑤。政府不能下决心
消灭箔业，并非民众数百年来的习惯，而是因为历史以来以箔业为生者众
多，箔业之于杭州政府与民众影响甚巨。20 世纪 30 年代杭州箔业产额
"年约八百五十万余元"⑥，产额既大，自然就能成为政府当局税收的一个
重要来源。鉴于当时财政拮据，政府又岂肯轻易因为这是一种迷信行业而
将其打倒？因为祭祖习惯没有改变，箔业也没有遭遇外来产品的竞争，自
然也谈不上技术进步与工艺改进。只不过随着政府捐税的加重，行业呈阶
段性消长而已。

当然，要说变化，与钱业一样，箔业也表现在其同业组织形式上。箔
业早期的同业组织是"箔业公所，其创设之年月尚在洪杨以前，公举范
宜诚、罗文银总司其事"⑦。后也随着南京国民政府公布《同业公会法》，
公所一变而为同业公会。

纸伞业是杭州旧商业中变化比较显著，也是行业整体比较积极主动，

① 《国府公布工商同业公会法》，《申报》1929 年 8 月 19 日第 9 版。

② 杭州市工商业联合会（商会）志编纂委员会编：《杭州市工商业联合会（商会）志》，
2003 年版，第 55 页。

③ 《地方通信·杭州》，《申报》1918 年 4 月 13 日第 7 版。

④ 《杭州市之箔业》，《浙江财政月刊》1936 年第 9 卷第 2 期。

⑤ 《杭州市箔业调查》，《工商半月刊》1929 年第 1 卷第 14 期。

⑥ 《杭州市之箔业》，《浙江财政月刊》1936 年第 9 卷第 2 期。

⑦ 《国府公布工商同业公会法》，《申报》1918 年 4 月 13 日第 7 版。

求变化以谋发展的行业之一。

民国时期，杭州纸伞可谓远近闻名，远销海外。1930 年代，曹聚仁到福州游玩，漫步福州街头，"沿途鉴赏那些手工艺术的店铺，其间灯彩、漆器、藤器、纸伞、篦梳、雕刻等日常用品，色彩花样的精美，都在一般水准之上，长沙、杭州的纸伞素负盛名"。[1] 纸伞为杭州出口业务大宗之一，"杭州纸伞每年不下数十万柄，近则行销国内大埠，远销南洋欧美"。[2] 可见近代以前杭州纸伞业发达之一斑。

清末，这种情况明显逆转。因"西欧各国之铁骨布伞输入，当时国人以其轻便，争相购用，名之曰洋伞"。[3] 原来称霸伞业市场的杭州伞，销路日趋衰落。杭伞，尤其是老头伞，伞纸层数比较多，重重叠叠，虽然耐用，却显得比较笨重，外出携带不易，比起西欧各国布伞，轻便性明显逊色一筹。数年后，曾经热销欧洲各地的杭州纸伞，居然接连"发生纸伞油粘之弊，又遭拒用"[4]，于是营业又遭重创，业务更有一蹶不振之趋势。

在困难面前，杭州伞业商人并未一筹莫展，而是趁着有利的历史机遇，积极改进，并取得了良好的成绩。

1914 年第一次世界大战爆发，欧洲各国忙于战事，无暇顾及对中国的贸易，其以轻便著称的"洋伞"贸易也因此暂时终止，杭州伞业得有喘息并重新夺回市场的机会。首先，杭州伞业界迅速采取了"自行设厂仿造布伞，改洋伞曰阳伞，名纸伞雨伞"[5]，不但在外观上仿制洋伞，而且在关键材料使用上进行重大改进，"柄作弯形，包以钢皮，伞顶亦仿洋伞制造，加包钢皮，形式颇为雅观"。[6] 这样，就在材质上取得了与欧伞相似的地位。其次，1915 年又爆发了"五九"国耻，当时国人群情激奋。商界人士见此，一面遂以爱国思想用国货相号召，一面将"纸伞尽量改造，一切装潢，仿造洋伞式样"[7]，并趁有利时机，大量制造，供应市场，"复易纸伞为爱国伞，一时销路大畅"。[8] 困境中求变，为杭州伞业赢得了

---

① 曹聚仁：《万里行记》，三联书店 2000 年版，第 352 页。

② 《杭州纸伞调查》，《工商半月刊》1929 年第 1 卷第 15 期。

③ 《杭州纸伞之调查》，《浙江商务》1936 年第 1 卷第 5 期。

④ 实业部国际贸易局：《中国实业志·浙江省》，1933 年（庚），第 417 页。

⑤ 《杭州纸伞之调查》，《浙江商务》1936 年第 1 卷第 5 期。

⑥ 浙江财务人员养成所编：《杭州市经济之一瞥》，1932 年，第 46 页。

⑦ 实业部中国贸易局：《中国实业志·浙江省》，1933 年（庚），第 417 页。

⑧ 《杭州纸伞之调查》，《浙江商务》1936 年第 1 卷第 5 期。

发展空间，挽回了一度被外人所夺的市场。

综合上述分析，可以得出一个大概的结论。在杭州所有旧商业中，凡是面临危机并不严重，或虽然时代变迁，但经营环境并没有显著变化，其求变的动能和欲望十分有限。反之，如果生存环境十分恶劣，不变便无法生存，则求变的动机十分强烈。而那些求变者，或多或少有了新商业的因素。

第三节　新工业产生与商业的进化

由于传统的地理人文因素限制，加上近代以来，因上海的迅速崛起等原因而导致商业格局的彻底转换，杭州的工业一直不甚发达。少有的传统工业门类也仅限于丝绸等日用品，且一般都停留在手工工场规模与水平。"杭州之新式工业，盖起源于光绪二十三年（1897 年）成立之通益公纱厂"[1]，此后，杭州的近代工业有了一定发展，可以称之为新工业。这些新工业，有从旧营垒中脱胎而来的，如丝绸工业等；也有全新的从西方舶来的工业，如电力工业等。这些新旧程度不等的新工业，在一定程度上推动了杭州商业的近代化。

一　新工业产生与旧商业的近代化

新工业为杭州旧商业的近代化提供了契机。以丝绸业来说，杭州的丝绸产品在历史上曾以丝质精良、技术先进著称于世。到了近代，传统生产工艺遭遇了更为先进的西方技术的侵袭。在困境面前，丝绸商界主要在两个方面进行突破。一是提高生产技术、更新生产设备及使用新原料，直接设立丝绸生产企业。二是原来经销丝绸的商人，洞察到形势的变化，也引进先进设备，进行前店后厂式改造和生产。

在生产设备上，传统丝织以"空引纹织机"为先进象征，专供皇室贡品。杭州"前清时代置织造局，朝廷特派织造大臣以监督之，局内设三百台空引纹织机"[2]。这种曾经专供皇室的先进织机，在清末却显得非常落后。那些旧式织机生产出来的产品，无法与日本新式设备生产的丝织品竞争，"花纹绸织均甚简陋，而日本已盛行新式提花机丝织品，畅销国

---

① 龚骏：《中国都市工业化程度之统计分析》，商务印书馆 1933 年版，第 365 页。

② ［日］佐藤真：《杭州之丝织业》，《东方杂志》1917 年第 14 卷第 2 号。

际市场，且有输入中国倾销的"。① 因此，中国的丝织品不仅在国际上是明日黄花，无法与日本等国的同类产品相匹敌，就是在向居垄断地位的国内市场上，也无法与其相抗衡。

商界有识之士如许炳堃等，有鉴于此，专门到较为先进的日本东京高等工业学校学习，将先进技术带回国内，进行染织技术的改良。1909 年，许炳堃创办"手艺传习所，教授新式纹织机之使用方法。并于宣统三年（1911 年）创设甲种工业学校，养成地方工艺厂之教员，附以机织传习所，养成职工徒弟"。② 这样，杭州新式丝织品的产生，便有了技术和人才的基础。

先进设备的引进和使用，是关键的一着。1912 年，"朱谋先发起组织纬成公司，采用新型提花机 6 台，以工校培养出来的新技术人员，从事创制铁机新品种。首先试制纬成缎成功，销售于市场，大受欢迎"。③ 纬成公司后来在此基础上，加大投资，引进多台新式提花机，生产出来的产品甚至一度供不应求。

随着纬成公司引进新技术取得巨大成功，1914 年起，诸如天章、虎林、文记等一批杭州本地丝织业陆续创办。1915 年，"振新、天章绸厂最早使用电力织机织绸"。④ 1920 年，杭州所拥有的新型织机，"共增加 1060 台"⑤，发展颇为迅速。

除了先进设备的引进，原料选用的改变也是重要一环。

杭州丝织品一直以来采用的都是土丝，沿用千年而没有改变。但由于西方包括日本等国，对丝织品的原料深有研究，他们"对于养蚕、缫丝、制丝种种方法，都有很详细的研究，很多的发明，很好的改良"。⑥ 其中人造丝的发明与应用，就对中国天然土丝造成了严峻挑战。人造丝最先由意大利发明，日本研究最为投入。"日本国家当初投资一千二千万，社会方面投资七千万八千万，积极提倡，牺牲在人造丝方面的已经数万万元了。"⑦ 由于人

①　杭州市档案馆编：《杭州市丝绸业史料》，1996 年版，第 109 页。

②　［日］佐藤真：《杭州之丝织业》，《东方杂志》1917 年第 14 卷第 2 号。

③　杭州市档案馆编：《杭州市丝绸业史料》，1996 年版，第 108 页。

④　任振泰主编：《杭州市志》，中华书局 1999 年版，第 121 页。

⑤　杭州市工商业联合会（商会）志编纂委员会编：《杭州市工商业联合会（商会）志》，2003 年版，第 11 页。

⑥　《我国的蚕丝业》，民众生计小丛书第二种，第 2—3 页。

⑦　朱谋先：《吾国之纺丝事业》，杭州市政府社会科编：《杭州市国货运动周特刊》，1929 年，第 8 页。

造丝在制作产品的精美度与色彩变化上更具优势，因此，国内对于采用人造丝的渴望也十分强烈。然而，国内在丝织物原料选用上经历了一个曲折过程。

首先是由土丝转变到长丝的使用。采用长丝的好处是能够大大提高产品质量和产量，而且能够节约劳力，降低人工成本。然后才是由长丝过渡到人造丝。"1924 年，杭州绸厂开始使用人造丝。"[①] 使用人造丝后，新品种便不断推出，大大提高了我国丝织品的国际竞争力。

以下是杭州直接设立近代化丝绸生产企业历程之一斑。

甲午战后，清政府允许外国资本在中国设厂，对于国内绅商设立厂矿企业的禁令也开始松动。杭州最先设立近代化私人工业企业，是清光绪二十一年，即 1895 年。那一年，绅商丁丙、庞元济等集资，于杭州拱宸桥西如意里创办了世经缫丝厂，"购进意式缫丝机 208 台，并自备发电机，次年投产，开杭州机械缫丝之先河"。[②] 1911 年，杭州绸业会馆董事金溶仲在太平桥七龙潭创办振新绸厂。而后便是上文提到的纬成等丝绸公司相继成立。

此外，也有原先经营绸庄业务，而后创办绸厂的。

清末，浙江绍兴人王达夫，先是在杭州一绸布店做学徒，积累一定的资金后，于光绪十六年，即 1890 年，设立了悦昌文记绸庄，经营绸缎业务。随着业务的上升，资金进一步积累，加以适应形势变化的需要，于民初购进新式织机，"所产摹本缎、线春罗等负有盛名。有职工三百余人，遂成为浙江丝绸业之首富"。[③]

另外，1912 年，徐吉生创设了"庆成绸庄"，经营丝绸业务。为求得业务的突破，徐吉生于 1915 年在杭州金洞桥、善安街设置工场，"扩充织机 120 台，改名为'庆成绸厂'，民国 13 年（1914 年）购进全铁电力织机 40 台和日式坐缫机 120 台，改称庆成'缫丝厂'"。[④]

就发展层面而言，无论是直接设立生产企业，还是先以商业形式经营丝绸，继以设厂生产，从事前店后厂式经营，都带动和促进了业务的发展，挽救了濒于困境的丝绸贸易，并能突破困境，取得了进一步的发展；

① 杭州市档案馆编：《杭州市丝绸业史料》，1996 年版，第 14 页。

② 任振泰主编：《杭州市志》，中华书局 1999 年版，第 121 页。

③ 钟毓龙：《说杭州》，浙江人民出版社 1983 年版，第 591 页。

④ 杭州市工商业联合会（商会）志编纂委员会编：《杭州市工商联合会（商会）志》，2003 年版，第 10 页。

就商业形式而言，经历了丝绸业的困境，使得某些原有单一以商业贸易模式经营的商人，能够转换商业思维，大胆突破，毅然在原来的绸庄上，引进先进设备，设厂生产，采前店后厂式经营，扩大了规模，同时促进了旧商业的近代化。概而言之，上述两种不同方式产生的新工业，通过各自努力，因为其产品式样和材质，再也不同于传统面貌，在这个意义上说，为旧商业注入了新因素，促进了旧商业近代化，可谓殊途同归。

除了丝绸企业，清末民初以来，杭州还产生了诸如棉纺、针织、机器铁工、造纸、印刷、火柴等近代工业。

截至 1932 年杭州市区新式工业工厂数

业别	家数	业别	家数
机器厂	48	榨油厂	1
翻砂厂	11	制冰厂	3
棉纺织厂	14	碾米厂	82
丝绸厂	28	制糖厂	2
针织厂	21	煤球厂	2
火柴厂	1	印刷厂	66
烛皂厂	7	建材厂	7
玻璃厂	2	营造厂	16
制革厂	12	牛乳厂	6
电厂	1	豆汁厂	1
染练印花厂	69	制伞厂	27
制药厂	2	革制厂	6
电镀厂	6	合计	441

注：根据 1932 年相关资料所作的统计

值得注意的是，以上这些工业，均为轻工业。与丝绸工业一样，一般也分为两种情况，一是在原有手工业基础上，引进先进设备和技术改良后的新工业，如翻砂厂、棉纺织厂、针织厂、榨油厂、碾米厂等；二是全新的新式工业，如机器厂、火柴厂、电厂、印刷厂等。

回溯历史的场景，不难想象，以上这些新式工业，与丝绸工业一样，它们或有了产品的更新，或为市场注入了全新产品。更为重要的是，因为克服国外先进产品入侵所致的利益侵蚀，商人必须提升他们的竞争意识，也使他们自身在某种程度上具备了世界眼光，产品的设计生产直接与世界接轨，主动努力研究"制造适合市场之需要"① 的产品。所有这些，为旧商业向新商业转化提供了多维度的丰富动力，并促进了杭州旧商业的近代化。

当然，就历史事实而言，旧商业的近代化与新式商业的产生，几乎是同步进行的。作为商业的整体，它们的发展变化，均受到国外资本主义因素的冲击才得以展开。

二　社会发展与新商业的产生与进步

近代杭州商业的发展在两种情形下展开。一方面，因为新式工业的产生，促使部分旧商业向新商业转型；另一方面，随着时代变迁和社会进步，全新商业门类随之产生。无论是旧商业的转型，还是新商业的产生，主要原因在于杭州受到西方外来商业冲击或文明的影响，1895 年杭州开埠后益形明显。

清末以来，杭州的新商业类别主要包括火柴、摄影、新闻、银行、律师、保险、火油、轮船公司、电灯公司和电影院等。进行具体分析考察后发现，在西方影响下，杭州新商业基本上由两种方式产生。一是因为某种商品市场被洋货所占领，国内商人为夺回主动权，在"实业救国"的理念指引下，自行设厂生产和市场开拓，如火柴等；其二是由外国商人率先在杭州开展商业活动，国内商人见其甚受市民欢迎，并且有利可图，遂亦模仿，投资开办，如电影等。下文以上述两个行业为例，说明杭州新商业产生和发展之一斑。

1909 年以前，在杭州市场上占据垄断地位的"洋火"，激起了本地有识绅商的不满和担忧。在一片"'实业救国，振兴国货'的口号声中，汤寿潜、王芗泉等人集资 5 万银元，在江干区海月桥创办杭州光华火柴厂"。② 之所以取名为"光华"，是因为其含有"光复中华"之意。因此，光华火柴厂的设立，本身就含有与外商争夺利权之初衷。当然，在商言商，与外商争夺市场并非是其唯一的理由。光华火柴厂设立后，职商潘俊年等"禀请浙抚，于十年之内，凡上至衢严，下至嘉湖，行销范围之地，无论何处商人，不准于年限内添设火柴公司，以保资本"。③ 也就是说，光华火柴公司要在杭嘉湖及衢严等范围内实行垄断生产，以图迅速发展。

①　《我国之手工业及现代化问题》，庐山暑期训练团军训组印，1937 年版，第 50 页。

②　任振泰主编：《杭州市志》（第 3 卷），中华书局 1999 年版，第 195 页。

③　《火柴公司大欲难成·浙江》，《申报》1910 年 3 月 15 日第 12 版。

潘俊年等人的请求未能得到当时浙抚批准，考诸历史，上述地域内在整个民国时期均没有设立过火柴公司。浙江境内"火柴制造分布于杭州、鄞县、丽水、永嘉四处"①，所以，光华厂面临很好的机遇。成立之初，即"日产安全火柴七八箱，1917 年，日产量提高到 50—60 箱，1921 年，年产火柴达 4 万箱"。②

产量逐年得到提高的同时，光华厂根据形势的变化，积极谋求更大的发展和更大的利润空间。1914 年"光华火柴公司，因欧战而增价"③。特殊时期，通过提高产品价格，避免了因原材料价格上涨带来的利润亏蚀。在公司积极经营之下，加上周围有利的形势，1917 年"公司销路日旺，经董事会决议添加资本二十万元以广营业"。④ 1923 年"光华公司亦获巨利"⑤。据 1930 年《申报》报道，经过连年累计发展，光华公司被外界誉为"规模宏大，出品繁多，颇足称雄于江南数省间"。⑥ 然而恰从此年开始，光华走向衰落，"最近数年（以民国十九年为尤甚）来，受瑞商火柴倾销之影响，火柴市场，因外货充塞，营业大受打击"。⑦ 因此，1934 年 7 月，"光华厂并入苏州大中华火柴股份有限公司，并改名为大中华股份有限公司杭州光华火柴厂"，⑧ 以图继续发展。

其实，光华厂后来不免衰落的命运，归因于所谓瑞士商人进行火柴倾销，是没有充分依据的。光华厂创办之初，也曾面临相对先进的"洋火"的倾销，然而其终究能够脱颖而出，称雄于"江南数省间"，除了形势因素，主观努力很重要。然而，到了 20 世纪 30 年代，有人考察后发现，"我国火柴工业，目前尚未臻发达，机器设备，亦多简陋"。⑨ 恐怕这才是光华厂最终衰落的根本原因。此时，或许不应再称其为新商业。

杭州电影的出现比火柴更早。1895 年，杭州开埠后，日本在拱宸桥设立租界，西方商人也络绎而来，电影文化随之进入杭州。在电影刚出现在杭州的前几年，悉由西方人带进来进行放映。1902 年，英国人开启杭

---

① 实业部中国贸易局编：《中国实业志·浙江省》，1933 年（庚），第 311 页。

② 任振泰主编：《杭州市志》（第 3 卷），中华书局 1999 年版，第 195 页。

③ 《杭垣之实业观》，《申报》1915 年 2 月 18 日第 6 版。

④ 《杭州快信》，《申报》1917 年 2 月 12 日第 7 版。

⑤ 《杭州快信》，《申报》1924 年 1 月 1 日第 10 版。

⑥ 《提倡国货之光华火柴厂》，《申报》1930 年 3 月 22 日第 19 版。

⑦ 实业部中国贸易局编：《中国实业志·浙江省》，1933 年（庚），第 312 页。

⑧ 任振泰主编：《杭州市志》（第 3 卷），中华书局 1999 年版，第 195 页。

⑨ 实业部中国贸易局编：《中国实业志·浙江省》，1933 年（庚），第 315 页。

州电影放映之端，"1902 年 11 月，时有英国人应聘来杭，在此放映光电活动机器影戏，节目有《英皇出游》《美女出浴》《开火轮车》等"。①此后逐渐普及，"清光绪三十四年（1908 年）农历四月十日，拱宸桥阳春茶园始映电影"。②再后来，英国人梅藤更在基督教会的协和讲堂，因为宣传基督教的关系，放映了一些反映非洲探险等内容的影片。1925 年，杭州基督教青年会开办露天电影场，主要放映一些美国影片，其中诸如卓别林、罗克主演的滑稽片大受欢迎。

电影既然如此受人欢迎，杭州商人自然不会熟视无睹。1925 年 11 月，"杭州影戏院"开业，这是"杭城第一家室内电影院，这家影院原是一家京剧院，由杭人徐梦痕与上海明星影片公司租赁经营"。③由于这家电影院得到了影片公司的支持，片源能够得到保障，开办后业务蒸蒸日上，生意十分兴隆，很多当时有名的电影如胡蝶的《姐妹花》等都曾在这家影院上映。

此后，电影事业在杭州如雨后春笋般发展。各种露天电影场、室内电影院纷纷开设。如"1926 前后，大世界游艺场，增辟了露天电影场"。④ 1930 年，杭州电厂为了振兴杭州商业市面，酬谢广大用户起见，"特就西湖博览会大礼堂原址，设立电影院一所，定名为'杭州电厂用户娱乐电影院'"。⑤规定所有电厂的用户，凭用电收费单据，一律能获得免费观看电影的资格。据统计，在 1922 年至 1949 年的 27 年间，"杭州先后建成露天电影场或正式的电影院共有 17 家"。⑥ 以当时杭州的市区面积和人口规模来衡量，作为新商业之一种，电影事业显出蓬勃的发达态势。

以历史的眼光来看，所谓商业的新与旧，是相对而言的。随着社会的发展，昨日受欢迎的新商业极有可能一变而为明日遭淘汰的旧商业，被更新的商业所替代。

---

① 周少敏：《杭州解放前电影业的兴衰》，政协杭州市委员会文史资料委员会编：《杭州文史资料》（第 18 辑），1993 年，第 53 页。
② 钟毓龙：《说杭州》，浙江人民出版社 1983 年版，第 659 页。
③ 周少敏：《杭州解放前电影业的兴衰》，政协杭州市委员会文史资料委员会编：《杭州文史资料》（第 18 辑），1993 年，第 53 页。
④ 周少敏：《杭州解放前电影业的兴衰》，政协杭州市委员会文史资料委员会编：《杭州文史资料》（第 18 辑），1993 年，第 53 页。
⑤ 《地方通信》，《申报》1930 年 2 月 5 日第 10 版。
⑥ 周少敏：《杭州解放前电影业的兴衰》，政协杭州市委员会文史资料委员会编：《杭州文史资料》（第 18 辑），1993 年，第 57 页。

杭州城内传统的代步工具是轿子，大多为达官贵人或女子、老人所乘坐。随着社会的发展，作为新式的人力车开始出现，"杭州人力车之行驶，始于民国纪元前一二年间"。① 也就是说，大概在 1910 年至 1911 年间，杭州开始出现了人力车。"辛亥革命胜利后，平等思想开始出现，年轻人坐轿有了压力。"② 于是很多人纷纷改坐人力车，也就是俗称的"黄包车"。人力车行业作为新式商业，适应时代新思想与社会新发展需要，得到快速发展。虽然人力车的出现和发展曾招致了原来轿夫们的不满、抵触，甚至导致了轿夫与人力车夫之间的斗殴，但人力车因为体现了社会发展的总体趋势，依然无可阻挡地发展壮大起来。1927 年，全市人力车达到 3080 辆，③ 并将轿子赶出了历史舞台。然而，人力车发展到巅峰之日，也是其步入衰落之时，当初之所谓新，正沦为今日之所谓旧。

随着社会的进一步发展，20 世纪 20 年代初，汽车开始在杭城出现。1922 年，杭州出现了以汽车为交通工具的运输公司，即"原上海英商电车公司职员潘宝泉和杭州大世界游艺场经理陆保泉，分别在杭组建'宝华汽车行'和'永华汽车行'"。④ 作为新式的交通工具，汽车具有人力车所无法比拟的快捷与廉价的特点，为乘客所钟爱。这样一来，原来的人力车夫无疑又成为昔日的轿夫而受到时代冷落。人力车夫也像当日的轿夫一样，对汽车展开报复。"1929 年春，终于爆发了杭州最大的砸汽车、烧汽车事件。三月下旬，砸了南洋旅社的汽车，四月四日，开始捣毁南洋、永华、通利、维记等公司的汽车。"⑤ 然而，人为的情绪终究阻挡不了历史和社会前进的步伐，随着杭州市政府《取缔人力车办法》的出台，人力车逐渐让位于汽车而成为旧商业之一种。

随着社会的发展，旧商业或注入新的因素而继续发展，或逐渐被更新的商业所取代。这是近代商业发展的逻辑。

---

① 夏庆台：《杭州市人力车概况及车夫生活概况》，《市政月刊》1930 年第 3 卷 3 期。
② 迟华：《杭州往事》，新华出版社 2002 年版，第 32 页。
③ 夏庆台：《杭州市人力车概况及车夫生活概况》，《市政月刊》1930 年第 3 卷 3 期。
④ 蒋天荣、王平：《杭州市公共交通志·综述》，杭州市公共交通总公司，2002 年。
⑤ 迟华：《杭州往事》，新华出版社 2002 年版，第 34 页。

第二章　杭州商业兴衰脉络

杭州自开埠至沦陷的 40 多年时间里，商业的发展虽有起落，但总体上呈现出两个不同时期的兴衰脉络。

第一个时期是 1895 年至 1927 年，第二个时期是 1927 年至 1937 年。在第一个时期的 30 年左右时间里，又可以分为清末、民国初期两个时间段。清末危机和政府的奖励工商政策，激发了国内士绅和商人投资的积极性，这一时期杭州的商业得以微弱发展。而在第二个时期，由于政府实行了一系列有助于商业发展的诸多政策和措施，杭州商业获得较大发展。1927 年杭州建市。虽然杭州市政府也采取了一些有助于商业发展的措施，且在城区及周边交通建设方面有很大成绩，商业却呈现出全面衰退景象。特别需要指出的是，在这一时期，在形势明显发生变化的情形下，杭州市政府对于城市的发展缺乏近代化格局与胸襟，无法在传统与近代之间取得平衡。杭州市政府虽然开始大力发展旅游业，且取得了相当的成绩，但仅将其作为挽救传统商业颓势手段的思路无法使杭州摆脱近代化困境。

第一节　杭州商业兴衰鸟瞰——兼与苏州比较

通常而言，商业发展与政治环境的稳定呈正相关关系。政局稳定，商业发展，反之则衰退。但考察 1912 年至 1937 年杭州政治与商业的关系，似乎并非如此。1912 年至 1927 年，杭州基本处于北洋势力管辖之下，政局时常不稳，但商业却异乎寻常地呈现出发展之势。而 1927 年至 1937 年，杭州处于南京国民政府统治之下，政局稳定，商业却颓势不止。

一　1912 年至 1927 年杭州商业的总体性繁荣

得益于晚清政府实行新政，杭州商业出现繁荣景象。根据杭州海关相关数据记载，这一时期无论是出口还是进口均大幅增长。如光绪三十年

（1904 年），较之光绪二十四年（1898 年），杭州海关出口土货增长了82%，进口洋货则增长了147%。[①] 清末的这种繁荣一直延续到1927年左右。1912 年至 1927 年间，杭州商业从整体上呈现出一片繁荣景象。

在此期间，杭州城区不同的区域，商业发展的特点不同。

首先是城区东部的城站地区，因为铁路开通，成为客运和货运的总枢纽。便捷的交通直接带动了旅馆业、照相业、菜馆业及影戏院等服务娱乐行业的大发展。杭州知名的城站大旅馆、清泰旅馆就位于此处；此外，这一区域中的活佛照相馆、镜花缘照相馆也是杭州照相业中的翘楚；而聚丰园京菜馆、协兴西菜馆、王润兴饭店、吴山第一楼菜馆则时常成为来杭游客的重要选择；娱乐业方面，风舞台戏院也由单一的舞台表演迅速向以电影为主的综合型娱乐方向发展。所有上述聚集于此的商业门类，在此期间均得到了巨大的发展。

在城区西部，也就是濒临西湖的新市场，1912 年后迅速成为杭州新兴商业中心之一。在这一区域，集中了大量菜馆、旅馆、理发店、戏院、百货店、服装店以及国货陈列馆等。这一区域的商业形势，"民初开始，日趋繁荣，以迎紫路、延龄路最热闹，形成旅游娱乐新市区"。[②] 拥有新新、蝶来、金城、西湖四大杭城最为知名也最为新式的饭店，又有多家高级饭店。楼外楼、聚丰园、知味观、天香楼、素香斋等大菜馆云集于此。此外，大世界、新新、共舞台戏院等经常见诸报刊广告的娱乐公司，在此一区域经营事业蒸蒸日上。

总体而言，杭州城区东西两市，其商业是以旅馆、饭店、菜馆、照相、戏院、百货等旅游服务及娱乐性商业等新式商业为其主要特点。与此不同，南北两市，则主要以传统商业门类为主。

比如，江干和拱墅是杭州传统的南北两市。前者主要以过塘行、木业为主，后者则以米行、纸行、箔业和鱼类市场为主。在此期间，南市有"十里江干，千艘风帆"的美誉。"江干从观音塘至闸口，沿江行栈林立，号称'半个杭州'。紧靠运河边的拱墅地区，有著名的'三行一市'，即米行、纸行、箔庄及鱼市场。"[③]

① 根据（清）龚嘉儁主修：《光绪杭州府志》（卷 64），《赋税·七》相关数据计算所得。
② 董涤尘：《1911—1937 年的杭州商业市场》，政协杭州市委员会文史资料委员会编：《杭州文史资料》（第 9 辑），1988 年，第 28 页。
③ 金普森：《浙江通史》（第 11 卷），《民国卷》（上），浙江人民出版社 2005 年版，第114 页。

而位于杭州中部的湖墅，因其位于京杭运河终点的南端，交通极为便利，所有福建、江西、安徽和浙江出产的土纸以及绍兴、杭州出产的锡箔往北销售，安徽、江苏运杭的大米、牛和猪都在湖墅集散。这极大地促进了湖墅商业的发展，"那时湖墅地方行店林立，万商云集，百业兴旺，可谓盛极一时"[1]。湖墅商业如此繁荣，全市状况可以想见。在这一时期，举凡杭州的棉纱、丝绸、茶叶、电力等各行各业，无不一片繁荣景象。如棉纺业，新厂、老厂呈现齐头并进的格局。1917 年，杭州全市有布厂 13家，拥有织机 372 台。同年，通益公纱厂添置了 110 台电动织布机，1920年增加到 320 台。丝织业方面，1912 年起，杭州新式丝织厂也年有设立，如 1914 年的天章、虎林和云成，1916 年的庆成，1917 年的文记，以及1918 年的新恒等。[2] 杭州织机数量，从 1912 年的 28 台，稳定而快速地增长至 1920 年的 1060 台，9 年间增长了逾 5 倍。[3] 足见杭州商业繁荣之一斑。

1912—1927 年杭州丝织业情况统计

年份	户数（家）	工人数（人）	资本额（元）	机台数				年产量（匹）	年产值（元）
				合计（台）	木机	拉机	电机		
1912	2050	18736	1004800	5012	5000	12		388310	13040800
1915	2090	15012	1206000	4350	2790	1500	60	331890	11867200
1920	2206	19400	2520000	6400	1800	3800	800	480000	17920000
1926	2797	33600	5560000	11200	1600	6100	3500	840000	31360000
1927	3100	35248	5990000	11750	1150	6800	3800	881230	32900800

资料来源：程长松主编：《杭州丝绸志》，浙江科学技术出版社 1999 年版，第 76 页。

上表数据显示，1912 年至 1927 年间，在所选取的 5 个年份中，杭州丝织业户数、工人数、资本额、年产量、年产值等各项指标明显递增。可见，在此期间，以丝织业为代表的杭州商业，整体上较为繁荣。

杭州商业的繁荣，还可于物价上得到佐证。1912 年至 1921 年，杭州大米从每石 5.5 元上涨至 9.5 元，猪肉从每斤 0.14 元上涨至 0.25 元，鸡

---

①　陈鼎文、于学勤：《清末民初杭州湖墅的商业情况》，政协杭州市委员会文史资料委员会编：《杭州文史资料》（第 9 辑），1988 年，第 412 页。

②　参见林正秋、陶水木、徐海松《浙江地方史》，浙江人民出版社 2004 年版，第 312—313 页。

③　彭泽益：《中国近代手工业史资料》（第 2 卷），中华书局 1957 年版，第 640 页。

蛋从每个 0.0077 元上涨至 0.018 元，茶叶从每斤 0.36 元上涨至 0.8 元。重要的是，"物价之显著上涨之结果，工资薪水也随之水涨船高"。[①] 说明这种物价的上涨，是基于生活水平的提高，也即商业的繁荣。

1912—1927 年杭州新开商店数与 1912 年前所开商店数比较

类别	1912 年前商店数	1912—1927 年新开商店数	类别	1912 年前商店数	1912—1927 年新开商店数
服饰类	107	596	文化娱乐类	54	178
饮食类	394	1701	婚丧类	70	133
住用类	172	716	日用杂物类	108	589
染料类	22	142	居间类	18	82
医药卫生类	74	242			

资料来源：金普森：《浙江通史》（第 11 卷），《民国卷》（上），浙江人民出版社 2005 年版，第 114 页。

由上表可知，1912 年至 1927 年间，杭州有关商业门类飞速发展，其中尤以服饰、饮食、住用和文化娱乐等商业门类发展最为显著，这显示了杭州作为一个消费性城市的特点。

据统计，在此期间，杭州与旅游业直接有关的旅店，1912 年之前仅为 15 家，1927 年增加到了 91 家。饭店在清末只有 15 家，这一时期新增了 109 家；菜馆过去 3 家，新增了 38 家；面店过去仅 19 家，新增了 99 家；杭州一直没有游艺业，这一时期也实现了零的突破，达到了 3 家；照相店为新式商业，过去没有，这一时期新开设 15 家。高档消费品也取得了巨大发展，比如丝绸庄，从最初的 5—6 家，发展到 50 余家。1917 年，杭州绸缎销售量达 10.09 万匹，总值为 454.05 万元。最高的年份，营业额可达 700 余万元。绣花织锦店清末尚未出现，这一时期新开设达 8 家；金银珠宝首饰店在过去也只有 15 家，这一时期新增加 33 家；钟表眼镜店在清末只有 9 家，这一时期新增加了 29 家。其他如鸡鸭野味店在过去仅有 3 家的基础上，增加了 17 家；水果店则在过去 11 家的基础上，新增达 41 家之多。[②] 可见这一时期，杭州商业整体上的繁荣趋势极为明显。

1912 年至 1927 年的苏州，较之杭州，其商业发展整体如何呢？先是

---

① 中华人民共和国杭州海关译编：《近代浙江通商口岸经济社会概况——浙海关、瓯海关、杭州关贸易报告集成》，浙江人民出版社 2002 年版，第 706 页。

② 参见金普森《浙江通史》（第 11 卷），《民国卷》（上），浙江人民出版社 2005 年版，第 114 页。

清末新政以及苏州的开埠，后是国民政府积极的商业政策，均对苏州商业产生了积极的影响。如民初，苏州阊门外的商市就极为热闹，商家主要集中在有名的"三路一街"，即大马路、横马路、石路和上塘街。五四运动前后，在抵制洋货、提倡国货口号下，商业有了很大的发展。商人们则更加大力提倡国货，举办国货展览会，极大地发展了商业。① 相关史料表明，这一时期，"近石路地段就有商号 320 余家，其中比较著名的有徐源茂洋广货号、赵天禄茶食店、王万泰、信丰恒五金号、曹素功墨庄、萃昌祥、天丰布号、春林洽香粉店、仁和祥烟钱店、杜家老三珍肉店、程德泰茶叶号、陆万兴船行、同复利锡箔、晋丰典当、王万森银楼及沐泰山药铺等，茶馆、菜馆、旅馆、戏馆为数众多"。② 同杭州一样，蚕业也是苏州较为知名的特产之一，在这一时期也呈现出繁荣的局面。1923 年，《农学杂志》刊登了一所学校四年级学生所作的调查，结果表明，苏州"蚕业颇为发达，育蚕者十分之九，一家之蚁量，多者三四两，少者五六钱，普通皆在一二两左右"。③

与杭州类似，苏州的丝织业在历史上曾经极为发达。顺治三年（1646 年），工部侍郎陈有明奉旨来到苏杭，总揽织染的相关事务，任内在苏州设立了"织造总局"，"以前朝周戚畹遗宅具题，得请兴工修改，得堂舍百有余间，机房以居工作，库司以贮成物，中设厅事后堂，以驭群户、慎赏罚，稍有定止，第东西夹处民居，犹末舒展，复与督抚周公，相度本署北偏褚氏废圃空地，别购旧屋，更市新材，聿命匠石，听夕卒事。今得总织局前后二所，大门三间，验缎厅三间，机房一百九十六间，铺机四百五十张"。④ 此后，苏州的丝织业益形发达。在 1912 年至 1927 年间，苏州丝织业商人，凭借着独到的眼光和有利的形势，开始投资设厂生产。民国初年，苏州商人谢瑞山、夏穗生、王亦安、李燥若、徐杏生五人共同发起创办了"苏经纺织绸缎厂"，集股金总计 4 万元，设置了铁木手拉机 100 台，并建立厂房，招集大量工人，进行集中生产。1916 年，又有苏州商人陆季皋、陶霞城等集资达 4 万元，创设了"苏州振亚织物公司"，开

---

①　苏州市地方志编纂委员会：《苏州市志》（第 2 册），江苏人民出版社 1995 年版，第712 页。

②　《金阊区志》编纂委员会：《苏州地方志·金阊区志》，东南大学出版社 2005 年版，第237 页。

③　《苏州西南乡蚕业概况》，《农学杂志》1923 年第 2 卷第 2 期。

④　吴新雷、黄进德：《曹雪芹江南家世考》，福建人民出版社 1983 年版，第 130 页。

始时只设有铁木手拉机 20 台，建立厂房并集中生产。此后，陆续兴办的又有延龄、东吴、天孙、三星等丝织厂。1921 年，苏州的丝织厂有苏经、振亚、延龄、东吴、耀华、陇华、宏富、经成、程裕源、大源、鸿兴等十几家，1927 年迅速增加到了 36 家，工人达到创纪录的 3000 多人。[①]

再如苏州的钱业，因为其处于水陆要道，历史以来便十分发达。1912 年，政局鼎革，经历了短暂的亏蚀和低落后，不经一二年，便又重新繁荣，特别是 1916 年至 1921 年，新开设的钱庄数量众多，"市面亦较前正确，大有回复盛时之希望也"。[②] 而到了 1926 年，苏州共有钱庄 31 家，营业范围大幅度扩大，除了沪宁路沿线的无锡、常州、丹阳、镇江、南京、扬州、溧阳、宜兴、江阴、常熟、昆山、太仓，还有苏北的南通、泰州、季家市等处，此外还有津浦线南段的蚌埠一带，甚至沪杭线的嘉兴、硖石、杭州、南浔、新市、双林、湖州等处的钱庄业同业，均属苏州钱业的放款对象。[③]

可见，作为与杭州有着类似传统及地域状况的苏州，在此期间，商业也呈现繁荣景象。

二　1927 年至 1937 年杭州商业的衰落

杭州商业在 1927 年至 1937 年间，明显趋于衰落，这可以从诸多方面得以验证。

1936 年，浙江储蓄银行经理韩本道目睹杭州商业状况后，感慨指出，"年来大商业什九关闭而求其次者，理固然也。至若小商业又如何？去年（1935 年）因原料廉，工人减，且其信用惟在一己劳动者，莫不堪以温饱"。[④] 也即是说，1936 年前的几年间，杭州大商业十家有九家倒闭，小商人则温饱都堪虞，可见商业衰败之惨状。将目光投向更早的 1932 年，依然有数据可资证明韩本道上述言论的真实性。据统计，1932 年，杭州市九大门类商业中，闭歇与新开的商店家数，服饰类总计分别是 75 家和 37 家，饮食类 188 家和 121 家，住用类 53 家和 41 家，燃料类 10 家和 4

---

① 参见陶叔南《谈谈解放前的苏州丝织业》，政协苏州市委员会文史资料委员会编：《苏州文史资料》（第 1—5 合辑），1990 年，第 4—5 页。

② 《苏州钱业之调查》，《钱业月报》1921 年第 7 期。

③ 参见胡觉民《苏州钱庄史料杂缀》，政协苏州市委员会文史资料委员会编：《苏州文史资料》（第 1—5 合辑），1990 年，第 60 页。

④ 韩本道：《对杭州工商业感言》，《浙江商务》1936 年第 1 卷第 4 期。

家，医药卫生类 18 家和 14 家，文化娱乐类 16 家和 11 家，婚丧祀用类 10
家和 2 家，日用杂物类 123 家和 53 家，居间类 2 家和 2 家，总共闭歇 495
家，新开 285 家。① 一年间全市商店闭歇家数远高于新开家数，充分说明
了商业的衰败。另一份统计资料表明，1932 年较之 1931 年，杭州市所有
商业家数减少了近 2000 家，从商人数减少了 13000 多人。其中饮食类商
业家数从 3659 家减少至 3052 家，从商人数从 23240 人减少至 21142 人；
衣着类商业家数从 743 家减少至 625 家，从商人数从 6049 人减少至 4371
人；燃料类商业家数从 472 家减少至 407 家，从商人数从 4517 人减少至
2608 人；绸布类商业家数从 233 家减少至 204 家，从商人数从 3172 人减
少至 3069 人。唯旅店类商业一枝独秀，商店家数从 138 家增加到 303 家，
从商人数则从 1824 人迅速蹿升至 3511 人。② 可见，在绝大多数商业家数
及从商人数减少幅度相当惊人的情形下，旅游业可算是逆势繁荣。实际
上，一方面，商店家数和从商人数大幅度减少；另一方面，那些幸存或新
开的商店，其商业实力也不甚乐观。据统计，杭州市商业资本总额由
1931 年的近 5530 万元，下降到 1932 年的不足 1700 万元，下降幅度达
70%左右。③

占杭州商业大宗的传统丝绸业，在此期间也是风雨飘摇，艰难度日，
各大厂商歇业者有之，减产者有之。"自 1928 年 2 月至 1929 年 2 月，杭
州绸厂停机歇业的有虎林、立新昌、绮新、巨纶、天章、立昌等 35 家。
绸机停歇的从 4007 张减至 1104 张，停歇机数为 2903 台。绸货生产率下
降三分之二。1932 年，丝绸年产量仅 49 万匹，比过去减少三分之二。"④

1927—1932 年杭州丝织业情况统计

| 年份 | 户数（家） | 工人数（人） | 资本额（元） | 机台数 | | | | 年产量（匹） | 年产值（元） |
				合计（台）	木机	拉机	电机		
1927	3100	35248	5990000	11750	1150	6800	3800	881230	32900800
1928	1857	18330	3494000	7100	1130	3270	2700	556000	22520000
1929	2306	17242	3348400	6721	1100	3421	2200	419610	17348400

① 参见干人俊《民国杭州市新志稿》（卷 21），杭州出版社 1983 年版。

② 参见杭州市政府社会科编《杭州市二十一年份社会经济统计概要》，1933 年，第 53 页。

③ 参见铁道部财务司调查科查编《京粤支线浙江段杭州市县经济调查报告书》，1932 年，
第 54 页。

④ 周峰主编：《民国时期杭州》，浙江人民出版社 1997 年版，第 174 页。

年份	户数（家）	工人数（人）	资本额（元）	机台数				年产量（匹）	年产值（元）
				合计（台）	木机	拉机	电机		
1930	2653	19930	4300000	8200	1100	4000	3100	491520	20760800
1931	3162	21800	5240000	9500	1000	4400	4100	549980	2357200
1932	1463	12570	2926000	5140	850	1890	2600	324180	14445800

资料来源：程长松主编：《杭州丝绸志》，浙江科学技术出版社1999年版，第76页。

上表各项数据表明，杭州丝织业自1927年开始大体上不断衰落。1929年户数虽比1928年略有回升，但是工人数、资本额，尤其是年产值回落明显。1930年和1931年户数、资本额均有所回升，但暗含问题，从数据计算环比增长率，1930—1931年，户数约30%和20%，资本额约30%和22%，但最重要的年产值只有约20%和15%，远低于前两项增长率，这体现了经营环境不断恶劣。1932年，各项数据重新呈现巨幅滑落之势，创历年新低。

总而言之，1927年至1937年间，杭州市商业整体上呈现出极为明显的衰落之势。

那么，同一时期的苏州，其总体情况又如何呢？

1929年初，有一位名叫东生的人，带着"上有天堂，下有苏杭"的憧憬，携友一起游玩苏州。他们游玩了著名的景点，如"留园、西园寺、虎丘、阊门、寒山寺、玄妙观、观前街、沧浪亭、可园、孔庙、拙政园等地方"，可游完之后，他们"都感觉到一个印象，便是荒凉满目"。[①] 上一节曾提到，1912年至1927年，苏州阊门外商业的繁华景象，可到了1929年初，游客游览阊门等地，却得到了满目荒凉的感慨，可见商业低落的情形。

这一时期苏州商业的衰落，并非只是游客的观感，而是实实在在发生着的。作为苏州特产之一的纱缎，繁荣时期，畅销国内外，并享有盛誉，在这一时期不断走向衰败，虽然"历年改良织造，日求新颖，而业务上反形退缩"。而导致这种惨况的原因，苏州纱缎业同业组织，云锦公所总结后认为有以下几个，"工潮之澎湃。民国十六七年（1927年至1928年），工潮迭起，业务停顿，损失已巨；工资增加，比较原额加至三成以上；捐税之重叠，丝经有税、获匹有税、运输有税，而邮运纳税名目尤

---

① 东生：《没落中的苏州》，《文学周报》1929年第7辑。

多，货物账簿，均须贴用印花，且交织品中，所用之人造丝，每箱征税由四元增加至三十六元，成本愈重；外销之见摒，洋绸之侵略"。[①] 通观以上云锦公所总结的数项苏州纱缎衰落的原因，大多数与杭州丝绸业的衰落并无二致，比如工潮迭起导致业务停顿，工资增长，尤其是 1927 年后南京国民政府实行的重捐税政策，导致商业运营成本增加，以及国内外竞争的加剧等。在此期间，苏州其他特产，其命运也大抵如此。如苏州极为有名的"苏绣"，繁盛时"每年销至千万元"，但 1927 年"国体改变以后，苏绣销路大减，近年更甚，仅三十万元"。绢绫也是，"近年因需要减少，出品亦随之大减"。哪怕是属于器用类的麦柴扇，也随之趋于衰落，"全年约值二万元，数年前每年销至二十余万"。[②] 蜚声中外的苏绣，由繁盛时每年千万元级别降低到这一时期的 30 万元，相差岂止以道里计。由此可见，苏州商业于 1927 年至 1937 年期间，衰落情形之一斑。

通常而言，1927 年至 1937 年南京国民政府时期，是中国经济发展的黄金十年。如有学者认为，作为民国建立之后，第一个也是第一次有能力并且有意图建设中国经济的中央政府，南京国民政府非常重视中国的各项事业建设，并且使"中国经济发展和现代化（或者说西方化）进程确实有明显进步，基本构建了一个现代国家所应有的经济框架，并于 1937 年上半年达到民国时期的高峰"。[③] 然而，揆诸史实，像苏杭这样的传统城市，其商业却在这一时期出现了自清末以来所未有的衰落，这不得不令人深思。

实际上，也有学者对这一时期中国所谓的"黄金十年"提出过一些不同看法，可以作为苏杭等城市商业衰落的一个注解。

美国学者沃拉曾经提出过看法，认为所谓"黄金十年"，其实许多是以南京国民政府统治以前即已取得的成就为基础的；此外，还有像格拉斯·帕奥等学者以他们的研究，得出了在中国经济增长的背后，实际上处于"停滞"的结论；易劳逸认为，十年间经济增长的原因还不是很清楚，根据他的推测，主要原因还是归结于外国在华投资开设的工厂。此间，外资占有中国工厂资本将近 63%；还有学者研究后表明，在 1937 年以前，

---

①　《苏纱缎业函陈危状》，《工商半月刊》1930 年第 2 卷第 6 期。

②　《苏州著名产物调查》，《中行月刊》1931 年第 2 卷第 10 期。

③　石莹、赵吴鲁：《经济现代化的制度条件——对 1927—1937 年南京政府经济建设的经济史分析》，《社会科学战线》2005 年第 5 期。

中国任何地方有现代化经济发展，大多要归功于外国资本。[1] 可见这十年间，在中国经济增长中，外国资本起着巨大的作用，本土商业在其中占比相对较低。

此外，在这十年中，国民政府相对更注重国家层面的建设，采取统制或国有化政策，从而相对挤压了民间商业资本。

1929 年 3 月，国民党第三次代表大会讨论了《确定训政时期物质建设之实施程序及经费案》，这一提案在当年 4 月召开的国民党中央第四次常务会议上获得通过。这一提案的中心思想是强调国家建设的重要性和迫切性。1930 年 3 月，国民党召开了三届三中全会，会议通过了《关于建设方针案》，再次强调国家宏观建设的重要性，决定"铁路、公路、水利、矿产资源及重要工业部门应由国家经营，并决定把现有私人经营逐步过渡到国家经营，从而确立了国家垄断资本主义经济的基本方针"。[2]

随着私人经营过渡到国家经营，国家垄断既已形成，作为国家建设层面而言，或许"黄金十年"确实发生了，但民间商业的发展势必受到一定程度的遏制，苏杭等城市商业在此期间的衰落，与此不无关系。

第二节　典型个案的考察：杭州商业的繁荣与衰落
——以丝绸与茶叶为例

整体而言，杭州商业在经历了清末尤其是 1912 年至 1927 年的繁荣之后，于 1927 年开始陷入衰退泥沼，而于 1931 年前后更为明显。丝绸与茶叶是杭州商业两大支柱，无论是出口还是内销，均居于极其重要的地位，虽然繁荣期偶见低迷，衰落期或现繁荣，但整体上遵循着上述繁荣与衰退的历史轨迹。繁荣也好，衰退也罢，就其发展演变轨迹而言，都蕴藏着合理的历史逻辑。

一　丝绸业的起伏

"千里迢迢来杭州，半为西湖半为绸"。虽然丝绸在杭州始于何时，缺乏确切的时间考证，但据相关古籍所载，基本可以断定，"自唐以前，

---

① 参见林贤治《鲁迅的最后十年》，中国社会科学出版社 2003 年版，第 105 页。

② 雷巧玲、任培秦、韦林珍：《中国经济现代化史论》，陕西人民出版社 2009 年版，第 130 页。

杭州絸纱已著盛名。杭州之设织造院，亦始于宋。明初两浙赋税，丝已列为本色，此杭州丝绸在历史上之地位也"。① 蚕丝的生产在浙江非常普遍，"在全省七十五县中，产蚕丝者达五十八县，以种桑养蚕为主要业务者，亦不下三十余县。每年所产丝茧，恒占全国总数百分之三十以上，其产业之丰，与国民经济关系之巨，已可概见"。② 而在浙江，杭州又是最为重要的丝绸生产地和贸易集中区，"杭州周围二三百里间，桑林遍野，农民多以养蚕织绸为业。杭绸之名，早已誉满中外"。③ 因此，杭州的丝绸业，"凭藉其最悠久之历史，而执全省丝绸业之牛耳"。④

作为绸之原料，丝是杭州的特产之一，清末至 1927 年间，基本上形成向上发展的趋势。

据晚清时期杭州关贸易报告，1902 年至 1911 年十年间，虽然其他货物贸易量未见显著变化，但"两项出口货物——丝和茶，则稳定上升"。⑤ 据统计，清光绪二十九年至宣统三年，即 1903 年至 1911 年的九年间，国内所产白丝、黄丝等丝类的出口，总计分别达到 72695 担、91885 担、80335 担、84931 担、92317 担、94942 担、95773 担、110184 担、96094 担。⑥ 上述数据，除了 1905 和 1911 这两年，由于抵制美货运动和辛亥革命，丝类产品出口略显回落外，其余年份均明显增长，由此可见丝业在清末约十年间的发展状况。丝行是经销蚕丝的重要部门。清代之前，杭州蚕农出售他们生产的蚕丝，一般都要通过丝行或者掮客等中间人之手；清代中期，杭州丝行大多分布于城外；经太平天国之后，城外的丝行纷纷迁到城内，"清末民初，杭州丝绸兴盛时，市内丝行林立，从东街路所巷至艮山门西，由梅登高桥到天水桥，领有牙贴（执照）的丝行有76 家，另外还有丝号和丝贩，总计达 110 多家"。⑦ 由此亦可概见清末杭州丝业的发达程度。

1912 年至 1927 年间，杭州丝业进一步发展。"民国十七年（1928年）以前，吾国出口商品，丝居第一位，浙江一省输出生丝，则占全国

① 建设委员会调查浙江经济所编：《杭州市经济调查》，1932 年，第 313 页。
② 孙洪烈：《浙江主要特产之鸟瞰》，《浙江商务》1936 年第 1 卷第 5 期。
③ 建设委员会调查浙江经济所编：《杭州市经济调查》，1932 年，第 313 页。
④ 沈一隆、金六谦：《杭州之丝绸》，《浙江工商》1936 年第 1—2 期。
⑤ 中华人民共和国杭州海关译编：《近代浙江通商口岸经济社会概况——浙海关、瓯海关、杭州关贸易报告集成》，浙江人民出版社 2002 年版，第 677 页。
⑥ 参见韩国钧《国货外销类编》，巴拿马赛会出品协会事务所印行，1914 年，第 385 页。
⑦ 程长松主编：《杭州丝绸志》，浙江科学技术出版社 1999 年版，第 307 页。

生丝出口额百分之三十以上，其产量丰富，可以想见。"① 丝行数量方面，"全市计有一百余家"。② 丝业的发展，直接导致了丝价的不断上涨。1923年 9 月，"杭州丝市业已逐步飞涨，细丝每百两现售八十一二元，较前涨十元左右，肥丝每百两现售六十余元，较前涨四五元"。③ 然而，丝价的"最高峰在民国十一年（1922 年），细丝每百两价 103 元，民国十三年（1924 年），军阀混战，丝绸大受影响，丝价骤跌到每百两 48 元。次年价格略有上涨，民国十六年（1927 年）后，又逐年下降，至民国二十一年（1932 年）竟跌到 30 元左右，当时杭州积存不少生丝，无法脱售"。④ 1927 年后，尤其是 1932 年丝价仅 30 元，与 1922 年 103 元这一历史高价相比，显然可以证明 1912 年至 1927 年间，杭州丝业的繁荣状况。

杭州丝业发展的一个最为显著特点是缫丝厂大量出现和大规模发展，诸如庆成、纬成、虎林和天章等缫丝厂先后成立。这些缫丝厂并非独立经营缫丝而是兼营，即原先这些厂家都是经营绸缎业务，只是随着业务的发展，出于扩大业务规模及为了纵向打通经营环节需要，解决原料问题而兼营缫丝。随着丝业进一步发展，专营缫丝厂也开始出现。1920 年，杭州总计有"缫丝厂七家，专营缫丝者，为华纶、大纶与崇裕三厂。织绸而兼缫丝者，为虎林、纬成、天章与庆成四厂。共有男女工人六千六百八十九人，全年出丝总值四百十八万元"。⑤ 由以上缫丝厂的数量及规模，也可以察知当时杭州丝业的发达与繁荣。

1912 年至 1927 年间，杭州丝业出现持续繁荣，与绸业繁荣是密不可分的。换言之，由于在这一时期，杭州绸业得到了很大发展，因此，作为原料的丝业，也出现了持续繁荣。

当然，在这 15 年左右的时间里，杭州丝业并非总是风和日丽、一帆风顺，也曾经出现过短时间的低落。如在 1912 年即民国元年这一特殊年份里，杭州便出现了所谓的"丝业之失败"的悲观情绪和惨落状况，"杭州艮山门一带丝行林立，去春复新设八九家，共约三十余，向例除阴历元月十六日同时开市。自去年八月间民军起义以来，金融梗塞，交易绝迹，

① 吴竞清：《浙江丝茧业之现状及其救济》，《浙江省建设月刊》1932 年第 6 卷第 8 期。

② 沈一隆、金六谦：《杭州之丝绸》，《浙江工商》1936 年第 1—2 期。

③ 《杭州快信》，《申报》1923 年 9 月 23 日第 10 版。

④ 程长松主编：《杭州丝绸志》，浙江科学技术出版社 1999 年版，第 309 页。

⑤ 铁道部财务司调查科查编：《京粤支线浙江段杭州市县经济调查报告书》，1932 年，第364 页。

已属吃亏不少，年终账面又扯计抵，对半可收，且大半均是绸匹作抵，所抵之货又绝次，不易脱销者，因之困苦愈甚"。① 由以上描述可见，因为特殊原因导致时局紧张，从而导致商业出现短时期清淡，丝业也因此受到牵连。这种受时局不稳影响而出现的短暂受困，并非个案。再比如，1924年，"杭州丝绸业受战事影响一蹶不振，运销津沪各属绸货迄今尚难复活，最近肥丝价值已跌至四十元左右，即细丝亦不及五十元"。②

然而，整体而言，不管政治和军事局势如何变幻，这一时期，丝业还是呈现出普遍的繁荣与不断发展之势。

1927 年至 1937 年，杭州丝业与其他大多数商业门类一致，渐渐步入衰退通道。

就销售量而言，蚕丝本是出口大宗，以前欧美的蚕丝市场，"百分之七八十为华丝，然而至今仅得百分之二三十"。③ 就杭州出口蚕丝占比全国的重要分量而言，杭州这一时期蚕丝销售量的锐减可见一斑。就国内而言，其销售悲观之状，较之外销有过之而无不及。据估计，1931 年，杭州蚕丝和蚕茧，其中"积存上海之陈丝陈茧，已有四万余担之多，无法脱售，致本省人民生计，发生重大影响；本年（1932 年）更因时局关系，金融停滞，转瞬鲜茧上市，预料将无人过问，是本省农民之损失，更不可以数计"。④

丝业惨落导致缫丝厂利润亏损，惨淡经营，甚而倒闭也不乏其例。江浙缫丝厂，原本"有一百八十余家，丝车四万八千余部，去岁（1933年）岁首，因日丝倾销，人造丝竞售，丝市益不振，二三两月，丝厂开工者仅二十家许"。⑤ 同样，杭州市的缫丝厂也难以独善其身。杭州市的机制缫丝，"以纬成、虎林、竟成等数家为最大，丝机约计一千八百余部，惟以受世界丝价暴跌影响，国外各丝厂，同遭厄运，杭市各厂，损失之巨，亦自在意计之中，探查纬成公司损失总计不下七八十万元，虎林、竟成亦损失在数十万元之普"。⑥ 随着形势的进一步恶化，上述几家缫丝厂由亏损进而倒闭。1929 年，"虎林、竟成已营业不振而闭歇"。虎林、

---

① 《杭州丝业之失败》，《申报》1912 年 3 月 9 日第 6 版。

② 《杭州快信》，《申报》1924 年 12 月 19 日第 10 版。

③ 吴竞清：《浙江丝茧业之现状及其救济》，《浙江省建设月刊》1932 年第 6 卷第 8 期。

④ 吴竞清：《浙江丝茧业之现状及其救济》，《浙江省建设月刊》1932 年第 6 卷第 8 期。

⑤ 《经济旬刊》1934 年第 2 卷第 1 期。

⑥ 《杭市去年商业境况》，《工商半月刊》1931 年第 3 卷第 4 期。

竟成相对于纬成来说，规模要小得多，然而就算是纬成这样的大公司，在恶劣的商业环境之下，也难逃倒闭的命运，经营没有起色之下，"纬成、大章亦相继于二十年（1931年）、二十一年（1932年）停业，故在近年继续经营者，仅庆成与杭州两家"。[①] 而1929年由建设厅所设立的杭州缫丝厂也是艰难运营。

丝行数量在这一时期也趋向低落。1928年，由之前的100余家只剩下"七十二家，以后逐渐衰落，家数亦年有减少，二十年（1931年）营业者仅四十九家。全业四十九家，店员三百一十九人，资本共五万七千三百元，合资四家，独资四十五家。营业时均恃银行钱庄之放款以为周转。是年（1931年）亏蚀者二十六家，超过全业总数之半。不亏者亦无多盈余"。[②]

1931 年杭州丝行概况

牌号	地址	经理姓名	组合性质	资本数（元）	营业数（万元）	备注
马恒昌	骆驼桥东河下	马原康	独资	1000	30	
升大	东街路	胡少卿	合资	1600	20	
陈胜和	坝子桥	陈森安	独资	5000	10	
元大昌记	东街永康巷口	鲁德昌	独资	1200	7	1932年歇业
王东明春记	武林门内	鲁德昌	独资	2000	6.5	
永丰	骆驼桥	胡慎伍	独资	1000	6	1932年歇业
协昌	东街昌弄口	杨克昌	独资	600	6	1932年歇业
邵慎记	东街路	邵宝慎	独资	1000	5	
王东明宏记	梅登高桥直街	沈佑馨	独资	5000	5.8	
蔡恒德隆记	东街路	蔡子兴	独资	1000	5	
周凤其	宝善桥	周少卿	独资	1000	5	
王德昌	东街路	王炳甫	独资	600	5	
协大	东街路	杨伟云	合资	5000	5	
徐保和	梅登高桥直街	徐藏宝	独资	3600	5	
倪万秦	东街永康巷口	倪梅亭	独资	1000	5	
元大	东街路	鲁德昌	合资	1200	4.8	

---

① 沈一隆、金六谦：《杭州之丝绸》，《浙江工商》1936年第1—2期。

② 建设委员会调查浙江经济所编：《杭州市经济调查》，1932年，第331页。

续表

牌号	地址	经理姓名	组合性质	资本数（元）	营业数（万元）	备注
协成	骆驼桥	赵锦元	独资	600	4	1932 年歇业
元和	东街路	黄乃清	独资	1800	4	
丰大	坝子桥	夏顺裕	独资	1000	3.4	
允丰	东街路	罗元中	独资	1000	3.2	1932 年歇业
蔡恒德	东街路	蔡敬兴	独资	2000	3.2	
隆昌余	骆驼桥	韩志良	独资	500	3	
大有丰	东街路	章聘藩	独资	1000	3	
鼎和	东街路	余长裕	独资	60	3	1932 年歇业
祥和	东街小营巷口	韩志良	独资	600	3	1932 年歇业
其他 24 家				16400	36.8	
合计	49			57300	198.7	

资料来源：程长松主编：《杭州丝绸志》，浙江科学技术出版社 1999 年版，第 307—308 页。

从上表数据可以发现几个明显的现象。一是时至 1931 年，杭州丝行家数仅有共 49 家，总量趋少；二是总体规模较小，资本额最大的才 5000 元，最小的仅 60 元，营业额最大的也只有 30 万元，最少的仅 3 万元，而全市所有丝行的总资本只有 57300 元，营业总额仅 198.7 万元。利润到底能有多少，数据付之阙如，如果计算利润，数据恐怕非常悲观；三是在以上相比较而言达到一定规模的 24 家丝行中，1932 年倒闭歇业的，就达 7 家，占比近 30%，歇业率相当惊人，充分显示了这一时期丝业经营的艰难与困境。

丝业的衰落，还表现为丝产量、产值不景气与丝价跌落。

产量与产值方面，杭州在 1926 年时，产量 470 担，产值 47 万两；至 1932 年，产量虽然升到了 630 担，但是产值却下降到了 39.8 万元，[1] 可见丝价跌落之严重。确实，1931 年前后，由于在世界资本主义经济危机冲击之下，"中国的丝价惨跌，丝销呆滞，省内外各丝厂相继停业。茧商也以资金缺乏脱销困难，不愿收茧，各地蚕农因售茧无门而惶急"。[2] 从 1927 年至 1932 年六年间，杭州市顶号厂丝的价格，除 1928 年大体保持

---

① 参见孙洪烈《浙江主要特产之鸟瞰》，《浙江商务》1936 年第 1 卷第 5 期。

② 求良儒、蒋道龙：《民国时期的浙江丝绸业》，浙江省政协文史资料委员会编：《浙江文史集萃》（经济卷上册），浙江人民出版社 1996 年版，第 45 页。

平衡外，分别从每担 1500 元，降到 1929 年的 1300 元、1930 年的 1200 元、1931 年的 1100 元和 1932 年的 950 元；头号厂丝的价格，则相应地从 1300 元，分别降到 1100 元、900 元、850 元和 800 元。① 丝价呈非常明显的逐年下降趋势。厂丝如此，那么天然丝又如何呢？据统计，从 1929 年至 1932 年四年间，杭州天然丝中肥丝的价格，从每担洋 776 元，逐年降到 1930 年的洋 736 元、1931 年的洋 600 元、1932 年的洋 550 元；而天然丝中的细丝，除了 1930 年略有上升外，则相应地从每担 1929 年的洋 936 元，分别下降到 1931 年的每担洋 900 元、1932 年的洋 680 元，② 下降趋势同样十分明显。

这一时期，杭州丝业的衰落，除了与绸业衰落具有一致原因之外——这在下文将有阐述，还与人造丝的应用大有关系。

1922 年，人造丝在杭州市场上开始零星出现，1924 年，大量涌现。人造丝因为相对低廉的价格和富有色彩的外观，吸引了消费者，从而也吸引了大多数商家。人造丝的大量应用，对天然丝，也就是土丝，造成了巨大影响。根据相关统计，从 1919 年至 1932 年，杭州出厂的绸产品，其使用天然丝和人造丝的比例发生了巨大变化。

天然丝从 1919 年的 3900 担，逐年下降到 1924 年的 3000 担、1925 年的 2500 担、1926 年的 2300 担，1927 年，更锐减到 790 担，1928 年继续下降到 720 担，1930 年③略回升至 1000 担，1931 年迅速下降到 600 担，1932 年维持在 600 担；与此相反的是，人造丝从 1925 年开始应用到绸制品中以来，呈逐年攀升之势。1925 年，人造丝 191 担，1926 年至 1930 年，分别攀升到 530 担、759 担、954 担、3000 担。④ 人造丝从无到有，从小部分到大比例，应用量逐年攀升，正好见证了杭州丝业从繁荣到衰落的过程。

杭州绸缎较之于蚕丝，声名更著，无论是商业规模还是销售额，均超过蚕丝。其兴衰起伏的状况与周期，与丝业基本一致。

杭州绸业，到清代几乎达到了历史上的鼎盛。"乾隆二十四年到咸丰

---

① 参见葛敬中《蚕丝业之根本解决决策》，《浙江省建设月刊》1932 年第 6 卷第 8 期。

② 铁道部财务司调查科查编：《京粤支线浙江段杭州市县经济调查报告书》，1932 年，第 234 页。

③ 原资料缺 1929 年数据。

④ 参见铁道部财务司调查科查编《京粤支线浙江段杭州市县经济调查报告书》，1932 年，第 237 页。

三年（1759 年至 1853 年），杭州每年销往新疆境内的绸缎就有 1500 匹至 2000 匹，附近省份城市均有人来杭采购绸缎纱绢。杭州丝绸还漂洋过海，销往日本、朝鲜、泰国、菲律宾等国家及阿拉伯、波斯湾等地区。"① 晚清时期，这种繁盛的外销景象，依然得以保持。据清末杭州海关报告称，1902 年至 1911 年十年间，"杭州产品称之为杭罗和杭纺者继续需求旺盛，据估计在两三年前（1908 年前后）以丝织品谋生者 5 万人"。② 清末，从杭州关发出去的绸缎实际贸易量较大，"光绪二十二年（1896 年），经杭州海关出口的绸缎有 124.83 关担，货值 7.48 万关平两。光绪二十五年（1899 年），增加到 4193 关担，货值 251.50 万关平两。光绪三十二年（1906 年），杭州丝织业共有机户 2177 户，织机 4275 台，全年生产绸缎 19.75 万匹"。③ 外销量不少，内销数更大。清末，杭州年销出的丝织品约在 3000 担以上。1908 年，绸缎销售量达 3666 担，1909 年达到 3667 担，而 1910 年达到了 3760 担。④ 增长态势非常明显。

1912 年至 1926 年间，杭州绸业依然保持着较好的繁荣之态。据民国初年杭州海关统计，1912 年至 1921 年十年间，杭州的丝织业"竟为当地解决了两万多人的就业问题"。而关于织绸的技术方面，"杭州织绸工厂采用机器制造者，为数虽已不少，但机户沿用手织木机制造者仍众。据民国十七年（1928 年）统计，不下 2690 户之多"。⑤ 据统计，1912 年至 1920 年九年间，杭州绸业手织木机数量从 28 台增长到了 1060 台，⑥ 1928 年，采用机器制造者已经很多，但手工制造者还有 2690 多户，可以想见当时杭州织绸者数量之众，亦即绸业繁荣之状。据统计，1912 年至 1926 年间，杭州的织绸业户数从 2050 家增长到了 3100 家，绸厂从无到有，从少到多，增长到 112 家，以公司形式生产经营的也有 3 家。而机器台数更是从 5012 台增长到了 11750 台，15 年间增长了一倍以上。全市绸缎产品年产量则从 38831 匹，增长到了 881230 匹，工人数量也从 13783 人增长

①　汪力忠：《杭州商业志》，浙江大学出版社 1996 年版，第 137 页。

②　中华人民共和国杭州海关译编：《近代浙江通商口岸经济社会概况——浙海关、瓯海关、杭州关贸易报告集成》，浙江人民出版社 2002 年版，第 683 页。

③　程长松主编：《杭州丝绸志》，浙江科学技术出版社 1999 年版，第 181 页。

④　程长松主编：《杭州丝绸志》，浙江科学技术出版社 1999 年版，第 302 页。

⑤　中华人民共和国杭州海关译编：《近代浙江通商口岸经济社会概况——浙海关、瓯海关、杭州关贸易报告集成》，浙江人民出版社 2002 年版，第 687—712 页。

⑥　彭泽益：《中国近代手工业史资料》（第 2 卷），中华书局 1957 年版，第 412 页。

到 35243 人。① 这些数据充分说明这个时期杭州绸业的发展与繁荣。如1926 年，杭州产绸缎达到 88.123 万匹，与上文提到的 1906 年全市所产绸缎共 19.75 万匹相比，整整超出 3 倍以上，增长极为显著。

杭州绸业的增长，除了绸缎产量、产值增长之外，还表现在绸厂与绸庄数量的不断增长上。

杭州绸厂数量，从无到有，从少到多，发展颇为迅速，民国"元年（1912 年）间即有虎林、天章二大厂之继起，嗣后民五（1916 年）至民八（1919 年）年间，相继成立者渐增，民八（1919 年）至民十五（1926年）年，绸厂激增，有如雨后春笋。当时杭州一市，即有绸厂百余家之多"。② 绸厂情况当然各有不同，有一些"厂家实力雄厚，在杭州和外埠设立经销机构，实行自产自销"③，既沟通上下游业务关系，又增加了业务利润，可谓一举多得。而这一时期杭州绸厂的经营情况，也是"营业蒸蒸日上，各厂无不盈余"。④ 然而，绸厂设立绸庄，业务大大得到拓展，势必将侵蚀传统绸庄的业务范围和利润。绸庄对于这种不利于他们的态势采取了一些措施，"一些资本较强的大绸庄如蒋广昌、袁震和、悦昌文等亦投资兼办丝织厂"。⑤ 绸厂与绸庄之间互相兼办对方业务的现象，一方面说明了当时商业竞争的激烈，同时也说明了杭州绸业的繁荣程度。正因为绸业的繁荣与发达，才使得各商家都急于在原有的基础上，加大市场开拓力度，图谋分享更多的市场利润，而这种竞争又反过来进一步促进了绸业的发展，可谓是一种良性而健康的商业循环。

杭州绸庄起始于何时，很难有准确考证。据相关资料记载，杭州最早的绸庄是道光年间徐茂顺兄弟创设的瑞云公记绸庄，后来极为知名的蒋广昌、袁震和、悦昌文等绸庄相继设立。1904 年，杭州市的绸庄即有 20 余家，以后继续增长。⑥ 1912 年民国肇立，一般平民思想解放，消费观念出现变化，绸缎消费趋于平民化，绸缎需求量激增，绸庄自然也趋向普遍。当时杭州的绸庄，按经营绸缎种类有生货与熟货的不同，又分为生货庄与熟货庄。按照经营方式不同，又分为批发庄与门市庄。一般而言，批发庄

① 参见朱新予《浙江丝绸史》，浙江人民出版社 1985 年版，第 186 页。
② 孙洪烈：《浙江主要特产之鸟瞰》，《浙江商务》1936 年第 1 卷第 5 期。
③ 程长松主编：《杭州丝绸志》，浙江科学技术出版社 1999 年版，第 303 页。
④ 建设委员会调查浙江经济所编：《杭州市经济调查》，1932 年，第 48 页。
⑤ 程长松主编：《杭州丝绸志》，浙江科学技术出版社 1999 年版，第 303 页。
⑥ 参见程长松主编《杭州丝绸志》，浙江科学技术出版社 1999 年版，第 310 页。

要么只经营生货，要么只经营熟货，而门市庄，则生货与熟货兼而有之。由于绸缎的流行，"经营是业之庄家，布满全市，自民国三年（1914年）至民国十五年（1926年）营业异常发达，当时门市及批发绸庄共计约有四百家之多，可谓绸业之黄金时代"。① 从当时杭州拥有如此众多的绸庄数量上看，也可窥见绸业发达之一斑。

杭州绸业繁荣有一定的社会原因。清末丝绸的应用，一般仅限于官僚或富商大贾，难以及于平民。然而"时至民国，提倡平等自由，平民资力所及，皆能购着，绸缎因之更畅"。② 消费量的增长，是繁荣绸业市场的最主要因素。官场的腐败和贿赂盛行，又给绸业兴盛助添势力，"其时，北洋军阀多以绸缎作贿赂的礼品，因此，华北、东北各省机关僚役，成了绸销的重要市场"。③ 再比如，由于这一时期，绸缎成分发生了变化，真丝与人造丝按照一定比例，这样的绸缎"花色繁多，产量剧增，价格低廉，颇受农村欢迎，打开了县镇销路"。④

为更深入把握杭州绸业的繁荣状况，试举当时一家典型的绸庄进行考察，以求从更为微观的层面，分析绸业在杭州的发展脉络和内在理路。

袁震和绸庄，是杭州极为知名的少数大绸庄之一，由绍兴人袁南安于1871年初设。袁南安之所以创设绸庄，是因为当时杭州丝织业较为兴盛，有利可图。1911年武昌爆发革命，全国响应，杭州受到了很大震动，"绸业受到了不小的影响，造成绸货滞销，绸庄闭歇。而袁南安及时得到信息，便低价将杭州的绸缎收购进来，到武汉高价出售又大获其利"。⑤ 袁南安依靠繁荣的绸业市场，凭借自身敏锐的商业眼光，在绸业中一路凯歌，"使袁震和绸庄不断扩大资本积累和企业规模"。⑥ 为了追求更大规模发展，袁南安于"1913年设立铁机丝织厂，先由12台机子逐步扩充至180台，1917年，袁震和厂又率先试制丝织风景成功（时间较都锦生

---

① 沈一隆：《二十二年杭州市各业统计》，《实业统计》1943年第2卷第2期。

② 孙洪烈：《浙江主要特产之鸟瞰》，《浙江商务》1936年第1卷第5期。

③ 杭州市工商业联合会（商会）志编纂委员会编：《杭州市工商业联合会（商会）志》，2003年版，第23页。

④ 杭州市工商业联合会（商会）志编纂委员会编：《杭州市工商业联合会（商会）志》，2003年版，第23页。

⑤ 盛久远主编：《情归西湖：西湖文化名人墓探寻》，浙江古籍出版社2007年版，第99页。

⑥ 黄逸峰、姜铎等主编：《旧中国民族资产阶级》，江苏古籍出版社1990年版，第104页。

早），1922—1923 年，丝织机逐渐由铁机改造为电机"。① 1913 年开始，袁震和绸庄达到事业的巅峰，且除绸庄外，还开厂生产，扩大规模。1927 年开始，形势大变，尤其是北伐战争以后，因为政府倡议改穿中山装，男式服装大多改棉布作为原料，女用服装也大多喜欢用外洋的舶来品呢绒毛货等，绸销更受到巨大影响，以致该厂在 1927 年以后，"连年亏损，于民国十八年（1929 年）倒闭"。②

袁震和绸庄代表了当时杭州所有绸业从业者的相同命运，即 1927 年之前，因为绸业市场繁荣而得到了很大的发展，1927 年开始，形势为之一变，从繁荣快速走向衰落。

1927 年至 1937 年，杭州绸业基本上呈现逐年衰退之势。

杭州绸业市场的衰败迹象常被有关媒体所关注。如 1929 年 3 月，《申报》刊登 "上年绸缎业失败之原因" 报道，认为 "吾国绸缎，具有四千余年悠久之历史，杭湖苏盛，俱为著名产绸之区，近来日就沦落，歇业频闻，即以杭垣一处而论，上年（1928 年）各庄厂机户，因亏欠而倒闭者，有新裕和、泰裕和、义和、桂记等绸庄，共计亏折银五十余万元。因折阅而歇业者，有六吉昌、蒋广昌、正丰、绮新、正新、日新、虎林公司、庆成公司以及其他各绸厂三十余家，共计停歇绸机四千余架，损失资本银一百七十万元，生熟货各机约一万架，损失约二八万元。今年不能开工者，在半数以上"。③ 由以上描述可知，杭州绸业在 1928 年至 1929 年间，绸庄或绸厂的损失与亏损相当严重。再比如，1932 年 8 月，《中央日报》以 "杭州绸业概况" 为题，对杭州绸业中的织户和工人数量进行报道，"去年（1931 年）共三千八百五十八家，职工三万零一百二十四人，今年（1932 年）衰落均减百分三十"。④ 这些媒体的报道，真实地反映了这一时期杭州绸业的惨淡。

1927 年至 1932 年，杭州绸厂数量从 112 家下降到 54 家，工人数从 35248 人下降到 12570 人，生货产量从 293700 匹下降到 43200 匹。⑤ 而绸厂倒闭的情况，仅 1927 年至 1928 年两年时间，就 "由六十家而衰剩二十

---

① 杭州市工商业联合会（商会）志编纂委员会编：《杭州市工商业联合会（商会）志》，2003 年版，第 107 页。

② 钟毓龙：《说杭州》，浙江人民出版社 1983 年版，第 590 页。

③ 《上年绸缎业失败之原因》，《申报》1929 年 3 月 1 日第 14 版。

④ 《中央日报》1932 年 8 月 6 日第 6 版。

⑤ 参见杭州市工商业联合会（商会）志编纂委员会编《杭州市工商业联合会（商会）志》，2003 年版，第 9 页。

五家"。① 从这些数据分析，6 年来，绸业市场衰落形势极为严峻。如
"纬成、虎林、天章三大公司（厂）及其他 35 家绸厂，于民国十七年
（1928 年）和二十一年（1932 年）先后停产，市内停开的丝织机达 3000
台，占总机台数的 75%"。② 随着绸厂不断倒闭歇业，产绸数量持续下降，
绸缎积存数量也不断增加。以 1927 年为起点，当年杭州市绸缎积存百分
数为 22%，1928 年为 28%，1929 年为 32%，1930 年略降到 25%，1931
年为 20%，1932 年又升到 30%的高位③。总体而言，存货基本呈增长而处
于高位的态势。

那些幸存下来的绸厂经营情况大都亦很不乐观。

截至 1929 年底杭州绸厂情况之一般

厂名	厂长经理姓名	性质	资本	职工人数		地址
				男	女	
虎林	王彤素	股份	三十六万元	80	30	蒲场巷
天章	金廉生	独资	十二万元	80 童工 80	78	林司后
庆成	余挺生	独资	五万元	20 童工 20	68	金洞桥
文新恒	谢烈甫	合资	六千元	75	20	蒲场巷
震旦	施春山	股份	五千元	100	10	刀茅巷
文记						艮山门
隆记						艮山门
华盛	张行铭	合资	六千元	60	20	下仓桥
大成	冯茂堂	独资	一万元	36	25	新市场
天丰	胡甚康	独资	五千元	67	26	黄醋园
怡章鸿	姚鸿轩	合资	五千元	43	8	石板巷
裕成	金溶德	独资	二千元	40	13	石板巷
立兴昌	宋声扬	合资	三千元	33 童工 6	2	黄醋园

资料来源：《杭州绸业现状》，《工商半月刊》1930 年第 2 卷第 6 期。

上表的意义在于反映了较之 1912 年至 1926 年，杭州绸业快速衰落的
景象。因为在前一时期，杭州绸业中，"绸厂之资本总额数，不下八十万

---

① 《浙江财政月刊》1929 年第 15 期。

② 程长松主编：《杭州丝绸志》，浙江科学技术出版社 1999 年版，第 74 页。

③ 铁道部财务司调查科查编：《京粤支线浙江段杭州市县经济调查报告书》，1932 年，第
236 页。

元，职员多至六百余人，男女童工，约计五千余名"。① 而从上表来看，13 家绸厂资本总额总计 57.2 万元，与 "不下八十万元"，相差是巨大的。再就童工而言，上表反映童工总数为 106 人，较之前一时期的极盛状况拥有 "约计五千余名"，差距更是不可以道里计。由此看来，在 1929 年硕果仅存的 13 家绸厂当中，经营大都极为困难。

绸业的衰退，一个重要的指标是绸缎价格。由于市场不景气，绸缎价格连年下滑。

举例而言，杭州市重要天然丝织物价格，比如 "铁机大绸"，1927 年最高价为每尺 0.9 元，最低价为每尺 0.7 元。这一数字到 1928 年分别为 0.81 元、0.63 元；1929 年为 0.75 元、0.60 元；1930 年为 0.75 元、0.60 元；1931 年为 0.70 元、0.60 元；1932 年为 0.68 元、0.60 元，下降趋势非常明显。再比如 "印花缎"，按上述最高价和最低价，从 1927 年至 1932 年分别为：1.20 元、0.85 元；1.10 元、0.80 元；1.00 元、0.75 元；0.95 元、0.75 元；0.80 元、0.70 元和 0.75 元、0.60 元。② 这种现象在天然丝和人造丝混合的绸缎产品上亦未能幸免，如作为天然丝、人造丝交织而成的 "细毛葛"，1927 年最高价和最低价分别是 1.70 元、0.90 元；1928 年为 1.50 元、0.85 元；1929 年为 1.40 元、0.80 元；1930 年为 1.40 元、0.80 元；1931 年为 1.20 元、0.70 元；1932 年为 0.90 元、0.55 元，③ 下降的幅度和趋势同样非常明显。

当然，在绸业衰落趋势中，也有偶尔出现大幅回暖状况，如 1935 年，绸缎销路转暖，缘于 1935 年 "下半年丝价受外销畅顺而猛涨，绸价亦随之而增，厂商因存货关系获利甚厚"。④ 但这只是偶尔且极为短暂的现象。

实际上，近代商业之所以有别于历史上任何时期，是因为近代商业或商人，面对的是西方商业规则或精良技术的挑战。在这种挑战面前，或者无视而沉沦，或者直面后改良，近代的丝绸业便是如此。在西方优良技术的刺激和挑战之下，为挽回丝绸业的某种预势，清末开始，杭州丝绸业开始了漫长的技术改良之路。

清末，杭州就有不少有识之士，决心振兴本土丝绸业，积极倡导选用桑蚕良种，并 "引进国外先进技术，防治桑蚕的病虫害。尤其是在光绪

① 《杭州绸业现状》，《工商半月刊》1930 年第 2 卷第 6 期。
② 建设委员会调查浙江经济所编：《杭州市经济调查》，1932 年，第 29 页。
③ 建设委员会调查浙江经济所编：《杭州市经济调查》，1932 年，第 34 页。
④ 孙洪烈：《浙江主要特产之鸟瞰》，《浙江商务》1936 年第 1 卷第 5 期。

二十三年（1897 年），由杭州知府林启倡导创办的蚕学馆，更属功不可没。不少实业界人士为了发展民族工业，抵制洋商洋货，杭州相继办起了一批机械缫丝厂"。① 为了提高对缫丝机械的技术认知，1910 年，浙江工业学堂得以创办，学堂"设机械、机织、染色三科。为了培训师资，还附设中等工业教员养成所"。② 蚕学馆、工业学堂在知识和技术上为杭州蚕种改良提供了支持，在源头上为优质绸缎的生产创造了基础，而实业界则直接以资金引进西方先进设备，生产优质产品，为保持清末民初杭州丝绸业的繁荣贡献了力量。

1912 年，杭州丝绸业继续改良之路。1914 年，由原来的蚕学馆改名而来的浙江公立蚕桑学校，在"西湖诂经精舍开设缫丝传习所，1925 年又在艮山门、石塔儿头、长安、上泗乡、湖墅等处，设立改良蚕种场 5 所，分送优良蚕种，帮助蚕农从事新法养蚕"。③ 浙江公立蚕桑学校的各种有利于技术改良的活动，为当时杭州乃至浙江丝绸业的发展，作出了相当的贡献。

1927 年至 1937 年南京国民政府时期，杭州丝绸业相比之前，可谓是一落千丈，技术改良显得尤为迫切。在政府当局经过一系列重组合并之后，1931 年，"浙江改良蚕种制造场，全省七十余家，杭州一隅，二十年（1931 年）有二十八家。散布于艮山门、湖墅、拱宸桥一带。二十年（1931 年）各场资本总数三十四万九千元，技术人员一百四十六人，全年制种三十九万六千一百七十张"。④ 由此可见政府对于丝绸业的技术改良极为重视。据统计，1933 年至 1935 年三年间，共改良种鲜茧种产量分别达到 720. 3619 万市斤、1359. 4746 万市斤和 2683. 1933 万市斤。⑤ 面对严峻的丝绸业形势，为挽回不利的局面，除技术改良之外，商界与政府不得不展开商业上的救济，以求丝绸业能够有所起色。对政府而言，这还关系到社会与税收来源的稳定。而无论是商界的自我救济，还是政府施以援手，除特殊事件之外，其救济措施一般都发生在 1927 年之后，即南京国民政府统治时期，也即丝绸业整体衰落时期。

---

① 程长松主编：《杭州丝绸志》，浙江科学技术出版社 1999 年版，第 70 页。

② 求良儒、蒋遒龙：《民国时期的浙江丝绸业》，浙江省政协文史资料委员会编：《浙江文史集萃》（经济卷上册），浙江人民出版社 1996 年版，第 39 页。

③ 求良儒、蒋遒龙：《民国时期的浙江丝绸业》，浙江省政协文史资料委员会编：《浙江文史集萃》（经济卷上册），浙江人民出版社 1996 年版，第 38 页。

④ 建设委员会调查浙江经济所编：《杭州市经济调查》，1932 年，第 9 页。

⑤ 孙洪烈：《浙江主要特产之鸟瞰》，《浙江商务》1936 年第 1 卷第 5 期。

1929 年，面对持续严峻的局势和不断滑落的丝绸业，杭州丝绸界各商家终于按捺不住，于 1929 年 7 月 21 日，在公会所在地观成堂举行"杭州丝绸界各业工商联合救济会成立大会"，省市政府相关部门代表和各业代表共 200 余人出席大会。大会一致认为杭州本来是生产最优美、最精良的绸缎产品之地，几年来丝绸业所上缴的捐税占百货税额的 5%，无论是农村经济，还是政府的税源，都与丝绸业的兴衰发生着密切的联系，然而历年来因为城市里的女子，醉心欧化，酷爱洋货，而一般没有觉悟的商人，却又采办和供应洋货，遂导致杭州丝绸产品业一落千丈，不得不设法救济。于是丝绸界各业工商联合救济会发表宣言，提出救济方法三条：一、商界须协力共谋绸质之改良。二、导各地民众须彻底觉悟，爱用国货。丝绸界同人对于哔叽洋货等衣料，坚决抵制。三、请求政府，予以相当之援助，诸如原料分配、资金的支持、繁重捐厘的减免、保护政策的实行等，政府都应负起相当的责任。[①]

综观上述丝绸业界的三条宣言，以历史的眼光来看，所谓不用洋货而只用国货，原本就是不合理的做法，清末以来技术的改良一直在进行，此时还着重提出，看来之前的技术改良成果有限，或者可以说，直至 1929 年，技术改良并没有从根本上改变杭州丝绸业的颓败。至于政府救助，其动力与成果究竟如何，正是下文所要分析的。

浙江省市两级政府对于浙江或者杭州丝绸业衰落的严峻现实有着清醒的认识，也认识到丝绸业是政府税捐的重要来源。张静江主浙时，便认识到丝绸业在商业中的重要地位和挽救的迫切性，"浙省政府主席张静江氏以丝绸业为浙省工商命脉，若不设法挽救，前途将不堪设想"。[②] 面对如此残酷的现实，加上丝绸业界反复呼吁，政府采取了一些有利于维持丝绸业的挽救措施。

1930 年，省政府首先实行丝绸业商家呼声最高的减捐措施，浙江省建设厅发布公告称，"奉省政府令，知主席提议，本省绸捐捐率，拟减去四分之一征收，以恤商艰一案，经第三百十一次委员会议决通过，自应遵照办理"。同时，省建设厅还积极提倡和奖励商界能够采用国外先进机器进行生产，"嗣后人如能用欧美最新电织机器设厂，呈经本厅派员查验可后，亦应准予一律免捐，以示提倡，而资救济"。[③] 遗憾的是，1930 年

①　参见《杭州丝绸周救济会定期成立》，《申报》1929 年 7 月 20 日第 10 版。

②　《浙省救济丝绸业政策》，《工商半月刊》1930 年第 2 卷第 7—12 期。

③　《救济丝绸业之一般》，《浙江建设》1930 年第 4 卷第 1 期。

以后杭州丝绸业情况并未因此而好转，在各种不利因素的逼迫之下，商人经营愈加艰苦。在杭州市政府社会科科长的一篇报告里，记述了1930年前后杭州丝绸业的相关变化，"当十六年（1927年）初期，全市绸厂，共有六十家。此六十家，共有铁机电机四千余张，至十七年（1928年）终，减至一千一百余张，实为杭市绸缎生产业未有之剧变。十八年（1929年）至二十四年（1935年），因内受社会经济崩溃之反应，外受国际倾销势力之压迫，仍奄奄一息"。① 从这段话里可以读出，虽然从1930年起，政府对丝绸业采取了一定幅度的减税措施，但依然不能挽救杭州丝绸业之既倒。

于是，1931年，浙江省建设厅又颁布临时救济措施，大致包括：第一，由县市督促有关机关，一起组织公共烘茧，成干茧后伺机销售；第二，要求蚕农待蚕茧成批后销售；第三，各银行及有关借贷机关，以低利率方式对丝绸业予以贷款。② 然而这些临时措施，细察之下并不能起到实质作用。1932年，浙江省政府因为财政原因，决定在全省范围内上调各业营业税税率，而招致了商界的集体反对，尤其是面临绝大困境的丝绸业。"浙江省营业税税率，经省政府决议，由千分之二，增至千分之十，改定税率，定四月份起实行。浙人以此税增加，无异厘金变相，杭州丝绸业并首先反对。曾电呈国府行政院暨财政实业两部，请令浙省政府，收回成命，以恤商艰。"③ 一面是政府财政奇缺，一面是商业低落，政府的救济面临两难选择。

1932年，经国民党中央行政院批准，浙江决定首先实行救标之策，挽救丝绸业。这些政策大体上有：一、财政部暂停征收生丝出口税和特税；二、由江浙两省政府发行"库券"400万两，用以厂丝出口的补助；三、江浙两省金融业贷给丝茧业300万元，每担陈丝出口，补助140元，总共补助200担，还有20万元作为改良蚕业用途；四、金融业以生丝抵押贷款400万两；五、金融与丝绸业界，通力合作，收茧缫丝；六、政府规定收茧价格和烘茧费用。④ 1934年，经过行政院核准，通过"挽救浙江

① 吴峤：《十年来之社会》，杭州市档案馆：《民国时期杭州市政府档案史料汇编（1927—1949）》，武林印刷厂1990年版，第52页。

② 参见求良儒、蒋道龙《民国时期的浙江丝绸业》，浙江省政协文史资料委员会编：《浙江文史集萃》（经济卷上册），浙江人民出版社1996年版，第45页。

③ 《浙人纷起反对增税》，《申报》1932年5月7日第8版。

④ 参见求良儒、蒋道龙《民国时期的浙江丝绸业》，浙江省政协文史资料委员会编：《浙江文史集萃》（经济卷上册），浙江人民出版社1996年版，第46页。

蚕丝根本办法",即与上述"救标"之策相对的"救本"之策。救本之策条文繁多,大体上涵盖了从桑树和桑园的种植改善,到蚕种的技术改良与优良蚕种的政府供给,到缫丝技术再到土丝的经营与贸易,到蚕业合作社的开设,到丝绸各种问题的研究,到相关技术人员的培养及指导,到相关捐税的减免,最后到蚕丝业的统制等各个环节,可谓是全面而细致。比如在改进缫丝技术上,就规定"制定制丝业取缔条例,由中央制定颁布制丝业取缔不良丝厂;指导丝厂改善经营方法,随时派员,赴各厂指导厂商行原料购买、生丝贩卖,及其他一切之合理经营;奖励改用可以增进品质、轻减成本之适当机械者,政府应予以奖励;指导丝厂改进制丝技术;指导丝厂施行合理的管理"。而在捐税问题上,此次也是痛下决心,"拟免减茧丝等捐税及运费,以助长蚕丝业之发展"。[①] 此时,政府层面的挽救措施,才看到了实质性动作。

那么,1927年至1937年间,杭州丝绸业如此衰落的原因到底是什么呢?关于这一点,丝绸业界与政府,有着各自的观点。而不同观点,决定了各自不同的救济方法。

杭州丝绸业界对于本行业的衰落,以经营者的角度,提出了一些看法,比如,"考我浙丝绸业衰落之原因,虽曰复杂,然究其结所在,大半由于工商界之贪图微利,对于原料之选择,不惜采用人造丝,鱼目混珠,致遭失败,若不设法防止,则根本动摇,绝无可以救济之理"。[②] 这是在原料上找原因,其次,在税捐层次上,杭州丝绸业界认为"税捐之太重,国产之不克振兴,税制之不良,实其一因,即以绸缎而论,浙省出产绸缎,莫不以上海为集散市场,苏捐每斤纳税洋八分,浙捐则绸每斤纳正捐洋四角八分,缎五角四分"。[③] 再次,在消费层次上,商界认为,"一般民众,亦复喜新厌旧,竞以舶来品为日用必须之物,遂使海关进口额日益激增,东西洋货充斥市场"。[④] 最后,在绸缎成本上,商界还认为工人工资的增长导致了成本增长,"以今日生活程度之高,物价之贵,增加工资,乃系必至之事实,然必与绸价相符,否则若非成本甚轻,势必亏负累累"。[⑤]

---

① 《行政院核准公布挽救江浙蚕丝根本办法》,《申报》1934年6月13日第11版。

② 《杭州丝绸周救济会定期成立》,《申报》1929年7月20日第10版。

③ 《杭州绸业现状》,《工商半月刊》1930年第2卷第6期。

④ 杭州绸业公会:《对于救济丝绸业治标治本之管见》,《商业杂志》1929年第4卷第9期。

⑤ 《杭州绸业现状》,《工商半月刊》1930年第2卷第6期。

　　政府对这一时期杭州丝绸业衰落的原因，可以概括为以下几条：一、由于人民狃于旧习，虽经政府提倡，但还是不懂得蚕种的改良，且家庭工业，一切不合经济原则，以致成本过高，不能与日本产品竞争；二、丝绸业商人缺乏世界眼光不能做到低买高卖，以致 1931 年大量陈丝陈茧囤积上海，无法脱售；三、当国外色彩新奇的绸缎入侵国内之时，同类商人不知道竞争和技术改良，只知道仿造，最后归于失败；四、中央以税收及条约关系，不能实行保护关税政策；五、中国丝绸商人，向来缺乏完善又有实力的组织，缺乏互助合作的精神。① 还有就是，受"工潮发动及受货价惨跌影响"②，致使绸厂大面积倒闭歇业。

　　分析政商双方对这一时期杭州丝绸业衰落的看法，双方基本上都逃避了自己的责任，而将失败归结于某些客观原因或其他。如丝绸业界对于如何提高相关产品的技术含量、借鉴国外先进技术从而赶上或超越国外产品以及如何加强营销宣传，使消费者乐于接受其产品缺乏认知，而简单地将行业衰落归咎于人造丝的侵袭和消费者的偏好错误。而政府的看法则更简单，将主要原因归结于商人不思进取和不能团结共谋利益。也正因为如此，政府才始终不肯轻易减除相关捐税，甚至试图增加营业税。或者也可以这样推测，政府因为财政异常拮据，始终有加税的冲动和欲望，因此，在分析丝绸业衰落的原因时，闭口不谈货物因捐税过重导致成本提高而缺乏竞争力。

　　1927 年至 1937 年，杭州丝绸业一反往常而出现衰落，固然与诸如人造丝入侵、人民消费偏好改变等原因有关。而所谓技术改良，考诸史实，无论是政府，还是商界，一直在进行。因此，其本质原因，还是与政治社会局势经常不稳定，人民购买力普遍低落及高捐税率有关。比如，至民国"二十年（1931 年）九·一八事变，东北市场被夺，营业即一落千丈"，③ 就是一个典型的例子。应当说，这种受时局影响而致商业低落，在这一时期是比较常见的现象。而人民购买力低落则是不争的事实，"近年来丝绸失败以后，迭受天灾人祸，农村经济破产之影响，遂致一蹶不振"。④ 国民政府以农业为立国之本，农村破产，农民就无力消费，城市

---

①　吴竞清：《浙江丝茧业之现状及其救济》，《浙江省建设月刊》1932 年第 6 卷第 8 期。

②　吴崌：《十年来之社会》，杭州市档案馆：《民国时期杭州市政府档案史料汇编（1927—1949）》，武林印刷厂 1990 年版，第 52 页。

③　孙洪烈：《浙江主要特产之鸟瞰》，《浙江商务》1936 年第 1 卷第 5 期。

④　《杭州救济工商业之意见》，《社光月报》1935 年第 1 卷第 6 期。

产品销路大受影响是自然之事，正如有人分析的，"杭市之绸缎，行销全国，负誉遐迩，然客岁丝绸失败，农村购买力薄弱，销路大减，各号生意清淡"。① 而捐税不断提高，也是导致丝绸业衰落的一个重要原因。杭州每匹绸缎捐税额，1924 年为 0.64 元，1925 年为 0.67 元，1926 年为 0.66元，1927 年，突然提高到 0.85 元，1928 年，更是跳至 1.46 元。② 不难发现，杭州丝绸业开始衰落的 1927 年，正是捐税开始大幅度跳高的起始年，1927 年捐税比 1926 年上涨近 30%，而 1928 年则在 1927 年的基础上又上涨 70% 以上。可见南京国民政府时期，丝绸业捐税税率是何等之高，商家自然有不堪重负之痛。

二　茶业的衰落

浙江茶叶的生产历史极为久远，最早可以追溯到唐代。陆羽著名的《茶经》，其写作地点即在余杭。陆羽在"茶之出"里考证茶叶的产地与品质，认为"浙西以湖州上，常州次，宣州、杭州、睦洲、歙州下；浙东以越州上，明州、婺州次，台州下"。③ 近代以来，杭州的茶叶无论是在品种还是在商业上均逐渐取得了省内甚至国内的优越地位。杭州重要的商业地位和秀丽风光带来的巨大旅客量，进一步使杭州茶叶声名远播，其中龙井茶更因其上佳品质而独霸浙江茶叶头把交椅，"西湖龙井，产于西湖名胜之地，向以'色绿、香郁、味醇、形美'四绝著称，且为名茶中产量最高的品种，清乾隆南巡时，亲临天竺观看制茶，赞赏不已"。④

近代以来，杭州经销茶叶来源中，产自杭州的真正龙井茶数量极少，"每年不过三四担"⑤，主要来自"邻近各县及皖南、赣等地采购，转而销往广、京、沪、苏、京、冀、鄂等地"。⑥ 其他还有环西湖诸山广义上的龙井茶，1931 年产量达到 700 余箱，以及产于富阳、桐庐、临安、余杭、留下、闲林埠等处的四乡茶，做法模仿西湖龙井。⑦ 在出入杭州经杭州经销的茶叶中，其数量构成，以 1931 年为例，"各处茶叶运至杭州者三十七

---

① 苏建吾：《一年来杭州商业之概况》，《民智月报》1934 年第 3 卷第 4 期。

② 参见《教育与职业》1930 年第 110 期。

③ （唐）陆羽：《茶经》（卷下），商务印书馆 1922 年版，第 12—14 页。

④ 刘河洲：《浙江茶叶史略》，浙江省政协文史资料委员会编：《浙江文史集萃》（经济卷上册），浙江人民出版社 1996 年版，第 57 页。

⑤ 建设委员会调查浙江经济所编：《杭州市经济调查》，1932 年，第 313 页。

⑥ 周峰主编：《民国时期杭州》，浙江人民出版社 1997 年版，第 213 页。

⑦ 参见建设委员会调查浙江经济所编《杭州市经济调查》，1932 年，第 312 页。

万余担，复由杭州运出者即三十四万四千零二十担，总值一千四百三十七万四千九百一十六元。若分析其来源，则来自皖南各县之徽茶约十八万担，价值约七百余万元；来自赣东各县之赣茶，约五万担，约值一百八十万元，来自本省衢、严、金、处各处之浙茶约十万余担，价值四百万元；再有来自临安、余杭、武康及杭县各乡之所谓四乡茶者约四万担，约值二百万元。入境之三十七万余担中，约有三万担销售于杭市各庄号"。① 由以上进出杭州茶叶的来源、构成及数量、价值的比例可以看出，杭州市内各茶庄、茶行经销的茶叶，绝大部分来自市外各县及安徽和江西两省。杭州茶叶来源的这个特点，决定了杭州茶业兴衰与丝绸的不同路径，即就时间上来说，杭州丝绸业繁荣与衰落的时间节点是 1927 年，而以 1931 年前后更为明显。但茶业兴衰的转折节点，若以 1912 年为考察起点，则主要体现在 1932 年前后。1912 年至 1932 年间，杭州茶业基本保持平稳的发展态势，1933 年至 1937 年，受各种不利因素的影响，而趋于快速衰落。

杭州茶业的变迁状况，主要表现在茶叶种植面积、茶叶产量、茶叶价格、茶行数量变迁及资本规模等方面，其中茶叶价格变化体现了杭州茶业整体趋势，可以从宏观层面把握杭州市茶业兴衰。

杭州市范围内，1930 年，茶园种植面积为 1430 亩②；1931 年大幅度增加，"合计约二千九百七十亩"③；1933 年，根据实业部国际贸易局所作调查，当年杭州市茶园面积为 2000 亩④，较 1931 年下降 970 亩；1935 年，杭州市茶园种植面积依然为 2000 亩，远低于同时期浙江其他区县，如富阳的 8.5 万亩，临安的 1.35 万亩，绍兴的 2.4 万亩，以及温岭的 3.2 万亩⑤。况且，在 1933 年至 1935 年三年左右的时间里，有限的茶园面积仅仅保持平衡而没有得到增加。

总而言之，1932 年之前，杭州茶叶种植面积保持增长，而从 1933 年开始，种植面积开始下滑，基本上体现了杭州市茶业从 1933 年开始衰落的态势。

不同材料茶叶产量统计数字有所偏差，即便如此，这些数字还是大体反映了某种趋势的变化。1926 年，杭州茶叶产量为 3 万公斤，1927 年为

---

① 建设委员会调查浙江经济所编：《杭州市经济调查》，1932 年，第 313 页。
② 王国平主编：《历代西湖文选》，杭州出版社 2004 年版，第 87 页。
③ 《西湖龙井茶业概况》，《东方杂志》1935 年第 32 卷第 7 号。
④ 实业部国内贸易局编：《中国实业志·浙江省》，1933 年（丁），第 232 页。
⑤ 参见《浙江主要特产之鸟瞰》，《浙江商务》1936 年第 1 卷第 5 期。

2.6 万公斤，1928 年为 2.75 万公斤①；1929 年为 2.75 万公斤②；1930 年为 3.3 万公斤③；根据杭州茶农的估计，杭州市茶叶"二十年（1931年）产量七百三十担，1932 年产量七百八十担"。④ 如果按照一担 50 公斤计算，1931 年杭州市茶业产量应为 3.65 万公斤，1932 年为 3.9 万公斤。按照这个规律，杭州的茶叶产量，1926 年至 1932 年间，基本保持一个稳定增长的态势。而 1933 年，杭州市茶叶产量为 413 担⑤，合 2.065 万公斤。这一数字，比起 1932 年的 3.9 万公斤，相差巨大。可见 1933 年前后开始，杭州市茶业明显趋向衰落。

杭州市茶行，"系茶户与茶客中之居间者，本行无自植茶叶，乃运用资金收买与出售，其利润即为佣金"。⑥ 换言之，所谓茶行，即是处于茶叶的流通领域，在买与卖之间架起一座桥梁。由此可见，茶行数量的多寡及营业状况，也可概见杭州茶业兴衰一端。

杭州茶行数量，"1912 年杭州候潮门外，嘉惠桥起至南星桥、利珍桥之间（地名汤家村），规定为茶叶营业地区。开设的茶行有庄源润、裕隆、乾（全）泰庄、源记、隆兴记、公顺、宝泰等七家"。⑦ 1929 年，"杭州城厢茶行九家，年销茶叶四万五千担以上"。⑧ 1932 年总共有 16 家，1932 年至 1937 年间，基本保持在 10 家以内。⑨ 从以上数据可以看出，1912 年至 1937 年，杭州茶行数量，由最初的 7 家，逐步发展到 1932 年的 16 家，再降到 1932 年以后的不足 10 家，也从一个侧面印证了杭州茶业自 1933 年前后开始走向衰落的趋势。

---

① 《杭州市政季刊》1934 年第 2 卷第 2 期。

② 《杭州茶业状况》，《工商半月刊》1929 年第 1 卷第 13 期。

③ 王国平主编：《历代西湖文选》，杭州出版社 2004 年版，第 87 页。

④ 《西湖龙井茶业概况》，《东方杂志》1935 年第 32 卷第 7 号。

⑤ 杭州市政府社会科编：《杭州市二十一年份社会经济统计概要》，1933 年，第 101 页。

⑥ 《西湖龙井茶业概况》，《东方杂志》1935 年第 32 卷第 7 号。

⑦ 孙守成：《杭州制茶工业简史》，政协杭州市委员会文史资料委员会编：《杭州文史资料》（第 13 辑），1989 年，第 147 页。

⑧ 《杭州茶业状况》，《工商半月刊》1929 年第 1 卷第 13 期。

⑨ 分别参见：《西湖龙井茶业概况》，《东方杂志》1935 年第 32 卷第 7 号；吴乐勤：《浅谈茶叶》，政协杭州市委员会文史资料委员会编：《杭州文史资料》（第 19 辑），1996 年，第 140 页。

1933 年至 1935 年杭州茶行概况

行名	地址	经理姓名	组合性质	资本（元）	最近三年经营状况			销路最旺区域
					1933 年	1934 年	1935 年	
源记	候潮门外	莫五臣	合资	20000	11900 担	10000 担	12630 担	山东江苏本省各县乡镇
					29.6 万元	26.7 万元	24.11 万元	
福顺	候潮门外	王秉钧	合资	10000	16000 担	14830 担	6650 担	山东江苏河北
					50.6 万元	48.4 万元	15.2 万元	
同春兴	候潮门外	吴达甫	合资	8000	18920 担	21060 担	19640 担	山东河北东三省江苏
					59.6 万元	63.2 万元	44.9 万元	
公顺	候潮门外	扬卓安	合资	5000	12100 担	18800 担	12700 担	山东江苏河北东三省
					66.8 万元	56.4 万元	29.1 万元	
全泰昌	候潮门外	方凤仪	独资	5000	8760 担	8930 担	7420 担	山东河北江苏东三省
					27.6 万元	26.8 万元	17 万元	
庄源润	候潮门外	章暮周	独资	5000	11270 担	11320 担	9170 担	营口山东
					35.5 万元	34 万元	20.1 万元	
隆记兴	候潮门外	贝文瀚	合资	4000	6000 担	6670 担	6690 担	本省各县
					14.9 万元	17.3 万元	10.2 万元	
保泰	候潮门外	方开泉	合资	3000	11120 担	10460 担	8960 担	山东河北营口江苏及本省
					35.1 万元	31.4 万元	20.5 万元	
义泰	候潮门外	章晋卿	独资	2000	缺	缺	2660 担	河北山东江苏
					缺	缺	6.1 万元	
合计				62000	105170 担	102070 担	68550 担	
					319.7 万元	304.2 万元	187.21 万元	

资料来源：《浙江之茶》，1936 年，第 37—38 页。

　　从上表 1933 年至 1935 年 9 家茶行的有关数据，可以分析出几个明显特点。一是，资本规模相对较小。最大的源记茶行，资本总额不过 20000元，最小的义泰茶行，资本总额才 2000 元，而 9 家茶行的资本总额，才区区 62000 元；二是，在这三年间，无论是销售量还是销售额，各茶行基本上呈逐年下滑态势，而以销售额下滑为甚，尤其是 1934 年至 1935 年，更是普遍呈大幅度下滑态势，体现了严峻的行业困境。比如，上述规模最大的源记茶行，虽然 1935 年销售量超过前两年，但销售额却逐年下降。再比如居于行业第二名的福顺，不但销售量与销售额逐年下降，且 1935年比 1934 年，下降更呈一日千里之貌，1934 年销售量尚且有 14830 担，

1935 年居然下降到 6650 担，下降幅度超过 50%，而销售额 1934 年为 48.4 万元，1935 年下降到惊人的 15.2 万元，下降幅度达到 68%，超过其销售量下降幅度，这其实显示了茶叶在此期间销售价格出现了巨幅下跌。就 9 家总体情况来看，无论是销售量还是销售额，3 年来均呈下降态势，尤其是 1935 年，从数据看，下降幅度惊人。

据有关数据，1927 年至 1931 年间，茶叶销售价格尚属平稳。1926 年，杭州茶叶销售价格平均每担为 55 元，1927 年为 50 元，1928 年为 52 元，1929 年为 54 元，1930 年为 55 元，1931 年为 55 元。[①] 从上述数据看，6 年来杭州茶叶平均每担价格虽有波动，但总体比较平稳，而这种状况从 1932 年开始发生了巨大变化。1931 年，日本发动九一八事变后，"第二年（1932 年），北方茶叶滞销，致使徽州大方成本每担从 100 元跌价到 35 元，淳安大方从每担 70 元跌价到 17 元。这一年茶市极不景气，汪同裕茶叶店汪承文等人投江、跳楼自杀的竟达四五个之多"。[②] 可见，自 1933 年开始，茶叶价格开始惨跌，杭州茶业受到极大的震动。之后数年，茶叶价格继续下跌。"年来茶市本属萧条，本年（1936 年）惨跌，尤为空前未有之现象，因此影响茶农生计，良非浅鲜。在过去茶市最盛时代（民国十三四年，1924—1925 年）每担平均价格为一百五十元。至二十三年（1934 年）毛茶每担售自六十至一百元，大方茶自七十至一百六十元，每担平均价格仅为一百十五元。迄二十四年（1935 年）上半年市价，仅有二十三年（1934 年）市价之八折。至（1935 年）七八月间，毛茶售价每担竟低至十三四元，最高纪录，亦仅在三十五六元左右，茶商因之亏耗甚大。"[③] 而按照 1935 年"价格应折为五十元者，现在平均仅值二十四五元，茶价既已惨落一半，其经售出之山客，以亏本过巨，自杀惨剧迭起，其成疯致疾者，亦不一而足"。[④]

综合以上各个方面分析，得出一个共同时间指向，即大概自 1933 年开始，杭州茶业开始大幅度趋向衰落。而之前的 1912 年至 1932 年，虽然谈不上什么发展，却保持一个基本平衡状态。实际上，杭州茶业真正繁荣期，应当在 1912 年之前的晚清甚至更早。"沪杭铁路通车后，集中在候潮

① 参见浙江财务人员养成所编《杭州市经济之一瞥》，1932 年，第 80 页。

② 吴乐勤：《浅谈茶叶》，政协杭州市文史资料委员会编：《杭州文史资料》（第 19 辑），1996 年，第 139—140 页。

③ 朱惠清：《民国二十四年浙江商业之回顾》，《浙江商务》1936 年第 1 卷第 2 期。

④ 重光：《本局办理救济滞杭淳安等县茶农之经过》，《浙江商务》1936 年第 1 卷第 2 期。

路一带的茶行有十多家。经营代客买卖批发业务。茶叶来源有本省杭州、绍兴、宁波、金华、丽水、台州、嘉兴各地区所属各县和安徽的皖南、福建的闽北、江西的赣东等地，品种俱全。经营数值最高时达二十万担左右。"① 沪杭铁路通车是在 1909 年，在那个时期，杭州各茶行年销售量已达到了 20 万担左右。而 1933 年至 1935 年间最好的 1933 年，杭州所有茶行的年销售量只有 10.5170 万担，后者只有前者的一半左右，差距巨大。也就是说，1912 年至 1932 年间，杭州茶业只是相对于 1933 年至 1937 年，处于相对平稳期，若相对于以前，则基本上处于长期衰落过程中。这与刘河洲在《浙江茶叶史略》中的分析是一致的。刘文指出，"解放以前浙江茶叶的发展过程，可以分为下列几个时期：1842 年以前，内销时期；1843—1874 年，外销兴起时期；1875—1897 年，全盛时期；1898—1932 年，衰落时期；1933 年后，破产时期"。② 正如浙江商务局 1936 年对浙江省茶业态势所作的评论，浙江茶业"今日之趋于衰落，良非偶然！近数年来所谓不景气，不过加重与加速其直下之势耳！"。③

那么，导致杭州茶业不断衰落的原因是什么呢？总结起来大致有以下几个方面。

首先与茶农的技术、方法、观念等相对落后与保守有关。

杭州的茶叶，在栽培上，绝大多数只是没有集中成片的零星种植，而茶树又多是丛栽，树龄普遍比较老。且"有茶树施肥，有害茶叶香味之迷信。茶园不施肥，茶园之地力衰耗，茶树之发育不充分，既减少茶叶之收量，且使茶叶之品质恶劣"。④ 此外，为了充分利用土地和提高单位面积经济效益，茶园中大多套种杂粮或其他经济作物，一年也仅仅翻耕一次。而且"长年不施肥，每年采春、夏茶两次，春茶采一担，夏茶采一头，不采秋茶。采茶时，不分老嫩，一次采光；病虫害不加防治，视为天灾。因此，茶树生长势差，单产很低。在制造上，都是手工制茶，由于晚采粗制，品质上大受影响"。⑤ 再比如，"茶于立春后发芽，至清明始可采

① 郑志新：《杭州市茶业发展简史》，民建杭州市委员会、杭州市工商业联合会编：《杭州工商史料》（第 1 辑），1985 年，第 41 页。

② 刘河洲：《浙江茶叶史略》，浙江省政协文史资料委员会编：《浙江文史集萃》（经济卷上册），浙江人民出版社 1996 年版，第 54 页。

③ 浙江商务局：《浙江之茶》，1936 年，第 43—44 页。

④ 赵竟南：《我国茶业衰退之原因及其振兴方案》，《浙江建设月刊》1929 年第 2 期。

⑤ 刘河洲：《浙江茶叶史略》，浙江省政协文史资料委员会编：《浙江文史集萃》（经济卷上册），浙江人民出版社 1996 年版，第 54 页。

摘。采茶之职，多以女工任之，但以不明植物生理，致年龄未及二岁之茶树，亦有向之采叶者。故结果遂致一蹶不振"。[1]

其次是税收的繁重，导致茶农与茶商不堪重负，成本高昂。

"昔日中国茶一担之协定价格，为五十海关两，其税率为百分之七·五，则输出税一担为三两七·五钱。"[2] 这种税率，随着茶叶价格的逐渐低落，无形中加重了茶业负担，直接削弱了茶叶的竞争力。

最后，杭州茶业衰落，与政治形势有着密切关系。

1931 年爆发了九一八事变，随后日本侵占中国东北三省。之后，华北事变爆发，日本侵略势力渗入华北。这两个事件对杭州茶业造成了极为恶劣的影响。从上文关于杭州茶行销路最旺地区可以发现，杭州的茶行，主要业务区域大都集中在东北三省和华北。杭州茶业因为"东省祸变继起，销路既呆，遂呈寥落"。[3]

那么，面对如此衰落不堪的杭州茶业，政府采取了哪些挽救措施呢？上文已有述及，杭州茶业的一个显著特点是，其茶叶绝大部分来自省内其他各县市及省外的安徽、江西和福建等省，市内所产茶叶为数甚微，因此，政府层面对杭州茶业采取的挽救措施，不似丝绸业用力。由于杭州茶叶基本上是处于流通领域，政府极为有限的救济措施基本上也只是限于流通领域展开。

1931 年秋季，杭州发生洪灾，又因为九一八事变的影响，茶业发生了巨大困难。1932 年初，茶行无法开设，新茶上市迫在眉睫，陈茶却还是销售阻滞，无论是茶行或是杭州市整个茶业，都需要某种程度的救济。后经市政府筹划，决定由茶叶山客组织"茶叶贩卖合作社"，以谋求茶叶的销售。

这个"茶叶贩卖合作社"规定以下几条简单的宗旨[4]，"一、共同运销社员自出之产品；二、提高社员产茶之品质；三、查处参杂作伪之流弊；四、达到减本增益之目的；五、保证公平交易，杜绝操纵垄断，谋生产者与消费者永久之合作"。在运作方法上，一般采取由合作社先收来社员的茶叶，然后以此作为抵押品，向市内有关金融机构抵押借款。合作社借得款项后，"备为水客暂垫，代其焙炒茶叶，打包装运。各种茶叶由合

① 《杭州茶业状况》，《工商半月刊》1929 年第 1 卷第 13 期。

② 赵竟南：《我国茶业衰退之原因及其振兴方策》，《浙江建设月刊》1929 年第 2 期。

③ 《杭州茶业现况》，《中行月刊》1932 年第 4 卷第 5 期。

④ 《杭州茶业状况》，《中行月刊》1932 年第 4 卷第 5 期。

作社鉴定分级，根据前数年价格，并预测本年茶价趋势，假定本年茶价。凡山客送到茶叶，即按所属等级之假定价垫付若干成，使目前金融稍得宽舒，待货物脱售，通盘计价，于茶市收束时补足全部价额"①。

1935 年底，杭州茶叶因为行情惨淡，还有近一半左右滞销库中无法脱售，而新的一年即将来临，新茶又将上市。如何处理这种困局，成为茶商与政府棘手的问题。

浙江商务局局长朱惠清，一面函请杭州市全体茶行到商务局商讨茶叶销售事宜，一面邀请浙江地方银行和中国农民银行派代表参加商讨会议。在此次会议上，朱惠清首先陈述了杭州茶业衰落情形，茶商的经销困境以及政府拟采取的救济措施。经商务局、茶商及银行代表共同讨论，拟采取救济措施二条，"一、各茶行原存茶叶，暂行搁置，仅让山客存货先行销售；二、由各茶行竭力转向水客劝导，尽量收买，并予以种种便利，期市面复活，解除壅滞也"。其实上述办法，只是不得已的临时措施，虽然这两项措施"自经各方设法进行后，茶市幸有起色"。② 却无法从根本上解决杭州茶业的衰落局面。

杭州茶业的衰落，固然还有其他原因，诸如民众消费力低下、社会不稳定等。但通过历史考察，不难发现，对茶业造成巨大影响的，尤其对于杭州茶业致命一击的，是日本侵略东北与华北。日本势力的入侵，导致了杭州茶叶在国际上流通的渠道大部分被切断。与此同时，茶叶与丝绸一样，无论是在国内，还是在国际上，正面临越来越多来自其他国家同类商品的激烈竞争。

第三节　与国外商品的竞争

自晚清被迫对外通商以来，西方商品源源不断地进入中国，国内具有传统优势的商品受到巨大冲击，杭州也不例外。特别是自 1895 年杭州开埠后，本地商品受到两方面冲击。一是在国内市场上，杭州本地商品与外来商品竞争；二是在国际市场上，杭州商品也遭受强有力的挑战。研究杭州商品在国内外市场上面临来自西方商品的竞争，有助于多角度认识民国时期杭州商业的荣衰态势。

---

① 《杭州茶业状况》，《中行月刊》1932 年第 4 卷第 5 期。

② 重光：《本局办理救济滞杭淳安等县茶农之经过》，《浙江商务》1936 年第 1 卷第 2 期。

一　国内市场竞争

晚清民国时期，杭州很多商品都受到了洋货冲击。

比如糖类，1895 年日本占据台湾后，便从台湾大肆运糖到杭州。英国"太古""怡和"等洋行紧随其后，利用东印度殖民地产糖，在香港精炼后再运送到杭州。再有荷兰糖，也源源不断地运来杭州。据估计，自"清光绪二十三年（1897 年）外国糖涌入杭州，至宣统二年（1910 年），各种外国进口已增至 258，326 担，值银 1，341，670 关平两，约占当年杭州外国货进口值的 29%"。① 至 1913 年，各种洋糖销路，经过之前几年的起伏之后，又"开始稍见起色"。② 可见，这一时期外国持续不断地大量输糖入杭州。

比如染料，杭州的丝织业、纺织业和印染业等行业的兴起，直接导致了染料需求不断上升，也导致了国外染料不断进入，其中，德国、英国、美国和日本等国的染料，在中国均有较大市场份额。"我国为日本染料最重要之贩卖市场，故与德、英、美等竞争，异常激烈。"③ 根据海关资料统计，"报经杭州关进口的外国染料有五色染料、银珠、拷皮、人造及天然靛。清光绪二十二年（1896 年）染料首次进口，值银 134 关平两；银珠进口为 21 担，值银 40 关平两。随着各种染料、颜料的大量进口，国产染料逐渐衰落。民国三年（1914 年），第一次世界大战爆发，德国染料进口顿减。第一次世界大战结束后，染料及制成靛进口复又回升。自光绪二十二年（1896 年）至民国二十六年（1937 年），报经杭州关进口的染料、颜料值银 150 万关平两，人造靛和天然靛值银 372.65 万关平两，拷皮值银 31262 关平两，银珠值银 25.66 万关平两，四项合计共达 551.68 万关平两"。④ 如此大量染料及颜料的进口，对杭州本土相关商品所造成的冲击，可以想见。

再比如纸烟的输入，对杭州本土所产卷烟，也形成了重大冲击。

洋烟在杭州的流通，清末即已开始。清末民初，杭州市场上所能见到的洋烟，基本上来自英美等国烟草公司。"清光绪二十五年（1899 年）杭

---

① 任振泰主编：《杭州市志》（第 5 卷），中华书局 1999 年版，第 696 页。

② 中华人民共和国杭州海关译编：《近代浙江通商口岸经济社会概况——浙海关、瓯海关、杭州关贸易报告集成》，浙江人民出版社 2002 年版，第 705 页。

③ 《日本染料工业二十年之变迁》，《国外情报选编》1936 年第 145 期。

④ 程长松主编：《杭州丝绸志》，浙江科学技术出版社 1999 年版，第 298 页。

州关首次进口纸烟，当年进口纸烟值银 2649 关平两，此后数年，纸烟进口皆成倍增加，三十年（1904 年）纸烟进口值银逾 3 万关平两，三十一年（1905 年）已接近 23 万关平两，三十二年（1906 年）逾 12 万关平两，三十三年（1907 年）已接近 23 万关平两。民国以后，纸烟进口仍逐年增加，民国十年（1921 年），纸烟进口已增至值银达 253.9 万关平两，为杭州外烟进口最高纪录。"① 面对此情形，杭州本土纸烟奋起抗争，力图挽回利权。1921 年以前，"外洋纸烟，虽有土货为之争衡，然进口之数仍有加无已"。② 这种不利局面从 1923 年左右开始逐渐好转。1923 年，由于浙江省开征纸烟特税，税率值百抽二十，英美烟草公司所销纸烟减少。1925 年"五卅运动"爆发，英货进口受到全面抑制。1927 年，浙江省将运销内地值百抽二十的纸烟特税，改为缴纳值百抽五十的统税，"同时国内各烟草公司新牌叠出，贸易兴盛，销量渐增，奋起与英美烟草公司展开竞争，外国纸烟进口呈加速衰退趋势"。③ 在杭州商人的努力抗争下，本土纸烟最终战胜外来洋烟而取得了在杭州市场上的主流地位，重新夺回了相关利权。

当然，杭州最主要的传统商品是丝绸和茶叶。无论是内销还是外销，这两种商品对杭州商业的整体发展具有决定性意义，在市场上受到西方商品最严重冲击的也是这两种商品，尤其是丝绸，在国内外市场上，受到西方相关产品的双重打击。下文以丝绸业为重点，分析其在国内市场上遭受西方相关产品冲击的情形，以此为基点，期从更深层次上研讨清末民初杭州商业所面临的困境。

杭州丝绸业受西方相关商品的冲击，主要是两类商品，一是丝织品，即绸缎的输入；二是人造丝的大量输入。因为人造丝后来成为绸缎的重要原料，因此，人造丝几乎成为挑动杭州丝绸业界最敏感神经的商品。

绸缎进口，自清末以来，尤其在民初即有一定的规模，之后逐年略有波动而未曾中断。按不同类别，进口绸缎主要有 7 种，即纯蚕丝织品、蚕丝夹棉织品、蚕丝夹毛织品、纯人造丝织品、人造丝夹棉织品、人造丝夹毛织品、蚕丝夹人造丝织品。其中，纯蚕丝织品又分为纯丝绸缎和剪绒两

---

① 任振泰主编：《杭州市志》（第 5 卷），中华书局 1999 年版，第 698 页。

② 中华人民共和国杭州海关译编：《近代浙江通商口岸经济社会概况——浙海关、瓯海关、杭州关贸易报告集成》，浙江人民出版社 2002 年版，第 792 页。

③ 任振泰主编：《杭州市志》（第 5 卷），中华书局 1999 年版，第 698 页。

种。纯丝绸缎，"民国十七年（1928 年），进口价值四十五万两。法国货占百分之五十七，日本货约占百分之廿。以民国十七年（1928 年）进口价值，比民国十五年（1926 年）之一百十万两，民国十六年（1927年）之五十四万两，盖呈输入渐减之趋势。然细察其故，则由于法国来货渐减，而日本货固未尝减少也"。① 也就是说，虽然表面上看，1926 年至 1928 年三年间，进口绸缎量逐年降低，但只是因为原先占绝大比重的法国货逐渐减少，日本货取而代之。而丝绒及剪绒，则主要来自英国、德国、法国、意大利和日本，"民国十七年（1928 年）进口价值仅一万余两；蚕丝夹棉织品亦分绸缎与丝绒两项，前者民国十七年（1928 年）进口价值二十万两，后者进口价值二十二万两；至棉丝缎一项，民国十七年（1928 年）进口价值七十万两，日本货占百分之九十一，法国亦有来货；蚕丝夹毛织品，民国十七年（1928 年）进口价值六十一万两，法国货占百分之七十六，德英与比意亦有来货；纯人造丝织品，民国十七年（1928 年）进口价值九十八万两，来自日法英意等国；人造丝夹棉织品为进口绸缎中之最多者，因其价值特廉，故销路异常畅旺。民国十二三（1923—1924 年）年间，进口不过二三十万两，年来逐年增多，民国十四年（1925 年）九十七万两，十五年（1926 年）一百八十万两，十六年（1927 年）二百五十万两，十七年（1928 年）三百十万两，来自日英法意等国"。② 绸缎的进口，就数量而言，1912 年为 11.86 万斤，1913 年为 13.71 万斤，1914 年为 18.29 万斤，1912 年下降到约 8.69 万斤，直到 1936 年，外国绸缎的进口数量基本上维持在 3 万斤到 4 万斤之间。③

从以上相关数据可以得知，大概自 1923 年至 1928 年，各种类型的绸缎，自各个国家多少不等得以输入。尤其是人造丝夹棉织品而成的绸缎，输入数量逐年增加，且增幅巨大。各种绸缎的大量输入，对本土的绸缎产品所造成的冲击是毫无疑问的，这从上文中的外来绸缎"销路异常畅旺"可知一二。

相比丝织品，人造丝的输入对杭州丝绸业打击更巨大。如果说绸缎进口还不足以对杭州丝绸业造成致命伤害，那么人造丝大量输入，使得此后杭州绸缎织品的主流成分一变而为人造丝，从而对杭州原本以天然丝为主

---

① 杨大金：《现代中国实业志》（上），台北华世出版社 1978 年版，第 154 页。

② 陈重民：《万有文库第一集：一千种中国进口贸易》，商务印书馆 1930 年版，第 34—35 页。

③ 参见杨大金《现代中国实业志》（上），台北华世出版社 1978 年版，第 202—203 页。

要原料的绸缎销路造成根本动摇。说到底，人造丝的入侵，人造丝与天然丝之争，天然丝不敌人造丝，意味着杭州丝绸业的失败。

　　天然丝与人造丝的最大区别，是天然丝不具备人造丝丰富多彩的花色与千变万化的式样，正因为人造丝具有天然丝所没有的优势，人造丝一经输入，便得到了消费者的认同与追捧。"近数年来因衣制变更，西服原料采用呢绒，而女人衣服，又复以洋货相炫耀。"① 消费者认同，杭州商行自然是在商言商，开始经销人造丝并逐渐加大力度。1924 年，一开始强烈反对使用人造丝的杭州纬成公司老板朱光焘，被任公司总工程师的侄儿反复劝说，"经线用真丝，纬线掺用人造丝，既可降低成本，又可增加印染色彩的明亮度"。朱光焘开始转变观念和想法，其侄儿陈述理由，使用人造丝"又有明显的经济效益，（人造丝价格低）和明亮的产品色彩，促使他转向积极支持使用人造丝。在朱光焘的大力倡导下，杭州同行纷纷效仿，引起丝织业原料结构的变化，增加了绸缎产品的花色品种"。② 随着技术的不断进步，人造丝输入和使用更是不可阻挡，这一趋势，当时即有人认识得非常清楚，"近今科学昌明，凡人事之可以夺天工者，无不应有尽有，而人造丝之发明，亦为其中之一。人造丝的问题，绝非为一件新事。在昔美国及日本，皆以为人造丝之用途，不能出丝绳之外，今则袜、内衫、丝带及其他一概装饰品等，皆能用人造丝成之矣"。③ 很明显，因为人造丝的优势及用途的日益广泛，其输入变得不可阻挡，输入量也不断攀升。

　　人造丝在杭州大规模使用有一个渐进过程。1924 年以前，杭州市场上基本上见不到人造丝。1924 年，人造丝开始出现。1927 年，杭州出现了专营人造丝的商行，兼营人造丝的商行也逐渐增多。由于经销人造丝成本低而利润高，且在市面上极为畅销，因而杭州市场上经营人造丝的商行呈现蓬勃发展之势。"1931 年，全市经营人造丝的商行已达 33 家，其中专营者 10 家，兼营者 23 家。1935 年，经营人造丝者又增加为 36 家，当年营业总额达 360 余万元，超过土丝营业总额的 4 倍多。"④ 人造丝从1924 年开始出现到 1935 年营业额居然超过天然丝，可见其增长之快，使

----

① 铁道部财务司调查科查编：《京粤支线浙江段杭州市县经济调查报告书》，1932 年，第124 页。

② 程长松主编：《杭州丝绸志》，浙江科学技术出版社 1999 年版，第 481 页。

③ 容秉衡译：《人造丝之发达与蚕丝业之前途》，《农事月刊》1926 年第 8 期。

④ 程长松主编：《杭州丝绸志》，浙江科学技术出版社 1999 年版，第 309 页。

用量之大。

伴随人造丝的巨大使用量，杭州历年以来的人造丝进口量逐年递增。

1924 年至 1937 年杭州进口人造丝数量概况

年份	进口数量（关担）	年份	进口数量（关担）
1924	26	1931	4702
1925	123	1932	—
1926	263	1933	5881
1927	273	1934	4680
1928	3366	1935	8567
1929	4657	1936	12856
1930	1278	1937	14083

资料来源：程长松主编：《杭州丝绸志》，浙江科学技术出版社 1999 年版，第 298—299 页。

从上表可以看出，杭州人造丝的输入，从数量上来看，1924 年尚微不足道，其后便逐年增长。一个显著的年份是 1928 年，是年人造丝输入量，较 1927 年陡然增长十数倍。这不是偶然，而是与杭州丝绸业衰落相伴随的。上文已经分析说明，杭州丝绸业在 1927 年开始衰落，而第二年人造丝进口便爆发式增长，其中的因果关系值得思考。

那么，如此大量的人造丝输入，流向哪里，作何用途？这要从杭州丝绸厂家历年丝织品原料构成比例窥其端倪。

1919 年至 1932 年杭州市各绸厂原料结构比例变化情况

年份	天然丝	人造丝	百分比	
			天然丝	人造丝
1919	4900 担	无	100%	0%
1920	4000 担	无	100%	0%
1921	4200 担	无	100%	0%
1922	4000 担	无	100%	0%
1923	4000 担	无	100%	0%
1924	3000 担	无	100%	0%
1925	2500 担	291 担	89.5%	10.5%
1926	2300 担	530 担	81.4%	18.6%
1927	790 担	759 担	49.3%	50.7%
1928	720 担	950 担	43%	57%

续表

年份	天然丝	人造丝	百分比	
			天然丝	人造丝
1930	1000 担	3000 担	25%	75%
1931	600 担	2000 担	23.1%	76.9%
1932	60 担	200 担		

资料来源：《杭州市二十一年份经济统计概要》，第 75 页。

上表印证了一个显著的现象，丝织品原料构成当中，天然丝使用占比从 1919 年至 1924 年一直保持着 100% 的纪录。从 1925 年开始，原料结构发生变化，人造丝开始使用，其比例从 1925 年的 10.5% 上升到 1931 年的 76.9%，而以 1927 年为变化最显著年份。这一年，天然丝使用量比例，从前一年不起眼的 18.6% 跳升到 50.7%，首次超越天然丝。也正是这一年，杭州丝绸业开始走向衰落。可见，人造丝大量输入和使用，对杭州天然丝构成了巨大冲击，造成天然丝使用量大幅度降低直到微不足道的境地。天然丝的衰落，构成了杭州丝绸业衰落的一个侧面。

综上分析，1912 年至 1937 年间，杭州各商业部门普遍受到了外来相关商品的竞争，在这种竞争态势下，杭州各行业，或沉沦，或反击取胜。以丝绸业为代表的杭州商业，整体上表现出在竞争面前无能为力而最终走向衰落的趋向。

二 出口市场竞争

长久以来，中国最主要的外销产品是丝绸和茶叶。杭州是丝绸之乡、茶叶之都，丝绸和茶叶自然也是杭州最为主要的出口商品。杭州诸多商品在国内市场上，程度不等地遭受了国外商品的挤压。在国际市场上，遭受国外商品挤压的，主要是丝绸和茶叶。

杭州丝绸和茶叶的出口，大致上也经历了由繁盛到衰落的过程。

清末民初，根据《中国海关册》相关数据记载，杭州出口的商品多达一百多种。在这一百多种的出口商品当中，丝及丝织品、茶叶、扇子、菜籽、菜籽饼、火腿、药材、桐油、烟叶等为大宗，而在这些大宗当中，丝及丝织品、茶叶所占比例最大。

1896 年杭州关开关，"当年报经杭州关集运出口的绸缎数量为 124.83 担，值银 7.5 万关平两，分别占是年杭州集运出口二等丝及丝织品数量和货值的 51.9% 和 84.5%。1899 年，绸缎集运出口增至 4193 担，值银

251.6万关平两，比1896年增加30多倍"。① 可见，自1896年杭州开关后的数年里，杭州绸缎出口数量得到了爆发式增长。实际上，在杭州丝绸业中，绸缎出口并不占主要地位。根据杭州关贸易报告，1909年，杭州绸缎出口在以往基础上没有什么起色；1912年，出口则表现出了"顿滞"情形；至1917年不但没有转好，反而"各种茶叶、生丝、绸缎蚕茧等项，均见减色"；1923年，杭州绸缎出口略有增加，是年出口量"增多265担"；1924年绸缎出口继续"增478担"；但是好景不长，1925年转瞬即逝，"绸缎之出口，亦由去年（1924年）2198担落至2166担；1926年，这一出口数量，继续滑落至1855担"；1928年，"绸货一项，因人造丝日见时尚，所以绸货出口，更形减色，去年计有1652担，本年减少至1302担"。② 由以上数据大体可知，杭州绸缎出口的特征，一是数量较少，1899年时出口量即已达到4193担，后来却很少见到这么高的数字，1928年，降到1302担。二是总体上看，明显呈现出式微的趋势。

自1912年以后，杭州丝绸基本上以绸缎内销为主，生丝外销为主，这也符合落后国家以出口原料为主的特点。因此，就重要性而言，杭州丝的出口无疑占据主要地位。

1905年至1911年，杭州出口生丝数量从719担增至2321担，厂丝出口数量从386担最高增长到1906年的651担，以后年有起伏，1911年时为344担。③ 生丝从1905年至1911年的七年间，出口增长趋势非常明显。杭州土丝出口量，1912年在1911年2321担的基础上，增长到8897担，增长极为强劲。然而这种好景持续时间极为短暂。1913年，杭州各种生丝出口量仅有4552担；1914年则更为寥落，"第默观多数及重要之各国人民，因战事所迫，而凡百撙节者，则出口丝之减短，固不足怪也"；1917年的情况已如上述，杭州丝出口跟其他大宗商品出口情形一致，"均见减色"；1921年，丝的出口继续呈现出减少态势；1922年杭州生丝出口"于洋庄销途，极有起色，出口不少"；然而到了1925年，洋庄生丝销路，全年"未见活动，其出口之数，在前年（1923年）有961担，而本年（1925年）跌至880担"；生丝的这种衰落情形，至1934年，"报经

① 任振泰主编：《杭州市志》（第5卷），中华书局1999年版，第675页。

② 分别参见中华人民共和国杭州海关译编：《近代浙江通商口岸经济社会概况——浙海关、瓯海关、杭州关贸易报告集成》，浙江人民出版社2002年版，第764、774、790、808、811、813、816、821页。

③ 参见程长松主编《杭州丝绸志》，浙江科学技术出版社1999年版，第288页。

海关者，亦复寥寥无几"。① 可见，杭州丝出口，清末至 1912 年，基本上处于增长态势，自 1913 年开始，直至 1934 年，总体处于下降通道。

那么，导致杭州丝出口不断衰落的原因是什么呢？

回顾杭州丝绸业的变化趋势，不难发现，内销衰落的原因，主要是技术落后，购买力衰弱，捐税过重及人造丝使用等，这些上文都已有论述。而外销受挫，不断衰落的趋势之所以形成，除上述诸因素之外，还因为有着强大的竞争对手。这个强大的竞争对手就是日本。

日本蚕桑事业，可以追溯很远。然而生丝能够满足本国所需还能输出国外，大概是在 19 世纪 50 年代末，"1859 年，意大利人来至横滨，于加（kai）省购得若干生丝而去，是时价格每斤仅值二十五钱。是为日本生丝输出之始。其品质之好，价格之廉，颇为国外消费者所满意"。② 其后，日本生丝业迅速发展，在国际生丝供给市场上成为中国最大对手。尤其是近代以来，日本侵占朝鲜与我国台湾之后，凭借这两个地区养蚕业发达所提供的充足原料，大力发展制丝事业，丝业得到快速发展。1924 年至1928 年，日本由横滨和神户出口到世界各地的生丝总量，从 371705 捆，增加到 566763 捆③。日本生丝销售国家，由最初的英国、美国、法国和意大利，逐步扩展到世界大多数国家，销量得到进一步增长。在 19 世纪二三十年代，世界上生丝供给因为日本突起而打破了中国独大的局面。日本先是与中国一道，成为世界上两大生丝供应国，继而超过中国，独占生丝供应鳌头。而随着美国制丝事业的发展，其生丝消费量也逐渐占据世界一半以上。这样，便形成中日两国主要在美国市场竞争的局面。

回顾历史，1850 年以前，日本生丝还没有在美国市场上出现，1860年，日本生丝开始少量出现在美国市场。然而"1875 年以后，已能与华丝并驾齐驱，显然的形成了中日生丝在美的对抗和均衡局势"。④ 据统计，1865 年至 1884 年，美国从中国和日本进口的生丝比例，均呈现增长之势。中国的比例从 13.1% 增长到 45%；日本则从 2.7% 增长到 34.4%。而进口总额，两国的比例，1885 年至 1922 年，中国从 24.3% 降低到

---

① 分别参见中华人民共和国杭州海关译编：《近代浙江通商口岸经济社会概况——浙海关、瓯海关、杭州关贸易报告集成》，浙江人民出版社 2002 年版，第 774、778、781、790、802、804、813、828 页。

② 《日丝概况》，《钱业月报》1930 年第 10 卷第 4 期。

③ 黄昌言：《日本蚕丝业概况》，《浙江省建设月刊》1932 年第 6 卷第 8 期。

④ 吴承禧：《中日生丝对美贸易之研究》，《商学期刊》1931 年第 5 期。

16.5%；日本则从 48.3%增长到 79%。① 按照美国从中国与日本两国进口生丝总额的比例来看，日本大大超越中国，几乎垄断了美国的生丝市场。② 1923 年至 1927 年，中日两国这种对美生丝输出比例悬殊的状况继续发展，在这一段时间里，中国输入美国的生丝数量始终徘徊在 37 万包左右，而日本则从 244.4 万包增长到 431.8 万包。③ 1931 年，中国的生丝内销极为惨淡，"出口生丝已下降为 5 万余担，仅及盛时的三分之一。但当年日本出口仍为 50 万担左右，已 10 倍于我，世界丝绸市场悉被侵占"。④ 至此，不但美国市场基本被日丝所垄断，"即向为华丝专有之欧洲市场百分之八十，且为所攫"。⑤ 这些数据，这种现象，不仅显示了中日两国之间对美生丝贸易的巨大落差，更昭示了中国面对落后无能为力，而日本则百尺竿头更进一步的进取精神。

以上综合论述了中日两国丝业出口变迁的大概。而"浙江丝绸生产素居全国首位"⑥，杭州又是浙江丝绸业的中心，因此，有关中国生丝出口变化的分析，包括下文将要分析的中日两国何以出现这种生丝出口胜败悬殊的原因，同样适用于杭州。

中日两国生丝出口，在国际市场上，何以位置互换，胜败悬殊呢？主要有两个原因，一是两国政府对丝业之态度；二是商人对出口的重视程度。

政府对于商业的态度与政策，关乎商业荣衰。相对中国而言，日本是丝业的后起国家，然而却能快速超越，日本政府起到了巨大作用。比如，为了保证日本出口海外丝绸的品质，提高并维持日本丝绸的信用，日本政府特别规定装运海外的丝绸，"必先经查验而盖有印章，方允出口。苟质地不良（以质地之优劣而分头等货与二等货），长宽不合（以码寸计算），以及分量不足者，均拒绝盖章。他如有破穴补缀污渍等缺点者，若非用纯

---

① 参见吴承禧《中日生丝对美贸易之研究》，《商学期刊》1931 年第 5 期。

② 日本生丝出口开始超越中国，发生在 1909 年。参见《中日美三国丝业之情形》，《中外经济周刊》1923 年第 1 期。

③ 参见吴承禧《中日生丝对美贸易之研究》，《商学期刊》1931 年第 5 期。

④ 求良儒、蒋遒龙：《民国时期的浙江丝绸业》，浙江省政协文史资料委员会编：《浙江文史集萃》（经济卷上册），浙江人民出版社 1996 年版，第 45 页。

⑤ 葛敬中：《蚕丝业之根本解决策》，《浙江省建设月刊》1932 年第 6 卷第 8 期。

⑥ 求良儒、蒋遒龙：《民国时期的浙江丝绸业》，浙江省政协文史资料委员会编：《浙江文史集萃》（经济卷上册），浙江人民出版社 1996 年版，第 37 页。

粹天然丝所织成者，竟不准出口，其取缔之严，可谓至且尽矣"。① 近乎严苛的质量要求，有效提高了日本出口丝绸的品质，增强了海外消费者的商品忠诚度。不仅如此，日本政府"于十九世纪末，对于出口生丝，复大事改良。一八九七年，在横滨创设生丝检验所。一九〇〇年颁布专律，限制生丝加水问题"。②

除了质量把关外，日本政府还在税收上对丝绸业给予了很大力度的支持，以减轻丝绸业成本，提高海外竞争力。日本政府对于"原料之茧无捐，对于出口之丝无捐，国内运输，绝无捐纳。至其缫丝之工作时间特长，工资反廉，劳资有真正互助之精神"。③

反观中国政府，对待丝绸业政策又如何呢？自 1912 年至 1937 年，政府对于丝绸业困境，虽然也有救济措施，如 1932 年财政部暂停征收生丝出口税和特税等，但力度有限，况且也只是临时措施，成效并不显著。而随着政府财政困难的加剧，1932 年，浙江省政府决定在全省范围内上调各业营业税税率。这种中央与地方政府矛盾的政策，彰显了时局困难下政府商业政策的摇摆。再者，虽然财政部曾一度临时取消了生丝出口税与特税，但在我国，"茧有茧捐（向来江浙茧捐，干茧每百斤八元，皖省每百斤六元，此外尚有附带北伐捐四元。由此省运至彼省须纳过境捐一元。进口落地，又有子口半税关银一两五钱），及其成丝（每百斤平均约干茧六担）出口时，须纳正附各税十两六钱二分。是百斤之丝，共负担捐税至一百零三元之普。而厂内负担，则工资津贴奖酬等一应开支，较两年前（1927 年前）陡增百分之五十"。④ 因此，中国的丝与丝织品成本远高于日本同类产品，其成败得失殊途，自在情理之中。

政府在政策上给予支持，则商业发展余地就大。然而，商人是商业活动主体，在既定环境下，商人的努力与眼光，往往决定着商业发展的走向。

中国商人对于出口的丝织品，较少注意到产品要符合外国消费者的个性化需求，导致其产品滞销并趋于衰落。据统计，中国丝织品输入美国的份额，自 1833 年的 70%下降到 1914 年前后的 2%左右，下降幅度极为惊人。这主要是因为中国商人"从未注意外人所需之尺寸式样颜色等，致

---

①　郑希陶：《中日丝绸在美之销路观》，《东方杂志》1919 年第 16 卷第 2 号。

②　《中美丝绸贸易观》，《工商新闻百期汇刊》1925 年第 1 期。

③　《华丝不敌日丝之原因》，《工商半月刊》1929 年第 1 卷第 2 期。

④　《华丝不敌日丝之原因》，《工商半月刊》1929 年第 1 卷第 2 期。

美人转向英美等国定织，以合其用"。[1]

中国商人不注重商品外销，可以举一例证明。1904 年，美国圣路易斯举行了国际美术工艺科学展览大会，会场内最引人瞩目的是丝织部。在这次大会上，世界上很多国家都将其产品精心准备后，派代表加以展出和宣传。尤其是日本商人，不仅产品考究，且数量庞大，占去展区的一半场地。日本商人的这一举动得到了美国有关方面的称赞，结果是日本生丝出口量占美国市场的三分之二。反观中国商人，对于这次大会，"既无代表派遣，又鲜精致之陈列，仅有临时搜罗之普通陈列品而已，已致大失尊荣。所有六百余种奖品，中国仅得七种，日本竟得二百五十七种云"。[2] 中国作为历史上丝织业大国，曾经垄断国际丝绸业市场，在这次大会上竟然落得如此境地，确实是大失颜面。会后中国商人的这种"不负责任"的举动，还遭到了国际丝业审查官的批评。认为中国商人不能体会到美国举办这次大会的良苦用心，以劣质产品充当展览，而失去大好时机。

第四节　挽救传统商业的途径：旅游业与近代城市空间塑造

在近代杭州既有研究中，商业的衰落与城市空间塑造是两个没有关联的对象。细察之下却非如此。南京国民政府时期，杭州市政府为吸引游客，提升旅游收入，进而达到挽救商业颓势之最终目的，逐渐开启了近代城市空间塑造之旅，在景点修缮、道路修筑及公园开辟等方面做了大量工作。然而游客城市意象契合度及旅游业发展程度均表明，近代杭州城市空间塑造成效并不明显，更未有效达成挽救商业颓势目标。这表明，在转折时期，像杭州这样富有传统旅游资源的城市，如何在守好传统与走向近代之间找到发展的突破点与均衡点，是一个历史的难题，这也从另一个侧面显示了杭州城市近代化的独有特质。

一　双重意图下的近代城市空间塑造

自宋以来，杭州即有"西湖十景"之说。宋代以降，历经元、明、

---

① 《中美丝绸贸易观》，《工商新闻百期汇刊》1925 年第 1 期。

② 《中美丝绸贸易观》，《工商新闻百期汇刊》1925 年第 1 期。

清各个时期，西湖的风光不断吸引游客前来观赏。为使天然景观与近代社会更加契合，杭州市政府进行了近代城市空间塑造，主要涵盖古迹保护、景点修缮、公园开发等方面。而这种空间塑造其实是基于双重意图。一是通过塑造近代城市空间吸引游客，发展旅游业；二是通过发展旅游业挽救日益衰落的传统商业。前者是手段，后者是目标。这一点在杭州市政府所编之"杭州市政府十周年纪念特刊"中有明确说明，1927 年杭州市政府"成立伊始，对市区以内，则按照各地段情形，建筑道路，以利交通，疏浚河道，以资灌溉，而便航运。整理西湖名胜，开辟公园，俾吸引游客，繁荣市面"。[1] 到了 1932 年，商业进一步衰落，杭州市政府再次强调，"嗣为繁荣工商业及吸引游客起见，于二十一年（1932 年）一月成立游客局"。[2] 即是说，整理西湖与开辟公园也好，成立游客局也罢，吸引游客发展旅游业的最终目的是繁荣市面，挽救商业的颓败。

1928 年，民政部颁布《名胜古迹古物保存条例》，要求各省区民政厅应当明饬各县政府将其辖境内的所有名胜古迹以及古物，对"湖山风景之属非于必要时不得任意变更，致损本来面目；古代碑板、造像、画壁、摩崖之属应责成地方团体或其他适当之人，认真保护，不得任意毁坏或私相售运"。[3] 1933 年，杭州市根据民政部的《名胜古迹古物保存条例》相关规定和宗旨，组织成立了杭州市"名胜古迹古物保存会"，以负责杭州市名胜古迹的调查保护工作。《杭州市名胜古迹古物保存会章程》规定了其自身的职责，"编造名胜古迹古物策籍，考订名胜古迹古物历史，搜集名胜古迹古物影片及碑碣拓本，讨论修复或搜寻已破坏遗失之名胜古迹古物"。[4]

保俶塔是杭州非常著名且古老的建筑物之一，始建于五代之后周期间，距离民国中期大概有近 1000 年的历史。1933 年 3 月 1 日至 6 月 30 日，杭州市政府花了近 4 个月的时间，对保俶塔进行维护整理，"计共修理费银二万六千余元"。[5] 杭州市政府还对西湖周边风景点进行了维护工

① 陈曾植：《十年来之工务》，杭州市档案馆编：《民国时期杭州市政府档案史料汇编（1927—1949）》，武林印刷厂 1990 年版，第 84 页。
② 贺懋庆：《十年来之总务撮要》，杭州市档案馆编：《民国时期杭州市政府档案史料汇编（1927—1949）》，武林印刷厂 1990 年版，第 7 页。
③ 《名胜古迹古物保存条例》，《北平市政府公报》1928 年第 4 期。
④ 《杭州市名胜古迹古物保存会章程》，《市政季刊》1933 年第 2 期。
⑤ 《杭州市政府二十一年十月至二十二年六月工作报告书》，《市政季刊》1933 年第 1 卷第 4 期。

作，希望达到"大致以保留原有形式为原则，以求率真"的理想效果。从1928年至1937年间，杭州市政府维护整理的景点主要有，"花港观鱼、平湖秋月、放鹤亭、双峰插云、巢居阁、数峰阁、先烈寺、竹素园、浙军故光金陵阵亡将士墓、苏小小墓、岳庙、曲院风荷、冯小青墓、镇海楼、镇东楼、梅花碑、康庄、保俶塔、六和塔、陶烈士墓、徐烈士墓、武松墓、湖心亭、三潭映月等处。以修理保俶塔工程为最巨，整理三潭映月次之"。①

在景点修缮方面，主要修浚西湖。"设经常浚湖工人三十名，机器挖泥船二艘，小船八十艘，每日约可开挖湖泥及捞除水草各一百一十立方公尺，工作效力，尚属不弱。"② 相对当时的经济条件而言，西湖面积显得过大，虽然人力物力投入不算小，但修浚所能达到的深度却有限。另外，西湖年久，必然长有杂草，因此，在修浚湖底的同时，杂草的清除工作也是重要一环。对于这一项工作，市政府一般常年设有专门的捞草工人，有时候因为这些捞草工人调往修浚湖底，捞草只能聘请临时工人。市政府认为这"终非治本之策也，盖二百余年来，封草淤泥，壅涨日甚，已非少数工人工具，可资解决"。这种状况如果长久拖延而不解决，那么西湖的景色将大为失色，"故大规模之疏浚工程，似为当前之急务，第以际此市库止绌之秋，经费筹措为难，此项工程，尚难实现耳。自民国二十五年（1936年）起，于征工服役工事中，列入浚湖工作，以后每年均拟赓续进行，以增疏浚效率"。③ 从以上这段话可知，杭州市政府对西湖的现状认识非常清楚，修浚的决心也很大，只是限于财力，无法在短时期内达到理想的目标与效果，而只能年复一年逐渐进行。因逐年修浚西湖而带来的环境改善，势必成为吸引游客的巨大因素。这有赖于杭州市政府对西湖的重要性的认识，"杭州市之繁华，全赖有西湖，而西湖之繁华，亦赖有杭州市，两者相依为命，未可须臾离也"。④

公园是近代城市的一个重要元素。因为历史的原因，民国以前，在杭州没有公园的建设与存在；北洋时期，杭州的公园数量也很少，大概只有

① 杭州市档案馆：《民国时期杭州市政府档案史料汇编（1927—1949）》，武林印刷厂1990年版，第86页。
② 杭州市档案馆：《民国时期杭州市政府档案史料汇编（1927—1949）》，武林印刷厂1990年版，第87页。
③ 杭州市档案馆：《民国时期杭州市政府档案史料汇编（1927—1949）》，武林印刷厂1990年版，第87页。
④ 《疏浚西湖计划》，《市政季刊》1933年第1卷第1期。

在旧旗营拆除以后，军政府就其原址沿湖一带的小块地方，建立了一个公园，作为新市场，还有就是把孤山脚下，原来清朝的行宫所在地，开辟成为一个公园，但也是非常的简陋；1927 年以后，因为发展旅游业的需要，在杭州市政府的努力开辟之下，公园的数量逐渐增多。

杭州市政府首先奉浙江省政府令推广公园，"由政府收买沿湖空地，推广湖滨公园暨以旧抚署基地建筑上城公园"。① "首将湖滨各公园，重新改建，规划苑路花坛，栽植芝草花木，在沿湖一面，改造铁链水泥栏杆，装置电灯，添设椅凳，以便市民朝夕游览，随地休息。"② 从这个修葺的程度和公园设施来看，基本具备了近代城市的格局和功能，杭州市政府的公园建设，还是比较有前瞻性的。当时即有人敏锐地注意到了公园给游人带来的变化，"此间的市政府，对于整顿公共场所，可说是不遗余力。孤山公园改为中山公园。所以对于诸园的布置，益需精心规划，以造成纯艺术之园。所以那个清淡的湖滨公园，布置得极其精美，便觉心神为之一清了"③。

此后，进入了大规模的公园建设。1929 年，在杭州的圣堂路附近，开辟土地 20 来亩，定名为"湖滨第六公园"，公园的设施也较之前更为丰富，如增设各种亭榭和花棚，还有为游客提供方便的饮食店和厕所之类的设施。1932 年，在城区的东部，铁路城站空余地方，杭州市政府"特租其北部一隅，辟为公园"。④ 1934 年，"杭州大旱，杭州市政府以疏浚西湖的葑泥扩增堤身，种植花木，辟为苏堤公园"。⑤ 随着旅游业的日益发展，杭州市政府计划不断开辟新公园，"并先从九溪十八涧方面下手，次第整理建筑，渐向滨江推进，以达江滨浴场"。⑥ 因为九溪十八涧至钱塘江滨一带，是杭州一风景绝胜之处，以前因为交通不便，很少有人到达。随着近代城际交通及市内交通的改善和道路的修筑，凡是到杭州的游客，大都喜欢到这里游玩，因此杭州市政府便将这些地方作为开辟公园的重要所在。之后，更计划开辟如"上城公园""城隍山公园""城北公

① 《杭州市政府令第 2445 号》，《市政月刊》1928 年第 1 卷第 9 期。
② 杭州市档案馆：《民国时期杭州市政府档案史料汇编（1927—1949）》，武林印刷厂 1990 年版，第 87 页。
③ 松庐：《游西湖》，《申报》1928 年 4 月 10 日第 17 版。
④ 《创办杭州城站公园记》，《京沪沪杭甬铁路日刊》1934 年第 1072 期。
⑤ 任振泰主编：《杭州市志》（第 2 卷），中华书局 1999 年版，第 106 页。
⑥ 杭州市档案馆：《民国时期杭州市政府档案史料汇编（1927—1949）》，武林印刷厂 1990 年版，第 86 页。

园"等，"及孤山全部改建成公园，并将葛岭山及宝石山全部改建为森林公园，依山筑路，使各名胜，如保俶塔、初阳台、紫云洞、黄龙洞等互相联络，车辆可以直达山巅"。① 再有"西湖丁家山，风景秀丽，林木葱茏，有礁石鸣琴之胜，亦拟择要布置，以作游侣休息之所"。②

揆诸史实，杭州市政府对于空间的塑造力度以 1932 年为界而不同——1932 年开始商业衰落加剧，之前是力度较小，之后力度加大，这可以从时人相关描述得以印证。1934 年时，有游人描述，"杭州城内的市政，确有一日千里的表现。我在六七年以前，到过杭州一次，以今视昔，确有天壤之别"。③游客的这一意象，在 1931 年前如何呢？1929 年，有游客这样写道，"江南名胜，若杭州、若苏州、若镇江、若无锡、若金陵，游屐所至，大半荒凉残废，名而不胜，徒令人兴吊古之悲。有保存国粹之责者，幸加以注意也"。④ 1929 年时，尚有游客发出名胜荒凉残废之感叹。而到了 1934 年，则有游客发出了一日千里的感叹。这从一个侧面进一步印证了杭州市政府近代城市空间塑造的主要用意在于挽救衰落的商业，其次才是发展旅游业，近代城市空间塑造就是在这样的双重意图下开展的。近代城市空间塑造成效体现在两个方面，一是游客意象契合度，二是旅游业发展程度。二者是二而一的关系，契合度越高则旅游业发展程度也越高。

二　游客的城市意象

杭州市政府努力将城市空间近代化，借此吸引游客。因此，游客置身空间，所见所感，其城市意象如何，便成为近代空间塑造成功与否的重要参数。

所谓意象，原是哲学上的一个名词，《周易·系辞》中有"圣人立象以尽意"之句，后来刘勰在《文心雕龙》中将这一哲学概念演变成文学理论，"使玄解之宰，寻声律而定墨；独照之匠，窥意象而运斤；盖此运文之首术，谋篇之大端"。⑤ 这里所谓的意象，实际上是客观物象和主观

① 《杭州市六年来之工程》，《市政季刊》1933 年第 1 卷第 1 期。
② 杭州市档案馆：《民国时期杭州市政府档案史料汇编（1927—1949）》，武林印刷厂1990 年版，第 86 页。
③ 寄紫：《杭游杂写》，《道路月刊》1934 年第 44 卷第 2 号。
④ 梁拭尘：《杭游漫录（续）》，《兴化季刊》1929 年第 2 期。
⑤ 周振甫：《文心雕龙今译》，中华书局 1998 年版，第 46 页。

情志的合二为一。此后，意象理论被其他人文社会科学吸收借鉴。在心理学中，意象是指人们所见到的事物是意识的能动反映，是一种心理活动，或者说是对客观事物的主观认识和感知。谭嗣锐在《新心理学》中指出，"昔日心理学者之疲精殚力于知觉，意象（idea，多由印象之原质组织而成）"①；意动心理学派认为，"我们所看见或所思考的事物（意象、观念），是意识的内容"。② 从这个意义上说，所谓游客的城市意象，是一种基于近代杭州空间印象为基础的审美，然后形成价值评判，这直接体现了他们对城市空间布局的满意度。

那么，杭州市政府刻意塑造的近代城市空间，与游客意象契合度如何呢？不同群体的城市空间意象有没有不同？下文通过选取不同职业群体的城市空间意象，论证杭州市政府近代城市空间塑造的成功度。

秦瘦鸥是近代著名作家，新鸳鸯蝴蝶派重要代表，曾三次到杭州游玩，时间相隔较长，能够非常生动地见证近代杭州城市塑造前后的不同城市意象。

秦瘦鸥认为杭州无论在工商或文化上，都是中国东南的一个重镇，但真正颠倒众生的却是西湖。在他眼里，因为有了西湖，杭州应该用"仙都"或"乐国"来形容。很显然，秦瘦鸥对杭州城市的美好意象是基于近代空间塑造之前的杭州天然山水。据他回忆，他第一次到杭州是在小学升入初中不久参加童子军时，秦瘦鸥生于 1908 年，所以那年大概应在1922 年前后。那时的杭州，在秦瘦鸥看来是美轮美奂的人间仙境。他生动形象地描写了那晚从帐篷里走出时看到的西湖周围的美景及其感受，并与上海作了一番比较，"偶然可以见到几处较大的建筑物，也并不像上海的大洋房那样高得怕人大得可厌"。③ 高大的建筑物是近代城市的典型元素，而在那时的秦瘦鸥看来，杭州就应该是天然美景不加人工才美。大约1928 年前后，也就是在杭州市政府即将开始塑造城市空间不久之际，秦瘦鸥第二次来到杭州游玩。他发现，此时的杭州"虽已有人很大胆地在开始给西子更换新装了，但更换得毕竟不多，洋气也并不重，还没有根本把她底天然美毁减掉，一般真能欣赏山水之乐的人，也依旧疯狂似地恋着她。那时候，我自己也承认是终年沉醉在她底色美中的一个"。④ 秦瘦鸥

---

① 李宗刚，谢慧聪辑校：《杨振声文献史料汇编》，山东人民出版社 2016 年版，第 18 页
② 刘凯主编：《心理学全书》（第 1 册），线装书局 2016 年版，第 19 页。
③ 秦瘦鸥：《三度最痛快的杭州之游》，《旅行杂志》1935 年第 9 卷第 1 期。
④ 秦瘦鸥：《三度最痛快的杭州之游》，《旅行杂志》1935 年第 9 卷第 1 期。

在描述中，对于杭州市政府的风景整理，用了大胆这个形容词，说明他心中的西湖应该是天然的西湖，而不应加以人工雕饰。他庆幸改变不多，所以尚能欣赏到西湖天然之美，所以，包括他在内的大多数游客都依然疯狂地爱着西湖。这里，其实已经部分否定了杭州市政府近代城市空间塑造的努力。秦瘦鸥第三次游玩杭州是在1935年，他又是如何描述此次杭州之行的呢？"但是现在若有人问我，'上杭州玩玩如何'？我的答复必然是谨谢不敏。我觉得宁可合上眼皮回味回味几年前杭州的景象滋味，倒比此刻再去玩玩的来得好。"① 可见，在秦瘦鸥眼里，杭州自1922年到1928年再到1935年，其近代城市意象还是基于其自然的而非整理后的山水风光，更非那些风景周遭的近代高大建筑物。

同为文人的林语堂，也毫不留情地表示了近代建筑物对西湖环境意象美造成的破坏。

1933年，林语堂到杭州游玩，住在当时的高级临湖饭店——西泠饭店。第二天清晨坐车游虎跑经过苏堤，见两面湖光潋滟，绿洲葱翠，宛如由水中浮出，倒影明如照镜。其时远处尽为烟雾所掩，绿洲之后，一片茫茫，不复知是山是湖，是人间，是仙界。林语堂大为赞叹。但是，他发现，"在这一副天然景物中，只有一座灯塔式的建筑物，丑陋不堪，十分碍目，落在西子湖上，真同美人脸上的一点烂疮"，当林语堂了解到这是一座展览会纪念馆时，他十分恼怒，"世上竟有如此无耻之尤的留学生作此恶孽。我由是立志，何时率领军队打入杭州，必先对准野炮，先把这西子脸上的烂疮，击个粉碎"。② 由此不难分析，林语堂的杭州城市意象，是天然的山水之美，对近代建筑物在空间上造成的破坏，表示了极大的厌恶。

寺庙相对于近代建筑来说，应该属于传统文化的一部分，与天然景色也应当保持着一定的和谐。即便如此，在社会活动家周建人看来，也还是有碍于天然之美。他在游览天竺时写道，"其实此地以游客眼光视之，途中风景诚属甚佳，而庙宇则无足观"。③

20世纪30年代，游客们强烈感受到了近代建筑在风景区的普遍存在。"从前有人把西湖比做西子，这位装束入时的美人，已不是数年前的

---

① 秦瘦鸥：《三度最痛快的杭州之游》，《旅行杂志》1935年第9卷第1期。

② 语堂：《春日游杭记》，《论语》1933年第7期。

③ 克士：《杭游杂记》，《市政月刊》1931年第4卷第7期。

面目了。湖滨马路，添加了许多洋房汽车警笛声，彻夜不息。"① 西湖、灵隐是游客称道之所，但是"西湖边的建筑，有的画栋雕梁，有的用水门汀砌造，十足欧化，驰名今古的白堤苏堤，已变成一条广阔的马路，呜呜的摩托卡在驶行着，也并不见是引人入胜"。② 而对这样的现象，新闻界著名人士，时任《文艺月刊》主编的王平陵认为，"杭州的美，是天然的，这是伟大的自然运用着最精巧的匠心故意雕琢成功的。但，环绕着湖山周围的，尽是些多余的制作，好像不设法捐出一些湖山的天然，便无从显出人类的丑陋似的，这是不是聪明的人类故意给自然一种苛刻的报复呢？"③ 可见，王平陵对这些近代城市制作充满了否定。

不清楚王平陵所言的近代城市制作，是否涵盖了城市公园。公园是杭州市政府塑造近代城市空间的重要元素。但翻阅大量游览杭州文字材料，虽也有游客对杭州公园报以赞美，但为数极少。描述公园较多的，是在一些学生游记中。如 1933 年，一位当时尚在上小学三年级的孩子，在其四姐的带领下，游览了杭州。在其游记中写道，"我游杭州，头一天到杭州的时候，四姐带了姐姐和妹妹和我，到公园里去，公园有许多绿草，还有许多小红花，那公园很好玩"。④ 一位游人的观察进一步证实了学生对公园的喜爱，"中山公园，为新开者，布置尚佳，时值星期，游客纷至，尤以学生为最"。⑤ 公园这一近代独有的城市元素，在构建游客城市意象中不能说没有作用，但总体成效有限。

由以上不同群体对于杭州城市空间意象来看，大都集中于天然景色而非人工建筑，甚至大都认为人工建筑破坏了天然之美，也破坏了他们对杭州景色的美好意象。因此，就游客城市意象契合度而言，近代城市空间塑造成效并不明显。

三　旅游业的有限发展

近代城市空间塑造成效的另一个维度是旅游业的发展程度，两者也呈正相关关系。旅游业的发展程度，可以通过两个方面考察。一是游客游玩的便捷度，也就是市内外交通发展状况；二是直接数据，即游客增长数与

①　寄紫：《杭游杂写》，《道路月刊》1934 年第 44 卷第 2 期。

②　茸馀：《九溪十八涧》，《申报》1935 年 5 月 25 日第 12 版。

③　王平陵：《杭游散记》，《文艺月刊》1934 年第 7 卷第 3 期。

④　沈节：《我游杭州》，《孔德校刊》1933 年第 30 期。

⑤　郑秉哲：《杭游三日记》，《交大周刊》1932 年第 4 卷第 3 期。

旅游业资本数。

下文选取两个时期游览实例，纵向比较交通便捷程度，以分析旅游业在南京国民政府时期发展状况之一斑。

1920年一位游客与其友人的旅游线路及历程大概如下。

这位游客先于8月11日中午12点，从上海乘坐沪杭铁路前来杭州，在火车上花去约6小时，即下午5点51分到达杭州。到杭州后，于13日上午到新市场，花2元雇了一艘小游船，顺风而下，水路中颇感愉悦，不多久即到孤山和苏堤。所谓不多久，即如游记中所说，"少焉，停舟船埠"。① 从这句话也可以发现，游客个人不仅能够方便雇到游船，而且也能够很方便地找到地方停泊，船埠为其提供了很大的方便。这位游客泊好游船后，即登岸拜谒位于栖霞岭东侧的岳武穆墓。参观完岳坟，并在岳坟前的"食肆"用午饭。饭后，往前走几步即见"红墙缭绕"的青涟寺。参观完青涟寺，再往前走，即到了"清如镜粼"的玉泉。一路优哉游哉赏玩好这些景点之后，一钩新月遥挂天空了。然后，又驾一叶扁舟，泛舟湖上，开始了夜游西湖。然后登上西湖的著名景点"平湖秋月"。这位游客在平湖秋月上，有何感想呢？"当此清秋气爽，云水苍茫，皓月中天，如有相随，登平湖秋月亭，偕坐栏前，俯仰江天，玉宇澄清，湖山泄影，沉沉无声，若浸银海。仿佛置身琼楼玉宇，非复人间世矣。"② 这位游客以优美生动的语言，描绘了明月夜杭州西湖中平湖秋月上的动人景色，由此可以理解杭州西湖吸引中外游客的魅力所在，是游客之于杭州西湖的美丽意象。在饱览夜色中的西湖美景之后，即投宿于几步路程远的西泠楼"惠中旅馆"。

1930年某天，有记者发表文章称，"武林山水，甲于东南，名震寰宇，江浙人士，游之畅矣。惟岭南诸省，以关山修阻，言语殊异，遥望湖山，游踪罕至"。③ 跟踪报道经旅行社组团，游玩杭州的香港游客。

游览团到上海游玩后，于9月28日上午9点15分从上海乘坐沪杭火车，于下午2点到达杭州城站，途中共花去4小时45分钟。

旅游团到杭州后，乘坐汽车投宿于湖滨的新新旅馆，就餐后走出旅馆，即到白堤，到断桥，游平湖秋月，环里西湖一周。29日上午，参观博览会、博物馆和革命纪念馆等处，后在位于白堤之上的楼外楼就

① 　林祺年：《杭州西湖游记》，《铁路协会会报》1920年第95期。

② 　林祺年：《杭州西湖游记》，《铁路协会会报》1920年第95期。

③ 　记者：《追记西湖游览团》，《旅行杂志》1930年第4卷第2号。

餐，堪称方便。餐后，乘坐小艇，拜谒岳庙，后步行游览附近诸多名胜古迹。30 日，开始游览位于西湖北部及西部的诸多名山，乘车游览大佛寺上宝石山，后登葛岭至初阳台下至栖霞岭，再游黄龙洞、紫云洞等。再取道玉泉，乘车到灵隐寺并在灵隐寺就餐。10 月 1 日，乘车前往龙井、九溪十八涧、理安寺而至烟霞洞，在烟霞洞就餐后，造访张苍水祠，至净慈寺，访雷峰塔遗址，拜谒钱王祠，归途又到清河坊商业街购物，并在新庆园晚餐，后又在湖滨公园散步。10 月 2 日，乘车前往万松岭、慈云岭而到达玉皇山，最后到虎跑寺就餐，午饭后到六和塔等地游览，归途经苏堤。

两个时期旅游杭州有三个明显的变化。

一是市外交通更加便捷高效。1930 年上海到杭州需要 4 小时 45 分钟，而 1920 年则要 6 小时。

二是 1930 年旅游团市内游玩基本以乘坐汽车为主。比如，1920 年，游客到灵隐寺是坐藤轿，1930 年就是汽车了，省时又经济，这也证明了当时杭州市内景点间的汽车交通发达程度。

三是 1930 年旅游团就餐为近代饭店，住的是近代的新新旅馆，而1920 年吃的叫"食肆"，品质完全不同。1920 年住的虽然也是近代旅馆，但 1930 年无论是规模还是品质，均得到大幅提高。1931 年，杭州旅馆数量"168 家，其中一等 7 家，如城站旅馆等；二等 8 家，如新新旅馆等；三等 78 家，如瀛洲旅馆等，余系小资经营。其规模较大而附近西湖者，均有游艇、包车、汽车、轿舆以供游客之用"。[①]

下文再通过旅客数量与旅游业资本额，论证杭州市旅游业的发展程度。

民国时期，由于对历年中外来杭游客的数量缺乏比较全面和精确的统计，因而，要全面准确地说明 1912 年至 1937 年这 25 年左右时间，来杭州的游客数量变化情况，比较困难。只能从相关时期，某些文章关于旅游业状况的相关描述和一些零星的统计数字，从旅客数量的增减上，分析这时期杭州旅游业发展变化状况之一斑。

1927 年前，尤其在 1912 年前，杭州还谈不上旅游业的发展。如在1897 年，从上海来杭州的洋人 318 人，从苏州来杭州的洋人 31 人；1905年，从上海来杭州的洋人，约 450 人，苏州来杭州的洋人，约 90 人；

---

①　建设委员会调查浙江经济所编：《杭州市经济调查》，1932 年，第 364 页。

1906 年，来杭洋人约 500 人。① 从以上数据来看，清末的十来年间，来杭州的旅客如果不考虑绝对数量，基本未见增长之势。

1912 至 1926 年间，来杭州的游客数量，虽无明确的统计，但比之前有所增加，则是没有疑问的。如在 1924 年 4 月 13 日，在沪杭甬铁路，从上海开往杭州的火车上，"有日本男女计一百四十五人"。② 可见此时来杭州的中外游客应该是有所增加了。比如，1926 年，某组织搞了个活动叫"文华读者联欢会"，准备旅行杭州，并观钱塘江潮，据说"加入者十分踊跃，兴趣甚浓"。③ 再比如，1912 年杭州新市场开辟后，"清泰门内、城站周围，开出许多以旅客为服务对象的商业单位，有城站大旅社、清泰旅馆、聚丰园京菜馆、协兴西菜馆、王润兴饭店、吴山第一楼菜馆、镜花缘照相馆、活佛照相馆等店铺，如雨后春笋般冒出来，形成一个以接待旅客、游客为主的新商业区，与湖滨旗下市场相呼应"。④ 可见 1912 年后，杭州旅游市场有了一定的增长。

1927 年至 1937 年，来杭州的旅客增长趋势益发明显。这不仅可以从当时的一些机构报告或某些文章中略察一二，也可以从一些零星的统计数据作出明确的判断。

1931 年，《中国摄影学会画报》上刊登了由陈颂五拍摄的一组反映杭州游客的图片，标题是"杭州西园楼上，下眺之湖滨大马路，下为开放未久之湖滨第六公园，在此春明时节，游人如织"。⑤

1933 年，杭州市旅游事业研究会在市政府召开成立会议，研究会主席报告的第一句话便是："杭州市年来游客增多，不仅因湖山风景秀美，而交通发达，行旅便利亦为增进游客之原。"⑥

1935 年，有人谈起杭州的旅游业情况，"因杭市为西湖名胜之区，外来游客，年以数万计"。⑦ 这句话虽然没有确切指出，每年到杭州旅游的人数到底是多少万人，但从其措辞来分析，不仅当时来杭州旅游的人数"数万"是个颇为巨大的数字，而且似乎也可推断来杭旅客逐年增长的

①　参见中华人民共和国杭州海关译编《近代浙江通商口岸经济社会概况——浙海关、瓯海关、杭州关贸易报告集成》，浙江人民出版社 2002 年版，第 727 页、752 页、755 页。

②　《日人游览龙华与丰淞园》，《申报》1924 年 4 月 14 日第 14 版。

③　《民众生活》1926 年第 45 卷。

④　杭州课题组：《杭州》，当代中国出版社 2008 年版，第 38 页。

⑤　《中国摄影学会画报》1931 年第 6 卷。

⑥　《杭州市旅游事业研究委员会成立会会议录》，《杭州市政季刊》1933 年第 1 卷第 3 期。

⑦　《杭州救济工商业之意见》，《社光月刊》1935 年第 1 卷第 6 期。

态势。

在杭州市政府的《十年来之总务撮要》中，有段话亦足以证明几年来中外游客来杭州的增多，"杭州市为风景区域，各国人士来杭旅游者，年有增加，故导游事务，日见繁重。自二十一年（1932 年）一月至二十三年（1934 年）三月止，统计各国人士经游客局接洽办理各种事务者，达一万二千七百余人，其数量诚属可观。二十三年（1934 年）四月市政府为厉行紧缩起见，即将旅游局裁撤，所有关于外人事务，归并秘书处兼办，其时各国来杭旅游，日见增加。二十四年（1935 年）五月正式成立外人护照查验处三所，二十五年（1936 年）一月增为六所，继又办理外人签证事项，至是对于导游事务愈见繁重矣"。[①]

1930 年至 1936 年外国人来杭人数统计

年份	1930	1931	1932	1933	1934	1935	1936
人数（人）	1211	1830	2592	4785	5354	6654	10419

资料来源：《民国时期杭州市政府档案史料汇编（1927—1949）》，武林印刷厂 1990 年版，第 6—7 页

上表信息虽然非常简略，甚至都没有国内来杭游玩旅客的统计数据，但依然可以发现两个非常明显的趋势，一是 1930 年以来，在杭州市政府的积极努力之下，杭州市旅游业发展明显，七年间外来旅客增长近 9 倍；二是相比 1906 年来杭州的外国人约 500 人，至 1936 年，经过 30 年的发展，增长了约 21 倍。

除了游客数量，旅游业内部资本与营业等构成情况也可证明旅游业整体发展的状况。

旅馆方面，根据相关统计，1914 年杭州有大小各类旅馆客栈 74 家，价格最高者为坐落于迎紫路的清华旅馆大餐房和延龄路戏馆对面的清泰第二旅馆大餐房，价格均为二元四角。[②] 1929 年，清华旅馆价格涨到了最高五元，涨幅达 1.1 倍左右；清泰第二旅馆则最高涨到六元，涨幅达 1.5 倍左右。[③] 而到了 1937 年，根据时人赵君豪的描述和统计，杭州旅馆中的

---

① 杭州市档案馆：《民国时期杭州市政府档案史料汇编（1927—1949）》，武林印刷厂 1990 年版，第 6—7 页。

② 王国平主编：《西湖文献集成》（第 10 册），《民国史志西湖文献专辑》，杭州出版社 2004 年版，第 723—728 页。

③ 石克士：《西湖名胜快览》，六艺书局 1929 年版，第 87 页。

19 家，在设施、设备方面得到了巨大提升，价目也大幅度提高。同样以清华旅馆和清泰第二旅馆为例，前者价目最高达五元五角，提升幅度达 1.3 倍左右；而清泰第二旅馆最高价目达六元八角，提升幅度达 1.8 倍左右。[①] 这从一个侧面反映了杭州旅游业得到了相当的发展。另据统计，1931 年杭州大小酒肆有 617 家，资本额 22.2 万余元，营业额 151.7 万余元。[②] 同年，坐落于湖滨和环西湖一带的杭州 12 家规模较大的旅馆资本额共计 25.57 万元，其中聚英旅馆资本额与营业额最高，分别为 5 万元和 7.2 万元。[③]

　　虽然旅游业在此期间成为一个专门的商业门类得到较大发展，但这是基于前期基数很低的状况而言的。旅游业即便在其繁盛期，在杭州整体商业中比重也不高。如 1931 年，杭州市商店共约 12000 家，其中旅行类 8 业，共 495 家，资本约 124.2 万元，同时期如衣食类就有商店约 6000 家，资本额约 580 万元，而杭州全部商店的资本总额此时达到约 1654.6 万元。[④] 就商店家数看，旅游业只占全部家数的约 4%，就资本总额看，杭州旅游业只占全部商业资本总额的 7.5% 左右。就这些对比数据而言，旅游业只是杭州商业暗夜中一丝微弱的光，并不能照亮其黑暗的天空。换言之，以旅游业发展程度来看，杭州市政府的近代城市空间塑造成效并不明显；杭州商业整体的衰落，并未因旅游业一枝独秀而得到本质改观。

　　在发展旅游业与挽救商业衰落的双重意图下，杭州市政府开展了近代城市空间塑造。空间塑造的主要成效在于交通变得更加便捷，所有游客抱有美丽意象的西湖似乎也变得更加清澈明丽，引起了游客的赞叹，"我眼前所展露着的乃是一片清得似乎有一股清香的水"[⑤]。但是其初衷并没有达到，游客的城市意象主要还是集中于传统自然风景，哪怕在商业陷入低潮时，旅游业在整个商业中的比例依然很低，遑论成为支柱产业。周建人在论及杭州旅馆业时说："其价目复以时令为转移，营业全靠春季和香汛两种时期，香汛最盛者为观音会，东岳庙进香等，佞佛男女络绎不绝，旅馆房价亦大加增涨。其次为潮汛，游人往海宁观潮者多

①　赵君豪：《杭州导游》，1937 年。

②　建设委员会调查浙江经济所编：《杭州市经济调查》（下编），第 282、283 页。

③　根据建设委员会调查浙江经济所编：《杭州市经济调查》（下编）相关资料统计。

④　参见铁道部财务司调查科查编：《京粤支线浙江段杭州市县经济调查报告书》，1932 年，第 117—122 页。

⑤　秦瘦鸥：《三度最痛快的杭州之游》，《旅行杂志》，1935 年第 9 卷第 1 期。

从杭经过，而旅馆主人亦以此际为进账时期。"① 其中香汛和潮汛为杭州传统游客来源，与城市空间塑造无涉，带动商业走出颓势的最终目标自然也无法达成。

有论者认为，"当地官员发现，像杭州这样没有工业的城市，发展旅游业是维持充足税收的最佳途径"。② 作者论述的是北洋时期的杭州，并未引证此说材料来源，历史事实表明，那个时期杭州还谈不上旅游业作为一个商业门类的产生，南京国民政府时期，杭州市政府也还没有达到这样的认识高度。如前文所述，借近代城市空间塑造发展旅游业只是意图之一重，另一重真实意图则是挽救日益衰落的传统商业。到 1937 年时，政府的这个看法似乎更进一层，他们认为过去十年，杭州市建设偏重风景整理，是希望借美丽湖山吸引游客，振兴市场，可这远远不够。时任浙江省财政厅长的程远帆认为，"良以风景都市，如浓桃艳李，秀而不实，终难期有伟大之发展。故杭市要政，一方面固应注意整理风景，发挥其天赋优美之特长，而另一方面，似应扶植工商，发展产业，着手于生产都市之建设"。③ 这生动说明了过去十年来依靠风景旅游带动商业走出颓势之意图及其失败之原因。

杭州市政府近代城市空间塑造未达成效表明，对于杭州这样一个旅游资源得天独厚的城市，在面临近代化进程的历史转折时期，如何处理守好传统与走向近代之间的关系，要保有理性的认识，要根据城市自身的特点，在传统与近代之间找到完美的契合点。这既是杭州近代转型的独特困境，也是独有特质。然而杭州市政府恰恰没有处理好这个问题，他们将通过空间塑造以挽救商业衰落政策一以贯之，最后陷入循环的死结。

实际上，有识之士对此指出过症结所在，"游了杭州，想写一篇游记，但是觉得没什么可写，杭州不曾给我一点好题材。不过这不能怪杭州，当怪的还是我自己，游杭州根本不应该从上海出发。假如从偏僻的乡间出发，一到杭州，必定是很有可观的罢，但是从上海出发的人，总在心里带了一个上海去，而杭州正在竭力要变成上海，这就使上海游客们有了'曾经沧海''除却巫山'之感，杭州遂见得'难为水''不是

① 克士：《杭游杂记》（再续），《市政月刊》1931 年第 4 卷第 7 期。

② 汪利平：《杭州旅游业与城市空间变迁（1911—1927）》，《史林》2005 年第 5 期。

③ 程远帆：《十年来杭州市之进展与今后之期望》，《市政评论》，1937 年第 5 卷第 7 期。

云'了"。① 这段话充分说明，杭州在走向近代化过程中，亦步亦趋模仿上海，而没有走出自己的特质。而历史的难题恰恰在于，近代世界已迥然不同于传统格局，它要求每个城市依据区域特点，寻找自己独特的发展模式。

---

① 徐懋庸：《游杭杂感》，《申报》1934 年 4 月 12 日第 17 版。

第三章 杭州商人及其团体的近代转型和发展

清末民初以来，因为随着政府一些有利于商人或商业政策的制定和实施，加之国内外形势动荡，商人的地位和作用日益凸显，"尤其是第一次世界大战期间以及战后的数年是我国民族资本主义工商业迅速发展的时期，号称近世商人的'黄金时代'"①。因为商人地位提高和力量增强，那些曾经得意的士绅，也因时势风云，加入到商人队伍，以谋商业利益，这一点在杭州也表现得很充分。在新旧汇合的洪流中，商人队伍逐渐壮大。

近代以来，商人团体也开始转型。自晚清政府《商会简明章程》实施开始，到1915年国民政府颁布《商会法》，特别是南京国民政府《同业公会法》制定实施后，较为传统的带有地缘性质的会馆、公所等组织，纷纷向以业缘为基础的近代商会和同业公会转变。

第一节 商人结构的分化组合

晚清以降，商人的结构产生了一定的变化。一方面，旧式商人或湮没或转化为新式商人；另一方面在新形势下，部分士绅阶层向商人领域流动，形成一定程度的绅商合流。新式商人的崛起则更为引人注目，为近代商人群体的壮大添上浓墨重彩的一笔。三者在整体上壮大了近代商人的力量。

---

① 唐立行：《商人与中国近世社会》，商务印书馆2006年版，第294页。

一　旧阶层的变动

这里所指的旧阶层，主要指旧绅士①和旧官僚而言。绅士在传统社会等级排名中居于四民之首，所谓"士农工商"，等级严密。"绅士和商人阶层，一个高居四民之首，备受尊崇；一个忝居四民之末，受到社会的轻蔑与排挤，二者之间有着一条难以逾越的鸿沟。"② 官僚在传统社会中的显赫地位更无需待言，直接居于"四民"之上而俯视之，享有广泛权力。"中国贵官而贱商，凡为商人者，势不能与官抗权，不能与官争。"③ 因此，梁启超居于北京，见"居城厢内外旅馆者恒十数万，其十之八九皆为求官来也"。④ 然而，这种形势随时代变化出现了一定变动，无论是官员还是绅士，出现了向商界流动的趋势。

杭州与全国总体形势相类似，"19 世纪末以来，尤其是 1894 年甲午战后，传统绅士和官员向工商界的转化大大加剧"。⑤ 在杭州的一批绅士或官员，开始逐渐涉足商界。其主要代表人物如丁丙、汤寿潜等一批士绅、官员不同程度地涉足商业，形成了一种旧阶层向商人汇流的现象。

丁丙（1832—1899），清末钱塘人，即今杭州人。丁丙为著名士绅，出身藏书世家，"八千卷楼"之主人，在清末杭州有着非常重要的社会影响力。年轻时，丁丙流离失所。回到杭州后，即开展广泛的社会活动。诸如开展慈善事业、修浚交通水利事业、复兴杭州文化等各项事业，均颇有建树。比如，因为太平天国战争，导致"江南三阁"之一的"文澜阁"被毁。1880 年，"丁氏兄弟与浙江巡抚谭钟麟商议重建文澜阁，次年文澜阁修复，《四库全书》送回贮藏"。⑥ 通过此类活动，丁丙对杭州的各个方面，都作出了相当大的贡献。

以上各种事业，是受传统儒家教育士绅的常规活动，并不足以引起历史的注意。笔者以为，作为有着广泛影响力的地方士绅丁丙，最可称道的，是在其晚年，顺应时势之需要，积极投身于商业活动，从而在某种程

---

① 有关"绅士"的概念，说法不一，本书采马敏在《官商之间：社会剧变中的近代绅商》一书中的界定，即指"以科举功名为主的在野集团"为主体构成，以区别在位的"官员"阶层。

② 马敏：《官商之间：社会剧变中的近代绅商》，天津人民出版社 1995 年版，第 2 页。

③ 《论规复布局当顺商情》，《申报》1893 年 12 月 29 日第 1 版。

④ 梁启超：《作官与谋生》，《大中华》1915 年第 3 期。

⑤ 马敏：《官商之间：社会剧变中的近代绅商》，天津人民出版社 1995 年版，第 86 页。

⑥ 任振泰主编：《杭州市志》（第 10 卷），中华书局 1999 年版，第 536 页。

度上实现了身份的转换，即由一名纯粹的士绅，向一名近代商人角色转换。

清末以来，由于国门洞开，西方较为先进的技术日渐进入，极大地冲击了杭州传统产业。有鉴于此，1895 年，丁丙先是与另一士绅庞元清"在拱宸桥创办通益公纱厂，资金 40 万元，为杭州近代纱厂之始。8 月，庞元清与丁丙在拱宸桥如意里创办世经缫丝厂，资金 30 万元"。① 丁丙所创办的通益公纱厂，于"1897 年正式开工，有纱锭 15000 枚，工人 1200人"。② 在当时已属规模较大的企业。不仅如此，丁丙等创办的世经缫丝厂，居然能够利用自备发电机发电照明，在浙江省实现了利用电力的创举。

汤寿潜（1856—1917），1895 年考取进士后，被清政府派到安徽青阳县担任知县一职，成为一名地方官员。不久，汤寿潜放弃这一职位，成为一名地方士绅。其后，汤寿潜积极从事社会政治活动，声名鹊起。比如发起组织立宪公会，并且担任副会长一职，以极大的热情投入到清末立宪运动中，成为全国立宪运动中相当有影响力的一支队伍。此外，汤寿潜还积极从事领导国会请愿运动，主张在中国实行君主立宪制度，他认为，"立宪以统一为主义，以集权为急务，而中央非得国会为后盾，其权旁扰于督抚，而号令不行，此为中国图强之大害"。③ 表达了明确的政治主张。其他诸如"东南互保"与"保路运动"，汤寿潜都得以亲身参与其中，发挥了其应有的角色功能。

与丁丙类似，汤寿潜以亦绅亦官的身份，进行以上政治或社会活动。真正让汤寿潜有别于一般绅商或官员的，是其后来所从事的商业活动。这也在一定程度上表明了其角色与身份的重叠或转换。

综观汤寿潜的商业活动，主要体现在三个方面。一是在上海组织成立"浙江全省铁路公司"，并任公司总理。1905 年，商部上奏折给清政府，认为杭州作为浙江商埠，"倘非及时筹筑铁路，殊不足以自保利权，惟造端宏大，筹款艰难，现经京外官绅合商办法，拟先举声望素著及家道殷实，足以联络通省绅商之员，汤寿潜，公举为铁路总理"。④ 客观情势，

---

① 孟问松主编：《杭州市工商行政管理志》，天津人民出版社 1996 年版，第 5 页。
② 任振泰主编：《杭州市志》（第 1 卷），中华书局 1999 年版，第 28 页。
③ 《为国势危迫敬陈存亡大计》，浙江省萧山市委会文史工作委员会编：《汤寿潜史料专辑》，1993 年版，第 521 页。
④ 《商部奏浙绅汤办铁路派员总理准予立案折》，《申报》1905 年 9 月 5 日第 4 版。

加上各地绅商共同努力和争取，迫使清政府允诺浙江全省铁路由原先的官办改为浙江商民自办。此后，沪杭甬铁路开始修筑并取得成功。二是，"浙江铁路公司"成立后，因为资金的需要，也为了避免向外国银行借贷而造成利权外泄，决定依托铁路公司自办银行。"光绪三十三年（1907年）五月，呈准设立浙江铁路兴业银行，于五月二十七日试营业。"①1907 年 10 月，银行全体股东会议商议决定，铁路公司与银行分离，各自独立经营，自负盈亏。分开后的银行称为浙江兴业银行，于同年 10 月 15日正式营业，并于 1908 年分别在上海和汉口设立分行。兴业银行设立后，由于经营得当，发展迅速。至 1917 年，银行"收足资本 100 万元，9 年（1920 年）增至 250 万元，20 年（1931 年）资本总额达 400 万元，员工300 多人，业务规模居全国各大商业银行之首"。② 兴业银行成为与浙江实业银行、上海商业储蓄银行、上海新华信托储蓄银行并称的"南四行"。除此之外，汤寿潜的另一个商业活动是创办"杭州光华火柴厂"。前文已有述及，当时因为杭州市场"洋火"充斥，本地绅商为挽回利权，夺回市场，汤寿潜等筹资设立光华火柴厂，取得了较好的成绩。1929 年，"该厂出产的日用安全火柴在西湖博览会上获优等奖"。③

丁丙与汤寿潜，通过各自的商业活动，为自己注入了新的身份角色，在时代的大潮中扮演了先进的人物形象。揆诸历史，杭州士绅或官员等旧阶层汇合而成商人角色的，远不止此二人。下文再举几个相对较为突出的例子，进一步说明这种趋势的形成。

成立于 1905 年的杭州"高义泰布庄"，是本地较有名望的士绅高子韶设立的。高子韶于 1905 年出资 8000 两，在杭州开设高义泰布庄。"后又两次增资计 1.6 万两规元，职员 30 多人。经过十几年的惨淡经营，基础日见巩固。1923 年建成 4 层楼洋房一幢，有职工 130 多人。"④

再比如，民国时杭州极为有名的"酱酒业"，大部分由官员或地方士绅开设，抗战前杭州有十大"官酱园"。"如杭州美政桥春和酱园老板是清朝宰相王文韶的子孙；闹市口惟和酱园是东山弄钟状元家所开；章家桥

---

① 任振泰主编：《杭州市志》（第 5 卷），中华书局 1999 年版，第 170 页。
② 杭州市政协文史委编：《杭州文史丛编》（经济卷下），杭州出版社 2002 年版，第 199—200 页。
③ 任振泰主编：《杭州市志》（第 3 卷），中华书局 1999 年版，第 195 页。
④ 董涤尘：《高义泰棉布商店》，政协杭州市委员会文史资料委员会编：《杭州文史资料》（第 14 辑），1990 年，第 278 页。

元泰酱园老板邵庸仲曾做过福建知府；菜市桥恒泰酱园老板是麒麟戴家；湖墅正兴复老板是西牌楼陈家，都是所谓地方士绅。"①

除此之外，清末民初，杭州本地的一些地方士绅或官员，还有介入到诸如电厂、烟、药等产业的。如1915年，由于杭州电厂陷入危机，当时电厂协理吴厚卿便请"当时在军政界和金融界有声望的稽勋局局长俞炜（丹屏）进公司，挽回局面"。②俞丹屏后来由公司董事进而成为该公司董事长。俞丹屏深入公司，成为公司的董事长之后，加上公司的努力经营，业务曾蒸蒸日上，甚为发达。另外，如在当时杭州非常出名的胡庆余堂国药号、宓大昌烟号等，也都是由官员或士绅创办。

综合以上考察，杭州作为浙省首府，在清末民初时期，跟马敏等学者所分析相一致，也出现了一股由官或士绅等旧阶层向商人这一阶层流动的趋向。

二　新式商人的兴起

唐力行在《商人与中国近世社会》一书中，将中国传统商人分为四个层次，即"财产、声誉、权力皆备的商人——官商；财产、声誉兼得的富商巨贾；仅仅拥有财产的商人和权力、声誉、财产俱无的小商小贩"。③这是从拥有的财富与权力不同上进行的区分。进入近代以来，中国商人除了以上传统因素外，类别划分标准注入了新因素，即以从事商业新与旧的标准划分。

近代以来，杭州商人的来源，一是官或士绅某种程度向商这一阶层的逐渐合流；二是传统旧商人的近代化，即向新式商人转变；三是完全意义上的新式商人的产生和兴起，后二者构成了杭州近代新式商人的主体。

要研究新式商人的兴起问题，有必要先厘清新式商人的概念，即何为新式商人。

作为传统上四民之末的商人，在一般民众中的形象，即便到了20世纪40年代，还是一副不怎么美好的样子。在很多人心目中，商人基本上还是属于"重利忘义"的一类人，并且随着时代变迁，其手段也不断创

---

① 俞廷夫：《杭州酱酒业概况》，政协杭州市委员会文史资料委员会编：《杭州文史资料》（第13辑），1989年，第151页。

② 陈晴岚：《1949年前的杭州电厂》，政协杭州市委员会文史资料委员会编：《杭州文史资料》（第9辑），1988年，第165页。

③ 唐力行：《商人与中国近世社会》，商务印书馆2006年版，第20—32页。

新。"时代化的商人，做买卖要时代化，因为商战的原故，不得不挖空了心思，想出一些新的商战方法来推广他们的买卖。简单的说，就是不惜利用欺人的手段，骗人的行为，以达到他们赚钱的目的，目的只在赚钱，赚钱以外，当然是不值得记在心上了。"① 这段话从某种程度上体现时人对商人的看法。当然，考诸史实，对商人的这种看法或许比较偏颇，但是，正因为时人对商人的这种偏颇看法，也有了他们对商人弃旧从新的殷切，他们从当时环境着眼，纷纷从不同角度提出了何为新商人的看法。

民初人们对新商人的定义，开始于对当时中国商人缺点的反思。

1914 年，在一份由德国人芬克投资出版的《协和报》上，刊载了一篇由一位名叫霆公撰写的《论中国商人之劣根性》的"社说"论文。在这篇文章中，作者认为中国商人虽然以勤劳刻苦著称于世，其聪明才智也并不比别人差多少。然而自与世界通商以来，外人往往能够在商业上取得优胜，中国却独以失败收场，如此悬殊的结局，有客观原因，即中国商人在天然上有着很大的劣根性。"一，中国商人太无合群性质也；二，中国商人太顾小利而无远大知识也；三，中国商人犹有一最大之劣根性，即见外货之营业发达，不但不能有所抵制反而代为之经纪，以博取小利。"② 以上所说三个方面，或许是历史上普通中国商人的缺点。是以，很多有识之士提出了新商人的必备素质。

传统与近代中国最大之区别，在于前者为封闭的，后者为开放的，前者是一国之商业，后者却是世界之商业。所以，就新商人而言，欲"谋商业之发展，不但着眼在一国范围之内，尤当放眼在世界大势"。③ 随着世界横向商业联系的加强，如果不谙世界局势和商业情形，又谈何事业的发展呢？说到底，所谓世界眼光，商人必须具备相应的世界胸襟与地理知识及近代商业理论。所谓新商人，"要有充分的知识经验，就学识上讲，要多读书。所读的约分专门研究的，公民必要读的，娱乐消遣的三种"。④ 在此基础之上，有人注意到了科学日益发达，商战也越来越激烈，于是提出了中国新商人的条件，在知识上不仅要有一般的修养，还要加强专业学习，比如"营业地址、用具、使用人、商品陈列等等，应当极力

---

① 陈蝶生：《商人现代化》，《三六九画报》1941 年第 12 卷第 7 期。

② 霆公：《论中国商人之劣根性》，《协和报》1914 年第 4 卷第 38 期。

③ 谦益：《商人之职责》，《钱业月报》1921 年第 1 卷第 12 号。

④ 思建：《新商人》，《商业杂志》1927 年第 2 卷第 12 号。

研究，按业务的性质而选择，以期适合社会的心理"。①

　　作为新商人，还有一个问题亟待解决，就是上文提到的"合群"，即组织问题。有人认为今后中国商人想做新商人，除了增加学识外，就是"要组成健全团体"。② 参加团体活动，以提高凝聚力，"商人必须要有充分的社会活动习惯，联络同志，奋斗到底，更要获得团体生活的习惯"。③

　　此外，人们还提出了新商人的其他应有的素质，诸如"新商人当修养道德"④，新商人"当提倡国货以塞漏卮也"⑤，以及新商人"宜存国家观念"⑥ 等。

　　概而言之，所谓新商人，应当有新式的组织团体，应当具备新知识，应当有国家民族观念等。站在历史的角度，回望过去，所谓新商人，还应当包含一层含义，即主要为经营新商业者。以上述四个因素扫视民国杭州新式商人，其群体情况如何呢？

　　关于新商人应当具备新知识，凡是经营新商业者，如摄影、新闻、律师、银行、保险等商业门类，其经营者自然需具备相应的现代专业知识。即便如丝织业，这种由旧营垒脱胎而来的带有新因素的商业，也有如许炳堃，专门到较为先进的日本东京高等工业学校学习，将先进技术带回国内，进行染织技术的改良。还有朱谋先所创办的纬成公司，以工校培养出来的新技术人员，从事创制铁机新品种。

　　而所谓组织团体意识和活动，则伴随着清末商会的产生，及南京国民政府时期同业公会的出现和发展，大多数商号纷纷加入商会和同业公会，商人的组织团体意识之加强自无待言。

　　其他如提倡国货、国家观念等，则数次国货运动的开展及抵制日货、美货等运动的开展，已清楚昭示。

　　就经营新商业的商人而言，上文已有所述的新商业门类如火柴、摄影、新闻、银行、律师、保险、火油、轮船公司、电灯公司和电影院等，经营者不乏其人，队伍颇为可观。至1931年，作为新商业的杭州"文化娱乐业家数达到了393家，西药业达到31家，镶牙业32家，照相业35

---

①　张公略：《新商人》，《潮梅商会联合会半月刊》1918年第1期。

②　《新商人》，《兄弟国货月报》1934年第1卷第2期。

③　思建：《新商人》，《商业杂志》1927年第2卷第12号。

④　《新商人》，《潮梅商会联合会半月刊》1918年第1期。

⑤　冯少山：《今后之商人》，《商业杂志》1927年第2卷第7号。

⑥　殷介旗：《商人之责任》，《商业杂志》1927年第2卷第1号。

家，银行业 16 家，广告业 2 家，报关行 7 家，转运公司 17 家"①，另外还有"火柴厂 1 家，电池 2 家，电汽 1 家，煤油 7 家，汽车 6 家"②。若加上摄影、新闻、律师、保险、火油、轮船公司、电灯公司等，数量更加可观。如此众多的新式商业，其作为从业者的新式商人，数量自然也是等量齐观。

具体而言，作为新式商人群体，虽然在各商业门类中均有分布，但具有代表性的杭州新式商人群体，主要分布在银行业、新式丝织业等行业当中。

丝织业方面，除上文已有述及的丁丙、庞元济于 1895 年共同创办世经缫丝厂，浙江绍兴人王达夫引进先进设备设厂织丝和绸缎，朱谋先于 1912 年创办纬成公司，1914 年，天章、虎林、文记等一批丝织业陆续创办外，还值得一提的有都锦生。

都锦生，杭州本地人，1897 年生，毕业于浙江省甲种工业学校织机科，并留校任教。在学校任教过程中，积极探索丝织工艺方面的创新。最终在中国民族特有的丝织工艺品——丝织风景上取得了巨大成功，并创办都锦生丝织厂。在此基础上，聘请国外技术专家，进一步改良技术，扩大了商品的销售，取得了很大的成绩。其"出品的丝织风景和丝织五彩国画，1926 年曾获得美国费城国际博览会的金质奖章，闻名世界"。③

银行业方面，除了官办银行等在杭州设立的分行外，纯粹商办的银行计有 7 家，分别是从浙江地方实业银行中独立出来的浙江实业银行、浙江兴业银行、浙江商业储蓄银行、浙江储丰银行、浙江典业银行、大陆银行、中南银行。在银行业当中，王芗泉是值得一提的人物。王芗泉从传统的典业出身，曾任典业公会会长，也曾出任杭州总商会会长，是杭州金融界实力派人物。以上 7 家杭州商办银行中，经他创办或与他有关的就占 3 家，分别是浙江商业储蓄银行、浙江典业银行和浙江储丰银行。其中，浙江储丰银行创办于 1918 年，注册资本达到 50 万元。1922 年 11 月，"浙江典业银行筹设多时，额定股本 100 万元，现已收集四分之一，计银二十

① 参见干人俊《杭州市新志稿》，第 21—22 卷。

② 参见铁道部财务司调查科查编《京粤支线浙江段杭州市县经济调查报告书》，1932 年，第 131—132 页。

③ 宋永基：《都锦生丝织厂》，政协杭州市委员会文史资料委员会编：《杭州文史资料》（第 14 辑），1990 年。

五万元，订于阴历十月二十五日开创立"。① 1921 年 7 月，由杭州储蓄银行改名而来的浙江商业储蓄银行也得以创立，注册资本达到 50 万元。

浙江兴业银行之最初创始人为汤寿潜，是一位亦官亦商，由旧阶层向商人阶层流动的代表人物，上文已有所述，不再赘述。而浙江实业银行是当时著名的"南三行"中的一家，总经理和董事长均为李铭。李铭，浙江绍兴人，1905 年曾到日本留学，学习现代金融知识。浙江实业银行在李铭主持下，业务取得了很好的发展。1925 年，"就其营业报告观之，净利润得凡十九万余元，较民国十二年（1923 年）之全年总利得仅为三十四万余元，为数似已较增矣。去岁半年中，存款为数较其前年，约增百万元"。②

在杭州银行业中，除了上述几位新式商人之外，其余如钱庄出身，后担任中央银行杭州分行经理长达 20 年之久的张忍甫，还有长期执掌中国银行杭州分行的金润泉。这两位人物，才是真正杭州金融界中的实力派，其名声之显赫，非一般商人所能颉颃。

总而言之，近代以来，新式商业逐渐取代传统商业而占据主导地位，随之而来的，就是新式商人的产生与兴起。在这股大潮中，由地方官僚、地方绅士、旧式商人等旧营垒中转向新式商人者有之，因时代趋势之推动，完全意义上之新式商人亦有之。多股力量合击，遂导致杭州新式商人群体力量的壮大，也导致了其群体政治地位和社会地位的提高。

三 商人地位的改变

在传统中国等级秩序中，商人大体处于末端位置，这既是中国传统社会架构，也是小农经济为基础的政治特点所赋予。实际上，在所谓士农工商"四民"之上，还有官这一阶层作为统领。清末即有人指出，"大抵我国社会中，所最重视者曰官，其次绅士，官与绅士，见重于社会，非社会重之。朝廷重之，社会因而重之也"。③ 这句话充分反映了我国千年来官本位社会状态下，整个社会的思维定式和固定的等级秩序。

回顾历史，我国自秦代开始，历代君主大都以农业为立国之本，政策上对农业也时有扶持。而商业一直被认为是末业，对于财富的追逐，导致人心不正，因而历代对商人多有打压，甚至还制定了对商人的各种歧视政

---

① 《杭州快信》，《申报》1921 年 10 月 25 日第 11 版。

② 龙：《浙江实业银行之进步观》，《钱业月报》1925 年第 5 卷特刊号。

③ 知白：《论我国商人见轻于社会之故》，《杭州商业杂志》1909 年第 1 期。

策。例如汉高祖时期，就有"贾人毋得衣锦、绣、绮、操兵，乘骑马"①的规定。隋高祖时期，更制定了"工商不得进仕"②的政策。到唐高宗时，有"禁工商乘马"③的严厉措施。由此可以看出，历代统治者，大到政治地位与个人前途，小到日常生活、衣着出行，从不同方面限制了商人的自由。遂造成"四民之中，惟士独贵，执工商业者，直卑下无人格，几与今之倡吏卒相类。为商者俱以为莫大之耻辱，俱欲不商而仕也"④的状况。

商人的这种2000多年以来卑贱的政治和社会地位，一直延续到晚清。这种状况的改变，是在清末甲午战后。由于清末不断恶化的民族、政治、社会和经济危机，导致清政府不得不改变以往轻商政策，改弦更张，转而重视商业，尤其在甲午战后，商业得到了鼓励，商人地位也有了相应提高。朱英认为，晚清政府实行了一系列新的经济政策，颁行一些奖励工商的法规，并将原先只是奖给少数官员的头衔给予商人，是商人地位得以提高的关键，"至于代表极高荣誉的爵赏，就是入仕的官员中也只有极少数功勋卓著者才能得到。而在当时，清政府却大张旗鼓地对经营实业著有成效的工商业者，'破格优奖，即爵赏亦所不惜'，这可谓亘古未有的创举，尽管获得各项殊荣者只是一部分资本较为雄厚的富商大贾，诸如张謇、张元济、祝大椿、许鼎霖、刘世珩这样的工商界头面人物，但对扫除千百年来的贱商陋习，改变商人的社会形象和提高商人的社会地位，却产生了不可忽视的影响"。⑤

进入民国，社会各界或政府对商人的看法由轻视一变而为日益重视，对商人的正面作用评价逐渐明显，商人的政治与社会地位也得以提高。人们认为，商人通过经营商业，在生产者与消费者中间建起了极为重要的桥梁，农民和工人生产制造出来的产品，都是因为有了商人的经营运输才得以在社会上流通，甚至"人类消费的欲望，也得依赖商人而后可以满足，所以商人在人群社会中，在商业经济界中，都占了很重要的位置"。⑥传统上，几乎一致认为，商人只是中间的牟利者角色，而并非如工人和农

---

① 班固：《汉书·本纪》，《高帝纪》（下）。
② 魏征：《隨书·帝纪》，《高祖》（下）。
③ 欧阳修等：《新唐书》（卷3），《本纪三·高宗》。
④ 知白：《论我国商人见轻于社会之故》，《杭州商业杂志》1909年第1期。
⑤ 朱英：《甲午战后清政府经济政策的变化与商人社会地位的提高》，《贵州社会科学》1998年第5期。
⑥ 张公略：《新商人》，《潮梅商会联合会半月刊》1918年第1期。

民，能生产出实实在在的产品而成为生产者。随着形势的进一步发展，对商人评价已不仅表现在作用方面，更进而到纠正传统对商人角色的错误认识方面。例如当时社会知名人士，学者马寅初在杭州演讲时就认为，"要知商人亦为生产者，其生产能力正与农工相同，不过其方式与农工稍异"。① 20 世纪 30 年代初，商人地位进一步提高，许多享有声望的商人纷纷在政府机关任职。当时有人敏锐地发现，"到了今日，一般商人的地位，可以说是登峰造极。我们试看中央的机关，如全国财政委员会、全国经济委员会和附属的已出现未出现的各种统制委员会，前任中央造币厂厂长、招商局总办董事，从前的财政总长部长和收税的处长局长等，真是不胜枚举"。②

1927 年，国民革命军抵定杭州，国民党建立起在杭州的统治，对商人的作用也不仅体现在认识层面，而是实际上的需要了。国民党以工商业者是国际资本帝国主义侵略的最大受害者相号召，动员所有杭州工商业者起来，一致参加国民革命，协助国民党，其主要行动是组织"商民协会"。1927 年 4 月，杭州"商民协会"成立，分会总数达到 42 家，会员总数为 5016 人，发展极为迅速。③

此外，与全国相类似，杭州商人地位的改变和提高，不仅体现在国民党对商人的重视上，更表现在为数众多的杭州商人与官员的关系上，体现在占据相关政府机关的职位上。

民国时期，杭州商界的头面人物如张忍甫、金润泉、王竹斋等均与官方保持着密切关系，他们既是一业之领袖，商界之翘楚，也经常作为官员的座上客而享有地方上的崇高威望。

张忍甫，1884 年生于宁波镇海。由于从小家庭变故，父母双亡，遂由其母舅家照顾，后由蜚声金融界的头面人物叶琢堂抚养长大。张忍甫起初从事传统的钱庄生意，在杭州办有几家钱庄，生意颇称兴旺。由于才能出众，深为叶琢堂所赏识。在叶琢堂成为中央银行的第三号人物，即中央银行的常务理事后，1929 年，恰逢中央银行准备在杭州设立分行。由于得到叶琢堂的极力推荐和担保，虽然在杭州金融界已崭露头角，但就中央

---

① 马寅初：《何谓商》，中国国民党浙江省党部临时执行委员会商人部编：《革命商人》，1928 年，第 4 页。

② 守愚：《商人参政与国家经济》，《独立评论》1933 年第 79 号。

③ 方志远：《一年浙省商人运动之经过》，《革命中国国民党浙江省党部临时执行委员会商人部编：《革命商人》，1928 年，第 15 页。

层面而言却默默无闻的张忍甫，顺利当选中央银行杭州分行经理一职。当时，"一旦发表杭央行经理为张忍甫，大家不禁骇然而惊，哗然而议，百思而莫喻其故。原来就是叶琢堂所鼎力推荐的"。① 中央银行是国民政府垄断全国金融、控制经济命脉的主要机构，总裁为宋子文。叶琢堂因为与蒋介石关系深厚，蒋介石又是宋子文的妹夫，叶琢堂与宋子文的关系自然不浅。凭借与叶琢堂的深厚关系，张忍甫比起杭州其他的商界人物，自然更有机会接近宋子文和蒋介石，其能担任中央银行杭州分行经理一职，自然是顺理成章的事了。

自张忍甫担任中央银行杭州分行经理之后，便经常有机会得以与宋子文等人来往。

比如，1932 年 9 月 22 日，时任国民政府财政部长兼代行政院长的宋子文来杭州，参观杭州的一家航空学校，之后，到新市场湖滨路的澄庐休息。时任浙江省政府主席的鲁涤平闻讯后赶赴澄庐拜望，"适宋氏已应中央银行杭州分行长张忍甫之宴，赴西湖楼外楼午餐，鲁氏亦赶往晤谈"。②

张忍甫利用其特殊身份，在蒋介石来杭时，也能与其"晤面"。1933 年 1 月 7 日，蒋介石来杭州，当日下午一时，蒋介石在澄庐接受"杭州中央银行行长张忍甫，前申报主笔陈景韩等晋谒，谈甚久"。③

此外，如孔祥熙等政界要人，张忍甫也与其有着一定的联络。1934 年 2 月，时任国民政府财政部长的孔祥熙到达杭州，4 日，"午膳后接见杭州中央银行行长张忍甫"。④ 1936 年 10 月，孔祥熙再次来杭州，"省府各委暨金融界领袖金润泉、张忍甫及周市长等均赴车站欢迎，并派警严密保护，孔即赴中央银行休息，并见徐春甫、程远帆、周宗华、周象贤、张忍甫等，垂询一切，晚应张忍甫之宴"。⑤ 以上人物，商界人物者，只有金润泉、张忍甫二人，其他皆为政界人物。孔祥熙于当晚还应张忍甫之邀，与其共进晚餐，关系之密切，自无待言。

可以作简单的历史逻辑推论，叶琢堂包括张忍甫等商界人物，能够与蒋介石、宋子文等官员攀上关系并担任政府要职，并非历史的偶然，而是

---

① 杭州市政协文史委编：《杭州文史丛编》（经济卷下），杭州出版社 2002 年版，第259 页。

② 《宋子文来杭》，《申报》1932 年 9 月 22 日第 10 版。

③ 《蒋由杭返京》，《申报》1933 年 1 月 7 日第 13 版。

④ 《地方快信·杭州》，《申报》1934 年 2 月 4 日第 3 版。

⑤ 《财孔昨午抵杭视察浙省金融》，《申报》1936 年 10 月 12 日第 4 版。

与形势变化、事实需要相勾连。国民政府深刻认识到，政府在特殊时期的运作，离不开商界，尤其是商界领袖的支持。因此，作为政府官员而言，保持与商界领袖的良好关系，于现实很有必要。反过来，商界领袖若能保持与地方官员的密切关系，对其商业的开展，也当助益不少。因此，在整个国民政府时期，杭州商界领袖与地方官员关系始终比较密切。比如杭州另一商界领袖王竹斋病逝时，在由各界组成的治丧委员会上，时任杭州市长周象贤及一批地方军政长官便赫然在目，[①] 体现了杭州商界领袖与地方长官的不平常关系。

如下表，根据相关史料整理出杭州其他商界人士所担任的有关政府行政职务，以进一步说明民国时期杭州商人地位提升之一斑。

杭州市商人在政府机关任职情况

姓名	商业机关职务	任或曾任政府机关职务
凌水心	杭州市商会监事 柴炭行业公会理事长	杭州市第五区区长 浙省粮管处科员 第三战区贸联处诸暨站站长
刘清士	杭州都锦生丝织风景厂副理兼厂长	杭州市六区一联保主任 义务团独立分队长
周师洛	民生药厂总经理 杭州市商会理事 新药业公会及药师公会理事长	浙江陆军第二师第八团司药
蔡世雄	正大运输行协理	遂安县政府兵役科长 军民合作指导分处副处长
曹振	杭州电汽总厂稽核	浙江省党部干事 党训班训导主任 省、市农会理事
庞菊甫	杭州市商会常务理事 省商会联合会理事	县党部委员及杭县市参议员
徐文	浙江全省商会联合会理事 杭州市商会理事兼主任秘书	浙江省粮食管理处、局科长 第三战区驻浙仓运总站长
张旭人	浙江储丰银行及太平等保险分公司经理 杭州市商会及银行商业同业公会常务委员	浙江省议会第二第三届省议员 杭州造币会办 浙江禁烟局杭县分局长 西湖博览会财务处长 浙江省赈务会常务委员
程心锦	杭州市商会常务理事 浙江省全省商会联合会常务理事 绸商业公会理事长 德泰和绸庄总经理	杭州市参议员

---

① 杭州市档案馆藏：《杭州市商会、同业公会》档案卷宗，档号：旧 L010-002-005。

姓名	商业机关职务	任或曾任政府机关职务
蔡竞平	杭州市电汽公司经理	杭州市参议员
徐梓林	浙东木行经理	杭州市参议员

注：根据《杭州市民手册》相关资料整理

民国时期，杭州商人一方面因为时势关系，受到政府和地方官员的重视，得以保持与官员个人间的密切关系；另一方面，政府因为在商业上需要商界的支持，相关工作才能得以顺利展开，因此，也吸收部分商人在政府机关兼任行政职务。通过上述两种方式，杭州商人的政治和社会地位不断得到改变并提高，不再是传统意义上所谓"士农工商"中末位的商了。

第二节　旧式商人组织的式微

杭州旧式商人组织为中国传统上的行会或行帮，主要形式为会馆和公所。会馆和公所在杭州商业发展史上曾经发挥了积极的作用。但随着时代与商业机制的巨大改变，这两种旧有商人团体在某些方面已显得难以适应。在时代的大潮中，会馆、公所的分化组合已不可避免；同时，因为商业的转型与社会的进步，其旧职能也随之成为历史的陈迹。

一　公所、会馆的改组

行会是传统社会商业或民间的组织形式。在探讨行会的起源时，朱英认为，"在类似于中国这样的封建社会中，工商业经济的发展与各级官府是不可能不发生关系的，事实上这两者也一直有着十分紧密的联系"。[1] 这是符合历史事实的论断。事实上，所谓行，其产生即与官府脱不了干系。"市肆谓之行者，因官府科索而得此名，不以其物小大，但合充用者，皆置为行。"[2] 随着行业的发展，行会这种商业组织应运而生，明清时代杭州这些行会的组织，以"会馆"和"公所"等形式存在。清末民初，杭州的这些"会馆"和"公所"主要按照行业与地域的不同进

---

[1]　朱英主编：《中国近代同业公会与当代行业协会》，中国人民大学出版社2004年版，第76页。

[2]　耐得翁：《都城纪胜》，上海古籍出版社1987年版，第2—3页。

行组织，并随着商业的发展而进一步壮大。民国初年，按照行业不同组织的会馆有书业会馆（在吴山）、米业会馆、箔业会馆（在湖墅）、柴业会馆、木业会馆、茶业会馆（在江干）、钱业会馆、衣业会馆（在柳翠井巷）、绸业会馆（在银洞桥）、丝业会馆、机业会馆（在艮山门）、药业会馆、烟业会馆（在望仙桥河下）、典业会馆（在忠孝巷）、布业会馆（在布市巷）、酒业会馆（在下板儿巷）、扇业会馆（在下兴忠巷）17 家。①

　　任何行业的会馆组织，都是在其相应的行业兴起之后才得以产生的。比如，钱业会馆最早诞生于清光绪年间，在杭州的钱庄逐步兴起以后。民国初年，杭州钱业不断发展壮大，会馆组织也随之日益加强，于是在柳翠井巷自行建立钱业会馆。木业为杭州有名的行业之一，行业的发展需要同业组织照应。当时木行存货于露天，以茶坊酒肆为其交易场所，清代时因业务不发达，经营比较分散，进入民国后遂有会所组织。"据传当时以望仙桥附近茶馆为聚集之所，以后市场渐兴，客帮四集，为了联系和交换行情之便，约在民国初年，发起组织'木业茶会'以为聚集之所，亦如茶馆形式，并在望仙桥附近塘岸自建会所。"② 茶叶是杭州蜚声中外的著名特产，兴盛时每年贸易量巨大，所以其行业组织也比较发达。其中有设于"杭州候潮门外 95 号的，创立于清光绪年间的四省茶商会馆。此会馆由浙江、江西、安徽、福建四省山客组成，故又名山客会馆"。③ 与山客会馆相对应，茶业的另一组织还有水客会馆和漆茶会馆。前者成立于 1910年，地址在候潮门外；后者则更早，创立于 1886 年，地址在枝头巷19 号。④

　　同样，按照行业不同，杭州公所组织，1921 年有丝业公所、农业公所、铁业公所等 19 家，⑤ 颇称发达。杭州会馆组织中还有按照籍贯区分来进行组织的，大体有江宁会馆、安徽会馆、湖南会馆等 20 家⑥。

　　虽然杭州"会馆""公所"颇称发达，但南京国民政府成立以后，这

① 任振泰主编：《杭州市志》（第 2 卷），中华书局 1999 年版，第 250 页。
② 杭州市政协文史委编：《杭州文史丛编》（经济卷下），杭州出版社 2002 年版，第130 页。
③ 杭州市上城区茶文化研究会编：《茶文化图考》，西泠印社出版社 2012 年版，第 280 页。
④ 参见浙江省商务管理局《浙江之茶》，1936 年，第 42 页。
⑤ 丁贤勇、陈浩译编：《浙江社会经济调查（1921 年）》，北京图书馆出版社 2008 年版，第 314 页。
⑥ 分别参见：《民国杭州市新志稿》（卷 6），杭州出版社 1983 年版；丁贤勇、陈浩译编：《浙江社会经济调查（1921 年）》，北京图书馆出版社 2008 年版，第 313 页。

种传统组织形式面临着严峻的挑战和转变的需求；当然，这种转变并非单纯政府法令所致，更是适应经济发展方式变化的内在要求。虽然在19世纪末20世纪初，因为"一部分行会的业董及成员已逐渐向近代新兴工商业者转变，不再属于传统的旧式封建商人和手工业者，这是行会在近代能够出现变革趋新的一个重要原因"。① 也就是说，传统行会组织，在近代不但没有完全消亡，而且在某一时段，某些行业的行会还出现了新的发展。但是，这毕竟不是历史的主流趋势。正如朱英指出的，"行会的整体变革尚有赖于制度性的革新，而不能仅仅是局限于小范围的改变。这样，同业公会这种新型同业组织的诞生，就成为近代经济发展和社会进步的迫切需求"。②

杭州的行会组织也基本上符合这种历史演进逻辑，以各种不同方式朝着同业公会这一统一方向前进。

比如杭州米业团体组织，主要有米业会馆和米业公所。然而，长时期以来，湖墅的米业公所由于"与城内米店漠不相关，新近扩充范围，乃与城内米店合并，共同组织米业同业公会于木场巷，计入会者，有湖墅大袋行六家，小袋行八家，碾米厂三家，城厢米店一百二十二家"。③ 根据这一情况来看，原先的杭州米业公所，其实只是湖墅米行这一米业小团体组织。这种现象随着商业交往的频繁和横向交流的扩展，势难适应和继续。因此，改组后而成的同业公会，涵盖了米业中所有的商家，而无城内外的地域之分，从而适应了形势的变化。

这种为了行业利益的需要，自觉由行会组织转向近代同业公会组织，比较典型的当属杭州丝织业同业公会和典业同业公会。

杭州传统的绸庄老板，为了尽可能增加自身的利益，进而盘剥工人，一般使用两种方法，一是利用银洋与角子的比值。在当时，10角相当于1元，后来贬值至1元等于12.5角。但是绸庄只肯以1元兑9.95角支付，这样一来，机户的损失就很大。第二，绸庄收货时，某些收货人有时凭情绪之好差，任意测量丝绸之长短。以上两种方法，使得当时杭州数千机户大为不满，"孟炳贵便联络机户倡言推翻这两项制度，得到绝大多数机户

---

① 朱英主编：《中国近代同业公会与当代行业协会》，中国人民大学出版社2004年版，第102页。

② 朱英主编：《中国近代同业公会与当代行业协会》，中国人民大学出版社2004年版，第112页。

③ 《杭州湖墅之米市》，《工商半月刊》1931年第3卷第6期。

的拥护，迫使绸庄废除九九五制，并与绸庄订立议约，设立估尺部，在丝织品成交时，由'大经堂'派人参主其事，为机户估尺。这一事件使同业看到了团结的力量，促使杭州丝织公会的成立"。[1]

1915 年，全浙典业公所在杭州成立，选举王艻泉为总董。3 月 19 日，公所会议认为，境内"各属同业声气多不相通，亟应组织全浙典业公会，以资群策群力，积极进行，由本公所即日拟具通告，分布各县典商，集合大团"。[2] 在公所的努力下，4 月，全浙典业公会得以顺利成立。

但是，这种由行业自身的自觉，根据形势变化自行重组行业团体组织者实属少见。绝大多数是在南京国民政府颁布诸如《同业公会法》这样的法规之后，被动改组而成同业公会。

比如杭州茶业组织。上文已有述及，杭州的旧有茶业组织有三个，即四省茶商会馆，也就是山客会馆、茶漆会馆和水客会馆。这种"以调解纠纷，联络感情为宗旨"的传统行会组织，当然无法在新形势下继续发展。然而，直至 1928 年，"根据省党部所颁《商人组织法》，由茶行茶店漆店，联合组织，此会乃被动组合，故行自为行，店自为店，毫无联络，所谓公会不过徒负虚名而已"。[3] 其他如杭州钱业会馆，"自 1927 年北伐以后，钱业会馆改为钱业公会，但经管内容和主持人员，依然照旧不变"。[4] 再比如杭州的绸业同业公会，也是在"1927 年后，观成堂绸业会馆和改良织物公会，绸业协会等合并，成立丝绸业商民协会，后又经整理，至 1931 年改名为绸业同业公会"[5] 的，这与与之相近的丝织业同业公会成立原因大相径庭，主要在于绸业并没有遇到如丝织业那样的困境，并有迫切相互团结的需要。实际上，自 1929 年南京国民政府颁布实施《工商同业公会法》后，国内各类同业公会才如雨后春笋般冒出这一事实，也可作为公所、会馆的改组多为被动进行的一个佐证。

由以上所举几个行会组织改组而成为同业公会的例子中，可以窥斑知豹，历史事物在由传统向近代转变过程中的曲折性。旧有力量的强大和惯性，往往成为其自身转变的阻碍。

---

① 陶水木、林素萍：《民国时期杭州丝绸业同业公会的近代化》，《民国档案》2007 年第 4 期。

② 《旧杭属典业公所第一年纪事录》，1916 年，第 21 页。

③ 浙江省商务管理局：《浙江之茶》1936 年版，第 43 页。

④ 杭州市政协文史委编：《杭州文史丛编》（经济卷下），杭州出版社 2002 年版，第 179 页。

⑤ 杭州市档案馆编：《杭州市丝绸业史料》，1996 年版，第 129 页。

20 世纪 20 年代初期，一份美国政府劳动部的报告认为，"中国之同业公所，在各种重要之小工业中，已根深蒂固，故虽有西洋之劳动组合（Labor union）传入中土，而其范围及势力仍甚有限"。① 要改变这种根深蒂固的习惯与势力，根据上文分析可知，基本上依靠政府法令强制实现。1929 年 8 月，南京国民政府颁布实施《工商同业公会法》，规定"在同一区域内经营各种正当工商业之公司行号，由七家以上之发起，在该区域内得设立一同业公会，同业之公司行号，皆得为本业公会会员"。这就大大促进了传统公所、会馆向近代同业公会转变。

二 会馆、公所旧职能的衰落

通过考察会馆、公所诞生的原因，即可明了其本来的职能。中国传统社会，是一个重家族、重乡谊的人情社会，因此，客居异乡的人们，往往比较重视相互之间的联络，以求得彼此的关照和资助。"吾国人经商异地者，对于乡谊独隆，故商业繁盛之区，一乡之人，联袂偕至，本其联络互助之精神，组成自然团体，始则规模狭小，仅设立公义会善堂等办理慈善事业，其后更集巨资，发挥光大，建造会馆。"② 因此，从原本意义上说，会馆是一地域性概念，主要为了慈善目的而设立。随着时代的发展变迁，会馆不仅仅限于地域概念，其职能也突破慈善性质，而向商业方向拓展。所以，广义而言，会馆包含同业商人所组织的团体，为了解决商业上的问题而设立，如钱江会馆，就是由杭州绸业商人所组织的。也就是说，这种会馆，既是一种地域组织，又是一种商业组织。公所的发展演变也大致相同。

会馆、公所职能，主要体现在商业和社会方面。商业职能主要表现在以下四个方面："划一手工业产品和商品的价格、规格和原料分配；控制招收学徒和使用帮工的数量；限制本行商店、作坊开设数目和外地人在本地开店设坊；规定本业统一的工资水平。"③ 会馆、公所这些商业职能，为规范行业制度，维护行业利益以及解决一些行业的纠纷，曾经发挥了比较重要的作用。如清末民初，杭州的一些"药业会馆的行员大都为宁波商人，当胡庆余堂开业时，他们曾协调同乡步伐，与之竞争；到后期又觉

---

① 《中国之同业公所》，《申报》1923 年 1 月 21 日第 21 版。

② 郑鸿笙：《中国工商业公会及会馆公所制度概论》，《国闻周报》1925 年第 2 卷第 19 期。

③ 朱英主编：《中国近代同业公会与当代行业协会》，中国人民大学出版社 2004 年版，第 85—87 页。

得胡庆余堂实力不凡，如长期对立，会两败俱伤，于是又协调步伐，请之入会"。① 再比如，1918 年，江浙皖丝茧业总公所，曾经邀请三省实业厅官长与三省同业代表数十人，回顾历史，共同商讨丝茧业的出路。同业公所要求实业厅代表向各省政府表达，并请省政府转呈农商部，要求维持丝茧业，制定相关有利于丝茧业发展的措施。②

另外，会馆、公所在社会职能方面，大体包括"联乡谊、笃乡情；照顾失业贫寒或患病难医之伙友，使其不致生活无着落；为年老无依之死亡者，提供经费，代为安葬"。③ 在中国传统社会因为政府对民众保障缺位的情况下，会馆、公所的这种社会职能显得尤为重要，它在某种程度上消弭了社会危机，也在事实上给那些社会弱势群体提供一定的帮助。如在杭州的嵊县同乡会馆，便是为方便来杭州考试的读书人住宿之需而设。"在科举年代，嵊县的秀才监生，多寄寓于此，准备候试。清末废止科举后，成为该县在杭读书学生的临时宿舍。"④

会馆、公所自产生以来，也在不断自我调整与发展变化中。杭州最早的会馆基本属于地域性质，且可以分为省馆、州馆和县馆三个等级。如当时有名的四明会馆、山陕会馆、安徽会馆、扬州会馆等众多会馆，皆以某一地域在杭州的商人所组建。清末民初，会馆的性质逐渐向商业转化。"为了商务的便利，行业会馆具有相对集中并依附茶楼酒肆的特点。至民国十二年（1923 年）统计，杭州尚有会馆、同乡会近百所，其中行业会馆占半数左右。"⑤ 随着商业的不断发展，出于交易的需要，商业性质的会馆趋于增多，在商业上起着重要的作用。

会馆、公所在商业领域的职能在新形势下越来越难以发挥效力。新的经济和社会环境，需要新的制度和理念，会馆和公所旧有的规则和理念需要有一个整体的改变。下文举一个杭州钱江会馆，即杭州绸业会馆关于对同行业用料等事项的劝告，可见会馆旧职能在新时代趋于衰落的迹象。

绸是杭州十分重要也是非常著名的贸易物品，在历史上曾创造过辉煌的成绩，即便是到了近代，在清末到民国的 1927 年间，依然是杭州十分

①　迟华：《杭州往事》，新华出版社 2002 年版，第 16 页。

②　参见《丝茧业公所开会记》，《银行周报》1918 年第 2 卷第 17 期。

③　朱英主编：《中国近代同业公会与当代行业协会》，中国人民大学出版社 2004 年版，第88—89 页。

④　黄品璇：《记杭州嵊县同乡会馆》，杭州市政协文史委编：《杭州文史丛编》（教育医卫社会卷），杭州出版社 2002 年版，第 538 页。

⑤　迟华：《杭州往事》，新华出版社 2002 年版，第 15 页。

重要的商品。但随着国外技术的进步，从人造丝传入国内，到人造丝在绸缎中的广泛应用，对本地传统绸业造成了不可估量的影响。

绸业会馆认为，从事绸业的商人，用人造丝，是属于渔夫碎网、樵夫断斧的短视行为，"观夫营吾业者之爱用夷料，摒弃国产。夫以数千年历史悠久之绸缎事业，一旦而出之以救济，耻孰甚焉。溯绸业衰落之原因，虽由于洋货之攘夺，实出于人心之不古。查国产绸缎之质料，坚韧密致，光艳夺目，非毛羽所能比拟，呢绒得以并论。习吾业者故深知之。近自人丝充斥，近利之徒，竞相采用……虽宣传之文盈篇累牍，呼号之声力竭气吁，至多一时之兴奋，难得永久之印象"。① 此事例说明，尽管钱江会馆尽力呼吁，希望经营绸业商家能够顾及他们认为的长远利益，放弃人造丝，但是没有效果。

其实，钱江会馆作为绸业的同业会馆，在呼吁或抵制人造丝的问题上，已非一朝一夕。早在 1925 年前后，会馆即数次"集议禁止掺用人造丝，迄无办法，现闻总董金溶仲今日邀集绸业生货熟货以及织物公会各要人开联席会议，从长讨论，可望和平解决"。② 而实际上如上文所表述，一直未能解决。会馆对同业商家禁用人造丝一事，从一开始的禁止，到后来邀请头面人物开会商议，渴望和平解决，直至呼吁宣传。尽管不断放低身段，希有良好结果，然而无法阻止众多商家使用人造丝。会馆制定的旧制度，已经无法阻挡时代的变迁、技术的进步、消费观念和消费习惯的改变。甚或可以说，这种旧职能在某种程度上已经阻碍了同业商家的技术革新和商业进步。在更早的 1911 年前后，日本的一家媒体《染织时报》，发表了对杭州丝织业状况的评论，认为"中国人素性保守，绸业公所之行规，最易阻止其改良进步"。③ 因此，会馆的这种出于老观念、旧制度下的呼吁，实难获得商家的支持和响应，其旧有职能的衰落便显得无可避免了。

会馆、公所的旧制度不但对商业发展无法起到驱策作用，就是在内部管理上，也显得漏洞颇多，弊端积生。

如民国时杭州的木业公所，在内部的管理上就曾产生弊端。杭州的木业公所有"浙东木业公所""徽商木业公所""课商木业公所"三个。这三个木业公所成立后，其人事问题，实际上是由各帮木商中的首脑人物推

---

① 钱江会馆：《劝同业诸君》，《商业杂志》1929 年第 4 卷第 9 号。

② 《杭州快信》，《申报》1925 年 7 月 18 日第 7 版。

③ 王士森译：《杭州之丝织业》，《东方杂志》1911 年第 14 卷第 2 号。

选出一人为常务董事而总揽全权。常务董事报酬丰厚，除一切活动费用实行报销外，每年能得到马费数百元，另外还有权雇佣人员执行具体工作。而公所中的其他办事人员，也是非亲即故。各所的收支账目，没有具体详细说明。"故一任董事莫不身价十倍，名利双收。每届选举，各帮木商的首脑人物无不多方活动，拉拢成风。如浙东董事郑景康因和当时四府同乡会的关系密切，当权官僚如省长夏超、水警厅长徐则恂均为该所名誉董事，后如浙江高等法院院长郑文礼及省党部委员王廷扬、方青儒等，莫不常与往还，因此每选必胜，连任竟达 20 余年之久。"① 由此观之，旧有的公所制度，弊端是显而易见的。难以想象，这样不合理的制度，能够在新环境下的商业竞争中取得良好的成绩。

因此，后来某些会馆在制度上进行了一定的创新和改良。比如绸业会馆，于 1927 年即由原来的总董制改为委员制，② 实现了管理制度和人事制度的优化。然而一点一滴的改良，显然不足以整体上适应形势变化。所以说，"行会的整体变革尚有赖于制度性的更新，而不能仅仅局限于小范围的改变。这样，同业公会这种新型同业组织的诞生，就成为近代中国经济发展和社会进步的迫切需求"。③

第三节　新式商人团体的产生与发展

清政府迫于时势，不得不实行重视商业的政策，商会因此在全国各地普遍产生。民国以来，旧式商人组织纷纷改组，新式商人团体随之进一步发展，主要表现为各业同业公会逐渐壮大。作为近代新式商人团体的典型，商会和同业公会的产生和发展，在商业发展史上具有重要意义，使得商业彻底摆脱地缘概念进入真正意义上的业缘概念，从而也使商人自身进入近代社会，具备全新的近代社会素质和世界视野。

一　商会的产生、发展及作用——兼与苏州、天津商会的比较

清末，社会经济变化，清政府采取一系列惠商措施，如商部的设立，

---

① 陈瑞芝：《杭州木行业内幕》，杭州市政协文史委编：《杭州文史丛编》（经济卷下），杭州出版社 2002 年版，第 126 页。

② 《杭州快信》，《申报》1927 年 3 月 12 日第 7 版。

③ 朱英：《中国传统行会在近代的发展演变》，《江苏社会科学》2004 年第 2 期。

《商律》的制定及各种奖励商人等措施的出台，多因素的共振，商会才在中国得以产生。但商会在其组织上的准备，却经历了一个相对复杂的过程，最早可以上溯到1898年后在各省设立的商务局。然而"无可否认的历史事实是，中国近代商会又的确是以这种名实不相符的准官方机构为其历史起点，是在对商务局的否定中逐步创设起来的"。① 由于商务局并不能真正起到沟通官商的作用，所以又产生了之后的商业会议公所。这实际上已经具有了商会的某些因素，其中成立于1902年的"上海商业会议公所"可以说是起到了"创商会之先声，促商会之进步"的作用，所以被称为"第一商会"。②

清政府相关法律的制定并实施，成为商会产生的最后推手。1903年，清政府商部制定了《商会简明章程》，其中规定："凡属商务繁富之区，不论系省垣、系城埠，宜设立商务总会，而于商务稍次之地，设立分会。"并且同时作出规定，"凡各省厅埠如前经各行众商立有商业公所及商务分会等名目者，一律改称为商会"。③ 受此政策鼓舞，上海得风气之先，当年即诞生了中国第一家商会组织——上海商务总会。

杭州于1906年设立了杭州商务总会（关于杭州商务总会设立的具体年份，学界存在异议，下文对此有专门考证），这是杭州历史上第一个全体工商界的近代商业组织。

杭州商务总会成立之初，无论是硬件设施还是人员组成，均极为简陋，主要人事全由政府任命，尚缺乏民主选举的机制与观念。商务总会的会址设在杭州市小营巷第一任协理顾少岚家中。其内部组织及运作机制一秉清政府的法律规定，总会负责人称为总理，另外置协理一人，下设议董（董事）10余人，享有商务总会的相关决策权，其中总理和协理人员须由政府任命，议董也须由享有官衔者担任。如第一任总理樊介轩，是一个在籍的翰林，第一任协理顾少岚则是一个候补道员。总会所设董事10余人，也全是有官衔在身者，再往下的业董，才可以由杭州商界各业领袖担任。而无论是总理、协理，还是议董或者业董，最终均需由政府任命。由此可见杭州商务总会成立之初所谓商会的官方色彩，这正如日本学者仑桥正直

① 马敏、朱英：《辛亥革命时期苏州商会研究》，华中师范大学出版社2011年版，第32页。

② 张铁军、景君学、杨国昌：《当代中国商会研究》，甘肃文化出版社2006年版，第42页。

③ 《奏定商会简明章程二十六条》，《大清光绪新法令》，第16册。

所指出的，清末商会与官方有密切的联系，虽然得到政府和法律的保护，但却是一个官办机构。[①]

杭州商务总会第二任总理为潘赤文，素有"潘善士"之称，出身于钱庄业，"时任鼎记钱庄经理，1909 年鼎记结束，潘辞去商务总会总理职务。在潘赤文时代任议董的，有宓廷芳、王芗泉、丁和甫、周梅阁、谷庆松等人"。[②] 继潘赤文之后，杭州商务总会的第三任总理为金月笙。金月笙也出身于银钱业，与袁世凯的幕僚杨士琦关系密切，其弟弟当时任大清银行杭州分行的经理，"因这层关系，金月笙当上了第三任商会总理"。[③] 第四任总理为顾庆松，秀才出身，曾从事贩卖食盐，后到第一任协理顾少岚家中充当"蒙馆"，后来又担任洋广货会馆董事，民国初年，曾兼任沪杭甬铁路公司董事，浙江卷烟特税会办等具有官方性质的职务。

以上是截至 1912 年，杭州商务总会期间的人事变动情况。从这些人事变动情况可以看出杭州商务总会的特点，一是，其主要人事无一不与政府有着千丝万缕的关系，没有一个总理或协理是纯粹的商人出身。以历史的眼光来看，这是不难理解的。中国有商会之初，新式商人尚处于萌芽阶段，力量上不强大，根本不可能在政治上立即与旧官僚或旧士绅展开竞争。况且商会在当时作为一个准官方机构，上层人事均由官方任命和批准，纯粹商人自然无从插足。尽管如此，商务总会期间，还是透露出了一些隐含讯息，即是总理人选，逐渐由纯官方人员向亦官亦商方向发展；二是，从其四届总理所从事职业类别来看，除第一届为纯粹士绅外，第二届开始的上层领袖，从事行业，或钱庄，或银钱，或食盐，这些行业均为传统商业门类。这显示了直至 1912 年，杭州这个具有传统优势的城市，传统商业依然占据主流地位的客观现实。

杭州商务总会的这些特点，与天津商务总会的主要领袖构成类别判然有别。在天津商务总会的 17 名会董当中，有 9 人属于洋行买办身份，且均从事新兴行业。而 1905 年至 1912 年担任总理的王贤宾，是一家烛皂公司的股东，协理宁世福既是一家洋行的总理，又是一家英美烟草公司的股

---

①　参见朱英《清末商会研究述评》，《史学月刊》1982 年第 1 期。

②　程心锦：《旧时代的杭州商会》，浙江省政协文史资料委员会编：《浙江文史集萃》（经济卷下），浙江人民出版社 1998 年版，第 58 页。

③　杭州市民建、工商联文史组：《解放前的杭州市商会》，政协杭州市委员会文史资料委员会编：《杭州文史资料》（第 5 辑），1985 年，第 134 页。

东，另外一名协理吴连元也经营日本正金银行。① 1907 年，天津商务总会的 14 名会董，虽以从事传统行业为主，但也有三分之一以上从事新兴行业。② 杭州与天津，虽然处于同一时间背景下，其商务总会主要领袖行业类别却存在巨大的差异，这显示了浓重的地域色彩。天津作为近代北方商业大埠，得西方风气之先，西方大公司或大商人积极在此开拓市场，在此过程中，那些大公司或大商人也必然需要当地势力支持。天津这些特点为杭州所无。不同的地域空间决定了各自不同的商业特点。

实际上，当时国内与天津类似者，只有上海与广州等少数城市，如曾多年担任上海商务总会总理一职的严信厚、周金箴，协理徐润、朱葆三等人，均为典型的买办。③ 其他绝大多数城市的商务总会，其总理或协理所从事的职业，非士绅，即以从事传统行业为主。如苏州商务总会 6 位发起人当中，后来或为总理，或为会董，或为名誉会员。他们大部分为士绅出身，即便从事商业，也多为传统行业。④

1912 年，随着中华民国的成立，杭州商务总会成为历史名词。是年，杭州商务总会进行改组，与当时杭州的另一家商会——城北商会合并，成立了新的商会，称为杭州总商会，直至 1927 年。

杭州总商会不同于商务总会时期，其一是最高领导人由原先的总理变为会长。"首任会长顾庆松（顾竹溪）。顾系秀才出身，曾任洋广会货会馆董事，后任沪杭甬铁路公司董事、浙江卷烟特税会办等职，亦是杭州商务总会第四任（最后一任）总理。以后继任总商会会长的，分别是王芗泉、金润泉、王竹斋。"⑤ 其中，王芗泉出身于秀才，曾经创办"永济典当"，也担任过浙江盐运使，后来还担任过众议员。金润泉则最初在蒋广昌绸庄工作，后由蒋广昌推荐到盐桥乾泰钱庄当学徒，后来在钱业中初露头角，在宝泰钱庄当副经理，从此青云直上。王竹斋原来是清末的小官

① 宋美云：《近代天津商会》，天津社会科学院出版社 2002 年版，第 71—73 页。

② 参见天津市档案馆编《天津商会档案汇编（1903—1911）》（上），天津人民出版社 1989 年版，第 109 页。

③ 上海市工商业联合会、复旦大学历史系编：《上海总商会组织史资料汇编》（上册），上海古籍出版社 2004 年版，第 110 页。

④ 参见马敏、朱英《传统与近代的二重变奏——晚清苏州商会个案研究》，巴蜀书社 1993 年版，第 48—50 页。

⑤ 杭州市工商业联合会（商会）志编纂委员会编：《杭州市工商业联合会（商会）志》，2003 年版，第 9 页。

吏，曾任杭州农工商矿局文案，杭州电信局总办等职。[①] 从以上商会会长的大概经历可以发现，能够担任这个职务的，或是有官方背景，或是从事银钱业者。这既反映了当时官商联系的密切，也反映了银钱业在杭州商界中的重要性。即便如此，也可明显窥出，这一阶段商会会长出身，较前一阶段有了很大的不同。在这一阶段，会长一职大多以商人为主。这种由先前纯粹士绅向纯粹商人过渡的趋势，到后来越发明显了。

杭州总商会 1924 年改选职员名单

职务	姓名	年岁	籍贯	职业
会长	王祖耀	54	太仓	杭州电话公司经理、杭州惠迪银行董事长
副会长	宓福衡	63	慈溪	惟康钱庄经理
会董	金百顺	47	萧山	杭州中国银行行长
会董	倪文浩	58	绍兴	开泰钱庄经理
会董	王锡荣	53	杭县	永济典经理、浙江储蓄银行暨浙江典业银行董事长、光华火柴公司董事
会董	倪寿耕	59	绍兴	元泰钱庄经理
会董	李象开	51	鄞县	寅源钱庄经理
会董	宋锡范	49	杭县	宋春源馥记绸庄
会董	吴元黼	51	杭县	晋康钱庄经理
会董	严廷槐	65	海宁	元利布庄经理
会董	于燮	51	杭县	于天顺广货店
会董	金溶熙	59	杭县	杭州观成堂绸业董事、日新暨振新织绸厂经理、浙江丝绸银行办事董事
会董	陈辛伯	57	绍兴	介康钱庄经理
会董	顾庆松	56	杭县	广货业董、同义公煤油公司经理兼理翠绒袜厂
会董	张善裕	50	吴兴	浙江兴业银行经理
会董	周廷源	33	杭县	周泰兴丝行
会董	徐益庆	61	绍兴	庆成绸庄
会董	韩澍霖	38	杭县	元昌米行经理
会董	汪灿	47	杭县	慎记木行经理
会董	周锡炎	51	黟县	裕兴典经理
会董	李汝佳	60	婺县	开泰布庄经理

[①]　参见杭州市民建、工商联文史组《解放前的杭州市商会》，政协杭州市委员会文史资料委员会编：《杭州文史资料》（第 5 辑），1985 年版，第 136 页。

续表

职务	姓名	年岁	籍贯	职业
会董	李聚能	68	萧山	大有元米行经理
会董	李品圭	52	杭县	恒盛钱庄经理
会董	沈方中	70	杭县	干源金铺经理
会董	陆镜生	52	绍兴	豫丰泰钱庄经理
会董	严葆森	58	杭县	协和提庄经理
会董	朱光焘	43	杭县	纬成公司经理
会董	吴敦奇	44	绍兴	泰生钱庄经理
会董	拘益庸	43	海宁	悦昌文记绸庄经理
会董	谢永康	43	杭县	同兴典经理
会董	程家汝	54	休宁	聚和典经理
会董	徐臣燮	40	萧山	同孚钱庄经理

资料来源：苏州档案馆藏：乙2-1-446-3-4，转引自冯筱才：《近世中国商人的常态与变态：以1920年代的杭州总商会为例》，《浙江社会科学》2003年第5期。

　　从上表可以看出，所有32名会长、副会长和会董，全部从事商业经营，且开始出现从事新式商业者。如身为会长的王祖耀，既是杭州电话公司经理，又是杭州惠迪银行董事长，此两者均为新式行业。与此相较，这一时期天津、上海商会会长及会董，明显呈现出这一特点。如这一时期的天津总商会，曾任会长、副会长的叶登榜和卞荫昌分别是金店和洋布庄的老板。[1]苏州则基本上与杭州相似，如民国初年曾任苏州商会会长的"庞延祚，钱业商人，数届商会议董"。[2]

　　杭州总商会成立后，会员数量并不多。据相关统计，1912年，杭州总商会会员只有区区280家。[3]数量少，力量弱。而1906年的天津商务总会，其会员数即已达到可观的700余家，至1912年的天津总商会时期，其会员数达到1320家。[4]

　　1927年至1930年，杭州总商会陷入了前所未有的困境之中。1927年，是浙江乃至全国政治大转变的一年。年初，国民革命军攻克浙江，在

---

①　参见宋美云《近代天津商会》，天津社会科学院出版社2002年版，第77页。

②　马敏：《官商之间——社会剧变中的近代绅商》，天津人民出版社1995年版，第85页。

③　转引自尹铁：《浙商与近代浙江社会变迁》，中国社会科学出版社2010年版，第367页。

④　分别参见章开沅主编：《辛亥革命辞典》，武汉出版社2011年版，第34页；胡光明：《论北洋时期天津商会的发展与演变》，《近代史研究》1989年第5期。

国民党主导下，成立了杭州市商民协会。国民党之所以罔顾已存在之杭州总商会，另组建所谓商民协会，是有其政治考量的。一方面，他们认为"大多数之旧有商会，不独不参加革命，且为反革命；不独不拥护大多数商民之利益，且违反之，其最大作用，不过只供少数会长会董升官发财之利用"，认为商会"只能代表所谓大商人之利益矣，于小商人则完全不理会焉"。① 并且在《商民运动决议案》中断定："现在商会均为旧式商会，因其组织之不良，遂受少数人之操纵。"② 因此对商会实际上持否定态度。另一方面，出于政治的需要，革命不能没有商人的支持，于是另辟蹊径，以帝国主义侵略中国，商人如果"不愿做他们的奴仆，唯一的出路，就是要参加国民革命，打倒一切帝国主义，本党的有商人运动在此，商人的必须要参加革命也在此"的口号相号召，鼓动商人参加商民协会。至1928年，浙江"各地商民协会正式成立者，已有三十多个县市，其余的，或正在筹备，或快要成立了。店员总会，也在积极筹备中"。③ 商民协会基本上垄断了商务权力，虽然"协会成立而总商会仍不废除，不过总商会所有对外事务全归商民协会办理，商会会长王竹斋除筹措经费外并无实权，商会名存实亡"。④

天津总商会，在国民党执政以后，也遭到了整顿和所谓的改组。天津总商会改组始于1928年，按照政府要求，根据上海商会的《商会改组大纲》进行相关改组。然而改组因为各方面原因而在实际上无法进行时，却遭到当局的严厉警告，"万勿玩视法文，观望自误为荷"。事实上，天津商会改组之所以无法进行，责任在于政府一方。当商会遵照政府旨意进行改组，制定方案之时，"多遭警宪之干涉，商人纷纷报告，敝会无可如何，不得不暂行停顿"。⑤ 因此，实际上天津商务总会自1928年开始，直至1930年，与杭州相似，陷入了"名存实亡"的尴尬局面。

1930年开始，杭州总商会一变而为杭州市商会，从此开始大发展。1929年国民党浙江省党部组织成立杭州市商民整理委员会，聘请原商会

①　《商民运动决议案》，中国第二历史档案馆编：《中国国民党第一、二次全国代表大会会议史料》（上），江苏古籍出版社1986年版，第388页。

②　转引自朱英：《商民运动研究（1924—1930）》，北京大学出版社2011年版，第66页。

③　方志远：《一年浙省商人运动之经过》，中国国民党浙江省党部临时执行委员会商人部编：《革命商人》，1928年，第13页。

④　杭州市民建、工商联文史组：《解放前的杭州市商会》，政协杭州市委员会文史资料委员会编：《杭州文史资料》（第5辑），1985年版，第137页。

⑤　宋美云：《近代天津商会》，天津社会科学院出版社2002年版，第89—90页。

中人如程心锦、徐行恭等人为委员，进行相关事项的整理。"同年八月，适国民党政府颁布《商会法》，乃宣布商民协会与总商会合并，改组为'杭州市商人统一组织筹备委员会'，由省党部指定王竹斋、金润泉、徐行恭、宓廷芳、王子球、程心锦、王芗泉等十多人为筹备委员，朱惠清为秘书。1930 年 1 月筹委会宣告结束，正式成立杭州市商会。王竹斋任商会会长。"①

根据国民政府新的《商会法》，规定"各特别市各市各县，均得设立商会，即以各该市县之区域为其区域"。② 杭州市商会根据此法，规定商会"由各同业公会推选代表充任商会执监委员，再由执监委员会选出常务委员 5 人，互选其中 1 人为主席委员，以代替旧有的会长制"。③ 因此，杭州市商会的内部人事制度到此也大为一变。1930 年以后，一直至 1949 年，商会的名称一直称为杭州市商会。

在此期间，杭州市商会得到大发展的一个重要指标，即是会员数量的急剧增加。1935 年，加入杭州市商会的杭州各同业公会，规模较大的大体包括，绸业同业公会，总计入会人数 860 人；银行业同业公会，总计入会人数 546 人；布业同业公会，总计入会人数 340 人；典业同业公会，总计入会人数 270 人。这一时期的杭州市商会，入会人数达到了有史以来的巅峰，也是历史上直至 1949 年结束时最高的数据。比如 1941 年日伪占据时期，绸业同业公会的入会人数减少到了 494 人，1948 年时，这一数据减少到惊人的 5 人。④

1937 年年底，杭州沦陷，原杭州市商会实际上停止工作，但有日伪统治下的伪杭州市商会。1945 年抗战胜利，国民党浙江省党部成立"杭州市商民整理会筹备处"，负责接收伪杭州市商会，成立新的杭州市商会，直至 1949 年。

杭州市商会整体发展变迁，其大体脉络及时间段，与全国大多数城市商会一致。比如天津商会，也经历了从诞生到发展及至衰亡的过程，其时间段基本上与杭州市商会一致。⑤

---

① 杭州市民建、工商联文史组：《解放前的杭州市商会》，政协杭州市委员会文史资料委员会编：《杭州文史资料》（第 5 辑），1985 年版，第 138 页。

② 工商部工商访问局编：《商会法、工商同业公会法诠释》，1930 年，第 25 页。

③ 杭州市民建、工商联文史组：《解放前的杭州市商会》，政协杭州市委员会文史资料委员会编：《杭州文史资料》（第 5 辑），1985 年版，第 138 页。

④ 参见杭州市档案馆藏《杭州市商会、同业公会》档案卷宗，档号：旧 10-002-058。

⑤ 参见宋美云《近代天津商会》，天津社会科学院出版社 2002 年版，第 65—123 页。

那么，杭州商会有没有异于其他商会的独特之处呢？概括而言，主要有以下二点。

其一，问题的折射——商会成立的时间与方式。

苏州商务总会成立于 1905 年，天津则更早，其商务总会的前身天津商务公所即于 1903 年稍后于上海商务总会成立，而杭州商务总会则迟至1906 年方告成立。

关于杭州商务总会成立的具体时间，学术界存在分歧。有 1903 年说，也有 1906 年说。笔者仔细查阅了杭州市档案馆馆藏《杭州市商会、同业公会》档案卷宗，没有发现有关杭州商务总会成立时间的任何线索。持1903 年说的，比如曾担任杭州市商会会长的程心锦在《旧时代的杭州商会》一文中，称"浙江之有商会，始于 1903 年（清光绪二十九年）成立的杭州商务总会"。① 当今学者中，持 1903 年说的，比如傅立民、贺名仑，两位学者在其主编的《中国商业文化大辞典》一书中称，"浙江工商界的第一个商会组织，1903 年在杭州成立"。② 金普森在其《浙江通史》民国卷中，也称"1903 年，杭州工商界第一个新式的统一组织——杭州商务总会成立"。③ 冯筱才持 1906 年说，"杭州商务总会成立于 1906 年，是年 9 月该会奉商部谕立案，以樊介轩为总理，顾少岚为协理，又设议董16 人，业董若干人。并给发关防"。④ 冯筱才根据的是苏州档案馆馆藏的原始档案，应当是比较可信的说法。笔者倾向冯筱才的观点，即杭州商务总会成立时间应在 1906 年，而非 1903 年。还有一则史料可以支持笔者的观点。宁波商会留有石刻碑记史料，上称，"有清末叶，朝廷厉行新政，奖励农商，各行省诸大都会以次设商务会，蕲上下相更始。首起者上海，而吾甬继之"。⑤ 众所周知，清政府于 1904 年颁行《商会简明章程》，其第二条规定，"凡各省各埠，如前经各行众商公立有商业公所及商务公会等名目者，应即遵照现定部章一律改为商会，以规划一。其未立会所之

---

① 程心锦：《旧时代的杭州商会》，浙江省政协文史资料委员会编：《浙江文史集萃》（经济卷下），浙江人民出版社 1998 年版，第 58 页。

② 傅立民、贺名仑主编：《中国商业文化大辞典》，中国发展出版社 1994 年版，第 823 页。

③ 金普森：《浙江通史》（第 11 卷），《民国卷》（上），浙江人民出版社 2005 年版，第117 页。

④ 冯筱才：《近世中国商人的常态与变态：以 1920 年代的杭州总商会为例》，《浙江社会科学》2003 年第 5 期。

⑤ 俞福海：《宁波市志外编》，中华书局 1988 年版，第 863 页。

处，亦即体察商务繁简酌筹举办。至于官立之保商各局，应由各督抚酌量留撤"。① 正是根据这一章程的规定，上海商业会议公所于 1904 年 5 月改称上海商务总会。也就是说，在全国范围内，1904 年之前是不可能有商务总会这一名称的。宁波商会碑文明确表示，宁波是继上海之后成立全国第二家商务总会的。另外，以"杭州商务总会"为关键词全文查阅《申报》，结果显示最早的时间是 1906 年 5 月。具体条数为 1906 年 3 则，1907 年 8 则，1908 年 12 则，数量递增明显。如果杭州商务总会成立于1903 年，作为当时大报的《申报》不可能数年没有一则消息。根据以上三点，可以充分证明杭州商务总会不可能成立于 1903 年，至少也不早于1904 年，而 1906 年可能性更大。

考证杭州商务总会成立时间，当然并非只是为了说明杭州商务总会与其他城市孰先孰后，而是为了说明其背后的问题。即成立时间其实是折射了一个城市商业的重要性及一地商人的团体精神。从杭州商务总会第一任总理及协理身份即可以看出，其组织的设立并非主要出于杭州商人的主动，而更应当是官府的行为。苏州则不然，苏州商务总会的成立，虽然受到抵制美货运动的影响，但是也得益于当地绅商的积极主动，"运动兴起之初，苏州绅商就曾向商部提出设立商务总会的要求"。② 上文已有述及，虽然苏州商务总会 6 位发起人当中，多为士绅，但总能见到商人的影子。天津则更异于杭州和苏州。在由商务公所向商务总会演变的过程中，虽然清政府开明官员产生了积极的作用，然而跟天津商人自身的努力更是密不可分的，1904 年夏秋之交，天津三十余行业的 61 家行董商号向清政府递交呈文中，请求速建商会，"窃闻商会者，众商之会也。惟中国自海禁大开，商埠日辟，番舶互市，利权外溢，非势力整顿，大施培养，不足以联商情而挽颓风"。③ 正是在天津众多绅商的集体努力之下，天津商务总会才得以较早成立。

其二，商会主要领袖及会员的行业类别问题。

显而易见的是，商业必然带有区域性特点，并且这种特点或多或少反映在商会领袖或其会员身上。

杭州总商会领袖及会董类别构成，已如上表所示，除会长从事新式商业外，其余包括副会长及会董，以钱庄业、绸缎业和典当业为主。钱庄是

---

① 伍廷芳：《大清新编法典》，浙江图书馆古籍部藏书，第 113 页。
② 朱英：《辛亥革命与资产阶级》，华中师范大学出版社 2011 年版，第 278 页。
③ 宋美云：《近代天津商会》，天津社会科学院出版社 2002 年版，第 70—71 页。

杭州传统商业门类，而绸缎业则是杭州优势商业门类之一，也是杭州最大的地域特色。杭州商务总会会董构成，充分反映了杭州地方特点。到杭州市商会时期，依然如此，上文在分析 1935 年加入商会会员中，绸缎业、布业和典业占大多数即已说明这一现象。那么，反观天津商务总会情况又如何呢？同时期的天津商务总会，所有 90 名会董当中，买办 5 人，占5.6%；洋布洋货商 15 人，占 16.7%，比重最大；新兴企业家 12 名，占14.4%，比重第二。三者合计占到全部的 36.7%，其他则较为分散。① 与杭州不同，天津以新式商人占会董比重最大，这同样反映了不同于杭州的地域特色。苏州则表现出与杭州类似的特色，根据研究，苏州在商务总会时期，"先后有 5 人出任总理、协理，分别是绸缎业、钱业、典业和珠宝业商董。历届会董、会员中，同样无一买办"。② 同样道理，作为传统商业城市的苏州，绸缎业、钱业及典业都很发达，因此，这三类商人在会董和会员中，所占比重自然最大。

杭州商会在发展过程中，存在着内部领导层之间的明争暗斗，主要表现为不同行业之间的斗争，体现了特殊历史时期的政治特质。

1935 年杭州市商会面临每 3 年一次的全面改选，前执行委员金润泉的位置成为众人觊觎的目标。这个位置的斗争，其实是杭州"商界大业与小业的斗争"，③ 主要在许行彬和程振基之间展开。许行彬，即许祖谦，号行彬。有报纸记载，许行彬做过国会和浙江省议员，并曾任国民政府财政委员会秘书长，在杭州相当有势力，"脾气有些古怪，在官厅看来，也许认为是个不安分的人。本月七日晚上，忽然被公安局捉了去，说是有吸食鸦片嫌疑，现正在依法调验。也有人说，许氏被捕，和杭州商会的选举不无关系"。④ 据程心锦的说法，许行彬有帮会背景，利用其所控制的二三十个中小同业公会，出来争取商会领导权，他的文军师是杭州储丰银行经理张旭人，而程振基是当时建设厅厅长的兄弟，所以得到银钱业的支持。⑤ 许行彬代表的是什货、运输等中小业，以帮会势力作后盾，而程振

---

① 参见宋美云《近代天津商会》，天津社会科学院出版社 2002 年版，第 85 页。

② 朱英：《辛亥革命与资产阶级》，华中师范大学出版社 2011 年版，第 286 页。

③ 程心锦：《旧时代的杭州商会》，浙江省政协文史资料委员会编：《浙江文史集萃》（经济卷下），浙江人民出版社 1998 年版，第 68 页。另：程心锦在此文中将改选时间说成1936 年，有误。

④ 《许行彬在杭被捕》，《立报》1935 年 10 月 17 日第 2 版。

⑤ 程心锦：《旧时代的杭州商会》，浙江省政协文史资料委员会编：《浙江文史集萃》（经济卷下），浙江人民出版社 1998 年版，第 69 页。

基代表的是银钱业等大业，以浙江省党政力量为后盾，背景完全不同。所以，即便有上海帮会大佬"张啸林、杜月笙两先生，都向省政府主席黄绍竑当面讲了，大概不至十分为难"，[①] 但无法改变选举的败局。选举当日，"国民党省党部派代表到会讲话，直接抨击许行彬。选举结果，许行彬只得 100 票，程振基约得 400 票"。[②] 程振基当选为新一届杭州市商会主席委员。在这场斗争中，许行彬代表的其实是中下层商人，程振基代表的是上层商人。因此，许行彬虽得到众多中小商人的拥护，但不敌得到浙江省党部支持的程振基。这体现了政治势力超越社会力量的政治特质。

商会既然"为商人集合团体，而以图谋工商业发展及增进公共之福利为其目的者也"，[③] 则其一切行为之展开，自当围绕商业目的。比如，早在 1906 年杭州商务总会成立时，其工作一般而言便是协助官方办理与商业有关的事宜，如"商人间如有纠纷，诉之官府，则先交商会调解；各业捐税，由商会作保代交；代领牙帖。即居间商所缴纳之捐税"。[④] 由以上诸多工作来看，商会在某种程度上扮演了"联络工商"的作用。从日后的实际情况来看，除了"联络工商"，商会还具有诸如"调查商情""兴商学、开商智""维持市面""受理商事纠纷、保护工商利益"等方面的作用。[⑤]

商会组织在杭州，自 1906 年之杭州商务总会，到杭州总商会，再到杭州市商会，其相关活动，基本沿着以上的逻辑展开。

据对一份杭州市档案馆所藏《杭州市商会、同业公会》较早年份1925 年的档案，有关杭州总商会在此一年中所有函电所作的统计，其中属于商业有关的事情占 63%，其中"请领护照""经办捐税"等实际上是扮演着通官商之邮的作用；"禁止劣币""米粮疏运"与市面维持相关联；处理"商事纠纷"与"代商申诉"实际上也是商业有关。[⑥]

---

① 《许行彬在杭被捕》，《立报》1935 年 10 月 17 日第 2 版。

② 程心锦：《旧时代的杭州商会》，浙江省政协文史资料委员会编：《浙江文史集萃》（经济卷下），浙江人民出版社 1998 年版，第 71 页。

③ 工商部工商访问局编：《商会法、工商同业公会法诠释·序》，1930 年。

④ 程心锦：《旧时代的杭州商会》，浙江省政协文史资料委员会编：《浙江文史集萃》（经济卷下），浙江人民出版社 1998 年版，第 58 页。

⑤ 参见朱英《辛亥革命时期新式商人社团研究》，华中师范大学出版社 2011 年版，第 74—81 页。

⑥ 见冯筱才：《近世中国的常态与变态：以 1920 年代的杭州总商会为例》，《浙江社会科学》2003 年第 1 期中对商会在 1925 年往来函电类型的统计。

在杭州市商会存在的近 40 年中，诸如上述商业行为极为常见。

通过翻阅相关档案资料，即可发现此类活动。如杭州市各同业公会在限期内将物品价格情况上报商会，加强物价评议会组织，并注重进货成本，调查上海及其他各产地来货价格及运费捐税等以为审核依据。① 组织杭州市劳资争议仲裁委员会，以解决劳资纠纷。② 因为战争而市况不佳，代各同业公会请求当局免征一定时期之营业税等。③ 通过以上活动，商会起到了上文所述的"调查商情"和"受理和解决纠纷"等作用。

其他荦荦大者，如 1925 年 6 月 14 日，因为五卅惨案之关系，杭州总商会函电各商号，"提倡国货，挽回利权"，函称："此次沪案发生，商界同人激于义愤，自动抵制仇货。值此时机，正宜力竭提倡国货，藉以挽回利权。凡有可以国货抵贷仇货之用者，其价格万万不可高抬。凡国货之可以谋替代或仿制者，亦当各本良心，平价出售，期广销路而利用户。"④ 1934 年，商会创办"商学社"。商学社其实是一个兴办商业文化、经济和福利事业的综合性机构，其主要事件，一是兴办商业补习学校，"学校创设于 1935 年，首任校长王芗泉，教务主任朱惠清。课程分普通科、专修课。学生多为商店店员"。二是创办《浙江商报》，"1934 年创办，首任社长寿毅成，是代表浙江省和杭州市工商业的一张报纸"。⑤ 可以发现，商学社的领导都是商会中人，而店员学习商业知识，也起到了"兴商学、开商智"的效果。而提倡国货，并号召以平价出售物品，则起到了"联络工商"和"维持市面"的作用。

总而言之，杭州市商会在各个时期，根据实际情形，通过相关活动，与一般商会一样，起到了商会应有的作用，为杭州的商业发展、市面稳定等发挥了积极作用。

二　同业公会的出现、发展及其作用

虽然说作为近代商业组织的同业公会，出现比商会要晚，但与商会一样，同业公会也是随着经济发展模式的改变，以及资本主义工商业发展壮

---

① 杭州市档案馆藏：《杭州市商会、同业公会》档案卷宗，档号：旧 10-002-021。

② 杭州市档案馆藏：《杭州市商会、同业公会》档案卷宗，档号：旧 10-002-032。

③ 杭州市档案馆藏：《杭州市商会、同业公会》档案卷宗，档号：旧 10-002-001。

④ 杭州市工商业联合会（商会）志编纂委员会编：《杭州市工商业联合会（商会）志》，2003 年版，第 13 页。

⑤ 杭州市民建、工商联文史组：《解放前的杭州市商会》，政协杭州市委员会文史资料委员会编：《杭州文史资料》（第 5 辑），1985 年版，第 151 页。

大而产生。一方面，随着商业发展变化，旧式会馆、公所等工商业组织，纷纷向同业公会转变，"这是最为常见、最为重要的一种形式，主要发生在传统行业的同一行业内或相关行业之间"①；另一方面，民国以来，新商业从无到有，从少到多，逐渐壮大。这些新兴的商业门类，直接成立了同业公会。这样，新旧两股势力在新形势下汇流，使得同业公会组织呈勃发之势。

杭州同业公会的产生，也是遵循以上两种方式。

杭州绸业同业公会是由会馆、公所向同业公会转变的典型。

自唐宋以来，由于丝绸业的繁荣，杭州逐渐成为全国丝绸业的中心。同业之间为了便于交流和集会议事，于是兴建"机神庙"作为活动场所。"机神庙"可看作是丝绸业最早的同业组织，起到了同业间交流技术、祭祀和聚会的作用。后来，由于绸业发展，于是有"观成堂"创设。观成堂创设以后，几经颓败和修复，"由宋锡九、金渚仲创议，于宣统元年（1908 年）在头发巷建成观成堂绸业会馆"。②观成堂作为旧式会馆组织，制度之落后导致内部贪污腐败，不能适应行业整体发展需求。1918 年，在纬成公司朱谋先，虎林公司蔡谅友和浙江工校校长许炳堃发起组织下，成立了"改良织物公会"。此外，还有在杭州几家绸庄合力之下，组织成立了"绸业研究会"，1924 年，由程心锦等组织创设"绸业协会"和成立于 1925 年的"生货联合会"。1927 年，国民党在杭州发起商民运动，观成堂绸业会馆和上述四家同业组织合并，成立了"丝绸业商民协会"。经过后来的整理，"至 1931 年改名为绸业同业公会，内设丝织、生货、熟货、门市四部，绸业公会成立时共有会员 109 家，以后又增至 120 余家"。③

清末民初，如火柴、摄影、新闻、银行、律师、保险、火油、轮船公司等新式商业在杭州不断出现。这些新式商业，大都直接遵照专业法令或工商同业公会法令创立同业公会。

如杭州律师业，是全新的新式行业。1912 年 4 月，在多位律师的共同努力下，在杭县召开浙江省辩护士公会成立大会，在大会上，私立浙江

---

① 朱英主编：《中国近代同业公会与当代行业协会》，中国人民大学出版社 2004 年版，第129 页。

② 杭州市档案馆编：《杭州市丝绸业史料》，1996 年版，第 127 页。

③ 陶水木、林素萍：《民国时期杭州丝绸业同业公会的近代化》，《民国档案》2007 年第4 期。

法政专门学校毕业，曾留学日本的金泯澜被选举为会长。民国以后，尤其在 1918 年北洋政府颁布《工商同业公会规则》以后，杭州的律师同业公会更是取得了飞速的发展。

杭州律师公会会员人数及变动情况（1913—1927）

年份 \ 会员	年初会员数	年底会员数
1913	20	35
1914	35	47
1915	47	59
1916	59	53
1917	53	129
1918	129	138
1919	138	142
1920	142	131
1921	131	148
1922	148	175
1923	175	198
1924	198	197
1925	197	201
1926	201	202
1927	202	251

资料来源：杭州市档案馆：《民国时期杭州市政府档案史料汇编（1927—1949）》，武林印刷厂 1990 年版，第 61 页。

由上表可知，杭州律师同业公会，在 1918 年前后与 1927 年前后，发展尤速。这完全符合历史发展的时间逻辑，1918 年 4 月，《工商同业公会规则》颁布，1927 年，国民党开始统治杭州。

1929 年，随着国民政府《工商同业公会法》颁布实施，杭州各类同业公会呈现快速发展之势。据统计，1930 年，杭州市有"同业公会四十三家"。[1] 截至 1932 年，浙江省"工商同业公会达到 1138 个，公会所属之会员数 35240 家，商店会员数 14490 家，公会会员代表数 6202

---

[1]　杭州市档案馆：《民国时期杭州市政府档案史料汇编（1927—1949）》，武林印刷厂 1990 年版，第 61 页。

人，商店会员代表数 14646 人，会员代表总数 20848 人"。① 其中，杭
州市同业公会家数达到近 50 家。1936 年，杭州市公会行业分为 25 个
行业，同业公会达到 106 个。25 个大类行业分别为金融、交通、文化、
饮食、医药、丝绸、纱布、服装、染炼、建筑、木器、五金、燃料、百
货、麻袋、藤竹、电器、旅馆、娱乐、照相、代办、装饰、香箔、旧
货、肥料。② 以上 25 大类的商业同业公会中，其中半数左右属于新式商
业门类，如上述的电器同业公会成立于 1930 年 8 月 31 日，照相同业公
会成立于 1930 年 9 月 1 日。③ 其余半数左右的旧式商业，其中也不乏经
过新技术改进后，作为新式商业代表而组建同业公会。尽管杭州市政府
对于杭州同业公会多有负面看法，如他们认为团体组织不健全，其中
"有因入会费及月费征收过巨，以致同业不愿入会及欠缴会费，引起纠
纷，遂告停顿者；有因私人感情不洽，连累公会者，有因主持人或会内
职员，权限不明或营私舞弊，致遭同业反对者"④ 等原因，造成同业公
会这样或那样的问题。像上文所指会费问题，就是常见现象。同业公会
会费"规定三个月调整一次，常常因为物价高涨而导致所收会费入不敷
出"⑤ 的现象发生。但总体上杭州同业公会在民国以来得到很大发展，
是不争的事实。

　　同业公会起源于会馆和公所，是契合近代商业发展需要的新型商业组
织，是"基于营业上之共同厉害关系，会集讨论，或公订规约，以资相
互维系，盖由公益团体性质，进而及于商业关系。以维持增进同业之公共
利益，及矫正营业之弊害为宗旨"⑥ 的同业组织。由此观之，同业公会职
能主要体现在为本行业谋发展，并维持商业秩序。此外，同业公会"作
为行会的近代继承者，无论是那些直接从旧式行会转化过来的同业公会，
还是新兴的同业公会，都积极参与社会公益事业"。⑦ 与商会类似，同业

---

① 姜卿云编：《浙江新志》，正中书局 1936 年版，第 16—17 页。

② 参见浙江省商业厅商业史编辑室编《浙江当代商业史》，浙江科学技术出版社 1990 年
版，第 15—16 页。

③ 《杭州快信》，《申报》1930 年 8 月 31 日第 13 版。

④ 杭州市档案馆：《民国时期杭州市政府档案史料汇编（1927—1949）》，武林印刷厂
1990 年版，第 61 页。

⑤ 杭州市档案馆藏：《杭州市商会、同业公会》档案卷宗，档号：旧 10-002-004。

⑥ 工商部工商访问局编：《商会法、工商同业公会法诠释》，1930 年版，第 67—70 页。

⑦ 朱英主编：《中国近代同业公会与当代行业协会》，中国人民大学出版社 2004 年版，第
273 页。

公会既负有经济功能，也负有社会功能。前者为法律和事实之需要，后者乃是承继会馆、公所的优良传统。

杭州同业公会，主要在商业上发挥了其应有的作用。如杭州绸业同业公会在力争政府当局减免税收上，就做了大量工作。

1931年，随着厘金制度的取消，政府收入锐减，于是开始设法征收营业税。绸业同业公会闻此讯息，即着手请求政府减低税收比率。1月20日，绸业同业公会致电省政府。电文中，绸业同业公会首先赞扬了政府断然终止厘金制度这一惠商之举，然后分析了绸业近年衰落状况，和绸业商家营业的艰难。对于浙江省政府拟将制定对绸业征收30‰的税率，绸业同业公会据理力争，指出"行政院最近通令，规定营业税大纲，至多不得超过千分之二十，两相比较，已属异等"。① 他们认为浙江省政府之所以制定绸业征收30‰的营业税，是因为政府认为绸业乃是奢侈品。因此，他们又提出了丝绸不是奢侈品的三条理由。电文发出后，江浙绸业代表又赶赴南京请愿，28日，赶赴杭州请愿，要求减低营业税率。杭州绸业同业公会代表"蔡谅友、林兆荣、金兆旭等至浙江财政厅由王厅长接见，经代表说明绸缎业衰落情形，请照准部颁营业税大纲，减为至多不过千分之二十，当蒙王厅长允为签注意见，即可转呈财政部，准予酌量变更"。② 经过绸业同业公会的集体努力，在请求浙江省政府减免营业税的问题上取得了较为满意的结果。

再如杭州市米业同业公会，也曾经于1931年2月15日，"呈请省政府免除营业税"。但由于省政府财政拮据，所以认为米业应当"勉力负担，以裕税收，所请碍难照准"。③ 虽然米业同业公会请浙江省政府取消对米业征收营业税的努力未获许可而遭到失败，但这一事件至少表明米业同业公会的集体意识，以及维护本行业发展的责任感。

在社会公益事业方面，杭州各业同业公会也时有表现。

如杭州著名的绸业公会，于民国初期，曾在观成堂内集中同善堂经费，作为救济杭州市孤寡婴儿的经费来源。同时，又创办绸业观成小学等有利于社会的善举。④

又如，1931年入夏后，中国湖北、湖南、江苏、安徽、江西、浙江

---

① 《绸缎业请求轻税或免税》，《申报》1931年1月20日第13版。

② 《各业公会力争营业税率派代表赴京请愿》，《申报》1931年1月28日第13版。

③ 《杭州快信》，《申报》1931年2月15日第8版。

④ 杭州市档案馆编：《杭州市丝绸业史料》，1996年版，第128页。

等省大雨连月，"江河暴涨，泛滥横溢，平原固成泽国。本市（杭州市）第七、第十二、第十三各区农田多遭淹没，收成无望。而第九、第十两区沿钱江一带沙地，又为洪波冲击，崩陷至一万余亩，庐舍花息，同付波臣，待哺灾民近万人。弥天浩劫，洵为近古以来所未有也"。① 在如此严重的自然灾害面前，单靠政府力量显然不足以应付和解决。因此，时任杭州市市长的赵志游，吁请杭州当地人士，组织杭州市各界急赈水灾筹募委员会，借助社会各界的力量，共同解决灾害，救助灾民。不足一月，即得到社会各界捐款"五万三千七百余元，乃拔三万元分赈鄂湘苏皖赣各省，以五千元赈济本市灾民"。② 以上捐款行动中，杭州各业同业公会积极响应与行动，共募集赈灾款约 14000 余元，这还不包括有名望的商人个人募集之款项。③ 可见，杭州市各业同业公会在这次急赈水灾救助当中出力颇多。

---

① 《杭州市各界急赈水灾筹募委员会征信录·弁言》，1931 年。
② 《杭州市各界急赈水灾筹募委员会征信录·弁言》，1931 年。
③ 参见《杭州市各界急赈水灾筹募委员会征信录》，1931 年，第 7—69 页。

第四章　商业制度、政策与政商关系

1912 年至 1926 年，杭州地方政府虽偶有针对有利于商业发展的相关政策，但尚未有系统制度形成；而 1927 年至 1937 年，杭州市政府根据实际情形，相继制定了各行各业营业规则，随着这些规则施行，基本上形成了一种商业制度，并且在某种程度上实现了政府对商人与商业的引导与管理。此外，杭州地方政府根据某些特定情况，制定有关商业政策，以利商业发展或官商关系和劳资关系的改善，并通过维护市场秩序和市政建设，为商业发展创造条件。在商业领域，政府与商人在冲突中有着良好的合作自觉，这种合作自觉体现了强烈的地域特色。此外，在特殊历史时期，官员个人也在一定程度上影响了商业的发展。

第一节　商业制度与商业管理

1927 年，杭州市政府成立后，即开始注意对市内商业的注册登记与管理工作。与此同时，开始针对不同行业制定法规与规则，以规范其经营，使得商业经营有法可依。所谓商业制度，即是就一系列规则或条例而言。这些法规和规则制定实施，对商业产生了明显与以往历史时期不同的深刻影响。

一　各项法规的制定与执行

商业制度，就大者而言，一般是指中央政府层面针对商业所制定的一系列法律法规，随着这些法律法规的实施，便逐渐形成商业制度，如肇始于晚清的买办制度与后来的币制改革及银行金融制度等。如买办制度，首先，1835 年清政府规定，"外国商馆所需守门、挑水等项人夫，'责成买办代雇，买办责成通事（翻译）保充，通事责成洋商（指行商）保充，层递箝制'"①。然后，是在"19 世纪 60 年代与 70 年代之交，随着中国市场的进一步开放和条约口岸制度的形成，洋行和买办的势力都有迅速增长，由洋行和买办控制的买办商业网已正式形成。第二次鸦片战争结束时，在中国的外国洋行总共约 40 家，而到 1872 年已达 343 家，该年在华洋商总数为 3673 人。从 1872 年到 1892 年的 20 年中，全国洋行数目又由 33 家增加到 579 家。仅上海一地，在 1876 年至 1884 年的八年间，洋行数目由 160 家增加到 245 家，平均每年增加 10 家以上。这样，从洋行外商到买办，再到若干坐商、行商，直到直接生产者和消费者，形成了一个完整的洋货推销网和土产收购网。该商业网以通商口岸为据点渗入广大内地农村，建立起联系紧密的商品流通渠道。买办商业网的形成，标志着买办制度业已在中国正式形成"②。也就是说，所谓买办制度，先是有清政府允许其存在并规定其职责，然后是条约制度形成后，随着形势的进一步发展，买办制度才得以正式形成。

地方政府针对自身特点，在某一个时期制定针对商业的法规规则，这些法规或规则实施后，也在地方层面上形成了一定的商业制度。

1927 年，杭州市政府成立后，认为"工商业为都市命脉，攸关市民经济能力至巨。查杭市工商业素称发达，但近年以来，因受国际帝国主义经济之压迫，渐呈退化，欲谋救济，自非洞悉实际情形不可"③。在这种思想指导下，从 1927 年开始，杭州市政府先后指派相关人员对市内工商业状况进行深度调查，尤其在工厂数目、工人工资、工作时间以及重要商业门类的贸易状况等方面，颇多着力。而后，为了规范本市商业的发展，使商业经营有法可依，根据其调查工商状况结果，杭州市政府相继制定了有关行业的取缔规则，如《杭州市取缔旅店规则》《杭州市取缔菜馆规则》《杭州市取缔茶馆规则》《杭州市取缔采结牌楼规则》《杭州市取缔人力车规则》《杭州市取缔挑埠规则》《杭州市取缔轿埠规则》《杭州市取缔饮食物营业规则》《杭州市取缔中人行规则》《杭州市取缔米业规则》《杭州市取缔广告规则》《杭州市取缔公共娱乐场规则》等。下文以《杭州市取缔旅店规则》和《杭州市取缔茶馆规则》为例，分析说明南京国民政

---

①　梁廷楠：《粤海关志》（第 29 卷），第 32 页。转引自马敏《商人精神的嬗变：辛亥革命前后中国商人观念研究》，华中师范大学出版社 2011 年版，第 34 页。

②　马敏：《商人精神的嬗变：辛亥革命前后中国商人观念研究》，华中师范大学出版社 2011 年版，第 34—35 页。

③　《杭州市六年来之社会》，《市政季刊》1933 年第 1 卷第 1 期。

府时期杭州市商业制度的相关特点。

1912 年以来，杭州旅馆业堪称发达。上文已有所述，随着沪杭铁路的开通，当时杭州城站附近，最早的新式旅馆"清泰旅馆"产生，随后，环湖附近的西湖、金城、新新、蝶来四大饭店，引进宾馆式设施和管理，相继开设，其他还有湖滨、环湖、新泰、清泰第二、华兴等旅馆接连开张。实际上，直至 20 世纪 30 年代，杭州旅馆业中，还有诸如以饭店、客栈和宿店等形式存在者。有鉴于此，1927 年杭州市政府成立时，在翔实调查的基础上，制定了《杭州市取缔旅店规则》。

《杭州市取缔旅店规则》（以下简称规则）总共分为五章，内容为通则、专则和罚则。专则包括旅馆或饭店专则、客栈专则、宿店专则三个部分。通则部分规定了各种形式旅馆必须共同遵守的条款，规定凡是在杭州市内以房屋供旅客住宿，并且以营业赢利为目的的经营者，都在规则的规定对象范围之内。

通则部分内容，概而言之，涵盖了营业前提、调查、改正、经营规范、旅店职责等项。规则规定，杭州市各旅店如欲营业，必须首先书写申请书，并将申请书呈给管辖范围内的警署核查无误后，再由该警署呈报给杭州市公安局核准。杭州市公安局通过核准，发给营业执照后，方可正式开设旅馆，进行营业。申请书的内容则必须包含：旅店主人或其经理人的籍贯、年龄，旅店所在地、旅店牌号及其种类、房间号数、等级，旅店开始营业的日期，伙计姓名、年龄和籍贯。此外还包括营业所用房屋的产权性质，是自己所有还是租赁而来。如果是租赁性质，则还要附上出租人姓名、职业、住址和租金之数目。警署在收到具有上述内容申请书后，开始相关调查核实工作。主要包括三点，如果不实，必须改正，否则不许营业。一是营业用房质量上是否安全，有没有可能造成倾塌或卫生问题的可能性；二是有没有存在火灾隐患的；三是一旦发生突发事件或安全问题需要逃生，旅店有没有提供便捷的安全通道。经营规范方面，规则主要规定了所有旅店的营业，必须无条件杜绝容留匪类、扰乱社会风俗、有伤社会风化行为的发生。一旦发生此类经营行为，并且查有实据，则警署将注销其旅店经营资格。最后，规则规定了旅店负有的职责。主要包括旅店所雇伙计要有担保人；旅店门口显要位置要悬挂牌号，并且夜晚要以灯火替代；旅店大门内必须悬挂醒目牌子，牌子上写明现住房客来自何处、住于第几号房间；房屋的器具，如餐具、被褥等必须随时清洗，以保持洁净与卫生；旅店对于以下行为必须严厉禁止，否则将禁止其营业。这些行为包括：暂时居于旅店的娼妓招引客人或者留宿客人的；旅客召妓到旅店内的；旅客在店内聚众赌博的；夜晚 12 时以后，旅客在旅店内高声唱歌或无故喧哗，导致其他旅客无法安眠的；旅客在旅店内的行为有引起火灾或卫生安全可能性的。此外，规则还规定，如遇有下列情形之一，旅店必须及时呈报相关警署：伙计的增减与更换、旅客有不服必须禁止行为之列的、旅客带有军械及违禁物、旅客携带妇女或幼童有诱拐嫌疑的、旅客形迹可疑的、有外国人到店内住宿的、旅客患有重病或传染病的。[①]

综观以上通则内容，可谓翔实而细密。对安全与卫生的要求，可谓严格。可引起注意的，或者说通则内容中的一个显著特点，是政府对旅店禁止娼妓或旅客召妓等的行为。这显示了国民政府在新的历史时期，对净化社会风气的强烈意愿和政治需求。另外，对于旅店遇有外国人入店住宿需要呈报警署之规定，其目的为何，颇费猜度。以后来者的眼光猜测，之所以有这样的规定，或许是杭州市政府认为杭州是一个国际旅游城市，有外国人到此住宿，警方既要格外注意其安全，又要使该旅店加强卫生等各方面的舒适性，以提高杭州市在国际上的形象。规则里特别作出这一规定，至少可以说明，杭州市政府已经具备了国际性的视野和胸襟，这对杭州市整体商业的发展，具有相当积极的意义。

杭州出产享有盛名的龙井茶，饮茶俨然是杭城民众长期形成的习惯，与此相应，杭州城内茶馆十分普遍。民国时期，"城站初建时，附近成为闹市，有迎宾茶楼，于楼上饮茶，可观看火车之来往，于当时亦为新鲜事。吴山茶室在城隍山，面对钱江，于此饮茶，可凭高眺远，豁人心目"。[②] 根据有关调查，1933 年杭州市内有"大小茶馆 550 家，规模宏大者有新市场的雅园、西园、乐园、一乐天，城站的第一楼、醒狮台、品芳楼、湖墅的曲江楼等"。[③] 鉴于茶馆的重要性，杭州市政府成立后，便制定了《杭州市取缔茶馆规则》（以下简称规则）。

通观规则，除因为茶馆行业性质不同，有特殊规定之外，其余如卫生安全措施、茶馆职责等规定，与《杭州市取缔旅店规则》基本相同。如卫生方面，规定"凡烹茶之水，必须清洁，不得贪图近便用河沟污浊之水；凡茶馆所用茶叶等物，不得以不洁或着色之伪品供客；凡剩水需备水桶容纳，不得于路上或室中随处倾泼"。又如茶馆职责方面，办法规定，"凡开设茶馆者，不得招客抽头聚赌，并不准容留类似赌博之营业，如有

---

① 具体内容参见：《杭州市取缔旅店规则》，《市政月刊》1927 年第 1 卷第 1 期。
② 钟毓龙：《说杭州》，浙江人民出版社 1983 年版，第 613 页。
③ 吕春生：《杭州老字号》，杭州出版社 1998 年版，第 153 页。

混入时，应由馆主或经理人报告就近岗警拘署核办；凡茶馆内设有书场者，不得演唱淫词，尤不准妇女登台弹唱；凡在茶馆内买卖淫书淫画及春药等物品时，无论内外国人均由馆主报告就近岗警拘署核办"。①

不难发现，无论是旅店规则，还是茶馆规则，都对娼妓、淫秽等有伤社会风化的现象，采取了严厉禁止措施。而在茶馆规则中，只要涉及淫秽，无论是本国人还是外国人，一视同仁，稽查核办，体现了杭州市政府严格平等执法，整肃社会风气的坚决态度和良苦用心。

"且夫富，如布帛之有幅焉，为之制度，使无迁也。"② 这里的制度，即含有"制订法规"之意。法规施行，久而久之便形成一种制度。况且，含有"取缔"一词的各项规则，其"取缔"之真正含义，其实就是含有"管理制度"之意。随着诸如国民政府货币制度改革的进行，新币制在杭州的实施，连同其他商业制度一道，在一系列法规实施后，杭州逐渐形成了较为完善的商业制度。

二　商业制度对杭州商业的影响

刘佛丁在论及买办制度时曾说，买办制度"更有利于帝国主义的侵略，是帝国主义经济侵略势力深入中国腹地及广大农村，广泛地吮吸中国人民的膏血"。③ 这句话一方面充分说明了一种商业制度的形成，势必对商业造成某种影响，并使之形成不同于以往的某种特征；另一方面也表明，制度也是客观形势的产物，它对客观形势的作用只是推波助澜，而并不能改变其发展的方向。下文以 1935 年国民政府币制改革为例，说明新币制在杭州产生的过程及对杭州商业产生的影响。

货币制度是商业体系中一个极为重要的制度，其好坏直接影响着经济运行格局。货币制度最根本的问题是何者为本位的问题，即黄金、白银还是纸币。19 世纪 70 年代以来，世界主要资本主义国家相继放弃了通行的银本位制度，而这一制度在中国却一直持续到 1935 年。这种与世界潮流脱节的货币制度，使得中国长期以来币制混乱，严重影响着商品的流通与商业活动的便利性。1935 年，国民政府终于启动币制改革。"以中央、中国、交通三银行所发行之钞票定为法币，所有完粮纳税及一切公私款项之收付，概以法币为限，不得行使现金。"过去的银元及银两不能继续使

---

①　《杭州市取缔茶馆规则》，《市政月刊》1927 年第 1 卷第 1 期。

②　《左传·襄公二十八年》。

③　刘佛丁等：《工商制度志》，上海人民出版社 1998 年版，第 221 页。

用，而代之以纸币。那么，这一新制度在杭州落实情况如何呢？

国民政府财政部颁布币制改革方案后，浙江省政府旋即也颁布了省内的《实施法币办法》，规定，"自廿四年（1935 年）十一月四日起，以中央、中国、交通三行所发行之钞票定为法币，所有完粮纳税及一切公私款项之收付，概以法币为限，不得行使现金，违者全数没收，以防白银之偷漏。如有故存隐匿意图偷漏者，应准照危害民国紧急治罪法处置"。① 这段话是财政部颁布的法币改革法案的原话，浙江省政府原话照录，显示了遵从财政部命令的姿态。办法其他条文还具体规定了浙江省内法币实施的详细措施。为使新老币制过渡顺利，浙江省政府还另外制定了《兑换法币办法》。办法第一条即规定，浙江省内"各地银钱行号商店及其他公共团体或个人，持有银币厂条生银、银锭、银块及其他银类者，应于民国二十四年（1935 年）十一月四日起三个月内，就近交各地兑换机关换取法币。兑换法币机关为中央、中国、交通银行及其分支行或代理处；三银行委托之银行、钱庄、典当、邮政、铁路、轮船、电报各局及其他公共机关或公共团体；各处国地税收机关"。② 杭州市跟省内大多数地方一样，"自浙江省实施法币办法公布后，已近两月，各地经过情形，除温州、绍兴，略有特殊情形外，均属经过良好"。③ 新币制在杭州实施过程中，主要有四个方面的问题。一是对钱业而言。市内各处钱庄，与省内其他地区钱庄一样，原先行用划洋本位的，大多维持原状不变，只是规定法币不得去水为限制条件。以此来看，各处钱庄基本上支持并遵守了新币制制度。二是新旧货币的兑换比率问题。市内某些地方银铜辅币，没有按照财政部规定，即每 1 法币兑换铜元 300 枚，或小洋 12 角规定的价格进行兑换。然而这种情况，在三大行致电杭州市商会及钱业公会，要求各商号务必一致遵守财政部命令后，也基本上得到了解决。三是对一般民众而言。由于长时期使用银两或银元，对新币制尚不能完全了解，或某些民众尚存有银币，而新习惯的形成也需要时间。对此，浙江省政府"特联合浙省商联会转呈财政部，请于浙省通商各埠，或省会，酌设发行准备管理委员会分会，就近集中保管，以坚信仰而释群疑"。④ 四是辅币问题。在杭州市甫经落实币制改革之际，一般市面人心不无疑虑，导致钱市辅币价格波动剧

---

① 《实施法币办法》，《浙江财政月刊》1937 年第 2—3 期。

② 《兑换法币办法》，《浙江财政月刊》1937 年第 2—3 期。

③ 毛肇汉：《杭州市实施新币制之经过》，《交行通信》1936 年第 8 卷第 1 号。

④ 毛肇汉：《杭州市实施新币制之经过》，《交行通信》1936 年第 8 卷第 1 号。

烈。银角价格从 8 折涨到 9.7 折，铜元价格从每 1 元法币兑换 330 枚，缩到 265 枚。在这种情况下，杭州市"商会即召开各同业公会联席会议，遵照财政部规定办法，决定辅币价格，每一法币合铜元三百枚，换小洋十二角，对于兑换准予每一法币征收手续费铜元三枚，当由商会呈报市政府核准备案"。①

总而言之，法币制度在杭州地方政府的推动下得到贯彻实施，其间虽然也产生了某些问题，但基本都能被政府与商人组织所克服。

那么，法币制度对杭州商业产生了何种影响呢？根据一年内法币发行数量的变化状况与物价指数波动比较，可以大概得知法币制度对商业影响的一个侧面。

1935 年 11 月至 1936 年 11 月法币发行额比较表　（单位：千元）

年月	法币发行额	指数
1935 年 11 月	572957	100
1935 年 12 月	671402	118
1936 年 1 月	749340	131
1936 年 2 月	734636	128
1936 年 3 月	783128	141
1936 年 4 月	832612	146
1936 年 5 月	886060	155
1936 年 6 月	947382	168
1936 年 7 月	964158	171
1936 年 8 月	876104	153
1936 年 9 月	1016815	175
1936 年 10 月	1070031	187
1936 年 11 月	1134186	198

资料来源：魏友斐：《币制改革的一周年》，《钱业月报》1936 年第 16 卷第 12 期。

由上表可知，实行新币制的一年里，法币的发行数量几乎翻了一番。那么，在这种情形下，国内的物价变动情况如何呢？据统计，在法币发行的头一年里，上海物价指数若以 1926 年年底为基数，设基数为 100，则 1935 年 11 月为 86.5，1936 年 9 月为 90.1。② 根据两组数据的比较分析，

① 毛肇汉：《杭州市实施新币制之经过》，《交行通信》1936 年第 8 卷第 1 号。
② 魏友斐：《币制改革的一周年》，《钱业月报》1936 年第 16 卷第 12 期。

虽然法币一年里发行量几乎增长了一倍，但物价涨幅不到 5%，相比 1926 年，物价反而呈现下降趋势。事实上，杭州物价在法币实施的一年里，情形与上海也相差无几，"仅布匹、五金、电料、西药等项，约涨百分之五至百分之十不等，其余尚属稳定"。① 从这一点来看，"1935 年的币制改革符合历史趋势，事实上也是成功的，它使中国真正实现了货币统一，结束了长期以来币制混乱的局面，有利于商品流通，使中国不再受世界市场上银价波动的影响"。②

那么新币制对杭州一般商业或金融业产生了何种影响呢？

关于丝绸业和茶业等行业的兴衰起伏，上文已有详细论述，即大体上自 1927 年后均步入衰落，而无论是 1935 年前，还是 1935 年后，丝绸业和茶业均无明显变化，换言之，即没有向好迹象和趋势。其他一般商业部门呢？根据杭州关贸易报告，对于 1934 年杭州工商业是这样描述的："政府鉴于丝业垂危，工商交困，百端筹谋，积极救济"。1935 年，"出口茶叶价值，上年共达 1160 万元，本年落至 1000 万元，一也；纸及其制品，亦由 285802 元降为 215774 元，二也"。到了新币制实施后的 1937 年，"运往通商口岸之土货，上年共值 1230 万元，本年仅有 210 万元，去年相较，跌落之数，竟达 1020 万元之多"。③ 从以上杭州关的描述或提供的贸易数据分析，新币制在杭州实施前后，对于杭州一般商业的艰难困境，并无丝毫作用，商业的困境延续着旧有的逻辑。再者，就金融业而言，"新币制实施以后，本市（杭州市）金融状况，未有若何变动，略与未改革币制前相同"。至于商业之救济，"年来农村衰落，工商凋敝，各业资金，周转为难，杭州市亦同处困境。本省（浙江省）自实施新币制后，救济工商，仍无办法"。④

新币制的实行，对统一杭州货币起到了良好的作用，稳定物价尚算有功。至于商业的兴衰起伏，并未因为新币制和杭州市政府一系列规则、法规施行后所形成的商业制度的实行而有所改变。这进一步说明，制度也是客观形势的产物，它对客观形势只能起到推波助澜的作用，而并不能改变

① 毛肇汉：《杭州市实施新币制之经过》，《交行通信》1936 年第 8 卷第 1 号。

② 刘佛丁：《中国近代工商制度的转变——中西工商制度比较论纲》，《南开经济研究》1995 年第 6 期。

③ 中华人民共和国杭州海关译编：《近代浙江通商口岸经济社会概况——浙海关、瓯海关、杭州关贸易报告集成》，浙江人民出版社 2002 年版，第 828—830 页。

④ 毛肇汉：《杭州市实施新币制之经过》，《交行通信》1936 年第 8 卷第 1 号。

其发展的方向。

三　政府对商业的管理

政府对于商业的管理方式，不同历史时期略有不同。1903 年，清政府设立工商部，后改为农工商部，专门负责管理工商业的经营活动和市场行为，并拟订诸多法律法规，如《商人通律》《公司律》《破产律》等。民国时期，国民政府明确要求所有商业机构均需登记注册，制定一系列单项法规加以保障，并设立了主管登记注册的执行机关。

1927 年开始的杭州市政府执行了中央政府意旨，对商业的管理主要通过商业机构登记注册方式进行，再辅之以临时的，根据形势需要进行的一些管理措施。为了使管理顺利有效进行，杭州市政府首先拟订《修正杭州市工商业登记条例》和《修正杭州市工商业登记条例施行细则》。之后，根据相关规定，设立"杭州市工商业登记处"，制定《杭州市工商业登记处章程》。

1927 年 11 月 16 日，浙江省政府委员会第 44 次会议通过《修正杭州市工商业登记条例》（以下简称条例）。总纲部分明确指出条例制订的宗旨，即"为保障杭州市工商业权利并考查其发展状况"。[①] 条例规定凡是在杭州市区内经营的商业企业，必须登记。其登记对象分别为，制造业或加工业、供给电气、煤气或自来水业、出版业、印刷业、职工业、买卖业、典当业、银行钱庄及兑换金钱等业、赁贷业、承担信托业、旅馆菜馆茶坊酒肆戏馆浴堂游艺场俱乐部等业、保险业、作业或劳务承揽业、运送业、堆栈业等不同类别的行业。以上这些行业基本上涵盖了当时杭州所有商业门类，既有旧商业，也有新商业。在登记程序上，商业企业被要求登记时，得向主管机关出示申请书、公司章程、商号、股东名簿等公司信息。申请书内容应包括，申请人姓名、籍贯和住址、公司商号和牌号信息、营业种类、资本总额以及已缴纳数额、商号设立的日期。条例还对不同资本额的商号收取不同数额的登记费，但"凡资本总额不满伍佰元之小工商业，得免纳登记费，但须具邻近妥实商铺保证书，如有虚伪，除照资本总额实数补缴应纳登记费外，并加二十倍处罚，伪证人依法治罪"。[②] 这既体现了对微小商业的扶持态度，也表明了执法的严格。

为更明确和清晰商业登记的具体对象，规范操作程序，同年，杭州市

① 《修正杭州市工商业登记条例》，《市政月刊》1927 年第 1 卷第 1 期。

② 《修正杭州市工商业登记条例》，《市政月刊》1927 年第 1 卷第 1 期。

政府制定并实施《修正杭州市工商业登记条例施行细则》 （以下简称细则）。

细则规定杭州市的商业登记自1927年12月10日开始，在《修正杭州市工商业登记条例》中所规定的十六大商业门类下，各自详细说明了不同商业门类的组成部分。如制造业，即规定"凡用器械或人工自行制造物品整卖零售为业者均属之；加工业，凡用器械或人工将已成物品再加工制作为业者均属之"，又如职工业，"凡以技能、艺术或劳力设置场所，承应各种顾客之需要，或代人承摄照相者属之"。① 此外，细则还对那些市内外设有分店的商号登记规范作了明确规定，"本店设在市区之外而于市区之内设有支店；或支店设在市区之外，而本店设在市区之内者，得依其设在市区内之店所置资产及运用之资本数，核计其资本总额，缴纳登记费"。② 总而言之，细则从各个方面补充说明了《修正杭州市工商业登记条例》中的相关内容，杭州市商业登记的工作得以顺利展开。

在登记条例和其施行细则完备之后，杭州市工商业登记处（以下简称登记处）也根据登记条例规定开始设立。登记处设立后，为便于开展各项工作，还曾经在市内繁华地段设有临时派出所。登记处内部组织简单，共分为五股，第一股负责文卷事宜，第二股负责各项收支事宜，第三股负责发给空白申请书，并接收申请书和审核调查事宜，第四股负责登记和公告等事宜，第五股负责登记证条和附属文件等事宜。登记处设有主任1人，由杭州市政府第四科科长兼任，直接对市长负责；另设事务员5人，书记若干人，由市长分别任用，对主任直接负责。从以上登记处的组织人事架构来看，还是比较精简的，由市长直接指挥，也收到了相当的指臂之效。

1927年12月间，"为求明了各工厂商店实在状况，同时使其取得法律上的保障，拟订杭州市工商业登记条例及施行细则，呈准省政府开始举行工商业登记，至二十年（1931年）八月底，工厂登记者，一百二十四家；商店登记者，九千二百五十六家"。③ 可见，随着登记条例、施行细则订定并实施，登记处设立后，即陆续开展了登记工作，成绩显著，这为摸清杭州市的商业情况，有效管理其营业行为，提供了切实保障。

---

① 《修正杭州市工商业登记条例施行细则》，《市政月刊》1927年第1卷第1期。

② 《修正杭州市工商业登记条例施行细则》，《市政月刊》1927年第1卷第1期。

③ 吴崤：《十年来之社会》，杭州市档案馆：《民国时期杭州市政府档案史料汇编（1927—1949）》，武林印刷厂1990年版，第52页。

　　除了制订相关条例、设立登记处进行商业登记之外，杭州市政府对于市内商业的管理，在不同时期根据具体情势，还有诸多针对性措施。下文以杭州市政府对于大米市场采取的有关管理措施加以述评。

　　大米是民生的最基本要素，其行业发展的重要性不言而喻，而其价格的波动，更是牵涉全体市民的生活安全，甚至关乎社会秩序与稳定。

　　杭州市湖墅区有一个自清以来便极为有名的米行，谓之"湖墅米行"，得运河之便，大米交易大都在此地进行。20 世纪 30 年代初以来，湖墅米行商情不佳，营业趋于清淡，据调查，1932 年其中的一个月，"米行闭歇者，远半数以上"。① 考察个中原因，与该行业中某些商人的投机取巧，缺乏商业信用不无关系。然而导致湖墅米行趋于衰落的主因，恐怕还是与社会局势有关。因为杭州市的食粮，本市自产数量甚微，基本上依靠外地输入。其来源，由江苏和安徽两省输入大约占 60% 以上，剩下主要来自省内其他县市及湖南、江西等省，极少数由国外输入。因此，社会动荡必然导致粮食来源不稳定。杭州市政府为"维护商业及顾全民食起见，在该业同行规约未经本府（杭州市政府）修正以前，特订定杭州市整顿米行业办法七条，布告各米行业遵照"。② 借以尽量降低客观因素导致的粮食危机。

　　大米始终是困扰杭州市安全的重大问题之一。早在 1927 年杭州市政府甫经成立之际，即注意到粮食问题。回顾 1927 年以前的杭州米业，由于缺乏政府的监督与管理，米价波动很大，遇到大米来源减少，则米商往往大肆抬高价格，造成市民生活困难。有鉴于此，1927 年杭州市政府成立后，组织成立了"粮食评议会"。这是一个以杭州市政府与国民党杭州市党部为主导，并邀请杭州市商会、杭州市公安局、杭州市米业商民协会以及该会各区米业代表共同组成的米业监督组织。评议会的主要功能为，"一、筹济民食；二、持平米价；三、检定斗升；四、整齐米档；五、关于其他粮食事项"。③ 为进一步规范米商行为，防止个别米商操纵米价，危害粮食安全，1929 年，杭州市政府根据浙江省民政厅颁布的取缔米商操纵办法，组织"米价评议会"。与"粮食评议会"类似，"米价评议会"也是由杭州市党政机关和一批米商代表组织而成，并以杭州市政府

---

①　《整顿米行业》，《市政季刊》1933 年第 1 卷第 4 期。

②　《整顿米行业》，《市政季刊》1933 年第 1 卷第 4 期。

③　吴崚：《十年来之社会》，杭州市档案馆：《民国时期杭州市政府档案史料汇编（1927—1949）》，武林印刷厂 1990 年版，第 57 页。

有关官员为主席。米价评议会"每逢星期三开会一次，凡米商要求增价时，须开明进价水脚、袋皮、捐税、每石单位数目，连同米商采办各项单据，提交该会，逐一审查无误，方准酌加，其所加之数，并报由本府（杭州市政府）转报民政建设两厅备查"。①

通过以上诸多措施，杭州市政府为维护米价稳定，以达到纾民困的目标，也可以说是尽了很大努力。那么，这些措施落实之后，其效果究竟如何呢？通过历史纵向的米价比较，可以略窥杭州市政府控制米价的成效。

根据相关统计，杭州大米价格，自1912年至1931年间，全年均价最低为5.5元，出现在1918年，最高为13.39元，出现在1930年。在这约20年的时间里，杭州大米价格呈现逐年抬高之势，如1912年全年均价为7.1元，1931年上升到11.48元。② 这种趋势自1927年，尤其在1929年杭州市"米价评议会"组织成立后，有何变化呢？

1927 年至 1936 年杭州市米价统计表　　　（单位：元）

年＼月	1月	2月	3月	4月	5月	6月	7月	8月	9月	10月	11月	12月	全年均价
1927	12.7	12.0	13.0	13.3	13.0	13.4	13.6	12.7	12.1	10.0	9.8	9.6	13.18
1928	9.7	10.3	10.6	10.4	10.1	9.9	9.9	9.3	8.9	9.9	10.6	10.9	10.03
1929	11.0	11.07	11.32	10.84	11.15	11.73	12.07	12.37	12.8	13.37	13.2	13.55	11.9
1930	14.05	14.2	14.5	15.0	15.3	15.5	15.1	12.9	12.4	9.85	10.55	10.6	13.39
1931	10.9	11.0	10.9	11.17	10.8	11.0	11.80	12.0	13.2	12.1	12	12.4	11.48
1932	12.22	12.0	12.4	12.2	12.4	12.4	11.5	12.4	8.66	7.6	7.25	10.82
1933	8.1	8.9	8.6	7.3	7.3	7.6	7.5	7.8	7.4	7.5	7.4	7.2	7.73
1934	7.25	7.25	7.25	7.33	8.24	7.47	9.01	10.18	11.03	10.98	11.33	11.52	9.07
1935	11.4	11.41	11.27	11.03	11.35	10.48	9.49	8.97	8.9	9.4	9.5	11.28	10.37
1936	9.5	9.7	10.47	10.62	10.37	10.37	9.76	9.02	9.02	9.34	9.7	10.45	9.93

资料来源：吴峥：《十年来之社会》，杭州市档案馆：《民国时期杭州市政府档案史料汇编（1927—1949）》，武林印刷厂1990年版，第66页。

由上表数字可知，自1929年杭州市米价评议会成立后，杭州市大米价格并未立即下降。在1929年和1930年，甚至出现一定上涨的势头，米

---

① 吴峥：《十年来之社会》，杭州市档案馆：《民国时期杭州市政府档案史料汇编（1927—1949）》，武林印刷厂1990年版，第57页。

② 建设委员会调查浙江经济所编：《杭州市经济调查》，1932年，第915页。

价由 1928 年全年均价 10. 03 元分别上涨到 11. 9 元和 13. 39 元，其上涨幅度均超越 10%。1930 年个别月份，如 5 月份和 6 月份，价格甚至打破自 1912 年以来纪录，达到 15. 3 元和 15. 5 元。这种不断上涨的趋势从 1931 年开始得到遏制，初现杭州市政府调控和管理米价的成效。1931 年，杭州市大米全年均价从 1930 年的 13. 39 元高价，回落到 11. 48 元，回落幅度颇大。其后年份虽有波动，却能基本保持平稳而略降，1933 年甚至降到了 7. 73 元的历史低位。由此看来，杭州市的米价，虽然在某些年份受制于客观形势，即便政府控制，效果也不明显，但从长期趋势看，杭州市政府一系列控制米价的措施，还是收到了良好的效果。由此也可以获知，杭州市政府管理市内商业状况之一斑。

第二节　商业政策的变化

1912 年，浙江军政府成立，即公布《浙江军政府都督公布施行案第一号》，规定人民享有 "营业之自由"①。此后，军政府陆续采取了一些有利于商业发展的措施。1927 年杭州市政府成立后，根据杭州市商业情形和财政情况，商业政策的变动主要表现在捐税上。此外，因为商业的不断衰落，杭州市政府也有一些旨在促进商业发展的具体措施。

一　税收政策的变动

1912 年浙江军政府成立后，在商业经济领域，以法令的形式，通过了一些调节税收的政策。杭州作为军政府所在地，自然成为这些政策首行之区。

浙江军政府首先通过《浙省地丁征收法议决案》，规定地丁征收方式，"向照市价征银者，比照全省最少之数，改征银元"。② 按照全省最少之数征收，体现了浙江军政府有别于晚清政府而实行轻税政策，以发展经济的宗旨。同年，军政府通过《统捐暂行法议决案》，议决案规定省内各府所在地设立一所统捐局而直接对财政司负责，各府统捐局还应当设立统捐分局。关于税收征收，则规定 "本省货物之运销，不论道路远近，均于第一次经过之统捐局或统捐分局，按照应科捐额一次收足。外省货物运

---

① 《浙江军政府都督公布施行案第一号》，《浙江军政府公报》1912 年第 1 期。
② 《浙江军政府都督公布施行案第二十号》，《浙江军政府公报》1912 年第 8 期。

入本省地界者亦同"。① 除此之外，军政府还制定了一些有关税收的法令。总体而言，1912 年至 1926 年间，杭州各种商业税率相对较轻，这为杭州商业的发展提供了较为宽松的经营环境，杭州商业在这一时期因而得到了较好的发展，呈现出持续繁荣景象。

1927 年市政府成立后，杭州税收政策出现较大变动。首先是税种的变化。1912 年至 1926 年间，杭州税捐计有店屋捐、车牌捐、茶馆捐、菜馆捐、旅馆捐、戏馆捐、猪肉捐、羊肉捐、牛肉捐等。1927 年开始，杭州市政府实施的捐税种类，有了较多增加。除基本保有以上捐税种类外，逐渐增加了筵席捐、采结捐、自用人力车捐、住屋捐、电灯附捐、自用脚踏车捐、机器脚踏车捐、地丁附捐、经懴捐、广告捐、清洁捐（即卫生捐）、置产捐。

由以上增加的捐税种类分析，有些诚然是因为商业和社会发展，商业种类增加，导致捐税种类的自然增加，也是无可非议，如广告捐、电灯捐及各种脚踏车捐等。然而，有些捐税是在原有商业形态上直接增加，如筵席捐、采结捐和经懴捐等。从这种角度看，1927 年以后，随着杭州捐税税种的扩大，杭州商民的负担也有不少增加。

杭州税收政策的第二个变动，体现在捐税的征收方式上。

1927 年以前，杭州各项捐税，大体均由浙江省警察厅、浙江省工程局等机关单位负责，其他一些零星税种的征收，则或由公安局负责，或由当时的杭县公署负责，征收机关并不统一。杭州市政府成立后，征收方式"采用统收统支办法，所有向由市公安局（即前省会警察厅），及杭县政府（即前杭县公署）征收之各项捐税，其性质属于市者，均应划交市财政局接办"。② 很明显，1927 年前，因为捐税种类较少，政府机构设置亦不完善，即便征收捐税的机关不统一，也尚不构成对捐税征收的障碍。1927 年杭州市政府成立，政府规模随之扩大，设置也进一步完善，加之捐税种类的增加，捐税征收机构也随之统一。这既是"统一"的需求，也是征税科学化的表征。

杭州税收政策的第三个变动，表现在税率的上涨。

按照财政经济相关理论，税率增长其中的一个原因是"视政费需要之多寡，而伸缩其税率"。③ 上文已有所述，1927 年前，杭州各方面的税

---

① 《浙江军政府都督公布施行案第二十一号》，《浙江军政府公报》1912 年第 8 期。

② 镜澄：《杭州市十年来之财政报告》，《浙江财政月刊》1937 年第 10 卷第 6 期。

③ 傅文楷：《中国之商业政策》，《钱业月报》1925 年第 5 卷第 11 期。

率相对较轻。那么，1927 年后，杭州各种税率为何上升了呢？其中一个原因是杭州市政府财政经费紧张与逐渐入不敷出。据统计，杭州市政府 1927 年至 1930 年四年间，财政收支相抵后，略有结余。如 1927 年收入 542171.61 元，支出 525636.33 元，全年结余 16535.28 元；1928 年收入 899908.09 元，支出 757725.89 元，全年结余 142182.20 元；1929 年收入 1178995.94 元，支出 95421752 元，全年结余 224778.42 元；1930 年收入 1190386.33 元，支出 1124933.98 元，全年结余 65452.35 元。然而从 1931 年开始，杭州市财政由盈余一变而为赤字。1931 年收入 1006811.27 元，支出 1088040.13 元，全年赤字 81228.86 元；1932 年收入 1076802.17 元，支出 1249287.76 元，全年赤字 172485.59 元；1933 年收入 1343493.85 元，支出 1454373.70 元，全年赤字 110879.85 元。在 1934 年较 1933 年收入和支出均呈现增长的同时，全年财政略有结余；1935 年收入 1592776.03 元，支出 1698343.70 元，实际也是呈现财政赤字的状态。[①]

以上各年度杭州市财政收入与支出相关数据有两个特点。其一，自 1927 年开始，杭州市政府的财政支出，基本上呈逐年增长之势。当然，随着支出的增长，收入也不得不相应增长；其二，1927 年至 1930 年及 1934 年财政略有结余外，其余年份均呈赤字状态。换言之，杭州市政府财政上经常处于入不敷出的困窘之境。

财政收入的增长，一方面来自捐税种类的扩大，另一方面则来自税率的提高。

1927 年至 1932 年杭州市政府各项捐税收入情况　　　（单位：元）

时间	房屋捐	奢侈品营业捐	车牌捐	杂捐
1927 年	96895	39869	76103	16612
1928 年	398703	102572	135173	35977
1929 年	443008	109626	151724	35170
1930 年	479593	103862	159033	29430
1931 年	473263	86632	169351	30443
1932 年	538200	107472	175200	32400

资料来源：任振泰：《杭州市志》（第 5 卷），中华书局 1997 年版，第 26 页。

上表数据表明，自 1927 年开始，至 1932 年六年间，杭州市政府各项捐税收入，虽略有起伏，但总体上呈现明显的增长之势。尤其是最主要的

---

① 参看镜澄：《杭州市十年来之财政报告》，《浙江财政月刊》1937 年第 10 卷第 6 期。

房屋捐一项，增长更为显著，六年间增长了 4.5 倍左右。这组数据与上述财政开支数据逐年增长相比较，正可以得出税率的增长"视政费需要之多寡而伸缩"的道理。

总而言之，1927 年至 1937 年，杭州的税收，无论是种类还是税率，均较 1912 年至 1926 年期间明显扩大和增长。这也从一个侧面印证了前者商业何以衰退，而后者商业得以繁荣的税收原因。

二　促进商业发展的措施

1912 年至 1926 年期间，政府主要是通过一系列法律条文，减免或降低税收，促进杭州商业的发展。

浙江军政府成立后，有关商业方面，相继出台了一批法律法规，如《暂行商律施行法议决案》《暂行破产律施行法议决案》和统捐法，继而兴办浙江高等工业学校、中等商业学校、中等蚕桑学校、中等农业学校等实业学校和各类传艺所，以培养实业人才，达到推广工商技艺之目的。如在《暂行商律施行法议决案》中规定，"凡设立公司，务须将创办公司之合同、规条、章程等在总号所在地登记，并呈报本省民政司存案，设分号时亦应登记呈报"。[①]这就为商业的合法经营和取得相应地位提供了法律保障。而所谓统捐法，即是上文提及的《统捐暂行法议决案》，是浙江军政府为规范捐税征收而制定的法规。应当说，浙江军政府期间，杭州的各种捐税，无论是相对于晚清政府还是后来的南京国民政府，都要来得低。据杭州关统计，1912 年至 1921 年十年间，杭州关关税课数呈明显下降之势。"据海关记载，最高的是 1912 年的 544823 海关两；最低者为 1920 年，计达 174364 海关两。真实的最大缩减项目是在出口税，而从进口税的下降百分比看似乎较大。"关税更低年份还在以后，"以民国 14 年（1925 年）为最少，计仅关平银 171755 两，而民国 19 年（1930 年）为最多，共有 333748 两"。[②]可见，1912 年至 1926 年期间，政府为发展商业，一方面通过制定商业法规，肯定和提高了商业和商人的地位，另一方面又通过降低税收，直接促进了杭州商业的发展。

1927 开始，考察杭州市政府有关促进市内商业发展的措施，大体上可以分为临时的权宜举措和规模庞大的战略性举措。前者主要体现在临时

---

① 《暂行商律施行法议决案》，《浙江公报》1912 年第 122 期。

② 中华人民共和国杭州海关译编：《近代浙江通商口岸经济社会概况——浙海关、瓯海关、杭州关贸易报告集成》，浙江人民出版社 2002 年版，第 688—709 页。

减免捐税，后者则主要是举行西湖博览会和杭州国货运动周，下文分别加以简要论述。

南京国民政府时期，杭州市捐税税率逐渐提高。因此，1927 年以后，杭州商界屡有呈请政府减免相关捐税的呼声，尤其是在商业不振之时。比如 1929 年，由于杭州丝绸业严重衰退，商界倍感困难，由杭州市政府有关机关组织召开了救济绸业会议，讨论绸业丝织部提出的一系列为改善绸业经营环境的申请。其中关于捐税问题，商界所提大致有"应请政府准将绸货出口捐，全数豁免三年，并将进口之人造丝捐，照现时改定之率，再减一半。以及其他进口之天然丝捐，一律同样办理；应请政府转呈财政部，援照上海丝厂贷款成例，准予拨借免息关款五百万元，藉资接济"。对于以上商界所请，杭州市政府表示，"由建设厅市政府代表转达政府，竭力援助"。① 虽然并无相关史料证明杭州市政府对商界之困难采"竭力援助"之承诺的最终兑现程度，但"竭力援助"四字表明，政府已然明了商界经营的严峻情形，也势必在某种程度上能够兑现其对商界的承诺。历史考察表明，政府的这种临时性减免商界捐税措施比较常见，尤其对杭州最重要的商业部门丝绸业而言。

再比如 1932 年，面对杭州市场上洋货充斥，国货难张，杭州市场因洋烟而导致每年 2 万元以上漏卮的不利局面，杭州中华国货卷烟维持会向浙江省建设厅表示，国货欲挽回利权，一方面固然要本市商人的努力，宣传本土货物；另一方面也要向国人宣传，拒用洋货。实际上，以往杭州中华国货卷烟维持会为达到宣传市民用本土卷烟而拒绝洋烟的目的，其广告宣传捐税均受到政府免除的优待。因此维持会一边对此表示感谢，"幸本会进行以来，对于布置标语广告等事，赖政府之免捐保护"。而后进一步提出要求，"兹为唤醒民众之注意起见，拟在钱江义渡船上及杭江路列车内，布置劝用国货之珐琅标语若干块，俾往来旅客，得资警惕。仰祈钧厅俯鉴本会提倡国货之微衷，赐即转令公路局及杭江路办事处准予免费照办"。建设厅在接到呈请后，"特令饬该路局及办事处妥议"。② 由此则史料可知，杭州中华国货卷烟维持会在向市民宣传本土卷烟的过程中，其广告捐税一般享有免除优待，由此亦可见政府对于杭州商业发展的支持。

在杭州商业困难时期，杭州市政府分别举办西湖博览会和国货运动周，大力度、大规模地支持杭州商业的发展。

---

① 《杭州各机关救济绸业会议》，《工商半月刊》1929 年第 1 卷第 6 期。

② 《饬议国货广告免费》，《浙江省建设月刊》1932 年第 5 卷第 8 期。

进入近代以来，博览会得到世界多数国家的重视，依靠博览会或以资纪念或发展商业。在中国历史上，西湖博览会是第一个真正以博览会命名且具有博览会气势和实质的大型商业活动。

从时人的议论和有关报告中，可以得知举办西湖博览会的宗旨所在。如"西湖博览会徐徐启幕于西子湖滨，以纪念革命而发扬文化，改进工商业"。① 认为西湖博览会的举行，一是为了纪念孙中山领导的辛亥革命，二是为了发展工商业。还有人认为，"年来提倡国货之举，已不止一次矣。而规模之大，首推现在开幕期内之杭州西湖博览会，其最大之目的，在提倡国货"。② 其观点认为，西湖博览会的主要目的在于振兴国货，以发展商业。还有人认为，"西湖博览会之使命，泛言之，人尽知，系振兴国产，促进民智"。③ 主办方政府则罗列了举办西湖博览会的五大目的，"其一，兵战场要塞，商战场市场。诚宜及时开设博览会，以陈列而资观摩。因比较而生竞争，促物产之改良，谋实业之发达；其二，（国货）销路尽为（外人）所夺，应自开博览会，以为各省之先导，图事后之挽救；其三，若开设博览会，则所有名产既可介绍于世人，而停闭之商厂，失业之工人，亦可因以逐渐恢复，推销国货，救济工商，均赖之；其四，是博览会因西湖而发达，必无疑义。且开会期间，参观者遐迩毕集，举凡舟车之供，居食之需，无一非仰赖于本地，不特大商巨贾得藉以畅销货品，即下至贩夫走卒，亦无不共沾其惠，于本省经济裨益尤多；其五，吾党革命自清季以迄民国，达40余年之久，今者赖总理在天之灵，同志奋斗之力，北伐完成，民庆来苏，此亘古未有之伟绩，自不可不有以纪念之"。④ 综上所述，无论是当时名流所言，还是官方所载，除了纪念辛亥革命这一政治口号外，举办西湖博览会的真正宗旨无非是振兴本国商业，政府认为这一举措"于本省经济裨益尤多"，而作为浙江首府的杭州来说，得益尤多，这也是杭州地方政府举办西湖博览会的积极性所在。

为了使西湖博览会的各项工作顺利开展，浙江省建设厅主持制定《西湖博览会筹备委员会章程》《西湖博览会章程》及一系列专门的章程和规程。《西湖博览会筹备委员会章程》规定举办西湖博览会的宗旨和委员会组成人选，"浙江省政府为奖励实业，振兴国产起见，开博览会于杭

① 受百：《从商业的立场上观察西湖博览会》，《商业月报》1929年第9卷第8号。
② 宇苍：《谈西湖博览会之效用》，《钱业月报》1929年第9卷第6—7期。
③ 王宪煦：《西湖博览会之鸟瞰》，《商业月报》1929年第9卷第8号。
④ 《筹设西湖博览会议案》，《浙江建设厅月刊》1928年第18—19期。

州西湖，先设筹备委员会筹备一切进行事宜；本委员会由省政府聘任委员若干人组织之，并以建设厅厅长为当然委员兼主席，综理本委员会一切事务"。①《西湖博览会章程》规定其组织架构，由参议部、执行部组成，执行部又由四股组成，分别是总务股、陈列股、场务股、交际股。此外，章程还规定了各股的具体职责。②

西湖博览会原定于 1929 年 3 月 1 日正式开始，于 6 月 30 日结束，为时 4 个月。实际正式开始于 6 月 6 日，结束于 10 月 10 日，整个博览会时长，由于参展厂商的踊跃与与会人数的高涨，不得不略加延长。博览会参展商品以国货为限，并由筹备委员会函请各省、市商业团体和厂号征集参加会议。博览会会场，是利用西湖一带的公共场所和祠宇，如昭庆寺、苏东坡和白居易的祠堂、西湖公园、图书馆、平湖秋月、放鹤亭、西泠印社、岳王庙等处。博览会一共设有 8 个场馆，各馆之间因为特定的建筑彼此相互联络。

从某种程度上说，西湖博览会的举办比较成功，对于杭州尤其如此。"因为西湖博览会的举行，促成了沪杭公路的完成，也促成了京杭国道与浙赣铁路的兴建。"③ 而公路与铁路的兴建，无论是对杭州商业或社会发展，都将起到莫大的作用。当时有人这样描述西湖的热闹场景，"金碧楼台炫夕阳，尽教西子作浓妆。英雄毕竟输儿女，秋女坟边粉黛场"。④ 西湖博览会盛况于此可见一斑。据统计，自 1929 年 6 月 6 日西湖博览会开幕，到 10 月 11 日闭幕⑤，西湖博览会"所有各馆所陈列各出品，逐日参观者，为数甚多，统计竟达二千余万人"。⑥ 4 个月左右时间里，仅参观人数就达到 2000 余万。如此众多的人群到杭州，这对杭州诸如旅游业、旅馆业及餐饮业，都是一个极大的提振。西湖博览会的举行，对杭州旅游业的促进作用明显，杭州因为举办了这次西湖博览会而更加名扬国外，比如，"博览会经美、日等国记者报道后，国外亦闻西湖之名。美国大发明家爱迪生，于次年以八十三高龄远涉重洋，来杭州参观，并在大礼堂作题

---

① 《西湖博览会筹备委员会章程》，《浙江建设厅月刊》1928 年第 18—19 期。

② 《西湖博览会章程》，《浙江建设厅月刊》1928 年第 18—19 期。

③ 阮毅成：《三句不离本杭》，杭州出版社 2001 年版，第 106 页。

④ 谢仁愈：《旅行杂感·西湖博览会会场》，杭州基督教公益社青年励进会：《绿萍》，1929 年。

⑤ 原定于 10 月 10 日闭幕，因与国庆日相重，故延迟 1 日。

⑥ 《西湖博览会日刊》1929 年 10 月 12 日第 2 版。

为《天生万物皆有用》之演说，是为西湖博览会之余响"。① 不仅如此，作为博览会东道主的杭州，自然不会放过重点扶持杭州本土商业的机会。在一共所列的 8 个展览馆中，其中单独列有"丝绸馆"，丝绸为杭州商业最大宗，而"丝绸馆"馆长即为杭州纬成公司创办人朱谋先。整个丝绸馆设有丝茧部、绸缎部、服饰部、统计部和特别陈列室。在特别陈列室里，有杭州绸业陈列室、纬成公司陈列室、都锦生陈列室、天章厂陈列室、袁震和厂陈列室、震旦厂陈列室、虎林公司陈列室，占据整个陈列室来自全国有关丝绸业商业公司的半数以上。② 上文已有研究显示，杭州丝绸业自 1927 年不断下降，但 1930 年保持平衡或略有回升，或许与这次博览会有一定关联。当然，西湖博览会并不能从根本上解救杭州的商业危机与困境，各行各业，自 1931 年开始，又呈现不断下滑的趋势。

国货运动周是政府促进杭州商业发展的另一个较大规模的措施。

近代以来，在中国迫不得已逐渐融入世界的过程中，商业遭受巨大冲击，中国商品销售因此趋于低落。面对这种局势，有识之士不断发出呼声，要求政府制定保护本土商品的政策和措施。杭州市国货运动周，正是在这种背景下展开的。再者，杭州市政府鉴于上海与南京等地举行国货运动周在前，且效果不错，因此也开始在杭州举行此项活动，希望借以"提倡国货，挽回利权，抵御舶来，改良品质"，并认为，"在工商方面，既可得互相观摩之效益；在民众方面，复足以唤起热烈之同情，收效之宏，莫此为甚。亟应广为推行，俾资普遍，庶全国商民，对于提倡国货，俱得真实之认识"。③

杭州市国货运动周，按原计划本当在 1928 年 10 月左右举行，杭州市政府为此征询了工商界有关人士。工商界普遍认为，杭州市在 1928 年 7 月间曾经举行了国货流动展览会，筹备也达到 3 个月之久，但是展品多不完备，缺点也不少。杭州市政府为此多次召开会议，商讨对策，吸纳工商界的意见，定于在西湖博览会开幕后举行杭州市国货运动周。

1929 年 6 月 26 日，杭州市政府召集工商界各团体，召开杭州市国货运动筹备会成立大会。出席者众多，计有西湖博览会、杭州总商会、杭州市商民协会、杭州市城北商会、沪杭国货工厂联合会及各机关各团体代表 20 余人参加了会议。会议推定当时任杭州市政府社会科科长的吴峣担任

① 钟毓龙：《说杭州》，浙江古籍出版社 2016 年版，第 186 页。
② 参见凌独见《西湖博览会纪》，《商业杂志》1929 年第 12 期。
③ 《杭州市国货运动周筹备经过》，《市政月刊》1929 年第 2 卷第 8 期。

大会主席，杭州市国货运动周筹备处于是宣告成立。会议讨论形成了一些决议，主要有，"杭州市各业，均须参加国货运动，由杭州总商会、杭州市商民协会，分头劝导加入；筹备处设主任一人，推定市政府担任，副主任二人，推定上海国货工厂联合会与杭州总商会分担；筹备处分为总务科、宣传科、编纂科和布置科四科"。[①] 会后，筹备处还邀请了浙江省国民救国会、杭州学生联合会、杭州新闻记者联合会、国货陈列馆、绸业会馆、丝业会馆、茶漆业分会等团体加入一起筹备。筹备处成立后，召开了数次筹备会，并商定了一些决策，主要有"呈请省政府，减轻丝织品出口税；呈请省政府，在最短时间内，创设丝绸研究所，举凡货品原料，洋绸研究，以资改良；呈请中央暨本省政府，对于丝绸税率，应从权宜，酌量减免，以利进行；呈请中央通饬海关，对于舶来品之羽毛织物及植物纤维质之织物等，课以重税，藉保利权，而维国货"。[②] 从以上筹备会所关心的议案来看，大多数是针对杭州最主要商品丝绸展开。另外，要求政府降低国货捐税并增加洋货捐税，显示了筹备会维持国货的决心和努力方向。

在国货运动周内，杭州市政府组织相关团体，逐日进行为数众多的活动，以增进本土商品的影响力。比如，7月1日，先举行了开幕礼，有省政府、省党部、民政厅、财政厅、建设厅、西湖博览会、杭州市政府、沪杭国货工厂联合会、浙江国货陈列馆、浙江大学、浙江高等法院、杭州总商会、杭州商民协会、丝绸茶布业等代表120多人参加，影响可谓大矣。当天下午，组织汽车游行队，穿越整个杭州市区，有汽车15辆，进行相关国货宣传。7月2日，在杭州市内分设2处，进行国货展览。7月3日，上午国货展览，下午组织学生进行国货讲演。7月4日上午继续国货展览，下午进行丝绸业讨论会。7月5日，市内两处国货展览，参观人数众多，下午举行各业讨论会。7月6日，上午继续举行国货展览会，下午举行茶漆业和布业讨论会。7月7日，运动周最后一天，上午继续举行国货展览会，晚间举行提灯大会。杭州市政府和杭州市各商业团体，开动十数辆汽车，穿越整个杭州市，进行宣传。[③] 由以上逐日活动可以看出其特点，一是每天都要进行国货展览，这是运动周的重头戏；二是展览之余，政府和商业团体，组织力量，广为宣传，以扩大影响力。

---

① 《杭州市国货运动周筹备经过》，《市政月刊》1929年第2卷第8期。

② 杭州市政府社会科编：《杭州市国货运动周特刊》，1929年，第9—10页。

③ 参见：《杭州市国货运动周逐日纪录》，《市政月刊》1929年第8期。

杭州国货运动周进行得可谓风风火火，但其效果如何，没有相关资料能够说明。实际上，无论是西湖博览会，还是国货运动周，抑或是民国早期的商品陈列馆和后来的国货陈列馆，其背景都是在洋货倾轧，国货不得伸张的情况下，政府为挽回国货利权而进行的活动。然而，总体的商业历史考察表明，以上这些运动，或可收一时之效，却乏长久之功。之所以如此，究其原因，商业的衰败，并不能单独怪罪于商业本身，或商人本身，而是整个国家社会、政治、经济整体衰落的结果。

第三节　秩序维护与市场建设

在一定的社会与政治形势下，政策的导引在商业的发展中至关重要，它既能规定商业与商人的地位，又能从政策层面规定一个地方商业发展的走向。同样，除了政策导引之外，政府为商业发展所营造的各种环境的努力，也非常重要。商业的发展，离不开良好的市场秩序与管理，以及硬件方面的市政建设。

一　商业与社会秩序的维护

甲午战后，清政府实行新政，一改以往抑商政策，而对商人和商业进行鼓励。"从19世纪末开始，特别是20世纪初，清政府的经济政策发生明显变化。清廷不仅再三谕令各级官府保护和鼓励华商投资兴办近代新式企业，而且制定颁布各类经济法规，第一次从法律上确立了华商自由经营工矿交通运输业的合法性。"① 清政府的新经济政策，并非是对商人或商业的乐善好施，而是迫于形势，试图恢复旧有秩序和既得利益的无奈之举。尽管如此，商业在这个时期还是取得了一定的发展。杭州商业受惠于这些政策的同时，还受惠于清政府其他措施的落实。比如，1895年后，作为新政之一，曾在各省设立劝业场，各省并设有劝业道衙门，以有候补道资格的人担任相关职务。杭州也"曾设有第一劝工场，地址在杭州旧府署前。其实提倡实业，为新政之一"。②

1911年，武昌起义爆发，各省纷纷宣布独立，浙江新军于11月4日

---

① 朱英：《甲午战后清政府经济政策的变化与商人社会地位的提高》，《贵州社会科学》1998年第5期。

② 阮毅成：《三句不离本杭》，杭州出版社2001年版，第102页。

在杭州起义，5日，宣布杭州光复，7日，宣布成立浙江军政府。众人商议，鉴于形势和事实需要，请来在上海的汤寿潜担任都督。不久，汤寿潜到南京出任临时政府交通总长一职，由时在广东的蒋尊簋到杭州任浙江军政府都督。自此，浙江军政府在组织上步入稳定状态。

　　光复不久的杭州，军政府刚刚得以建立，政治和经济形势尚不稳定，社会秩序亟待整顿，"浙江光复的头几天里，一切都是乱烘烘的，社会秩序还是没有恢复过来"。① 军政府对社会秩序的纷乱深为担忧，"无奈市井奸民，乘机肆毒，以致抢掠之事，时有所闻。其尤甚者，莫如劫米店，抢典当，明目张胆，白昼横行。而军人中无知之辈，亦有擅入民家，掠取财物之事"。② 由于一切事宜尚未能急遽展开，抢案频发，"巡警多不上岗，查浙江九月杪之抢案，几至无日无之"。③ 一般民众在惶恐中度日，商人与商业受害严重。因此，如何尽快恢复和稳定社会秩序，成为浙江军政府的工作重点，这不仅关系到军政府在商民中的地位和声望，也牵涉到能否稳定商业秩序，以达到稳定并扩充税源，从而纾解财政困局的终极目标。

　　基于此，浙江军政府采取了多种措施，稳定社会秩序。

　　1912年，蒋尊簋就任浙江省都督后，发表了《浙江都督敬告全省父老书》，蒋尊簋陈述了当时形势下最为重要的三件大事，即"维秩序，消意见，安职业"。他认为，自从浙江光复后，省内外迁徙流离的人，可以说是踵趾相接："此非尽纷纷者之无事自扰也。盗贼充斥则民不安其居，金融恐慌则商不安其业，生计日蹙，饥馑涛臻，索食抗租，疮痍载道，不亟图之，不几陷于无政府之状态乎？"浙江军政府，如欲使人民安居乐业，必要负起维护地方治安的责任。这就是"维秩序"，而所谓"消意见"，即"倡义之初，事机逼迫，合群策群力以求进共和，犹惧不暨，况意见纷歧乎？一事也，此界与彼界分畛域；一县也，甲党与乙党相冲突，甚或权利竞争，同舟视同敌国，私意倾轧，党祸及于清流，始由一念之差，影响及于全局，戈操同室，何以御外，所愿与父老商榷者，此又其一也"；所谓"安职业"者，蒋尊簋指出，"民事贤劳，相助为理者，无论内外遐迩，苟利于浙必求所以展其长而久其任，务使农安于野，商安于

---

①　中国人民政治协商会议全国委员会文史资料研究委员会：《辛亥革命回忆录》（第1集），中国文史出版社2012年版，第141页。

②　柴德赓、荣孟源等编：《中国近代史资料丛刊·辛亥革命》（七），上海人民出版社1957年版，第136页。

③　郭孝成编：《中国革命纪事本末》，商务印书馆2011年版，第138页。

市，工安于肆"。①

在具体措施上，浙江军政府主要在匪患和军队两方面进行整治，以稳定社会秩序和商业环境。

由于连年战争，浙江各地匪患成灾，"今江浙交界各属匪迹蔓延几于遍地皆是，有立寨竖旗勒索巨款者，有往来飘忽沿途掳掠者，人心惶惶不安"，"他们拥有船只上千号，器械犀利，白昼横行，商民力不能敌，呼救无门，任其饱掠后扬长而去，所到之处，铺户居民被席卷一空，而浙之杭嘉湖各属受害尤烈"。②为改变这种状况，蒋尊簋代表浙江军政府向省内各地发出了剿匪令，要求省内各地各巡防营队，务求彻底破除畛域之念，联合消除匪患。而各统领"迅饬所属各营队认真巡缉，以靖盗风而安民业"。③在政府努力之下，省内匪患得到相当程度的控制，社会秩序逐渐趋于好转。

关于整顿军队，蒋尊簋发出布告，指出军人应当重视道德，遵守纪律，上下应该像父子兄弟般重情义，对军人为杭州光复所付出的牺牲，为达到共和目标付出的努力和艰辛，表示了敬意。在布告中，蒋尊簋着重强调提出了"兵与兵和，兵与民和，兵尤当与国和，夫而后共和民国能成立，而军人之名誉，乃垂诸天壤而无穷"④ 的主张和希望。3月，都督府公布维持治安临时军律八条，即"抗捕拒捕者斩；抢劫掠夺者斩；扰乱商务者斩；藏匿敌探者斩；伤害外人者斩；奸淫烧杀者斩；买卖不公者斩；要挟罢市者斩"。⑤ 以上八条临时军律当中，关于商业者有三条，充分体现了军政府对恢复社会秩序，尤其是稳定商业环境的愿望。

不仅如此，军政府还制定专门针对商业经营的各种法规，如《浙江省统捐暂行法议决案》《捐换牙贴简章议决案》《典当捐税议决案》等。这些法规所规定的捐税税率，较之清末降低了许多，有效地减轻了商界负担，体现了军政府重视商业发展的态度。比如，在《浙江省统捐暂行法议决案》中规定，"本省货物之运销，不论道路远近，均于第一次经过统

① 浙江社会科学院历史研究所：《辛亥革命浙江史料选辑》，浙江人民出版社1981年版，第534页。
② 《论江浙之匪患》，《申报》1912年1月30日第2版。
③ 《都督蒋令各路统领严缉盗匪文》，《浙江公报》（第133册），1912年6月24日。
④ 郭孝成编：《中国革命纪事本末》，商务印书馆2011年版，第94页。
⑤ 中国人民政治协商会议浙江省委员会文史资料研究委员会编：《浙江文史资料选辑》（第31辑），浙江人民出版社1985年版。《浙江百年大事记（1840—1945）》，第120页。

捐局或统捐分局按照应科捐额一次收足，已经一次纳捐之运销货物，在有效期限内，不再有纳税义务。统捐率按照货物之原价，征收百分之五"。①

综而言之，民国初期，浙江军政府在政治形势尚未稳定的状况下，在诸如社会、商业等秩序维护上，均作出了相当大的努力，为以后十多年杭州商业的发展，奠定了较为坚实的基础。

1927 年，国民革命军抵定杭州，旋即于当年 5 月设立杭州市，杭州市政府宣告成立。有别于 1912 年的是，1927 年国民革命军抵定杭州时，政治、经济、社会等各方面的形势都比较稳定，为杭州市政府顺利制定并实施商业政策或措施，提供了较为有利的条件。

杭州市政府对于商人的管理与引导，是进行商民运动，并组织商民协会，为革命增添助力，上文已有撰述。这里主要以统一度量衡制度为例，分析政府市场秩序维护之一斑。

1929 年 2 月 6 日，南京国民政府公布并实施《度量衡法》，规定"中华民国度量衡以万国权度公会所指定铂铱公尺公斤原器为标准，标准制长度以公尺为单位，重量以公斤为单位，容量以公升为单位"。② 杭州市政府遵循中央制度，"于民国 18 年（1929 年）奉令实施推行"。③ 20 世纪 30 年代初，杭州市政府或制定多种有关度量衡新政的措施、办法和法规，或组织成立相关的机构加以督促进行。组织机构方面，如 1930 年组织成立"度量衡检查定所"，负责"度量衡划一之政务，内部分总务检定二股，所长兼检定股主任 1 人，总务股主任 1 人，检定员 5 人，事务员及书记各若干人"。④ 办法、法规有 1930 年的《饬知领度量衡办法》，1931 年的《促进度量衡之划一》《度量衡检定人员任用规程》《度量衡营业器具条例》《宣传度量衡之新纲》《杭州市商用度量衡旧器之报告》，1932 年的《修正度量衡法实施细则》，1934 年的《度量衡器具营业条例施行细则》等。以上办法或法规，尤其是《度量衡法》，从各个不同层面对浙江各县市的商业度量衡器具做出了明确的规定，这对商业的进步和发展都具有积极的意义。

1927 年，浙江省政府会议通过了《修正杭州市暂行条例》，其中第

---

① 《浙江军政府公报》1912 年 4 月 3 日。

② 《度量衡法》，《行政院公报》1929 年第 24 期。

③ 杭州市档案馆：《民国时期杭州市政府档案史料汇编（1927—1949）》，武林印刷厂 1990 年版，第 53 页

④ 《浙江省度量衡检定所》，《浙江省建设月刊》1931 年第 5 卷第 2 期。

22 条规定杭州市政府有权向杭州市内商业行业征收的税捐种类，包括"地价税、房屋税、奢侈品营业税、车牌税、码头税、广告税、省政府特许征收之市税"。[①] 为此，杭州市政府还专门组织成立"杭州市税捐征收处"，专门负责税捐的征收。在人事组织上，杭州市税捐征收处设有主任、副主任各 1 人，会计员 2 人，文员 1 人，征收员、事务员、征收警察和书记员各若干人，"主任综理本处一应事务，副主任会同主任办理一应事务，主任副主任由市长遴选市政府所属局长、秘书科长兼任之"。[②] 由主任和副主任人选的产生办法可知，税捐征收处符合精简、高效的原则。

通过制定和实施相关政策、规则、法规，杭州市政府有效厘清了商业状况，整顿了杭州市商业营业规则，对促进商业整体发展不无裨益。然而，历史的吊诡在于，在 1927 年至 1937 年——被国民政府及后来学者所津津乐道的"黄金十年"里，杭州商业却遭遇了前所未有的衰落与困顿，其原因下文另有阐述与分析。

二 市场管理与市政建设

清末，杭州政府当局在市场管理与市政建设上多有着力。

首先是谋求设立菜市场。自宋代以来，杭州作为一个传统城市，人烟稠密，街道狭隘，在近代城市市政出现以前，各种小商摊贩大都直接沿街设摊销售货物，这不仅有碍市容，尤其像鱼腥等物还直接污染了街道和周边空气。有鉴于此，当时清政府杭州警察局曾责成杭城内外的五个分局，在其所辖范围内务必选择合适地点设立专业菜市场，借以对此类小商贩进行科学有序的管理，但因经费困难而终止。1908 年，政府当局决定，由杭州商人筹集经费，政府负责筹办。所谋结果，"决定先在上城设立试办，地址用熙春庙边及童乘寺"。[③] 虽然菜市场的设立较理想相去甚远，但终究迈出了关键的一步，为杭州商业有序的发展标示了一份微弱的意义。

其次是规范售肉商人经营。当时杭城售肉商人，其肉铺的肉架一般横着用钉子直接盯在屋檐下。洗淋猪肉后，其污水往往大部分流往附近街道路面，造成路人行走不便，同时也污染了环境。为了规范肉商经营，进而改善周边环境，政府要求杭城数十家肉商一律将肉架移进屋檐之内三尺，

---

① 《修正杭州市暂行条例》，《浙江民政月刊》1928 年第 6 期。

② 《杭州市税捐征收处暂行规则》，《市政月刊》1927 年第 1 卷第 1 期。

③ （清）王廷樑：《王省山观察丁未年警察日记》，1908 年，第 39 页。

洗淋后的污水也不许往街上泼洒。虽有政府明令，但结果是"各肉铺抗不遵行，列架如故，洒水如故，恶习难除，殊非笔舌所能奏效"。无奈之下，政府当局只得"明定罚章，如有违犯者，从严惩办"。① 从这个事例可以看出，政府强制力在塑造商业文明、维护商业秩序以及调适商业习惯与近代文明冲突中的重要性。

1912 年，杭州进入军政府时代。政府当局首先对旧城进行改造，以利于商业的发展。"在浙江督军府和杭州县知事的领导下及工商业者的关顾下，纷纷提出拆除城门和城墙，拆去阻碍人力车、汽车通行的街坊、拓宽道路及改造旧式踏步桥的要求，以利于车辆的通行。"② 那些有碍交通和商业发展的旧城墙和旧城门被纷纷拆除。1913 年 1 月，"省会警察局内增设工程队，拆除钱塘门至涌金门间与旧旗营城墙，开始建立新市场"。③ 新市场的设立，为杭州商业的发展腾飞，助添了生动一翼。此外，如道路的修建、商品陈列馆的开设，都为杭州商业的发展提供助力。道路修筑方面，1912 年 7 月 3 日，杭州"市区商业繁华地段，清泰门至涌金门建成杭州第一条水泥马路"。④ 同一年，省民政司"决定修筑羊市街至章家桥一段道路"，但因为风气未开和资金限制，"拆迁较为困难，只能因陋就简，长 1 里（579 米）的路段，只做成仅宽 5.12 米至 5.14 米的弹石路面"。⑤ 后于 1914 年至 1926 年间，杭州市内共建成一等道路 4 条，二等道路 23 条。其中一等道路共长约 4020 米，二等道路共长约 11890 米。此外，还有 1917 年扬善德为浙江督军时下令兴建的道路 13 条，共长 5707 米；1920 年，省议会主持修筑的环湖路，共长 7791 米。⑥ 杭州市商品陈列馆兴建于 1919 年，地点就在杭州新市场。原先"计划两层楼房三列，上下共 120 余间，为国货商场。其后面另建两层楼房一排，陈列浙省土产，并作办公室"。⑦ 商品陈列馆建成后，"内有陈列所展出本省各种常见的有贸易价值之产品，来往参观者络绎不绝，颇受人们赞赏也"。⑧

---

① （清）王廷楝：《王省山观察丁未年警察日记》，1908 年，第 39 页。

② 迟华：《杭州往事》，新华出版社 2002 年版，第 65 页。

③ 孟问松主编：《杭州市工商行政管理志》，天津人民出版社 1996 年版，第 6—7 页。

④ 汪力忠：《杭州商业志》，浙江大学出版社 1996 年版，第 16 页。

⑤ 杭州市市政志编纂办公室编：《杭州市市政志》，1994 年版，第 11 页。

⑥ 参见杭州市市政志编纂办公室编《杭州市市政志》1994 年版，第 11—12 页。

⑦ 阮毅成：《三句不离本杭》，杭州出版社 2001 年版，第 102 页。

⑧ 中华人民共和国杭州海关译编：《近代浙江通商口岸经济社会概况——浙海关、瓯海关、杭州关贸易报告集成》，浙江人民出版社 2002 年版，第 705 页。

城市道路的发展与畅通对商业的重要意义不言而喻。1927年，国民党杭州市政府成立后，即开始了大规模的城市道路建设。是年，杭州市政府颁布实施《改造杭州市街道计划意见书》。意见书认为，都市街道，犹如人身血脉，街道的好与差，直接影响到市民的幸福与否。辛亥以来，西湖一角，开辟新市场等工程，前政府居功甚伟，但"终无通筹计划，是故通筹计划，在所必要。盖有通筹计划，而后街道方能井井有条，美善可观，而工商业亦有蒸蒸日上之势"。[1] 意见书发布后，各项工作便在杭州市政府的努力之下积极展开。

杭州市政府认识到杭州经济发展的状况和城市的特点与欧美不同，不能单纯照搬欧美，因此对杭州市内道路的设计规划，在吸收借鉴欧美的基础上进行本土化改进。根据调查，作出了将杭城"马路路幅为五等。第一等宽88尺，以20尺为人行道，其余68尺为车道。包括电车地带2条，共20尺，汽车地带4条，共32尺；人力车地带2条，共8尺"[2] 的规划，对于其余4个等级的马路路幅，意见书也作了详细规定。意见书规定了街道路线的等级，对不同交通工具的车道和宽度，甚至对人行道都作了详细的规定。

拟定杭州市街道路线号数尺程一览表（一等街道）

路段号	起讫点	长度（尺）
第1号	自凤凰山经万松岭至陆军同胞社西北角止	9300
第2号	自陆军同胞社西北角起经涌金门至平海路西端止	4900
第3号	南自平海路西端起经钱塘门北至大校场止	3700
第4号	自大校场起经武林门至水星阁西北角止	7800
第5号	自水星阁西北角起经艮山门至机神庙东南角止	8700
第6号	自机神庙东南角起经庆春门至工业学校东南角止	4400
第7号	自工业学校东南角起经清泰门至城站止	4500
第8号	自城站起经望江门候潮门至凤山门止	8500
第9号	南自凤山门起沿中河东岸北至水亭址西端止	6300
第10号	南自水亭址西端起沿中河东岸北至华光巷北端止	4300

---

[1] 韩疆士、徐世大、何之泰拟定：《改造杭州市街道计划意见书》，杭州市工程局，1927年，第1页。

[2] 韩疆士、徐世大、何之泰拟定：《改造杭州市街道计划意见书》，杭州市工程局，1927年，第2页。

续表

路段号	起讫点	长度（尺）
第 11 号	南自华光巷北端起沿中河东岸北至贡院街西端止	3800
第 12 号	南自贡院街西端起沿中河东岸北至水星阁西北角止	3400
第 13 号	西自平海路西端起经平海路东至华光巷北端止	3200
第 14 号	西自华光巷北端起经薛衙前黄醋园巷东至工业学校东南角止	5000

资料来源：杭州市工程局：《改造杭州市街道计划意见书》，1927 年，第 7—8 页。

以上杭州市内 14 条一等街道的规划设计，有两个明显的特点。一是一般线路之间首尾相连，大大增强了街道之间的便捷性和利用率；二是 14 条一等线路，途经地点往往比较重要。尤其这些线路大多经过重要的商业区域，如凤凰山、机神庙、工业学校、武林门、中河东岸、城站、钱塘门等，均为杭州重要的商业集中区域。这充分体现了计划书中提到的务求"工商业亦有蒸蒸日上之势"的修筑道路目标。

此外，为加快城市道路建设进度，提高城市街道近代化规模，1928 年，杭州市政府还制定实施《商人承办浙江省公路通过杭州市办法》。办法列明杭州商人在市内修筑道路的相关规定，如"在杭州市内商人承办之公路，其路面上下或两旁关于公路事业之设备应照杭州市政府所定章则办理"。[①] 办法得到杭州商人的积极响应，如永华汽车公司于 1932 年"出资灌浇新市场至灵隐的柏油马路"。[②]

在政府与商人的共同努力下，杭州市道路这一公用事业取得了较大发展，为杭州市旅游等商业的发展奠定了基础。

第四节　政治抑或商业：政商关系及其地方属性

近代以来，政府在商业中扮演了极为重要的角色。政府在处理劳资纠纷中的态度与做法，政府捐税政策的变化，极大地影响着商业的运行，也影响着政商之间的关系。[③] 商人在商业利益上表现出了强烈的抗争意识，但在某些情形下，也会表现出妥协与退让。无论是政府，还是商人，其行

①　《商人承办浙江省公路通过杭州市办法》，《市政月刊》1928 年第 1 卷第 10 期。

②　杭州市市政志编纂办公室编：《杭州市市政志》，1994 年版，第 87 页。

③　本书所指的政商关系，指的是政府与商人之间的关系，而非官员与商人之间的关系。

为背后都有着自身价值判断和利益考量。商人在条件许可的情形之下，会有一定的政治举动，而官员个人的作风，在特定时空下，也会对当地商业和社会产生重大影响。

一　从发动到管控：地方党政与劳资纠纷

1924 年 1 月 20 日，在共产国际与中国共产党的帮助之下，国民党第一次全国代表大会在广州召开。大会通过宣言指出，国民革命运动"必恃全国农夫工人之参加然后可以决胜"①，大会确定了联俄、联共、扶助农工三大政策，在工人方面则提出："制定劳工法，改良劳动者生活状况，保障劳工团体，并扶助其发展。"② 1925 年 1 月，中国共产党第四次全国代表大会确立了无产阶级在国民革命中的领导权思想，并通过职工运动决议案，希望领导全国工人运动。因此，在国民革命时期，国共两党在工人运动这一问题上的观点与政策是一致的。正是在这一共同政策引导下，中共联合国民党左派在这一时期积极开展全国工人运动，向资本家要权利。"1924 年 7 月沙面罢工是全国工人运动开始复兴的标志。统一战线建立后，随着革命形势的发展，军阀统治地区的工人运动也逐渐走出低谷，开始复兴。"③

从国民革命军北伐到杭州总工会成立，国共两党合作积极发动工人运动，劳资纠纷多以罢工方式展开。"四一二"前夕的杭州，劳资纠纷呈现出不同的气象，国共两党就杭州工会的领导权展开激烈的争夺，④ 这实际上是国民党试图夺取浙江控制权的先声。"四一二"后不久的 1927 年，由于孙中山的农工政策依然发挥作用，虽然国民党统治区域内的罢工运动犹有余响，但杭州总工会被改组后，国民党即通过各种文件晓喻、告诫劳资双方不可有过激行为，劳资纠纷开始发生模式转向。1928 下半年开始，国民党当局逐渐制定各种法规，将包括工会在内的组织以人民团体形式纳入法治管理框架之下，劳资纠纷模式进一步转向。

学界对于近代中国劳资纠纷的研究成果宏富，视角呈现多样化趋势。

---

① 高爱娣等：《中国近代工人阶级和工人运动》（第 5 册），《国共合作形成后工人运动的恢复和高涨》，中共中央党校出版社 2002 年版，第 1 页。

② 中华全国总工会中国职工运动史研究室编：《中国工运史料·中国职工运动三十年大事纪要》（第 2 期），工人出版社 1958 年版。

③ 高爱等：《中国近代工人阶级和工人运动》（第 5 册）《国共合作形成后工人运动的恢复和高涨》，中共中央党校出版社 2002 年版，第 3～7 页。

④ 参见杭州市总工会编《杭州工人运动史》，工商出版社 1996 年版，第 45 页。

主要有工运史、劳动经济与企业制度史、劳资政策与劳动法制史、劳资双方与国家政权互动等。① 这些研究立体式呈现了劳资关系的复杂面相。然而，近代中国劳资纠纷既存在地域上的差异性，也具有强政府弱社会的根本特质。虽然劳资双方与国家政权互动视角从一定层面上解释了党政在劳资纠纷中的角色，但犹不足以阐释地域的差异性与近代党政力量影响社会的主动性与深刻性。而如果以党政力量为主动行为视角，或可为论证党政与地方社会特殊关系提供理解的钥匙，对劳资纠纷的地方特质有更清晰的观察。

（一）发动罢工：劳资纠纷的政治意图

杭州劳资纠纷有一个随历史环境不同而改变的历程。起初，工人仅仅是为了增加工资，以维持生计。如 1908 年，杭州因为铜元不断贬值，"百物昂贵，商店均用洋码，否则增价，故中五月三十日，木匠帮因钱价过贱，要求增值，各工头不允，遂同盟罢工，会于佑圣观，有私作者，则同帮共打毁之。他若豆腐业茶业熟货业以及以剃头浴堂小贩均议于中六月一日增值。杭州挑夫，其在江墅各地者，刊发传单，谓铜元日跌，贩易米薪，均以洋价，而入款则以铜元，受亏非细，我辈以力营生，遭此时艰，家孥枵腹，定于中六月七日，集议于丰乐桥。盖挑夫又将罢工矣"。② 此时工人只要求克服因铜元贬值带来的生活困难，劳资纠纷未及党政力量。1924 年，1 银元兑换铜元 178 枚，100 斤大米值约 8 元；1926 年 1 银元兑换的铜元上升到了约 280 枚，大米的价格上涨到了每 100 斤约 14 元，"是以十四年（1925 年）冬季至十五年（1926 年）春季，杭垣各工商界之受雇于人者，纷纷要求加给工资，以维生计"。③ 1924 年至 1926 年年初，杭州工人工作时间普遍在 12 小时甚至更长，一般店员或伙计，其工作时间还远较工厂工人为长，工作条件也甚为艰苦。1926 年前的二三十年间，杭州工人或店员的要求，只限于提高工资，而未及诸如改善工作条件、休假等待遇问题，所谓劳资纠纷也仅限于经济领域而未及政治问题。

然而，自 1926 年国民革命军北伐前后开始，杭州劳资纠纷除了经济因素外，迅速政治化，体现为强烈的政治意图，这与中共联合国民党左派取得国民党浙江省党部领导权有密切的关系。

时人有观点认为，此时工人"因受三民主义的启迪，突然奋起，向

---

① 参见霍新宾《近代中国劳资关系研究之省思》，《史林》2018 年第 1 期。

② 《衡报》（第 8 号附录）1908 年 7 月 8 日。

③ 《杭州最近劳资间之交涉情形》，《中外经济周刊》1927 年第 218 期。

资本阶级反攻"①，这种说法是有道理的。第一次国共合作建立后，国共两党基于扶助农工这一共同的政治理念，轰轰烈烈地开展了工人运动。随着国民革命的不断深入，劳资关系益发紧张，遂形成大规模的罢工运动，向资本家要权利，并且这种罢工往往有着深层的政治意图。在大规模罢工发动以前，中共联合国民党左派与国民党右派就国民党浙江省党部领导权展开了激烈争夺。第一次国共合作开始后，浙江出现国共党争局面，中共与沈定一为代表的国民党右派作了坚决的斗争，中共党员宣中华指出，"国民党的路线必须符合国共两党共同愿望，维护工农利益，外对帝国主义，内对地主资本家，必须进行阶级斗争"。② 1926 年 1 月，宣中华在国民党二大上进一步揭露沈定一等国民党右派的分裂活动。1926 年 3 月 6 日，宣中华等召开国民党浙江省第一次代表大会，会议选举产生国民党浙江省执行委员会、常务委员会和监察委员会等机构，并正式成立国民党浙江省党部，宣中华等共产党人与国民党左派掌握了实际领导权。国民党右派的"浙江省党部"，并没有得到国民党中央承认，实际上已是名存实亡。③ 中共和国民党左派取得国民党浙江省党部权力后，即开始了轰轰烈烈的工人运动，杭州劳资纠纷呈现出明显的政治意图。这种政治意图集中体现在罢工所提要求及成立杭州总工会等事件上。

杭州是一个商业城市，丝绸业为大宗，机织工人在杭州工人中占有一定比重，主要分布在纬成、虎林、袁震和、蒋光昌等大型丝绸公司。这些公司内部管理比较严格，工人工资一般以尺计算。1926 年前，这些公司也曾因为薪资与饭食等问题发生过劳资纠纷，但在警察厅的干涉之下很快平息，并未酿成大规模冲突。

1926 年 3 月以后，情形逆转。杭州工潮迭出，其中又以始于 3 月 19 日的杭州机织工人罢工为最。这次罢工以国民党浙江省党部的名义发动，不仅规模庞大，劳方还提出了政治诉求。

3 月 19 日，虎林公司向厂方提出，年来物价上涨，入不敷出，要求每织绸一尺增加工资三分。④ 厂方面对这个看似合理的诉求未予回应，工

---

① 三民公司编：《劳资冲突问题》，1927 年，第 22 页。

② 赵引劼：《宣中华传》，《中共党史人物传》（第 12 辑），陕西人民出版社 1983 年版，第79 页。

③ 参见《浙江省中国共产党志》编纂委员会编《浙江省中国共产党志》，浙江人民出版社2006 年版，第 286 页。

④ 杭州市总工会编：《杭州工人运动史》，工商出版社 1996 年版，第 33 页。

人开始停工。作为报复，虎林厂方旋即停止供应工人午餐。于是工人在"中共党员和积极分子的带领下，到纬成等厂去争取声援"。① 同时纬成公司、袁震和绸厂职工声称，近来米珠薪贵，要求厂方加薪。② 于是，规模庞大的罢工与游行队伍迅速形成。在厂主的要求下，警察厅逮捕了数名游行工人。20日上午，游行示威队伍反而上升到万余人，各厂一律罢工。各工厂还成立了"临时杭州职工联合会"，拟定了十八项要求，经济要求方面，照原有工资增加五成，每日工作时间不得超过10小时，夜工工资照白天工资一倍算给等；政治方面，要求厂方承认工会有代表工人全体之权，惩罚工人须得工会代表同意等③。尤为引人注目的是，这次罢工游行工人第一次提出了政治要求，并宣称实行杭州全体职工大罢工，条件不达到，死亦不怕④。

面对工人的强烈诉求，厂方并未予以立即回应，双方没有就相关问题开展谈判。厂方认为，织工方面提出的十八条要求，除工资外，其他要求非常过分，实在无法接受，而织工方面态度非常坚决，不达目的，誓不罢休，双方形成僵局。一直持续到22日，各厂依然处于全体罢工状态。23日，劳资纠纷解决取得了进展，"帮机工人加薪问题，月加半元，夜工加一分，织工亦经议决每尺加工资一分，至昨日（3月23日）纬成、庆成、天章、虎林等各绸厂均已一律上工"⑤。3月28日，"杭州机织工人罢工风潮已一律复工，完全解决"⑥。

此次杭州织工罢工风潮，自3月19日开始至28日全部复工，历时9日，涉及杭州全部织工，是杭州有史以来历时最长、规模最大的劳资纠纷事件。从工潮的发动到要求的提出，是在1926年中共与国民党左派掌握了国民党浙江省党部的权力之后，积极筹划发动的，整个过程可以看到党部力量始终处于绝对的领导地位，而通过工潮展现出的所有诉求，一方面大大超越了工人本身当时的阶级觉悟，如政治诉求；另一方面所有诉求均未能超出党部所设计的范围。然而，在十八条要求中，有关织工的经济诉求只是小部分得到满足，政治意图则完全没有实现。工人们当初提出的

---

① 杭州市总工会编：《杭州工人运动史》，工商出版社1996年版，第33页。

② 《杭州》，《申报》1926年3月20日第10版。

③ 《杭州机织工因争待遇罢工》，《申报》1926年3月21日第9版。

④ 杭州市政协文史委编：《杭州文史丛编·政治经济卷》（上），杭州出版社2006年版，第116页。

⑤ 《杭州织工大罢工续志》，《申报》1926年3月24日第9版。

⑥ 《杭州快信》，《申报》1926年3月31日第10版。

"条件不达到，死亦不怕"的口号也没有贯彻始终。这一方面证明了杭州工人罢工所引起的劳资纠纷完全取决于党部力量之引导，工人并没有在其中起到自觉性的作用。另一方面也表明，党部所提出的政治目标超越了杭州工人的思想认识与实际需求。正如时人指出的，"良以织工经此数日奔波，热度顿觉减退，且若辈素无积蓄，赡蓄之资，胥赖十指所入，前此所以一律罢工者，为一部分所压迫尔，故一经空气缓和，此次罢工遂告平静"。① 这里的"为一部分所压迫尔"，显然指的是工潮发动者国民党浙江省党部。罢工没有取得完全的胜利，也表明了此时进步党政力量相对于军阀力量而言处于弱势的现实。

实际上，在组织工人罢工前，中共即有意识地主导组织杭州各业职工工会。1925 年 7 月，杭州闸口铁路机厂，在原工人俱乐部的基础上建立了工会，参加者有 200 多人，约占全厂职工的 50% 左右；同年 8 月，以庆成绸厂、纬成公司、虎林公司等杭州知名的绸业公司为主，建立了杭州机织总工会，有 17 家工厂的 2000 余名工人入会，分成 212 个工会小组。② 这些工会的组织，既是"四一二"前杭州劳资纠纷政治意图的前期准备，又为日后发动罢工进而组织杭州总工会奠定了组织基础。

（二）从总工会到工会统一委员会：劳资纠纷的模式转向

机织工人的政治要求失败后，经过短暂的沉寂，借助国民革命军的北伐胜利，杭州工人运动重新高涨。首先是杭州总工会的成立，标志着工人对于资方的要求突然大幅度提高，且态度强硬，行动激烈。杭州总工会的成立过程，因政局变幻，略有曲折，从 1926 年 10 月开始谋求，到 1927 年 2 月才正式成立。杭州市总工会成立后，积极号召杭州所有劳动界尽快成立各自的组织团体，以资互相协助，向资方要求公正待遇，并尽快加入总工会。总工会成立后，迅速代表杭州广大工人向资方拟定了三十九条要求。此外，总工会还提出，必须创设工人训练班，以养成工人运动的人才。工人训练班的课程，大体包括：工会的意义和作用、工会组织法、工人纠察队、工会纪律、工会的宣传与教育、工会领袖与工人群众、资本家如何剥削工人、资本主义制度与工人阶级、经济斗争、罢工战术、工贼问题、工会与革命、工人与农民之关系等。③

① 《杭垣机织工潮平息》，《申报》1926 年 3 月 24 日第 9 版。

② 杭州市总工会编：《杭州工人运动史》，工商出版社 1996 年版，第 33 页。

③ 参见王清彬等编辑《中国劳动年鉴第一次，1928》，北平社会调查部，1928 年，第 724 页。

杭州总工会代表工人向资方提出要求，有些是合理的经济要求并且代表先进方向，如提倡男女工人的待遇平等、八小时工作制、不得打骂学徒、休假制度等；而有些则属于要求过高，或在当时条件下难以实现，如厂主须给工会会所发津贴经费、厂主办理工人教育、工资每半年增加一次、一年内至少有一个月之休息等。最显著的是总工会向工人灌输革命意识，号召工人与资本主义制度作斗争，体现了国民党浙江省党部强烈的政治意图。

杭州总工会的口号与措施，大大激发了工人队伍的斗争意识，提高了要求自身权益的积极性和自觉意识，因此，"各工会加入者，络绎不绝"。① 杭州市总工会的成立，鼓舞了杭州各业工人，纷纷设立自己的工会。据统计，自 1926 年 10 月至 1927 年 4 月间，杭州各业工会会员达到10 万人，总共成立的工会达到 70 余家。② 半年左右工会从无到有再到如此庞大的数量和极为可观的会员人数，足以说明革命势力推进之迅捷。须知，当时整个"杭市工人约计十万"③，换言之，基本上杭州的每个工人都成了工会会员。

总工会期间，杭州劳资纠纷表现为劳方激烈地向资方要权利，有时人认为，"劳方对于资方的要求非常严酷，关于就加薪问题，普通皆比原额增加一倍上下，甚有要求增加二三倍者。而进退工友之权，复完全归诸工会，资本家不能自由处置。厂主或经理等有不允者，则罢工以挟持之。挟持无效，甚或为暴动之举"。④ 此评论显然没有站在进步的立场之上，但也透露出总工会积极发动工人争取政治权利的意图。

然而，杭州总工会提出的三十九条要求以及在其倡导之下，为数众多的各业工会向资方提出的各类要求，并未得到及时有效的解决。

1927 年 4 月，浙江政局变动，杭州总工会面临被改组的命运，而促成这一事件的导火索，是杭州职工联合会与总工会发生权力争斗。这实际上是在"四一二"前夕，国民党右派与中共及国民党左派在工运控制领域争夺杭州政权的体现。1927 年 3 月中旬，国民党杭县党部在国民党右

① 《杭州最近劳资间之交涉情形》，《中外经济周刊》1927 年第 218 期。

② 分别参见：《浙江百年大事记（1840—1945）》中国人民政治协商会议浙江省委员会文史资料研究委员会：《浙江文史资料选辑》（第 31 辑），浙江人民出版社 1985 年版，第201 页；《杭州最近劳资间之交涉情形》，《中外经济周刊》1927 年第 218 期。

③ 建设委员会调查浙江经济所编：《杭州市经济调查》，1932 年，第 637 页。

④ 《杭州最近劳资间之交涉情形》，《中外经济周刊》1927 年第 218 期。

派陈希豪、张浩、沈定一等人的策划下，组织声称代表职业工人的"杭州职工联合会"，并与杭州总工会发生激烈冲突。3 月 30 日，职工联合会有武力之工人手持木棍，冲入总工会，准备毁坏物品，与总工会工人纠察队形成对峙，各有死伤。31 日，杭州总工会召集队伍游行，高喊拥护总工会，打倒职工会。① "公安局为维持秩序，缴收其械。"② 公安局的强行介入导致了杭州总工会的强烈反弹，总工会继续领导工人罢工。4 月 1 日晚，受蒋介石委派的东路军总指挥部杭州行营主任罗为雄"威逼工人不得聚众游行"③，"未几清党事件起，旋复将该总工会改组为杭州工会统一委员会，于是旧总工会之三项计划，遂遭顿挫"。④ 杭州总工会被改组为杭州工会统一委员会，标志着杭州劳资纠纷解决模式的转向。杭州总工会提出的主张与政治意图，也随其被改组而没能实现。而那些之前加入总工会的各业工会，也纷纷转而加入杭州工会统一委员会，各业工会与工人遂处于工会统一委员会的控制下。

杭州工会统一委员会掌握在国民党右派之手，由国民党浙江省党部工人部委任组织委员，内部分为六个部门，分别为组织部、统计部、宣传部、交际部、总务部和仲裁部。每个部门设有多个科室，负责具体工作。统一委员会成立后，加强了对杭州各业工会的领导和审查，规定"凡已成立之工会，须受其指导及改组。未成立及正在筹备之工会，须经其审查及登记，并得派员指导其组织。凡工会内部或劳资相互间发生纠纷，均得为之解决。其有危害治安之情事，得设法制止之，并得审查各工会组织之分子，如有妨碍治安，违反三民主义，破坏民党之行动者，得呈请党部承办之"。⑤ 这段话充分说明了国民党浙江省党部对于杭州各业工会的强力监管和鲜明的政治立场，或者说，这是各业工会得以存在的政治底线，是不容商量并带有强制性的。

在杭州工会统一委员会仲裁部尚未正式成立的情形下，公安局呈请军政当局，决定先行设立临时劳资仲裁委员会，全称为"杭州工会组织统一委员会临时劳资仲裁委员会"，以负责调解劳资纠纷。临时仲裁委员会于 1927 年 5 月 6 日正式成立，其常务委员 14 人，由国民党省市党部、工

①　《杭州之大工潮》，《申报》1927 年 4 月 3 日第 3 版。

②　王清彬等编辑：《中国劳动年鉴第一次，1928》，北平社会调查部，1928 年，第 88 页。

③　袁成毅：《浙江通史》第 12 卷《民国卷》（下），浙江人民出版社 2005 年版，第 23 页。

④　《杭州最近劳资间之交涉情形》，《中外经济周刊》1927 年第 218 期。

⑤　《杭州最近劳资间之交涉情形》，《中外经济周刊》1927 年第 218 期。

人部、商民部、统一委员会、省务委员会、政治部、公安局、省防军政治部、商民协会等机关，各选代表 1 人至 2 人组织成立。

临时仲裁委员会成立后，有关部门制定了组织条例。条例对其组织架构和处理纠纷的办事原则作了一些规定，如第二条规定了其行事方式，"本委员会依仲裁暂行条例，以联席会议方式行之"。第四条规定了调解的条件，"凡纠纷，劳资双方均愿向本委员会请求仲裁事件，本委员会得受理之"。第六条规定，"纠纷劳资双方之当事者，应各派全权代表参加仲裁，但各方至多不得过二人"。第七条规定，"杭县商民协会应派代表一人，常驻会参加仲裁"①等。

组织条例公布后，旋即又制定并公布劳资仲裁条例。该条例详细规定了劳资双方的权利和义务，尤其对资方多有义务要求。例如，"每一行商，对于该业所属工人之小组工会，应集合该业全体同行，分别等第，每月供给费用；任何行商，开除工人，须将不得已情形及事实，知照小组工会或杭州工会统一委员会；任何行商，除原有工人外，须添雇工人时，有绝对自由权；任何行商对于工人膳食，须与最高职员一律待遇，并须备清洁朴素之宿舍，供工人住宿；学徒改为练习生，不许有类似仆役之待遇；工人因病请假，经医生证明后，三月内不得扣薪；女工产期至少须津贴三元，童工不得使负过量重任；劳工工作时间，不得逾八小时，但店员仍照旧习惯；任何行商对于工人，自民国十七年（1928 年）起，每年须加薪一次，每月以半元或一元计算，逐年递加，但增至月薪五十元者，得酌量行之"。②

通观杭州工会统一委员会所制定的仲裁条例，其对资方所要求的内容，与之前杭州总工会的要求相比，虽略有降低，但也颇为严格。统一委员会的条例，没有有关工人政治权利的规定，其他经济权利，基本上与杭州总工会所制定的相差无几。比如，两者都规定了八小时工作制，都对妇女和儿童的权益作出了规定，都规定不得无故开除工人，都不许发生学徒类似仆役的事情，也都对资方加薪提出了很高的要求。这表明，国民党在此时期还是表现出了对工人权利的重视，甚至有偏袒工人之倾向，体现了对孙中山扶助农工政策的尊重。虽然临时劳资仲裁委员会不久即取消，期间浙江省处理劳资纠纷机构屡有变迁③，但对劳方偏袒并无明显变化，且

---

① 《杭州劳资仲裁组织条例》，《银行周报》1927 年第 11 卷第 21 期。

② 《杭州最近劳资间之交涉情形》，《中外经济周刊》1927 年第 218 期。

③ 《报告·关于劳资仲裁事项》，《浙江建设厅月刊》1927 年第 4 期。

劳方往往占据主动地位。兹分别举例加以说明。

1927 年 7 月，劳资仲裁委员会成立后，杭州失业丝织工人屡次要求政府强制资方开饭和复工。浙江省政府数次召集劳资双方协商，限资方 10 日起一律先行开饭或借给饭资，于开工后从工资中陆续扣除，21 日一律开工。如果资方发生破产而无力开工，必须将历年账目送省政府审查，属实准予破产。不仅如此，省政府还对目前破产的资方作出特别规定，"如将来生意发达，尚有继续经营之能力者，目前暂贴工人饭资，俟开工后以前津贴陆续在工资上扣除"①，省政府会同杭州市政府将监督资方落实情况。从以上处理结果来看，在处理劳资间关系时，省市两级政府各项措施偏向劳方是明显的。这显然是基于革命尚在推进的考量。

1927 年 7 月 22 日，杭州市钱业店员向资方提出警告，如资方 23 日上午十时前再不履行此前经三次仲裁后双方妥协的条件，劳方将全体休业并向党政机关请愿。23 日双方未就加薪与补助工会经费等问题达成一致，劳方遂向党政机关请愿，并全体休业。当日下午一时左右店员全体"遂至省党部请愿"。省党部表示，"钱业罢工万不可行，望速即复业，请愿各节当即开会讨论，务使公平解决"。② 24 日，省党部召集劳资双方举行联席会议，党部表示，希望双方为国民革命服务，完成各自的任务。经过讨论协商，劳资双方重新商定妥协条件，纠纷得到解决。③ 省党部则对劳方晓之以理，要求工人不可罢工。

浙江省党政力量对劳资双方不可罢工或歇业的要求是明确的，1927年 6 月浙江省政府的一则布告生动说明了这一宗旨。

浙江省政府发布布告，认为杭州绸业工人不下十万，省政府又刚开始建设，需劳资兼顾。正在此时，杭州又发生了袁震和、庆成等知名大绸厂相继缩减营业，且有歇业之势。于是省政府邀集省党部、杭州总商会及银钱丝绸业代表商讨办法，要求劳资双方不可走极端，即资方维持原来的营业，劳方不可借故罢工。④

浙江国民党当局处理劳资间的关系及劳资与党政关系的态度，进一步彰显了工会统一委员会后劳资纠纷模式的转向。总工会时期，杭州的劳资纠纷是国民党浙江省党部主动发动的，劳资双方斗争与矛盾激烈，工人罢

① 《杭州钱业劳资双方之妥协》，《申报》1927 年 7 月 27 日第 3 版。
② 《杭州钱业店员休业新潮》，《申报》1927 年 7 月 26 日第 3 版。
③ 《杭州钱业劳资双方之妥协》，《申报》1927 年 7 月 26 日第 3 版。
④ 《布告》，《浙江建设厅月刊》1927 年 6 月。

工频现；工会统一委员会后的 1927 年，国民党右派掌握浙江省政权，在对劳方尚有偏袒的基础上，解决途径由激烈冲突的罢工逐渐向平和的仲裁协调模式转换，劳资纠纷完成了由发动到管控的转变。这种模式的转向，预示了党政力量处理劳资关系持中与法治管理的方向。从这个意义上说，杭州劳资双方均未能超越自身的局限，其纠纷的发生与解决完全在党政力量所设定的框架之下。

（三）法律的框架：劳资纠纷的政府治理

有研究认为，"1927 年 4 月，南京国民政府建立，国民党由革命党转变为执政党，出于稳定政权和维护国民党执政统治的需要，对其政纲政策进行相应调整，致力于以党建国、一党专政的制度建构，强化国家权力对社会的渗透和扩张，力图建立较为有效的社会控制机制并对民众团体予以监督、控制，将其纳入国家体系。为便于控制民众，南京国民政府按照职业及地域情况对各种民众团体进行全面整顿和严厉管制，以控制社会团体的形式来达到控制社会的目的"。[①] 上文研究表明，工会统一委员会后的 1927 年，国民政府还没有能够视工商团体为人民团体而将其纳入法律框架之下。实际上，国民政府将劳资纠纷纳入法律框架的自觉意识始于 1928 年，主要遵循两种思路。一是制定专门的《劳资争议处理法》及《修正劳资争议处理法》以取代建政初期的各种布告、晓喻或条例等临时性措施，这标志着处理劳资纠纷向法制化方向转变；二是将劳资双方所有团体视为人民团体中之职业团体，以整合社会的视角将劳资纠纷问题逐渐纳入法律框架，这些法规主要有《人民团体组织方案》与具体的《工会法》《工厂法》等法律法规。以上相应法律法规的建设与颁布，可能由于历史现实的原因，逻辑关系上存在着时序的不完全合理性。作为总体性法规的《人民团体组织方案》，1929 年 6 月 17 日由国民党第三届中央执行委员会第二次全体会议议决，6 月 22 日由立法院颁布。与此相应，《工会法》也于同年 10 月颁布。但直接针对劳资纠纷的《劳资争议处理法》以及具体的人民团体立法，如《工厂法》《工会法》《工会组织暂行条例》《特种工会组织条例》《商民协会组织条例》等均于 1928 年 7 月即已颁布，比《人民团体组织方案》足足早出一年。在特殊历史时期，这在逻辑上等同于先有了事实，再以法律形式加以确认。

无论哪一种思路，各项法律法规都指向某些共同点，一是严格限制

---

① 宫炳成：《南京国民政府社团政策与民众运动控制（1927—1937）》，吉林大学博士论文，2002 年。

劳方罢工与资方歇业；二是劳资纠纷以调解或仲裁模式进行；三是基于国民政府将人民团体立法作为训练民众的一种工具，职业团体的农会、工会和商会等，"如有违反三民主义之行为应加以严厉之纠正"。① 以上三点体现在各项法规中，如《工会组织暂行条例》规定，"有反动言论行为，查有确据者，不得为工会会员"。② 1929 年《工会法》明确规定，工会负有调处劳资纠纷之义务，但同时对罢工严格限制，如规定交通、军事、国营、教育、公用事业不得罢工，未经调解仲裁及会员大会全体会员以无记名投票三分之二以上通过不得罢工，工会不得要求超过标准工资之加薪而宣言罢工，工会会员或工人等机关团体不得有封锁商店或工厂等类似于罢工等行为。③ 1929 年 12 月国民政府颁布《工厂法》规定，"工人以强暴胁迫他人罢工时，工厂得即时开处之，并得送官署依法惩办"。④ 1928 年 6 月，国民政府颁布的《劳资争议处理法》有两项重要规定，一是劳资争议处理的方式为调解，调解不成付仲裁。同时规定，争议双方在调解仲裁期内雇主不得停业或开除工人，工人不得罢工。特别规定工人或工人团体不得强迫他人罢工。违反又不听制止者将处以二百元以下罚金，其行为已犯刑法者依刑法处罚。⑤ 1930 年，国民政府颁布《修正劳资争议处理法》，劳资纠纷处理的方式没有改变，依然是调解与仲裁的方式，但对罢工作了更加严格的规定，煤、电、自来水等公用事业，电报、电话、铁道、航运、公用汽车等公众事业不许罢工，其他工商业劳资纠纷在调解或仲裁期内不许停业或罢工，工人不许强迫他人罢工。⑥ 违反者处罚与修正前处理法相同。

　　浙江省处理劳资纠纷走在了国民党中央的前面。在 1928 年 7 月《劳资争议处理法》颁布之前，1927 年 11 月，浙江省颁布了《浙江省解决劳资争执暂行条例》，进一步预示了党政力量解决劳资纠纷的模式转向。从 1927 年 5 月劳资仲裁委员会成立到 11 月《浙江省解决劳资争执暂行条例》颁布，仅半年左右的时间，浙江省国民党党部对劳资纠纷的态度发生了很大的变化，即由偏袒工人转到了较为持中之态度。《浙江省解决劳

---

① 《人民团体组织方案》，《立法专刊》1930 年第 2 卷。

② 《工会组织暂行条例》，《中央党务月刊》1928 年第 3 期。

③ 《工会法》，《立法院公报》1929 年第 11 期。

④ 《工厂法》，《交通公报》1929 年第 111 期。

⑤ 《劳资争议处理法》，《国民政府公报（南京 1927）》1928 年第 65 期。

⑥ 《修正劳资争议处理法》，《国民政府公报（南京 1927）》1932 年洛字 21。

资争执暂行条例》规定，在国民党中央劳工法未颁布以前，依照此条例
处理一切浙省劳资纠纷。①

在国民政府相继颁布《人民团体组织方案》《修正劳资争议处理法》
《工会法》后，国民党浙江省执行委员会训练部通令直属县市党部与各商
人与工人团体严格遵照执行。② 具体措施也是一遵中央有关法令，比如在
国民政府《劳资争议处理法》颁布后，浙江省政府训令工商团体推派代
表，以便组织"劳资争议仲裁委员会"。③ 1929 年 6 月针对性颁布了《浙
江省各县市各级工会暂行章程》，规定各级工会不得违反"三民主义"，
并须服从所辖党部指导等规定。④

一系列法规颁布施行后，国民政府开始将劳资纠纷双方视为人民团体
纳入法律框架治理。理论上劳资纠纷应开始转向。实际情形如何呢？兹举
1935 年的两个例子说明。

1935 年 7 月 5 日杭州黄包车夫因为租金高昂生活难以为继，要求七
折减租，并推代表向市府请愿。7 月 6 日市府召集劳资双方代表协商。9
日协商结果，"车商代表允每月每辆车减一元五角，但至市面景气恢复，
车租仍须恢复原状"。再如同年杭州光华公司，因按照工资水平分红而发
生劳资纠纷，"由市党部机关派员从中调解，结果由厂方酌予拨发，工人
方面，因契约无明文规定，亦允让步，纠纷遂告解决"。⑤ 自 1928 年以
来，劳资纠纷大多遵循这种模式加以解决，显示了劳资双方相对处于较为
公平的地位。

由于国民政府的各项相关法规自 1928 年下半年开始颁布，主要颁布
施行在 1929 年下半年，因此这两年杭州"工人店员纷纷要求资方改良待
遇，增加工资。故劳资争议事件，在十七十八（1928 年 1929 年）两年独
多"。⑥ 调查结果证实了这一情况，杭州市劳资纠纷案件数量 1928 年 30
件，1929 年 24 件，1930 年 9 件，1931 年 3 件，1932 年 4 件，⑦ 5 年总体

---

① 《法令·浙江省解决劳资暂行条例》，《建设月刊》1927 年 11 月第 6 号。
② 《中国国民党浙江省执行委员会训练部通令第 11 号》，《浙江党务》1930 年 第 100 期。
③ 《命令》，《浙江建设厅月刊》1929 年 4 月。
④ 《浙江省各县市各级工会暂行章程》，《浙江建设厅月刊》1929 年第 26 期。
⑤ 《国内劳工消息·杭州人力车夫之内容》，《国际劳工通讯》1935 年第 11 期。
⑥ 杭州市档案馆：《民国时期杭州市政府档案史料汇编（1927—1949）》，武林印刷厂
　 1990 年版，第 54 页。
⑦ 杭州市政府社会科编：《杭州市二十一年份社会经济统计》，《杭州市最近五年劳资纠纷
　 统计表》，1932 年，铅印本。

上呈现出大幅减少趋势。下文以杭州商业大宗丝绸业和丝织业为样本，分析 1928 年至 1932 年劳资纠纷原因及其解决情况。

1928 年至 1932 年杭州劳资纠纷原因与结果统计表

业别 年份	丝绸业			丝织业		
	纠纷原因	调解结果	有无罢工	纠纷原因	调解结果	有无罢工
1928 年	公司一部停业	一部工人给资遣散	无	无	无	无
	公司亏本改组	准公司缩小营业				
	短付工资	照约补给				
1929 年	无	无	无	资方停业	资方给资解散	无
				资方无故开除工人	资方津贴该工人洋十二元解散	
				资方停办手丝部	资方给资解散	
1930 年	无	无	无	资方宣告停业	资方虽系破耗，然尚有恢复可能，应暂准资方停业，六个月后设法恢复，所有厂内工人并应由资方加给工资一个月，先行遣散	无
1931 年	无	无	无	厂方控工人怠工	工人工作不能及格，系因左手酸痛、身体虚弱所致，与怠工性质不同，准厂方暂予停工	无
1932 年	资方拟解散工人停业，劳方要求开工	给资遣散，机工每名十元，帮工每名五元	无	资方停业，工人要求解散费	依照工厂法及习惯解决，计职工每名四十元；帮机杂工等每名十八元；女工每名五元五角。并各给工作证明书一纸	无

资料来源：杭州市档案馆：《民国时期杭州市政府档案史料汇编（1927—1949）》，武林印刷厂，1990 年，第 54 页。

由以上 5 年的统计情况可以看出，国民政府及浙江省政府制定各项法律法规后，清楚地展现了杭州劳资纠纷模式的进一步转向。1928 开始，杭州劳资纠纷的发生形式再无罢工，数量上也呈逐年减少之势，更无违反三民主义的事件发生，解决方式大都以调解与仲裁方式进行，政府对于劳资双方大都持中立态度而不特意偏向一方，劳资纠纷的最终目标也由政治意图彻底转向经济诉求。

王奇生认为，罢工和停业是劳资双方以中止工作作为保护各自利益的手段，1928—1932 年间，上海的情形显示出劳资纠纷主动者逐渐由劳方向资方转移的趋势。[①] 本书所引材料也在 1928—1932 年间，就材料来看，杭州劳资纠纷确实也多为资方所引起。但笔者认为要视具体情况作深入分析，挖掘这一现象的深层原因，不能将此归之于主动权的转移。这个深层原因是什么呢，1928—1932 年，全国范围内商业衰落严重，资方经营面临严峻的困难，对此前文已有详细论述。因此，与其说劳资纠纷主动权向资方转移，毋宁说因为资方发生经营困难而导致了劳资纠纷，而非双方故意主动挑起。也正因如此，当党政力量在处理劳资纠纷偏袒劳方时，现有史料中没有见到资方的强烈反抗。这进一步证实，这一时期的劳资纠纷，已完全处于党政制定的法律框架之下。

（四）劳资纠纷的地方属性

在此期间，杭州劳资纠纷具有明显的地方属性。

一是杭州劳资纠纷在各个时期明显呈现由党政力量完全掌控的状态。三个阶段中，无论是罢工的发动时期，或是严厉的管控时期，劳资纠纷模式均未能超越党政力量所设置的框架，亦即工人与商人均未能在劳资纠纷上处于主动地位与自觉状态。待国民党统治相对稳固，各项法规相继制定施行后，劳资双方更不可能有主动的地位了。这体现了杭州党政力量较社会明显占优势的地方属性。这与上海或苏州等城市不同。有研究表明，上海、广州、苏州等城市，20 世纪二三十年代劳资纠纷中均有发生资方或劳方与党政力量的严重对抗。[②]

二是杭州劳资纠纷较其他城市，尤其是上海、苏州等城市而言，规模明显偏小。这与杭州城市特质有关。杭州是一个商业城市，缺乏"最具革命性和战斗力"的产业工人，而以店员、手工业工人为多。如在 20 世纪 30 年代初，杭州"11910 户工商业中，工业仅 2904 户，占 24% 左右；

① 王奇生：《工人、资本家与国民党——20 世纪 30 年代一例劳资纠纷的个案分析》，《历史研究》2001 年第 5 期。

② 参见王奇生《工人、资本家与国民党——20 世纪 30 年代一例劳资纠纷的个案分析》，《历史研究》2001 年第 5 期；霍新宾：《行会理念、阶级意识与党派政治：国民革命时期广州劳资关系变动》，《历史研究》2015 年第 1 期；冯筱才：《劳资冲突与"四一二"前后江浙地区的党商关系》，《史林》2005 年第 1 期。

商业有 9006 户，占 75%左右"。① 就构成比例来看，杭州商业还是以传统商业和注入新因素后的旧商业为主，纯粹新式商业虽然门类不少，但其资本比例却不占主要地位。如以 1931 年为例，在杭州各类商业中，饮食、服饰、住用三大类在整个商业中占比很大，"这 3 大类商业的户数、资本额、营业额、职工人数分别占总数的 67.86%、72.26%、75.13%、72.63。也就是说，经营吃、穿、住、用的商业比重占 70%左右"。② 这就大大降低了杭州工人的整体革命性，劳资纠纷整体规模小，持续时间短可以想见。

三是杭州党政非常尊奉国民党中央，严格限制劳资纠纷烈度。冯筱才认为，江浙地区在"四一二"后党部力量为取得话语权，与地方绅商发生冲突，党部力量继续鼓动工人罢工。③ 冯文研究范围仅及苏州，不能轻率地将这一结论扩展到其他地区。笔者依据史料研读以为，杭州党政力量在"四一二"前后态度高度一致，奉行国民党中央政策，严格限制劳资纠纷烈度，也并未与地方绅商发生任何的冲突。

杭州劳资纠纷三个阶段的模式不同是明显的。在第一次国共合作的统一战线基础之上，国民革命军北伐开始前后，尤其是杭州总工会成立后，作为当时的在野党，国共两党基于革命需要主动发动工人运动，与资本家展开斗争，劳资纠纷体现为强烈的政治意图。这是由当时的国内政治状况决定的，"是因为当时无产阶级和资产阶级作为阶级都还没有完全定型，是因为无产阶级和资产阶级各自的斗争，民族因素重于社会因素"。④ "四一二"政变后，国民党在浙江成为执政党，总工会被改组为工会统一委员会，劳资纠纷模式转向，国民党以布告、晓喻或临时性措施，开始严厉管控劳资纠纷，禁止双方作出出格举动。但国民党浙江省党部处理劳资纠纷时还是偏袒劳方，这与国民党党政初期，还奉行孙中山劳工政策有关，"1922 年香港海员大罢工得到国民党的最直接支持"，⑤ 这种良好的基因此时尚未消失；1928 年下半年开始，国民党统治渐趋稳固，开始以各种

---

① 闵子：《民国时期的杭州民族工商业概况》，政协杭州市委员会文史资料委员会编：《杭州文史资料》（第 9 辑），1988 年版，第 5—7 页。

② 任振泰主编：《杭州市志》（第 3 卷），中华书局 1999 年版，第 8 页。

③ 冯筱才：《劳资冲突与"四一二"前后江浙地区的党商关系》，《史林》2005 年第 1 期。

④ （俄国）T. 阿卡托娃：《民族因素在中国工人运动中的作用》，《国外中国近代史研究》，中国社会科学出版社 1982 年版，第 304 页。

⑤ （俄国）T·阿卡托娃：《民族因素在中国工人运动中的作用》，《国外中国近代史研究》，中国社会科学出版社 1982 年版，第 307 页。

立法将劳资团体以人民团体形式纳入法律框架，劳资纠纷模式进一步转向。罢工不再发生，劳资纠纷逐年减少，并且纯粹体现为经济诉求。所以，杭州劳资纠纷体现为由政治意图向经济诉求的回归，且劳资双方均未超越各时期党政力量所设定的框架。

二　从营业税抗争看政商关系

作为厘金替代的营业税，在中国近代税制改革史上有着重要地位，是税收迈向近代化的重要标志，政府也将其视为一种良税加以推广。在推广过程中，政府与商人产生了广泛深刻的互动。政府通过征求商人领袖意见，由同业公会认办营业税等方式，显示了对商人的重视与依赖；商人则主要就税率问题与政府展开了曲折而艰苦的抗争。在特殊历史时期，政商双方在抗争与应对的纠缠中，出于现实的考量，彼此走向让步与相互妥协。事实表明，与政治领域不同，在商业领域，这种既抗争又妥协的关系，体现了政府与商人某种程度的合作自觉。这种合作自觉因时局的动荡具有鲜明的地方属性。

（一）营业税准备与政商合作互动

税收近代化是商业近代化的重要标志之一，厘金最终得以废除，各类名目繁多的捐税也逐渐退出历史舞台，取而代之的，是符合近代国家经济制度的各项税收，营业税即是其中之一。浙江也经历了这样一个巨大的转变，营业税的征收在全国率先展开。浙江省政府从各个方面进行营业税征收的准备工作，包括事先讨论、营业税行政机关的组建、订定各种法律规章及代收制度之确定等。在这些准备工作的各个环节，体现着杭州政商在商业领域良好的合作互动关系。

1931 年 1 月 19 日，厘金裁除近半月，为迅速推进营业税开征，浙江省财政厅即准备召开讨论会，由省政府"致函各业领袖及经济专家，征求创办营业税意见，以便总合各方意见，定一创办标准"，其被邀人士，"上海方面王晓籁，杭州方面王竹斋、王芗泉，及嘉兴湖州绍兴宁波等商会会长三四十人"。① 王晓籁为上海市商会主席，王竹斋为杭州市商会主席，其他也都是商会领袖或商界头面人物，可见政府对于商人意见之重视，故注意与之采合作之态度。而紧接着这个会议约一月后的 2 月 25 日，浙江省商会联合会便召开第一次会员代表大会，征求各地商会关于营业税之意见，各县、各镇总共到会达 70 余人，他们提出了免除或减轻某些营

---

① 《定期召开营业税讨论会》，《申报》1931 年 1 月 13 日第 10 版。

业税及税率意见达 42 条之多，其中杭州市商会提出请省政府取消粮食业营业税。① 可见商人主动积极维护商业利益之态度，政商之间一时营造了较为密切的合作关系。当然，政府请商界开会讨论，其实还有深层用意，即希望通过这个会议，让商界知晓营业税的重要性与利益性。政府认为，"中国向无普通营业税，商界中人亦有不知营业税为何物者，在政府无施行营业税之经验，在商家无担任营业税之习惯"。② 持以上言论者为马寅初，身为当时的立法院委员兼知名经济学家，他的态度基本上代表了政府与知识界。有碍营业税开展的除了税率问题外，确如马寅初所言，"商界中人有不知营业税为何物者"，他们大部分还属于传统商人，为传统经营习惯与经营理念所左右。比如他们将账簿视为商业机密而绝不外泄，而营业税的开征却恰恰以商人的账簿为重要依据。这种矛盾一直持续到营业税征收前夕，频频有商人"不愿以账册示人，致周转次数无从寻找，营业税制无从实施"③，政府往往将这类商人以"刁滑商人"加以处罚④。因此，政府以积极主动的姿态，邀请商人代表商讨，希望能顺利推进营业税的开征，这也开启了政商双方较为平等与密切的互动关系。

政府对商人的重视，还体现在营业税行政机构评议委员会的设置中。

根据《浙江省营业税征收章程》第二十一条"凡营业税征收机关所在地，应设立营业税评议委员会"的规定，在浙江省内任何一征收营业税区域，都得设立一个营业税评议委员会。而根据评议委员会组织章程规定，其组成人员包括，"营业税征收机关主任一名，商会代表二人，厅（省建设厅）派会计员一人，县市政府代表一人，指定会计师一人"。⑤ 从评议委员会的人员组成来看，虽然以政府代表居多，且根据章程规定，其主席也由营业税的征收机关主任担任，但至少包含商会代表 2 人，体现了政府在某种程度上对商人的尊重，政商关系在这里可以说保有某种程度的和谐。按照有关章程规定，评议委员会的职责主要是营业税征收机关与营业者请求评议的事项。这些可能的事项主要包括，"营业种类、商店名称及所在地，营业人之姓名、籍贯、住址，营业资本额或全年营业总收入，

①　《浙商会联合代表大会》，《申报》1931 年 2 月 26 日第 9 版。

②　马寅初：《营业税在税制中之地位》，《经济学季刊》1931 年第 2 卷第 2 期。

③　马寅初：《江浙两省筹备之营业税》，《交大季刊》1930 年第 4 期。

④　《为刁滑商人抗验簿据应如何办理请核示由》，《浙江省政府公报》1931 年第 1195 期。

⑤　《修正浙江省营业税评议委员会组织章程》，《浙江财政月刊》1937 年第 10 卷第 2—3 期。

课税标准及税率，全年应纳税额，每季平均应纳税款数目"。① 一旦遇有以上需要评议事项，则评议委员会必须按照调查所得情况加以评议，评议后所形成的决定交由营业税征收机关执行。从以上评议事项来看，评议委员会的作用明显很大，几乎涉及了征税的全部重要内容和环节。评议当中政府居于领导地位，这不仅体现在评议委员会的人员构成上，还体现在职权上。评议规则第四条规定，"本委员会须有过半数委员出席方可开会，出席委员过半数之同意方得议决可否，同数时取决于主席"。② 过半数同意才能议决体现了评议之民主性。因此，商人代表能够参与其中，显得尤为重要，这既体现了政府对于商人的尊重，也彰显了商人的地位，同时使得商人能在某种程度上为商界发声，保护商人合法权益不受随意侵犯。

比较遗憾的是，在发表营业税法规意见方面，笔者没有见到杭州商人的身影。

财政部《各省征收营业税大纲》规定，"营业税为地方收入，凡在各省境内经营商业开设店铺，已向中央纳所得税之公司，及已由中央征收特种税者外，无论新开旧设均须开具相关事项，请领营业证并遵照本大纲之规定完纳营业税"。③ 大纲第一条还规定了营业税为地方收入，因此，在财政部《各省营业税征收大纲》和《各省征收营业税大纲补充办法》两项法规发布不久，浙江省即开始行动，制定了针对本省的有关营业税章则7种，分别为《浙江省征收营业税条例》《浙江省征收营业税条例施行细则》《浙江省征收营业税处罚规则》《浙江省商人同业公会认办营业税办法》《浙江省各区征收营业税评议委员会规则》《浙江省各区营业税征收局组织规程》《浙江省营业税督征员职务规程》。这些法律规章规定了营业税的征收种类、税率、缴纳办法、标准制定以及处罚规则等方面的问题。

在各省市相关营业税法规公布后，上海、福建、安徽等省市相继有商人发声。浙江省内，在省政府公布《浙江省征收营业税条例》后，宁波商会就曾积极致函全市各同业公会，征求对条例的意见。同业公会也积极向商会递交了各种意见。商会在收到这些意见后，召集会议，汇总商讨并向财政部与浙江省政府提出四点具体意见。比如，他们认为，"营业税当就营业征收，不能再就物品分类。或指为奢侈，增高税率，漫无限制。应

---

① 《修正浙江省营业税征收章程》，《浙江财政月刊》1937 年第 10 卷第 2—3 期。

② 《浙江省营业税评议委员会评议规则》，《浙江省政府公报》1932 年第 1543 期。

③ 《各省征收营业税大纲》，《财政公报》1931 年第 46 期。

遵中央办法大纲，照营业额一律课征千分之二，以杜流弊"。① 但杭州商界一片寂然。这从一个侧面说明了杭州商人权利意识的相对不足，没能在这一方面代表杭州商界与政府形成互动。

浙江营业税征收一个较为独特之处是，政府较为依赖商人的力量。按照国民政府财政部《各省征收营业税大纲补充办法》规定，"营业税，应由纳税人向主管机关直接缴纳，不得由他人承揽包办"。② 但在当时，浙江是全国少数由商业同业公会认办营业税的省份。其他省市只有上海由商会协收代缴，江苏少数县份由商会或同业公会代征。浙江为此还专门制定了《浙江省商人同业公会认办营业税办法》。办法表示，营业税之所以请同业公会认办，是为了便利全省商民起见。办法规定，"同业公会呈请认办本业营业税时应由全体同行具名盖戳，先将各户全年营业估计数及应纳税额详细开报，并须当地商会之证明"。③ 足见政府既依赖商人，又防范可能风险的良苦用心。由同业公会认办征收，在营业税开征初期，其意义与作用是非常明显的。一是同业公会非常了解各商户的经营情况，也更容易说服各商家积极缴纳营业税，以免政府出面产生隔阂而不利征收。关于这一点可以从 1931 年营业税征收情况看出。是年全省总共征收营业税98.919 万元，而滞纳金仅为 1.7 万元，征收比较顺利；④ 二是从成本上来说，同业公会代为征收也比政府设立专门机构来得低廉。

政府在征收营业税准备过程中，始终居于领导地位，掌握着各个环节的话语权和主动权，但各个环节无不有商人的参与、协助与配合。政府的这些措施，在提高商人地位的同时，也为营业税的顺利开征创造了有利条件。商人一方面配合政府，在营业税征收各环节发挥了应有的作用，为营业税这一近代化良税的顺利开征作出了贡献。但在商言商始终是中国传统商人的主要特质，当政府制定的税率侵害他们的利益时，抗争便不可避免地发生了。

（二）税率的抗争与妥协

营业税准备工作的各个环节，总体上体现了杭州政商在商业领域良好的合作互动关系。营业税税率实施方面，则交织着既斗争又妥协的关系。

---

① 记者：《相持中之营业税》，《银行周报》1931 年第 15 卷第 9 期。

② 《各省征收营业税大纲补充办法》，《财政公报》1931 年第 46 期。

③ 《浙江省商人同业公会认办营业税办法》，《浙江财政月刊》1931 年第 4 卷第 6 期。

④ 《浙江省二十年度营业税实收数统计表》，《浙江财政月刊》1932 年第 5 卷第 6 期。

　　浙江省营业税正式征收是在 1931 年 6 月 11 日[①]，征收前声称"拟将现行税制中，如统捐、屠宰税、牙贴捐税、当贴捐税、钱业捐税等，以及其他属于商人应完之税捐，均一律裁并。对于本省区域内经营各种商业、开设店铺者，只收营业税一项，其他苛细杂捐，从此悉数革除"。[②] 浙江的营业税相关办法制定，在正式实施前被认为是当时国内与国民党中央保持高度一致的省份。理由之一，如在税率方面，财政部大纲第四条规定，"营业税税率，应照课税标准，用千分法计算征收，至多不得超过千分之二"；而补充办法第八条规定，"凡以营业收入额为课税标准者，照大纲第四条办理。其以资本额为课税标准者，最多不得超过千分之二十"。[③] 也即是说，各省的营业税税率征收标准，如果按营业额计算，不超过 2‰，如果按资本额计算，则不应超过 20‰。当时有人通过研究后认为，"深觉其（浙江）与中央所颁布之营业税大纲及征收营业税补充办法，并无违背，而'青出于蓝而胜于蓝'"。[④] 那么，事实果真如此吗？对于杭州市 1931 年 6 月即将实施的千年以来未有的新税收体制，杭州商界是如何反应的，政商之间的关系又是如何从冲突到调适的呢？

各省市分类营业税税率表

营业种类	课税标准	各省市税率‰							
		上海	江苏	浙江	江西	湖北	河南	福建	山东
制造业	资本额	1—20	2—20	2—20	15	2.5—10	10	2 营业	1 营业
印刷出版	资本额	2	2	2	15	2	10	2 营业	2 营业
钱庄银号	资本额	5	20	10	20	10	20	10	20
货栈业	资本额	2	5	5	10	5	20 营业	2 营业	10 营业
交通业	营业额	2	2	2	2	2	10		2 营业
贩卖业	营业额	1—10	1—10	1—10	2	1—10	2—20	1—20	1—15

　　根据李权时：《中国目前营业税问题概观》相关数据整理所得，《经济学季刊》1931 年第 2 卷第 2 期。

　　由以上数据可以看出，浙江营业税税率跟江苏、上海相近，而整体上低于其他省份。对此时人也较有溢美之词，"而不谓今浙江省竟能即以中

---

①　《杭州》，《申报》1931 年 6 月 12 日第 9 版。

②　魏颂唐：《浙省拟办营业税之经过》，《银行周报》1928 年第 12 卷第 4 期。

③　分别参见：《各省征收营业税大纲》《各省征收营业税大纲及补充办法》，《财政公报》1931 年第 46 期。

④　王宪煦：《浙江营业税之面面观》，《经济学季刊》1931 年第 2 卷第 2 期。

央所颁布之征收营业税大纲及补充办法为依据，订定关于征收营业税之各种章则，是诚系出人意料，抑亦为我国租税史上之新纪元也!"作者并就营业税税率指出，"浙江省营业税税率，以千分法计算，或高或低，一遵中央意旨"。① 揆诸史实，却并非完全如此，表中即可看到贩卖业完全违背了"中央意旨"。除此之外，还有作为浙江的独有税种——箔业特种营业税，存在违背"中央意旨"的情形而导致杭州商人抗争，下文再述。

尽管商人对政府征税范围持有异议，也有抗争与妥协，如全浙公会之抗议浙江省政府土布营业税等事件②。但营业税税率始终是政商双方矛盾的焦点，其中最为激烈与产生重大影响的是征收丝绸奢侈品税与《营业税法》颁布后的增税事件。

财政部征收营业税大纲同时规定，"营业税税率，应照课税标准用千分法计算征收，至多不得超过2‰；但奢侈营业及其他含有应行取缔性质者，不在此限。课税种类等级，由各省按照本地商业状况，分别酌定"。也即是说，地方政府有权根据本地情况，分别制定不同门类的商业税率。丝绸为杭州商业大宗，为杭州税收主要来源之一，浙江省政府为增加税收收入，"擅自"把杭州丝绸业列入了奢侈品类别，激起了商界的激烈反应，作为杭州商界代表的绸业，首先出面表示反对过高的营业税税率。

1931年1月27日，杭州市商会向政府发出呼吁，"窃查绸缎为浙省出产之大宗，近年来正苦浙捐重于苏捐，以致绸市一落千丈，不但各业均受连带之影响，而一般依绸缎为生活者，亦皆相继失业，甚至商家逐渐倒闭，工人坐以待毙。不期此次举办营业税，重至千分之十五。夫浙绸乃国货特产之一，且为数万工人生活所维系，正宜鼓励提倡之不遑，何堪遭此重大之打击"。③ 由于1927年以来，杭州绸业基本呈现逐年衰落之势，营业本来就非常困难，15‰的税率商家自然难以承担。

对于绸缎业的营业税税率，商界的意见是不能超过财政部规定的，按营业额计算上限的2‰，而政府之所以将之定在15‰，实际上不是将绸缎按一般货物看待，而是将其作为奢侈品看待，征收奢侈品营业税，政府的这一做法自然激起了商界的激烈反抗。商界据理力争，"查国产丝绸，既非应行取缔之品，且为国府颁布之服制条例质料之第一项，其为日常服用制品可知。复证以国府为救济丝业，发行巨额公债，在政府绝非奖励奢

---

① 王宪煦：《浙江营业税之面面观》，《经济学季刊》1931年第2卷第2期。

② 《全浙公会抗议浙省征收土布营业税》，《天津棉筌》1932年第3卷第1期。

③ 《申报》1931年1月27日第10版。

侈，则丝绸之非奢侈品更可知"。① 绸缎业商界代表抓住这一有利证据，继续他们的反抗，强烈呼吁并要求浙省政府遵守财政部的规定，将杭州绸缎业营业税税率降低至不超 2‰。为了达到既定目标，1 月 28 日，杭州绸业同业公会联合上海绸业同业公会，一起到浙江省政府请愿。上海绸业同业公会代表与杭州绸业同业公会代表数人，一起到浙江省财政厅请愿，向财政厅厅长力陈绸缎业经营的艰难，请求"照准部颁营业税大纲，减为至多不过千分之二，当蒙王厅长允为签注意见，即可转呈财政部，准予酌量变更"。② 接着，两地同业公会代表到省政府继续请愿，恰逢浙江省政府主席外出，由其秘书代为接见，在秘书表示将代为转达意见后，上海同业公会代表方回上海。

为了团结绸缎业内部力量，起到一致行动的效果，1 月 27 日，上海市绸缎业同业公会邀请杭州绸缎业同业公会，一起开会讨论相关决策。会议决定展开相关行动，"一、电两省丝绸业团体，一致请求政府核减绸缎营业税税率至高不得超过 2‰；二、江浙两省政府规定营业税税率过高，应函请上海市各业公会研究税则委员会（共同）主张；三、依照工商同业公会法第十四条，组织江浙沪丝绸业同业公会联合会"。③ 在同业公会得知浙江省营业税章程已呈报国民政府财政部后，江浙两省绸缎业同业公会代表于 27 日当晚奔赴南京请愿。代表们到达南京后，首先到国民政府财政部，拜见了关务署和赋税司的相关负责人，陈说绸缎业的困境，认为江浙两省政府所制定的营业税税率 15‰实在过高，应该遵照财政部的规定，不应超出 2‰。代表们强烈要求财政部对于江浙两省政府的做法，予以纠正。之后，代表们又去实业部，拜见商业司司长，司长表示向财政部咨询后核减。28 日中午，实业部部长孔祥熙会见了江浙代表，孔祥熙表示将重视和采纳代表的意见。

1 月 31 日，江浙沪丝绸业在上海召开联席会议，一面欢迎请愿代表的回归，另一面讨论决定"对于逾越部颁纲要千分之二最高限制之营业税，为尊重中央政令起见，应通告各省市丝绸业团体及丝绸业商号，概不缴纳。并应扩大宣传，俾各明了"。会后，向全国发出了要求同业一致行动的电文，"按照行政院颁布之各省征收营业税大纲第四条，营业税税率，应照课税标准，用千分法计算征收，之多不得超过千分之二。吾绸商

---

① 《各省市丝绸业团体商号公鉴》，《申报》1931 年 1 月 31 日第 7 版。

② 《江浙绸业积极请减营业税》，《申报》1931 年 1 月 28 日第 13 版。

③ 《布业公会力争营业税率》，《申报》1931 年 1 月 28 日第 13 版。

为尊重中央法令，维护国绸生命起见，凡各省对于丝绸业之营业税率，为超过部定纲要千分之二之最高限制者，自应概不缴纳"。①

2月10日，江浙沪丝绸业同业公会听闻浙江省将于3月1日正式开征营业税，在之前数次向浙江省政府、国民政府财政部、实业部请愿与陈说均无回应的情形下，江浙沪绸缎业同业公会联合会召开了联席会议，并分别致电浙江、江苏、上海市政府，再次陈说三地政府所制定的绸缎业营业税税率过高，"非特商民不胜负担，且足为提倡国产绸缎之最大阻力。现闻浙省有定三月一日全省一律开征之说，苏省度亦不远，而绸缎税率核减，迄尚未奉明示，商民惶骇，引领企望。用特再经属会议决，电陈钧府，务恳顾念民生，俯顺商情，所有营业税率，应遵照部颁纲要，勿超过千分之二。伏祈钧府当机立断，迅赐明示，以慰喁望"。② 很明显，在屡次的请愿均未得到明确回应，各地政府营业税的开征似乎又箭在弦上之时，商界显得有点急不可耐。

商界的再三努力终于有了成果，2月11日，国民政府行政院向各省政府发出了降低绸缎业营业税税率的命令。中华国产绸缎救济会在回顾以往江浙沪绸缎业同业公会无数次为降低营业税税率而作出的努力后，发出了通告，认为"此次减轻税率，得以达到目的，因由于中央政府俯纳民意，嘉惠绸商"。另外，"江浙沪三处绸业请愿代表，不辞跋涉之劳，奔走呼号"。③ 对此次达到营业税税率降低至2‰的目标，亦有巨大的关系。

至此，绸业同业公会的呼吁取得了完全成功。

1931年3月，国民政府财政部将先前制定的《各省征收营业税大纲》及其补充办法，与江苏、浙江、安徽、湖北、湖南五省征收营业税条例及其施行细则加以修正，由行政院转呈国民党中央政治会议进行审议，审议后交付立法院制定营业税法，立法院议决后，交下属机构财政、经济两委员会审查并起草，最终完成《营业税法》并颁布。浙江省政府根据《营业税法》重新修订了营业税征收条例及其施行细则，此条例1932年年初改称为章程，4月经财政部修正后施行。浙江在修订营业税征收章程时，因为考虑原先的营业税条例规定"税率分级太多，致商人藉此趋避，多所隐漏，且普通商店，每多一户兼营数业，其中税率轻重不一，不独避重

---

① 《江浙沪丝绸业昨开联席会议》，《申报》1931年1月31日第13版。

② 《绸缎业请减税》，《申报》1931年2月11日第13版。

③ 《绸业营业税已准减轻》，《申报》1931年2月12日第9版。

就轻，易于取巧，对于调查征收，尤滋纠纷，考察一年以来经过状况，按照规定税率，虽有高至千分之二十者，而实际收入，平均计算不过千分之一、二，综计全年应收税额，为数甚微"。① 于是，浙江省政府修改了税率，对各类营业，决定自4月起，不分标准等级与类别，也无论营业额与资本额，一律"课税千分之十"。② 此举一出，立刻招致了全省商民的一致反对。杭州市商会主席王竹斋表示，"此案公布后，本会据各业公会纷请，免予增加。全浙商会联合会，亦据各商会会员申请转呈收回成命"。③

浙江省政府因为此举可以增加财政收入，减轻财政收支不平衡的压力，但对商界而言，却无疑大大增加了营业的困难。面对这种局面，政商双方一时陷入僵局。此后，杭州市各业同业公会纷纷电呈浙江省政府和财政厅及国民政府财政部、实业部，请求取消加税至10‰的决定，然而政府没有表态，商界于是继续行动。5月27日，杭州市各业同业公会召开会议，决定，"即日组织杭州市各业同业公会联合会；此次本省政府违法修改营业税税率，商民誓不承认，在未达到请求取消目的以前，各业商店，一律暂缓缴纳营业税。如遇税局有强制执行情事，须立即报告各该同业公会，迅速转报本联合会，共筹最后有效之具体办法。未得本联合会通告以前，无论何业，不得单独缴纳营业税"。④

面对杭州市同业公会联合会的强硬态势，浙江省政府作出了妥协。在省政府会议讨论后，由"扬绵仲、王澄莹、曾养甫三省委会同财政厅周骏彦重行审核，经数度会商，决定将整卖营业税减为千分之五。俾商民艰困既得顾及，政府财政、整个预算，不致发生问题为原则。至商人方面，虽坚请收回成命，而因顾全大局，较去岁略事增加亦表示接受"。⑤ 至此，加税风波以双方互相妥协而告终。

由以上杭州市政商争端可以看出，为了自身的利益，杭州商界表现出了坚强的决心与果断的勇气。既能单独面对省政府及有关部门，又能注意联合省内同行及国内同行，一起奋力。通过通电、致电与亲自组团请愿的方式，力陈强有力的理由，最后取得了斗争的胜利。总体看，商界表现出

---

① 《江苏省政府为修订营业税征收章程咨财政部文》，1932年3月，中国第二历史档案馆藏。转引自国家税务总局：《中华民国工商税收史：地方税卷》，中国财政经济出版社1999年版，第32页。

② 《浙江省营业税征收章程》，《浙江省政府公报》1932年5月23日第1518期。

③ 《浙省增征营业税近讯》，《申报》1932年5月15日第9版。

④ 《各业公会组联合会》，《申报》1932年5月29日第8版。

⑤ 《杭州》，《申报》1932年6月23日第8版。

了有理、有利、有节的策略方针，在不能全部达成要求的状况下，也能与政府取得妥协。作为政府而言，保持财政的收入是至关重要的，厘金的消除势必需要营业税的替补。然而，在商业困顿的 20 世纪 30 年代，政府如欲全部达成目标，似乎也较为艰难。因此，在某些情况下，政府主动与商界达成妥协，也不惜为一种明智的策略取向。

（三）特殊时期营业税征收中政商关系的地方属性

1931 年，杭州财政窘迫，商人市面萧条。是年，杭州市政府将创办于 1927 年的《市政月刊》改为《市政季刊》，其唯一的原因就是缺钱。杭州市政府还经常拖欠公务员的薪水，"杭市为有名都会，机关林立，公务人员警察士兵等数约八千余人，惟其在职时间殊无一定，大抵以主任长官之去留为准则。至其待遇等差，职有定章，惟最近因政费短绌，职司财政及主管银钱之事务为近水楼台，余则亦有欠薪至二三月者"。[1] 从以上两个事件可以看出杭州市政府财政短缺的程度。在这种财政紧张的情形之下，浙江政府出于利益的考量，继续征收箔业税，而围绕箔业税的抗争，典型体现了杭州政商关系的地方属性。

浙江的锡箔，每年运销江苏、山东、河北、湖南与湖北等省，数额非常可观，直接或间接依靠箔业维持生计者，人数巨大。按照杭州市政府的说法，"锡箔之用途，无非制造冥镪。乡愚无知，以奉鬼神。自国民军建都南京，努力于打倒迷信。然数百年来，相沿成习，深入脑海，殊难骤易。且平民生计所关时，不易救其失业。故就目下情形而论，则浙江箔业，尚不失为重要工业之一也"。[2] 南京国民政府成立后，致力于树立新的民间风俗，破除迷信便是其中一项。而作为破除迷信的一个举措，1930 年南京国民政府向各省发出了停止经营箔业的指令。浙江地方政府显然明白南京国民政府致力于打倒迷信，也即是禁止箔业这种商业发展。然而，因为"平民生计所关"，还是违背了中央的意旨，实行有利于地方的本土政策。

姑且不论杭州政府对民众所谓迷信难以骤然改变，实际上，政府坚持不放弃锡箔业，是基于两层现实的考量。一是锡箔业从业者众多。据估计，"杭绍甬三处，男女箔工，以达百余万人，其他间接藉此营生者，尚不在内"。[3] 浙江省箔业最为发达者，为杭州、绍兴和宁波，以杭州、绍

---

① 建设委员会调查浙江经济所编：《杭州市经济调查》，1932 年，第 646 页。

② 《杭州箔业调查》，《工商半月刊》1929 年第 1 卷第 14 期。

③ 《杭总商会请维持箔业》，《申报》1930 年 4 月 28 日第 7 版。

兴、宁波总共一百余万从业者估算，杭州的箔业工人数量也很可观。因此，政府自然会考虑工人的生计问题而不会轻易取消箔业。二是鉴于其高额的捐税贡献。就杭州市而论，"杭箔市价，每块售洋二元八角。至于销路，则本地仅占十分之一，皖鄂等省合占十分之一，而江苏一省，独销杭箔十分之八。年来因捐税增加，批价昂贵，销路因之减少。查箔类特捐，规定值百抽一二，外加附捐一成。故锡箔一块（三千张），征税洋三角八分"。① 据估计，即便到了因过重捐税而致其衰落的 1929 年，杭州的锡箔年销量依然有约 30 万块②，以此计算，则杭州市政府可年征收箔业捐税11.4 万元。1929 年，杭州市政府的财政收入为 117.899 万元，单箔业捐税一项，几乎占到杭州市全部财政收入的 10%。由此观之，箔业捐税对于杭州市政府的财政收入来说，是极为重要的。杭州市政府的所谓"故就目下情形而论，则浙江箔业，尚不失为重要工业之一也"一语，自然就不难理解了。

浙江对锡箔业征收捐税，到 1931 年营业税开征前夕，因其大大超出财政部规定营业税上限而似乎变得不可持续。在此之前，浙江的锡箔税其实是厘金性质，税额非常高。锡箔是浙江产品大宗，其税额征收按营业额计算为 15%，折合营业税 150‰，是财政部所定营业税税额上限 10‰ 的15 倍，加之锡箔从业者人数巨大，又因收入指定拨充教育经费，是浙江财政来源之一，所以浙江省视之为肥肉而不肯轻易舍弃，其捐税设立了专门部门征收。但是锡箔作为迷信产品，在国民政府严禁打倒之列，《营业税法》更是要求所有行业门类一律征收营业税，如果继续征收锡箔捐税，于法于理皆有不合，且严重违背"中央意旨"。此时，浙江省面临多种选择，一是直接废除，改征营业税，按上限 10‰ 征收，但是税收损失巨大；二是保留锡箔捐税，继续征收高额捐税，但是在全省开征营业税的状况下，显得格格不入，有损浙江在全国开风气之先的良好形象，在承办税收人员看来也是不伦不类；三是将锡箔业按奢侈品或迷信产品征收奢侈品税，这样又没有充分的理由，而且手续上也颇为繁杂。因此浙江省政府放弃以上三种选择，而是选择了最简单可操作的方案，即直接按照"各省市内原有牙税、当税、屠宰税及其他应依法取缔或寓禁于征之营业税，得暂照原有税率分别改征营业税"③ 这一规定执行，这就是后来征收的箔业

---

①　《杭州箔业调查》，《工商半月刊》1929 年第 1 卷第 14 期。

②　参见《杭州箔业调查》，《工商半月刊》1929 年第 1 卷第 14 期。

③　马寅初：《直接营业税之现状》，《银行周报》1932 年第 16 卷第 2 号。

特种营业税。这样，浙江省政府既遵照财政部所谓寓禁于征之意见，又继续维持征收十倍于营业税上限的锡箔税。

商人对于政府维持箔业，不令取消，现有史料中没有找到支持或反对的证据。按常理推断，商人对于浙江地方政府的这一政策应当表示赞赏和支持，理应有良好的政商合作关系。但是，政府依然对锡箔业课以重税，却激起了商人的抗争。1931 年 4 月，在一份由上海市商会转呈的上海市箔业同业公会致南京国民政府财政部长宋子文电文中称，浙江省政府自定值百抽十五之箔类营业税草案未经钧部核准，遽于施行，实属违反部定大纲所定税率，超过大纲 65 倍之多。箔业同业公会恳请财政部体恤商艰，责令浙江省财政厅减轻箔类营业税。[1] 此电文中没有杭州商人对于箔业过高税率的抗争意见，却令上海箔业同业公会同仇敌忾，一方面可能是因为过高的税率影响锡箔在上海的销售，另一方面也凸显了箔业的地方属性，因为"箔税一项为浙江所独有"。[2] 另一则材料则十分有趣地展现了杭州商人与绍兴商人、杭州商人与浙江政府围绕营业税之间的抗争。1931 年 2 月 26 日，浙江省政府公报称，杭州箔业商人代表陈献文呈文浙江省政府，控诉绍兴箔业庄商何玉书等违背定章，朦请认办锡箔特种营业税，浙江省政府于是责成浙江省财政厅调查核实[3]。那么，所谓违背定章指的是什么？面对杭州箔商代表陈献文请求驳斥的呈文，浙江省政府会作出怎样的应对呢？2 月 28 日，浙江省财政厅呈文浙江省政府，详细解释了事情原委。箔业特种营业税税率本就大大超出一般营业税，绍兴箔商代表何玉书等又在此基础上主动提高税率，积极要求认办此营业税。而箔业特种营业税对于地方财政与教育经费有很大支持作用，因此，财政厅欣然同意由何玉书等人代办箔业特种营业税。但省财政厅同时声称，此次准由绍兴箔业代表加额认办营业税，并非专为政府增加收益，乃是为了一般箔商纳税便利。而且为了箔业工人将来的生计，征税的一切手续完全公开，与从前商人认办税捐包征包解的办法截然不同。并且政府征收局随时对认办加以监督考核，另外设立评议委员会，当有争议发生时进行评议。[4] 财政厅言之煌煌，既达到了为自己辩护的目的，又实行了有利于自己的政策。所以，杭州箔商代表陈献文责难的"违背定章"，实际上指的就是何玉书等人在

① 《箔业请减营业税》，《申报》1931 年 4 月 3 日第 10 版。

② 马寅初：《直接营业税之现状》，《银行周报》1932 年第 16 卷第 2 号。

③ 《浙江省政府批秘字第三二零号》，《浙江省政府公报》1931 年第 1142 期。

④ 《呈文》，《浙江省政府公报》1931 年第 1144 期。

政府制定的箔业营业税税率基础上主动加价，擅自向政府承诺进一步提高税率的不当行为。政府基于巨大利益这一现实考量，面对绍兴箔商主动请缨，当然非常欢迎。而陈献文的呈文抗议，自然也就没有得到政府的支持。

总之，杭州商人对于政府维持箔业，持积极态度，但对于政府维持箔业的高税率，则作出了积极的抗争。在特殊时期，这种抗争因其产业的地方性而使得其政商互动关系也带上了明显的地方属性。所谓特殊时期，商业领域而言，是上文已经指出的杭州市政府财政窘迫的情形，而政治领域的动荡则加剧了这种窘迫。

（四）独有的商业领域的政商妥协

营业税实施在中国税制史上具有近代化的重要地位和意义，从讨论、准备到开征经历了曲折的过程。政府与学界认为"商界中人亦有不知营业税为何物者"，且"每有因政府人民不相谅解，以致良制无从实行，且每有上下隔阂，坐使政府人民坐受意外损失。故政府当此实行新税之际，宜努力启导人民"。[1] 因此，他们纷纷进行布告、晓喻与宣传，务求商人理解营业税较厘金优越之所在与必征之理由。

马寅初根据江浙两省开办营业税的实践，这样描述营业税推进的艰难：中国商人对于营业税毫无经验，执着于商业秘密成见，政府为了迁就，改为牌照税，每年按资本大小分等级纳税，商人对此也不赞同。于是政府改牌照费为登记费，在登记时收费若干，但商人还是观望。[2] 新税种与商人的直观感受和传统观念产生了激烈的碰撞，于是全国各省商人或反对开征或要求降低税率的现象频频发生。[3] 这是商人在商业领域积极主动维护自身利益的权利自觉。

揆诸史实，随着政府与学界宣传、晓喻等手段不断展开，商人逐渐面对现实接纳营业税。受政府之邀或响应政府号召，在开会讨论、设立评议委员会等行政机关以及营业税立法等环节发表意见，政商关系较为和谐，合作占据主流。但在税率实施的问题上，商人的抗争却往往是激烈的。面对商人的激烈抗争，经过曲折、反复的较量，政府基于现实的考量，基本上采取了妥协的态度。这里所谓现实的考量，具有双重含意，一是为弥补

---

①　马寅初：《浙江之营业税》，《经济学季刊》1931 年第 3 卷第 2 期。

②　马寅初：《江浙两省筹备之营业税》，《交大季刊》1930 年第 4 期。

③　《营业税施行前之各面观》，《银行周报》1931 年第 15 卷第 5 期。

裁厘损失与财政所需，政府必须及时开征营业税且采取高税率的政策；① 二是当遭到商人抗争时，政府也表现出了"体恤商艰"，为维护市面的姿态，完全满足或适当满足商人的集体诉求。同样，商人在激烈抗争后不能完全达成初衷的情形下，也会与政府妥协，以维持自身的商业活动。从这个意义上说，政商双方从商人抗争到双方妥协，其实带有合作的自觉。所谓合作自觉，并非没有条件的完全自觉，而是指在政商双方互动过程中，当受到对方抗争意见或政策态度而致原计划不能全部实现时，基于现实的有利于自身利益的考量，彼此能够主动调整自己的既定目标，作出某种程度的退让，以妥协达成双方的谅解与接受。并且这种由抗争到妥协的合作自觉因为杭州诸如锡箔税等因素而彰显了独特性。杭州营业税开征进程中，包括开征后杭州商人一系列的税率抗争事件，都证明了这一特质。

政商双方在商业领域的这种合作自觉，在政治领域完全不存在。

在商言商是中国商人由来已久相沿成俗的心理定式。冯筱才将江浙商人"把维持稳定的商业制度，保护商业经营秩序，充当官商交通的媒介等商会从事的事业，称之为商会的'常态'；将商会短暂的政治参与，以及为避免战事而发起的和平运动，以及对战争的应付举措等均划入'变态'范围"。② 这是确论，杭州商人在北京政府时代，尚有零星的政治活动，而到了专权度较高的南京国民政府时期，所谓政治参与只在抵制日货活动中有所体现。所以说，杭州政商之合作自觉只存在于商业领域。

在承认"商人充当官商交通的媒介"这一前提下，有必要进一步探讨，政府与商人双方是处于一种怎样的互动关系中实现这一功能的。通过历史事实的考察，确如有研究者指出的，营业税在征收进程中，商人团体充当了官商之间的纽带角色，杭州也是如此。笔者想进一步指出的是，这种成果的取得，是通过商人抗争然后政商双方互相妥协的结果，而不是依靠商人对政府的制约；也不是政治活动，而只是商人在商业利益上的诉求与政府的应对。

---

① 浙江省政府将全省划分为九区营业税局和十二征督区四十六县分别征收营业税，根据调查结果预定全年营业税额为二百四十七万余元，与原先预计一千万元左右相差甚大，比在厘金时代全省可年收七百万元也有很大差距。

② 冯筱才：《在商言商：政治变局中的江浙商人》，上海社会科学院出版社 2004 年版，第297—298 页。

三 地方政治局势及官员对杭州商业的影响

1912 年至 1926 年，浙江大多时候处于军阀统治之中，杭州充满了动荡与不安。军阀之间的剧烈争斗，政治局势风云变幻，因此社会秩序时常紊乱，在短时期内，对杭州某些商业产生了不利影响。

杭州公用事业中的电话公司，即是受到杭州政治局势影响较为典型的案例之一。

杭州电话事业肇始于 1906 年，其发展变迁，随着时势变化而起伏。起初使用较为落后的碰石式电话，由铁路公司创办，地点设在杭州方谷园。当年，设有百门交换机一座，只有 30 余户申请安装。1907 年，电话公司转归官办，用户数逐渐增长，又增添百门交换机一座，并设城南分局二十五门，城北分局五十门。1909 年，电话公司又改为官商合办，资本额增加到 10 万元，官商各占一半，并又增加百门交换机两座。随着业务进一步扩大，1911 年，电话公司地址迁移到上华光巷，又增添百门交换机一座。合并业务，将南北两分局撤销，整个杭州城电话用户增加到了创历史纪录的 300 余户。1913 年，官股完全退出，电话公司成为彻底的商办公司，资本额增加了 10 万元，并新装了更为先进的德国西门子交换机一座，用户继续增加到 500 余户。在往后数年中，电话事业日见发达，到"民国七年（1918 年），添设北分公司二百门于湖墅宝庆桥，十二年（1923 年）设南分公司二百门于江干洋泮桥，十三年（1924 年）设东分公司四百门于忠清巷，十四年（1925 年）设西分公司五百门于新市场，是时全公司共有交换机二十四座，容量二千五百门，用户一千六百余家，营业状况甚佳，为电话公司最盛时期"。[①] 以上数字表明，自 1906 年开始，杭州电话公司不管性质如何，基本上处于较为平稳的发展态势，尤其从 1913 年完全转为商办开始，一直到 1925 年前后，更呈现出加速发展之状。

然而，这种良好的发展态势，突然止步于 1927 年前后。1927 年杭州政权鼎革，国民政府开始统治。在政权易位之际，杭州局势动荡，对电话事业造成极大的损失和破坏。据报载，1926 年年底，杭州社会纷乱加剧，"省会卫戍司令部前派兵士六十名分三班巡逻街市，昨日起，恐发生误会，已暂取消驻城站之一师，宪兵稽查处亦撤去。杭州电话公司暨电报局

---

① 浙江财务人员养成所编：《杭州市经济之一瞥》，1932 年版，第 93 页。

经军队把守后，办事人纷纷离散，今日午前未复原状，闻损失以电话公司为巨"。① 政局动荡导致社会乱象，商业损失可以想见。据统计，1927 年，杭州电话公司用户，"因政局关系，用户骤然减少二百余家，而公司之支出反而倍增，其营业状况，遂一蹶不振。其后民国十七十八两年（1928—1929 年），用户虽增加三百余户，然元气已伤，负债日大"。②

很明显，虽然南京国民政府统一政权建立后，社会和商业秩序趋于稳定，但在鼎革之际，对商业造成了不利影响。

再比如，北洋军阀争斗时期，杭州金融业因此遭受侵害。

在孙中山发动"护国战争"后，段祺瑞为首的皖系军阀执掌了北京政权，并试图将其势力扩展至浙江。此时，因为浙江军界内部矛盾与纷争未息，给了北京政府可乘之机。1917 年 2 月 25 日，"黎元洪令准浙江督军简署省长吕公望辞职，特令杨德善为浙江督军，齐耀珊为省长"。③ 随着杨德善就任浙江督军，齐耀珊成为浙江省省长，皖系北洋军阀势力基本上掌控了浙江，结束了"浙人治浙"的历史。北洋军阀为维护其势力和统治地位，战争连年，其浩大的军费支出，给浙江和杭州商界带来了沉重的负担。军费负担，1912 年至 1916 年基本稳定，如 1912 年为 280.8046万元，1913 年为 335.8161 万元，1914 年为 327.5415 万元，1916 年为326.4012 万元。④ 而到了 1917 年，"浙军和驻浙北洋军就增加到三师。此外，还有各式各样的警察，及各地士绅举办的民团。军费飞速增加。以一九一七年为例：军费实支八百零七万九千零四十九元，警费实支为一百六十六万二千四百十七元，合计九百七十四万一千四百六十六元，竟占该年全省财政实支总数二千一百万元的百分之四十六以上"。⑤ 可见，政局的动荡不安，给浙江财政造成巨大的负担。这种负担，对于杭州银行业来说，尤其巨大。"在北洋军阀杨德善、卢永祥、孙传芳主浙十年间，临时借款达 1049 万元，先后 6 次发行公债 1360 万元。借新还旧，发新还旧，为数甚大。所有这些公债之经理发行，和兑付本息，均由中国银行杭州分行办，而由金润泉任发行负责人。这样做，在客观上是帮助军阀控制浙江，为他们解决财政困难，是便宜了军阀；但如不这样做，只能使这些盘

① 《杭州快信》，《申报》1926 年 12 月 26 日第 6 版。

② 浙江财务人员养成所编：《杭州市经济之一瞥》，1932 年，第 93 页。

③ 记工编著：《历史年鉴 1917》，吉林文史出版社 2006 年版，第 16 页。

④ 参见来新夏《北洋军阀史》（上册），南开大学出版社 2000 年版，第 387 页。

⑤ 徐和雍、郑云山、赵世培：《浙江近代史》，浙江人民出版社 1982 年版，第 286 页。

踞浙江的军阀也像在其他地方军阀那样乱发地方币，预征赋税（如有的地方军阀把田赋预征到民国九十年，亦即 2001 年），对广大农民的坑害更大，对地方的祸害更烈。"① 迫于情势，杭州商界不断满足北洋军阀要求，使自身背上了巨大的经济负担，对商业的正常运行造成了不良影响。杭州商界深知，如无法满足军阀需求，则极有可能给杭州带来不可预估的危害，杭州商界就在这样进退两难中推动着商业的发展。

虽然，"近代中国的市民社会在清末萌生出雏形后，已经取得了相当一部分自治权利，而且在一定程度上发挥了制衡国家的功能与作用，并在民初又获得了进一步的发展"。② 然而总体上却依然处于强国家弱社会的状态。这种状态在 1927 年至 1937 年期间，因为政治局势由动荡一变而为安定，政府力量变得强大而益趋明显。考察历史细节，本地官员的个性与风格，对杭州商业有着较为重要的作用。

在历史的各个时期，均可见杭州官员对地方商业的显著影响。

蒋尊簋在继汤寿潜任浙江都督后，制定的一些惠商措施，对杭州商业产生了积极影响，上文已有论述，这是对杭州商业有着系统性影响的一例。而有些军政首脑，出于某种原因，也对杭州商业产生了局部影响。如北洋皖系军阀卢永祥统治浙江期间，意识到交通对商业发展和稳固其统治的重要性，"于民国 10 年（1921 年）正式设置省道筹备处，以省、商共同修筑的办法，开始重视公路交通的建设。民国 11 年（1922 年），随着杭州市马路陆续修建，西湖白堤上的断桥、玉泉、西泠等桥改平，岳坟至灵隐道路拓建工程的完成，为这一段行驶汽车提供了条件"。③ 卢永祥治浙期间的一些动作，在杭州历史上大都属于首创。修筑道路，整治风景，对促进杭州旅游的发展，具有比较重要的正面作用。

此后，卢永祥支持对旅游事业很感兴趣的陆宝泉，组织永华汽车行。后来因为在湖滨与灵隐九公里长的风景线上游客众多，业务兴盛，"一般资本家为盈利起见，具呈省会警察厅设立汽车公司，嗣因照章不得在同一区域内为同一汽车营业，遂合并改称永华汽车局"。④ 为进一步消除异己，

① 《浙江近代金融业和金融家》，浙江省政协文史资料委员会编：《浙江文史资料选辑》（第 46 辑），浙江人民出版社 1992 年版，第 89 页。

② 朱英：《转型时期的社会与国家——以近代中国商会为主体的历史透视》，华中师范大学出版社 1997 年版，第 494 页。

③ 杭州市民建、工商联文史组：《杭州最早的市内公共汽车》，政协杭州市委员会文史资料委员会编：《杭州文史资料》（第 9 辑），《杭州工商史料选》，1988 年版，第 188 页。

④ 《永华汽车公司之要讯》，《申报》1923 年 3 月 17 日第 24 版。

平息人力车工人等反对势力，永华汽车还"请省行政公署财政秘书室萧剑尘担任董事长，省警察厅长夏超妻舅熊凌霄等任董事，借助于官场势力，平息反对风波"。^①为了经营顺利，不得不借助政府官员或官员亲属的力量，也可见官员个人对于地方商业的影响力。

南京国民政府统治时期，对杭州产生重要影响的官员主要有张静江、朱家骅和周象贤等，兹举张静江为例说明。

张静江，浙江南浔人，出身巨贾之家。对孙中山革命事业给予了巨大的经济援助，后又支持蒋介石进行国民革命，因此地位极为显要。南京国民政府成立后，张静江分别于1927年7月和1928年10月两次担任浙江省政府主席之职。张静江在位期间，基于其对西方先进制度的深刻认识，凭借其出色的商业眼光，主导制定了各项政策，举凡铁路、电力、长途电话、西湖博览会等，无不对浙江和杭州商业产生了深远的影响。

张静江在第二次担任浙江省政府主席期间，其中一个重要的贡献是主导修筑杭江铁路。杭江铁路为浙赣铁路前身，"自杭州江边起经萧山、诸暨、浦江、义乌、金华、汤溪、龙游、衢县、江山等县至江西境玉山，同年六月（1929年）工程局正式成立，十九年（1930年）三月开工先筑杭州经金华，至兰溪段"。^②1929年3月，杭江铁路筹备处首先成立。杭江铁路修筑的缘由，是浙东与安徽、江西、福建接壤部分，交通极为不便，运输极为困难，"省府主席张静江氏为发展浙省工商业计，于来浙之初，即邀铁道专家杜镇远来杭计划筹筑浙赣铁路。现此案送经张主席提付省委会讨论，于二百零三次会议，决定先行筹筑自杭州至江山一段轻便铁道。并于二百零七次会议，提出浙江省杭江铁道筹备处组织大纲"。^③张静江不但首先提议和倡导，并且还具体主持杭江铁路建设事宜。在杭江铁路修筑中遇到资金缺乏问题时，"为节约开支，张静江要求筑路的一切开支，要'力持撙节'，故所有薪俸及支出均以最低限度实施预算。杭江铁路局将全线分为四段，组织四个测量队，进行实测，并循环复测，如此则可以减少测量费用的支出"。^④由此可知，有了张静江的果敢决断，才有了杭江铁路的修筑。也即是说，作为地方官员的张静江，其思想和风格，深刻

---

① 杭州市民建、工商联文史组：《杭州最早的市内公共汽车》，政协杭州市委员会文史资料委员会编：《杭州文史资料》（第9辑），《杭州工商史料选》，1988年版，第189页。

② 浙江省档案馆藏：《有关浙赣铁路资料》，档号：L029-005-0243。

③ 《浙省杭江铁路筹备处成立》，《申报》1929年3月2日第10版。

④ 谭备战：《张静江与近代浙江陆上交通建设》，《中国社会经济史研究》2011年第2期。

影响着地方。道路的修筑，是商业发展的基础。杭江铁路修筑后，与京沪、沪杭铁路连为一体，因京沪、沪杭两条铁路，"横贯江浙两省，其起讫地点，一端为全国最大商埠之上海，为洋货输入之唯一口岸。一端为首都，其地北与津浦、陇海诸大干路相接，西与出产最富之安徽、江西等省相毗连。一端为浙江省垣之杭州，其地将为杭江铁路之起点，为安徽腹地货物出口必经之要道"。[①] 也即是说，杭江铁路将杭州与安徽、江西、江苏、上海以及北方诸大省便捷地联系在了一起，各地之间的商业往来变得更加便捷与畅通。

其次，张静江还积极推动浙江公路建设。

1928 年以前，浙江公路建设一般局限于浙西工商业繁盛地区。1929 年 5 月 7 日，浙江省政府第 224 次会议议决通过浙江省公路路线网计划。根据这个计划，以杭州为支点，在省内建造十条干线，其中经线六条，纬线三条，沿海线一条，总共长 2795 公里，通向省内诸多城市及相邻省份。干线和支线总计长 6748 公里。[②] 张静江主浙期间，有效地督促了此项计划实施。总共建成以杭州为中心的全省公路网，其中与杭州有关的干线主要有三条：一是杭长线，从杭州出发，经余杭，北向武康、吴兴，再折向西北，经长兴父子岭进入江苏境内，计长 136.70 公里，为京杭国道浙江段，经江苏西南可直通首都南京；二是杭平线，从杭州向东北，经海宁、海盐、平湖向东可至工商业中心上海，计长 136.77 公里；三是杭徽线，由杭州向西经余杭、临安、于潜、昌化，一直西行至安徽省歙县（徽州），计长 150.32 公里（不包括余杭支线）。[③] 这些以杭州为支点多条公路的修筑，有效弥补了铁路运输的不足，为杭州商业进一步发展奠定了基础。

张静江不仅在交通运输上为杭州商业发展作出了贡献，在电话、电力等事业上也颇有建树。比如，在张静江主持之下，在全省范围内，以杭州为支点的全省长途电话干线就达六条，分别是杭长线、杭甬线、杭衢线、杭处线、杭枫线、杭昌线。其每年所筑线路总里程，1929 年达到 1014.27 公里，1930 年达到 1024.7 公里。[④] 而电气事业，在张静江主浙期间，至

---

① 《两路将召集商务会议》，《申报》1930 年 11 月 14 日第 9 版。

② 浙江省档案馆藏：《浙江省兴筑公路路线网》，档号 L086-000-0194。

③ 浙江省交通厅公路交通史编审委员会编：《浙江公路史》（第 1 册），人民交通出版社 1988 年版，第 268—270、275 页。

④ 浙江省档案馆藏：《浙江经济统计》，档号 L071-000-0174。

1928 年，浙省共有电厂 57 处，发电总容量为 13552 千瓦，投资总额为 570 万元。[①]

以上史实说明，张静江作为政府官员，深深地影响着杭州商业的发展。张静江主浙期间，因为有了以上诸多工程的开展，本就紧张的浙江财政，变得更为捉襟见肘，以致有这样评论张静江个人风格对地方所造成的影响，"浙人既爱之，又恨之，眼光短者，称张为浙江省败家子"。[②] 这从另一个侧面说明了张静江个人因素对地方事业的影响力。

---

① 浙江省档案馆藏：《浙江经济统计》，档号 L071-000-0174。
② 杨凯槐：《张静江先生百岁纪念集》。转引自袁成毅《民国浙江政局研究（1927—1949）》，中国社会科学出版社 2007 年版，第 23 页。

第五章　杭州商业、商人与杭州城市变迁

民初以来，随着商业发展与时代更易，杭州传统习俗与生活方式均在一定程度上发生了变化，代之而起的是具有近代因素，在新式思想观念导引下和新式商业熏陶下的新生活方式，这种变化在诸多方面均可见到。杭州商业在深受本土和传统文化影响的同时，也反过来影响着杭州思想文化。总体而言，杭州商人政治参与较为低落，与此形成鲜明对照的是，在社会诸多领域却积极展示了作用与影响，这在一定程度上型塑了杭州近代化特质。

第一节　杭州商业与城区及习俗变迁的关系

进入民国以后，杭州的变化首先表现在城区范围上，尤其在 1927 年以后，杭州城区范围进一步扩大，成为近代都市。随着政策的变化和新式交通方式的兴起，这种变化延续到杭州商业中心变迁。而随着近代新式商业的出现，杭州市民无论在衣食住行还是日常娱乐方面，均发生了相当大的变化。

一　城区变迁与商业中心的变化

铁路建设最先影响到杭州城区的变迁。早在 1907 年，在杭州境内纷扰多时的铁路轨道走向问题，经多次争议与修改，最终尘埃落定。"汤寿潜等呈，现经股东会议拟，自清泰门左右分支路入城，另开便门出入。于上下城中适中之处度地设站。检阅该省城巷详图，清泰门一带空地为多，亦无妨害居民之患。"[①] 清政府将站点设在清泰门内，是基于此处地旷人稀的考虑。这样一来，古时环绕杭州城十门中的清泰门，因为修筑沪杭甬

---

① 《议准江墅路线分支入城》，《申报》1907 年 4 月 26 日第 4 版。

铁路设立站点的需要，必须"拆去清泰门城墙数十丈"。①

此后数年间，特别是辛亥革命以后，杭州城墙拆除行动加快进行。拆除城墙之目的，大多是基于城市道路规划和建设需要，也即是一边拆除旧事物，一边建设新事物，使杭州城市面貌焕然一新，城市区域不断扩大。比如，1912 年 1 月 7 日，浙江军政府下令拆除杭州钱塘门和清波门；1913 年，浙江省民政司决定"开辟旧旗营为新市场，设立规划工程事务所，由阮性宜主持工作，拆除旗营城墙，测量地积，划分道路等级，修筑沿湖道路，标卖地基，并以地价收入作为修筑道路的资金"。② 1914 年 1 月 22 日，继续拆除钱塘门至涌金门城墙，并建造湖滨公园；1914 年，开始拆除旧旗营城墙，开辟新市场。③ 旧城门以及连接其间旧城墙的拆除，不断打开了近代城市发展空间，扫除了杭州在传统向近代转变过程中的空间障碍。例如，在拆除了清波门、涌金门、钱塘门及之间的城墙后，"以原城墙砖石建湖滨路、南山路，辟湖滨公园，从此西湖和城区连成一片"。④

如果说旧城门与旧城墙的拆除，是杭州区域扩大之经，那么，历届政府改变杭州行政区域规划，则是杭州区域扩大之纬。

杭州行政区域历经变迁。有史料记载修筑杭州城市的最早记载，是在隋代开皇年间。"隋开皇九年（589 年），废钱塘、吴兴、海宁三郡，钱塘仍为县，置杭州而以监官属于杭。"⑤ 在之后"隋开皇十一年（591 年），杨素于柳浦西创州城，周围三十六里九十步。此为杭州筑城最早记载"。⑥ 此后，虽然疆域面积屡有变动，但杭州作为州郡治所一直没有动摇。至宋代，杭州"城南北相距三十里"。⑦ 清末，杭州作为府治所在，承袭明代建置规则，"领县九，钱塘县、仁和县、海宁县、富阳县、余杭县、临安县、于潜县、新城县、昌化县。钱塘编户一百三十五里，仁和编户二百四十八里"。⑧ 杭州作为行政区域，下辖九个县，但作为杭州的城区，实际上只含有钱塘、仁和两县部分区域。1912 年中华民国成立后，

---

① 任振泰主编：《杭州市志》（第 5 卷），中华书局 1999 年版，第 152 页。

② 杭州市市政志编纂办公室编：《杭州市市政志》，1994 年版，第 4 页。

③ 参见蒋天荣、王平《杭州市公共交通志》，杭州市公共交通总公司 2002 年版，第 34 页。

④ 任振泰主编：《杭州市志》（第 5 卷），中华书局 1999 年版，第 152 页。

⑤ 《乾隆杭州府志·建置》（卷 2）。

⑥ 任振泰主编：《杭州市志》（第 2 卷），中华书局 1999 年版，第 150 页。

⑦ 《乾道临安志·州境》（卷 2）。

⑧ 《乾隆杭州府志·建置》（卷 2）。

杭州建置发生了巨大变化，浙江军政府"废杭州府，并钱塘、仁和两县为杭县"。① 1927 年，杭州进入南京国民政府统治时期，随着杭州市政府设立，杭州城区面积第一次得到了大幅度增加，"划定杭县所属之城区与西湖全部。东南海塘至钱塘江边闸口一带，西至天竺云栖，北至笕桥湖墅及拱宸桥为市区范围"。② 同年 10 月，城区区域再次发生变化，杭州市辖区包括城区、西湖、江干、会堡、高塘、湖墅六区，具体境域：东起九堡，循二围塘，折入小路过黄天堂，越笕桥铁路，循河流过泥桥头、陆家桥、宝登桥、九香桥、邱家桥、丁公桥、河北桥、查工桥、文河桥、八角凉亭桥、长衣村桥、安桥头、褚家桥，折东北经大小蔡堰，迤西入下河屯，复折经方家桥沿河转达金典桥，至施行村对面折西南，至曹家桥，循河流折北，达永安桥（俗名太平桥）、周家桥、长春桥、康家桥、汽车洋桥，循大路至观音桥，又循河流至庆龙桥，又循大路至思娘桥，循河流至冯家桥，由此越秦亭山、北高峰、美人峰、石头山、石人岭，折至天竺山、青草台、狮子峰、马鞍山、头龙头，循六和塔边小溪直至钱塘江。③

20 世纪 30 年代，杭州市区域面积再次扩大。其几大方向境界，大致是东边相隔钱塘江为萧山，西边以余杭为界，北边以崇德为界，南边与富阳接壤。1934 年，根据杭州市政府土地科测量，杭州城区疆域"纵长二十三点二里，横阔三十六点零里"。④ 合计杭州城区，其总体面积"八八四．七九四方里"。按照 1934 年杭州市政府制定的新划分行政区域办法，总共分为六个大区，"第一，是城区，计五二．三三市方里，也就是杭州市的繁盛所在地；第二是西湖区，一五五．六一市方里；第三，湖墅区，九六．二九市方里；第四，皋塘区，四六九．八七市方里；第五，会堡区，六五．七三市方里；第六，江干区，四四．九六市方里。其第二区至第六区，统称为杭州市的四郊区，共计八三二．四六市方里"。⑤

随着历次城区区域变迁，杭州商业中心与商业业态分布也随之发生变动。

---

① 国民政府内政部编：《中华民国行政区域简表·浙江省》，商务印书馆 1947 年版，第 16 页。

② 干人俊：《民国杭州市新志稿》（卷 30），杭州出版社 1983 年版。

③ 任振泰主编：《杭州市志》（第 3 卷），中华书局 1999 年版，第 178 页。

④ 《杭市土地面积》，《申报》1934 年 6 月 8 日第 9 版。

⑤ 《杭州的地产》，《申报》1934 年 9 月 28 日第 29 版。

清末以来，杭州传统意义上的商业中心，主要集中在城市东南方向清河坊、三元坊一带。其中，尤其以清河坊四拐角为商业最中心区域，此一小片区域集中了当时很多规模较大知名度极高的商店，而最知名无疑当属"四片大店"，即"一角是宓大昌旱烟店，一角是孔凤春香粉店，另一角是万隆火腿腌腊店，还有一角是天香斋糖果店"。① 除四大店外，其余如胡庆余堂药店、张小泉剪刀店、朱养心狗皮膏药店等各类名牌老店，均汇集于此。各路行人，到杭州游玩者、经商者或路过者，一般都会到此处购买喜欢或必须的物品。杭州以茶闻名于世，最为知名的"翁隆盛茶号，于二十世纪初设在杭州市著名闹市区的清河坊，它以百年老店为号召，与方裕和南北货店、宓大昌烟店、孔凤春香粉店等名牌商店并峙，组成一个重要商市"。②

清河坊作为杭州的商业中心，历史较为悠久。从有记录报刊当中可以发现，早在清光绪六年，即 1880 年前后，清河坊即已形成较为成熟的商业中心。《申报》记录了 1880 年阴历 2 月份开始的一场大火灾，可窥见清河坊在杭州商业格局中的重要地位。这场大火导致其中某家商店"货有五万余串，而一丝一缕未携出，即账簿银洋等亦尽付之一炬，可胜叹哉。杭人谓自二月二十六日烧竹巷四拐角起首至五月初三日羊坝头之四拐角亦被火，如今则又将清河坊之四拐角一燎而尽，何以祝融为虐，偏择此冲要之区耶？是诚所不解已"。③ 按照《申报》这个报道，连记者都理解不了，杭州的大火为什么总是烧到最为重要的商业中心。其实不难理解，商业中心，往往人口集中度高，人员来往与活动频繁，货物堆积，一旦发生火灾，就当时的条件而言，既不易疏散也不易抢救。从这个报道可清晰昭示清河坊为当时杭州重要的街衢。或许，清河坊作为杭州重要的商业中心，可以追溯更远。1910 年，有一家绍兴昌典记绍酒老栈时常在《申报》上刊登广告，其部分广告文说，"本栈在绍山阴东浦村设坊制酿，系历祖秘传。嗣因杭有清河坊分立酒栈，蟊寄批发，迄今来有二百余年，所售之酒，已中外驰名。其味厚气香，遐迩咸知"。④ 作为绍兴酿酒商，在杭州

---

① 章达庵：《杭州闹市的变迁》，政协杭州市委员会文史资料委员会编：《杭州文史资料》（第 23 辑），1999 年版，第 102 页。

② 郑志新、邵义彬、吴乐勤：《翁隆盛茶号》，政协杭州市委员会文史资料委员会编：《杭州文史资料》（第 14 辑），1990 年版，第 22 页。

③ 《杭垣火警》，《申报》1880 年 8 月 10 日第 2 版。

④ 《绍兴昌典记绍酒老栈广告》，《申报》1910 年 7 月 16 日第 15 版。

清河坊开设批发站点，居然有 200 余年的历史，可见清河坊作为杭州重要的商业中心区域，历史之悠久。

除清河坊外，三元坊一带也是杭州传统意义上的商业中心之一，其间分布着诸如"高义泰布店""高广泰铜锡店"等杭州极为知名和重要的老商店。此外，湖墅和中山中路也是杭州传统商业中心。传统运输仰仗水路，杭州湖墅因为位于京杭大运河最南端，交通便利，"所有闽北、赣东、皖南和浙江出产的土纸以及绍兴、杭州出产的锡箔往北销售，以及安徽、江苏运杭的大米、生猪，都在湖墅集散。这就促进了湖墅商业的发展。那时湖墅地方行店林立，万商云集，百业兴旺，可谓盛极一时"。① 于是，湖墅形成了杭州传统商业繁盛区。而中山中路则是因为"上通江干，下连湖墅，背山带水，从南宋以来，一直是杭城商业的中心地区"。② 当然，无论是传统商业繁华区，还是新兴的商业繁华区，均仰仗商业整体的兴盛和便捷的交通方可长期维持。二者缺一，都有可能失去商业中心的地位，如作为传统商业繁盛区的湖墅商业区，因上述双重原因影响，在 1927—1937 年的商业衰落中逐渐萧条。1934 年 5 月 24 日《浙江商报》报道了湖墅商区的商业情景，"社会经济衰落，昔日繁花成影泡。湖墅交通四达，住户比栉，商贾辐辏，为省会重镇之一，商业以纸米箔为大宗，熙攘往来，均为客籍商帮，交易盛称一时，年计纸米箔销货在千万以上。近以时局影响所及，社会经济倾陷衰落，昔日繁荣，一变而成萧条景况。近以杭江铁路告成，交易重心已移至江干，沧桑变更，繁荣日非，不景气现状，自在意中"。③

就业态分布而论，以上两片区域大都分布着传统商业。

自 1911 年开始，杭州最先崛起的新商业中心是城站区域，"城站从 19 世纪兴建沪杭铁路杭州火车站以来，成为客货运之总枢纽，有著名的城站大旅馆、活佛照相馆、凤舞台戏院（后改第一舞台，又改杭州电影院）、吴山第一楼菜馆等"。④ 城站商业中心一度与随后的新市场商业中心形成了二星并耀的格局，东西两市区平分秋色的局面。

---

① 陈鼎文、于学勤：《清末民初杭州湖墅的商业情况》，政协杭州市委员会文史资料委员会编：《杭州文史资料》（第 9 辑），1988 年版，第 49 页。

② 童宝泰、陈瑞芝：《杭州中山中路一条街》，政协杭州市委员会文史资料委员会编：《杭州文史资料》（第 9 辑），1988 年版，第 58 页。

③ 《湖墅区商业状况》，《浙江商报》1934 年 5 月 24 日第 3 版。

④ 董涤尘：《1911—1937 年的杭州商业市场》，政协杭州市委员会文史资料委员会编：《杭州文史资料》（第 9 辑），1988 年版，第 38 页。

随着沪杭甬铁路的修筑，以杭州城站为中心的一片区域，形成了新商业的繁华之地。1913 年，旧旗营开始拆除，随后新市场开始建设。杭州新市场形成崭新的商业中心，有一个较为漫长的过程。新市场因为靠近西湖，得此之便，1915 年时，新市场虽然尚未成熟，"自旗营新辟市场后，湖滨草地安设长椅，西曝日光，既温而暖，远望南北诸峰，屏列如障，而西园及湖山其一楼等茶馆新创，又足供游客之休憩，故每日午后裙屐争集，若不知为冬令者，亦杭城之新气象也"。① 1915 年 1 月，通过政府建设，新市场虽在冬季，也已初露繁荣景象。《申报》载，"新市场大段工程于去冬落成，其营业以娱乐事业为多，茶馆饮食店栉比鳞列，五色之旗飘扬街街，每至下午，摩肩接毂，纷沓而至"。② 沪杭甬铁路的开通与新市场的建设，使杭州商业业态的分布发生了巨大变化，新市场几乎全被旅馆、饭店等旅游业所占据。1917 年，有游客来杭州游玩时发现，在新市场主要马路延龄路上，除宾馆、茶馆、书店和饭店外，几乎没有其他任何商业。③ 之后，新市场继续发展，1922 年，有游客游西湖，"然夕阳将终，黄昏已近，不得再事流连，遂转棹返新市场，已万家灯火矣"。④ 游览西湖后，返回新市场，说明新市场作为商业中心区域对于游客的吸引力，而万家灯火，又足以说明其繁华之程度。新市场兴盛，一面固然得益于时势变迁，另一面与政府官员努力也分不开，"到了 1922 年，浙江省长张载阳筹建大世界游艺场，新市场才开始热闹起来"。随后，一大批商店如杭城最为知名的照相馆活佛照相馆以及十里香百货店等商店不断迁来此处，国货陈列馆也来落户，"加以地近西湖，游客如云，旅馆业也近水楼台，乘时崛起。于是新市场如虎添翼，迅速发展。原先的闹市清河坊、三元坊等处，遂慢慢衰落"。⑤

杭州还有一处新商业繁华区域位于拱宸桥一带。拱宸桥 1895 年被开辟为日本租借地，加上沪杭铁路有支线从艮山门延伸至拱宸桥的登云桥站，交通比较便利。只是，就商业业态而言却极不健康，"福海里妓馆"为此处最为有名的产业，其他基本上都是为其服务的"戏馆、茶馆、烟

① 《杭州市场杂话》，《申报》1915 年 1 月 30 日第 6 版。

② 《西湖之初春》，《申报》1915 年 3 月 11 日第 6 版。

③ 方绍蓁：《旅行杭县西湖记》，《新游记汇刊》（卷 25）。

④ 希陶：《西湖倦游三日记（二）》，《申报》1922 年 9 月 4 日第 18 版。

⑤ 章达庵：《杭州闹市的变迁》，政协杭州市委员会文史资料委员会编：《杭州文史资料》（第 23 辑），1999 年版，第 103 页。

馆、菜馆，加上妓馆，号称五馆"。① 因此，这一地区畸形的商业业态，无法形成与城站、新市场那样繁荣的局面。

1936 年，浙江省政府本有打算建设钱江南岸新商区的计划，省建设厅还指派技术专家进行相关测量工作，"南岸新商区面积为六十平方公里，与杭州城区面积相较在三倍以上"。② 新商区面积居然达到城区面积的三倍以上，足见政府对于建设杭州的宏大计划。当时并计划在三个月内基本建设完成。这个新商区范围，包括了钱江大桥南端、浙赣铁路静江站以及沪杭甬铁路江边站和萧绍公路江边站等。由于时局动荡，这个宏伟的新商区建设计划未能实现。至 1937 年 4 月，杭州市政府再次派人进行测量，并期望于"四月底前测量完成，五月初旬开始动工，建筑仓库等。至兴筑住屋，开设商号等，待沪杭甬接轨完成，及钱江大桥兴筑完竣后，视需要情形再行决定"。③ 然而，如此美好而宏伟的计划，还是没有下文。不久，随着抗日战争的全面爆发，这个将对杭州有巨大影响的新商区不了了之。

回顾历史，杭州城区区域与新商业中心，自清末以来，断断续续地发生着一定程度的变化。这种变化一是因为政权更替、制度变化与政府行动；一是因为诸如铁路等现代交通设施建设的需要。虽然新商业中心并未完全如政府所愿而全部达成，但城区变化，还是在相当程度上导致了杭州商业中心的变化。两者相互影响，互相作用，共同促进了杭州城市的发展。

二　商业与习俗的互动

商业与一个地方的习俗相互影响、密不可分。一方面，无论是本土商人，还是外地来杭商人，其经商方式，均有不等程度的本土习俗特色。另一方面，商业总是能够得风气之先，且总能影响一方民众的某些消费或生活习俗。"消费方式的变化，也是经济与时代发展变迁的具体表现之一。"④

杭州商家十分在意和重视每年元宵节，在元宵期间，杭州各大商家都

---

① 董涤尘：《1911—1937 年的杭州商业市场》，政协杭州市委员会文史资料委员会编：《杭州文史资料》（第 9 辑），1988 年版，第 41 页。

② 《钱江南岸新商区》，《申报》1936 年 11 月 30 日第 8 版。

③ 《钱江新市区测量》，《申报》1937 年 4 月 3 日第 10 版。

④ 朱英：《近代中国商业发展与消费习俗变迁》，《江苏社会科学》2000 年第 1 期。

有"争接青龙"的风俗，可视为杭州商业受地方传统习俗影响的例证之一。

在元宵期间杭州有大大小小的灯市活动。"杭地灯市向来极为繁盛，藩运织造署中书差俱有龙灯会，各里社中亦扎成各样灯景，以鼓吹升平。"① 而那些丰富多彩、色彩斑斓的龙灯，都要到吴山龙王庙参赛，挂红点睛，这就是俗称的"龙灯开光"。数量众多的各路龙灯经过开光后，由人或抬或扛，飞舞着下山而去。然后分别到大街小巷商家集中之所，或富商大贾家门口，去舞龙灯，表示一年好年景的开始。为了赢得商家的好心情，那些舞龙的人将龙头高高举过头顶，在商家招牌上兜一圈，又绕着厅堂、店铺，盘旋着飞舞好长时间。还有舞龙者，一边舞着龙灯，一边还吟唱代表吉祥的唱词，如"天下太平万年长，青龙飞舞到店堂。一祝店家生意好，财源茂盛达三江；二祝店上多利市，生意兴隆四海旺；三祝东家身健康，多子多孙财满堂"。② 各大商家为了"接青龙，都要争相迎入"。③

再如敬元宝茶习俗，也可见证杭州商家受到地方习俗影响。"敬元宝茶，待客礼俗，流行于江南一带。"④ 春节期间杭州也有敬元宝茶习俗。"从农历正月初一至初五，至亲好友，相互往来，恭贺新禧。讲究的人家，首先敬一杯元宝茶，在茶中加两颗青橄榄，或金桔，以取新春吉利的意思。"⑤ 杭州民间的这种风俗，也显然影响到了商业。在杭州，"各商店对新年第一个顾客登门，十分礼重，有敬奉'元宝茶'的风俗，即在茶水中放上两枚青果或金桔，认为开年头一桩生意顺利，全年生意就会顺顺流流"。⑥

商业受地方习俗影响随处可见，杭州许多店堂的规矩也与古老禁忌的习俗有关。比如，店铺门槛不可以用脚踩踏，进门时，跨门槛则先要把长衫衣角拎起来，不可以随便坐在门槛上，这是对门神的尊敬；算盘不可以随便拨弄，忌讳反搁算盘，忌讳把算盘随意坐在屁股下。账簿不可以横着放，不可以翻身，因为杭州有俗语称，"账簿翻身，生意勿兴""算盘颠

①　《杭州灯市》，《申报》1897年2月23日第2版。
②　中共杭州市余杭区委宣传部编：《运河古今》，西泠印社出版社2007年版，第193页。
③　任振泰主编：《杭州市志》（第3卷），中华书局1999年版，第252页。
④　郑传寅、张健：《中国民俗辞典》，湖北辞书出版社1987年版，第200页。
⑤　王勇等：《游走茶乡——浙江》，中国对外翻译出版公司2006年版，第57页。
⑥　任振泰主编：《杭州市志》（第3卷），中华书局1999年版，第253页。

倒，勿进财宝"。此外，还不许敲击账桌面。店铺里的盛用器具、用具等物，必须按一定的规矩进行摆放，而不可以乱扔乱放。因为杭州有俗语："水满财满"。再比如，伙计或学徒，是不可以面朝里面背朝店门坐的，也不可以坐在或躺在柜台之上，不可以躺在待客用的条凳之上，更不可以有在店铺里打呵欠、伸懒腰等不雅动作。杭州习俗以为，这些行为挡住了财神进门，是犯大忌的。① 杭州习俗，大年初一，家家户户起来的第一件事是燃放"开门炮"。受此影响，大年初一"各商店虽不营业，但必晨起开门，燃放'开门炮'，并以红纸一条，书写'元旦书红，万事亨通'，'生意兴隆，财源茂盛'等语，贴于堂上，以图一年吉利"。②

就传统意义而言，杭州本地风俗在相当程度上影响了商业习俗。然而，随着商业的进步，因为新式商业或旧商业新因素的出现，商业也反过来影响甚至改变了杭州市民的生活习俗或消费习惯。

理发行业，本是非常传统的一个行业门类。在清代，杭州所有臣民都必须削去头发一圈，俗称"削青"，而以剃头为业者，被人称为"代招师"，能够得到官府优待。辛亥革命发生，男子剪辫子后，在新风尚影响下开始理发，发型基本上为平顶、圆顶或短发。此时理发，只是政治影响下的行为，尚不与商业发生任何实质上的关联。随后，"日本理发技术流入我国，男子发型多改为蓄西发。五四运动后，年轻妇女盛行剪短发和烫发，理发业有了蓬勃的发展"。③ 在理发业新式理发技术、发型及新颖设备的招引下，杭城男女纷纷改变以往单一而枯燥的发型，无论价格之高下，呈现趋之若鹜的景象。据报载，1927年，"杭州新市场某理发所，一般时髦男女之趋赴理发者甚众"。④

起始于上海的"孔雀"和溶溶理发店，因为设有专门的女座而闻名于杭州。孔雀理发店，"内部陈设之雅，色彩之和，发丝技术之精，均为超越卓绝，不同凡响，闻所有技师，均受上等训练。而对于技术，尤具相当认识"。⑤ 由此看来，此时的杭州市民，不仅追求发型的美观，而且注重场域的舒适感。1931年，"杭州的理发店已有一定规模，并按设备、装

① 参见中共杭州市余杭区委宣传部编《运河古今》，西泠印社出版社2007年版，第193页。

② 任振泰主编：《杭州市志》（第3卷），中华书局1999年版，第252页。

③ 汪力忠：《杭州商业志》，浙江大学出版社1996年版，第482页。

④ 《剪发风流案》，《申报》1927年9月24日第16版。

⑤ 《广场消息》，《申报》1928年11月10日第24版。

潢和座椅分为甲、乙、丙、丁四个等级。甲级店有 10 家（包括溶溶、孔雀 2 家设有女座的特等店），乙级店 12 家，其余为丙、丁级"。① 而像孔雀这样的特等理发店，因为技术与设备居当时最高水平，因此价格也不菲。

1932 年《杭州民国日报》一则广告显示，"孔雀理发公司广告，初到杭州，新式电烫，式样新奇，烫一次可以保险 10 个月原样不动，大洋 12 元"。② 从这则广告上看，孔雀理发店首先向消费者展现其先进的设备与技术，然后说明其烫发居然可以保持 10 个月原样不变的效果。然而价格也颇为昂贵，烫一次发要大洋 12 元。考察 20 世纪 20 年代末至 20 世纪 30 年代初，杭州工人工资，"以电话工人为最大，每月约四十元，须具相当之学识与技术也；次之为制药及制火柴等化学工业，每月约三十元，以其工作环境险恶，常有生命之虞；最少为面粉工，每月仅有数元工资，以其工作轻便也。至于女工，则以缫丝厂工人为最大，每月约有二十余元之收入"。③

在杭州从事电话事业的工人，数量极为有限，大多数是从事一般工作的工人，从上述调查数据来看，其收入水平极为有限，在 10 元至 20 元，而女工的收入，每月则大多为 20 多元。以这样的收入水平，烫发一次须付出 12 元，相当于半个月左右的工资收入，其价格之昂贵可想而知。然而，还是"一般时髦男女之趋赴理发者甚众"，可见商业对于改变一般民众消费习惯的强大力量。

如果说理发在旧商业中带有新因素，影响着杭州市民的消费习惯，那么作为全新商业之一的照相业，对杭州市民的消费习惯影响则尤有过之，甚至可以说在杭州形成了新的市民消费习俗。

清末时位于旧商业中心城隍山上的月镜轩是杭州最早出现的照相公司。曾有竹枝词记载月镜轩照相公司在杭州营业的情景，"阿谁画里唤真真，乱指伊人像那人。我怪朦胧明月镜，只传模样不传神"。④ 代表了照相业初到杭州，一般市民对于照相的粗浅认识。之后，陆续有了位于大井巷的寄庐、涌金门外的二我轩、三桥址直街的镜花缘等照相馆。这四家照

---

① 任振泰主编：《杭州市志》（第 5 卷），中华书局 1999 年版，第 592 页。

② 《杭州民国日报》1932 年 12 月 7 日。

③ 建设委员会调查浙江经济所编：《杭州市经济调查》，1932 年，第 637 页。

④ 陈蝶仙：《拱宸桥竹枝词·明月镜照相三十七》，孙忠焕主编：《杭州运河文献集成》（第 1 册），杭州出版社 2009 年版，第 602 页。

相馆是"杭城最早有名望的照相馆，尤以月镜轩、二我轩名声最大，主要原因是孙中山先生来杭时曾拍照留念，二我轩还是杭州启用技术新颖的电光照相术的第一家照相店"。① 当然，在照相业刚出现在杭州的清末民初，由于观念和技术问题，顾客基本上限于达官贵人、商界巨贾或者军政要人等有名望、有地位或有见识的人。

随着照相业逐渐普及，杭州照相馆之间的竞争也越来越激烈。在竞争之中，二我轩后来居上，成为杭城照相业界的巨擘。由于二我轩的巨大成功，杭城业界一度甚至出现了竞相模仿的局面。据《申报》载："杭州照相馆之技精而市招最雅者，曰二我轩，营业亦最盛，于是影戥者踵相接，曰亦我轩也、尔我轩也、也我轩也、影我轩也，诸如此类，不一而足。旋除吴山亦我轩外，余均可昙花之一现。时有某君独辟蹊径，名其肆曰活佛，技术既精益求精，营业乃蒸蒸日上，迄今且为杭州照相馆之巨擘。"② 以上《申报》所载杭州照相馆之间的竞争，一则说明商业之间的竞争激烈，二则说明杭州市民对于照相的需求旺盛，在1923年前后，照相在杭州已经流行。据《申报》载，每当春光明媚时节，"沪人士往杭州游春者颇众，往杭以后之游玩地点多在西湖之周围，若公园、岳坟、天竺、灵隐等处尤为必到之地，游春归后之最可留纪念者，厥为照相。故杭州各名胜之地莫不有照相馆"。③ 实际上，在民国时期的二三十年代，尤其是像二我轩这样的照相馆，已成为杭州市民争相选择照相之所。"二我轩拍摄的风景照相精美，拍摄人物肖像逼真，饮誉杭城。民间婚娶，政府机关人物照，都以在二我轩拍摄为荣。"④ 民间婚娶，都以在二我轩拍照为荣，正足以说明两点，一是拍照本身已成为杭州市民的一种既时尚又普及的消费行为，二是民间在婚娶时拍照，说明拍照留念已成为杭州民间的一种新习俗，新婚夫妇专属的新习俗。从这个意义上看，新商业不但在某种程度上影响了城市社会的消费习惯，甚至推动杭州形成了一种新的社会习俗。商业与习俗也是在这样的互动之中，促进了城市的发展。

三　日常娱乐的多样化发展

传统社会中，娱乐大多为达官贵人、富商巨贾等有权势人物所垄断，

---

① 汪力忠：《杭州商业志》，浙江大学出版社1996年版，第482页。

② 大古：《市招丛谈》（下），《申报》1923年4月7日第19版。

③ 《杭州照相事业之沪闻》，《申报》1924年3月4日第21版。

④ 赵大川：《杭州老字号系列丛书·百货篇》，浙江大学出版社2008年版，第261页。

普通百姓与之无缘，且娱乐项目极为单调。在明代，杭州娱乐地点多在西湖一带。晚明汪汝谦撰有《西湖纪游》一文，文中这样记载当时杭州的娱乐情形，"大抵游观者，朝则六桥看花，午余理楫湖心亭，投壶蹴鞠，对弈弹琴，象板银筝，笙歌盈耳。已而，夕阳在山，酒阑人散，沿十锦塘而归，泊断桥下，一丝一竹，响遏行云，不减虎哮佳话。或为长夜之游，选妓征歌，集于堤畔，一树桃花一角灯，风来生动，如烛龙欲飞；照耀波光，又若明珠蚌剖。旦暮之间，其景不一。历其境者，身心为之转移矣"。① 从其记载来看，那时候杭州所谓的娱乐，只不过是游览胜景，于胜景中玩一些传统的博弈游戏，醉意朦胧中，选妓弹唱舞乐，如此而已。即便到了清代，"除灯节、西湖竞渡（某年竞渡溺毙数十人，从此官府下令禁止）、迎神赛会外，并无公共娱乐设施。当时的娱乐多局限于家庭范围，官绅富室每逢喜庆，往往邀杭滩、宣卷艺人来家说唱，以娱来宾，俗称'唱堂会'"。② 有竹枝词这样形容杭州"唱堂会"的情景，"不用胡麻饭阮郎，黄柑瓜子两盘装。琵琶唱出无他调，不是西皮便二簧"。③ 由此可见，杭州的传统娱乐确实极为单调，"不是西皮便二簧"已非常形象地描绘了这种单调的情景，且这种单调的娱乐还只是局限在政府、官宦或巨富之家，与普通市井百姓关系不大。

杭州市民得以分享近代的娱乐设施和娱乐项目，首先肇始于清末。

甲午战后，杭州开埠，拱宸桥一带成为日本租借地。日本在此地设立租借地后，带来了令当地市民耳目一新的娱乐设施和娱乐活动。"租借繁荣地段挤满许多戏院、歌厅和必须的旅社、商铺、马车行等，保持地方娱乐盛行。租借未开前，这些都设在南门外，而杭州的纨绔子弟分别留恋于该处与西湖间，现今都来到租借挥霍，每日见到他们乘坐遭人咒骂的上海马车，带着苏州来的茶楼女子穿行大街之上。"④ 当然，位于拱宸桥开杭州风气之先的这些娱乐设施，虽然在政治上得益于日本租借地的庇护，但实质上依然与本土商人发生关系。亦即是说，商业在某种程度上的转型，

---

① 汪汝谦：《西湖韵事》，王国平主编：《西湖文献集成》（第 3 册），杭州出版社 2004 年版，第 1057 页。

② 徐和雍：《民国时期杭州》，周峰主编：《杭州历史丛编》，浙江人民出版社 1997 年版，第 8 页。

③ 陈蝶仙：《拱宸桥竹枝词·听堂唱九十六》，孙忠焕主编：《杭州运河文献集成》（第 1 册），杭州出版社 2009 年版，第 615 页。

④ 中华人民共和国杭州海关译编：《近代浙江通商口岸经济社会概况——浙海关、瓯海关、杭州关贸易报告集成》，浙江人民出版社 2002 年版，第 666 页。

影响了杭州市民的日常娱乐生活。因为，在拱宸桥一带，"拱宸桥对冲的大马路，则是商业中心，最繁盛的主要街道。但如醒狮台茶楼，桥边的丽春戏院，及后来开的丹桂茶园（剧场），都是中国人开的"。① 商人凭借其独有的敏锐商业触角，通过引进先进而富有时代气息的娱乐设施和娱乐类型，不仅自身得以赚取商业利益，在某种程度上也开阔了杭州市民的眼界，丰富了日常娱乐活动。

清末以来杭州娱乐不断平民化，这也是娱乐设施和类型不断丰富的过程。1912年以后，这种趋势日益明显。

民国初年，首先在城站，然后在新市场，各种娱乐设施和娱乐市场相继形成，各家影剧院纷纷建立，"在城站一带，有凤舞台（不久改称第一舞台），以演京剧为主，后改为杭州电影院，放映电影；在新市场，有大世界、新新娱乐场、西湖共舞台，大小不一，各具特色，其中最丰富多彩的当属大世界"。②

民国时期，杭州娱乐明显的特征之一是电影的引进和放映，其二是各大娱乐场所，已不仅仅局限于单一的娱乐活动，而是呈现出多元的发展态势，以满足杭州市民不同层次的需求。

电影是杭州市民娱乐活动中最为引人注目的划时代改变。"1902年11月，时有英国人应聘来杭，在此放映电光活动机器影戏，节目有《英皇出游》《美女出浴》《开火轮车》等，这可算是杭城最初出现的电影了。"③ 在随后的二十多年中，电影日益普及，不但某些上演传统戏剧的戏院改映电影，还出现了专业的露天电影场和室内电影院。前者如上文提及的设在杭州城站的"凤舞台"。随后的1922年，杭州出现了第一家"楼外楼露天电影场"，虽然设备简陋，放映途中经常断片，且是无声电影，但依然是"人太多，拥挤不堪，秩序无法维持"。④ 随后，电影发展越来越快，电影场所越来越多。英国人梅藤为宣传其基督教，在基督教会的协和讲堂放映电影；杭州基督教青年会开办的每夜两场的露天电影场，

---

① 钟韵玉：《抗日战争前日本人在拱宸桥》，政协杭州市委员会文史资料委员会编：《杭州文史资料》（第8辑），1987年版，第39页。

② 《跨出古老陈迹，走进近代历史》，周峰主编：《杭州历史丛编》，浙江人民出版社1997年版，第8页。

③ 周少敏：《杭州解放前电影业的兴衰》，政协杭州市委员会文史资料委员会编：《杭州文史资料》（第18辑），1993年版，第52页。

④ 周少敏：《杭州解放前电影业的兴衰》，政协杭州市委员会文史资料委员会编：《杭州文史资料》（第18辑），1993年版，第52页。

场场客满；杭州大世界游艺场开放的露天电影场；大世界、新新娱乐场、西湖共舞台等场所，均开办专门放映电影的室内影院。①

这些露天电影场或室内电影院，营业情况如何呢？

据《申报》报道，1915 年，每日到杭州新市场观看电影等娱乐活动的杭州市民，络绎不绝，"每至下午，摩肩接毂，纷沓而至，人力车价值几较平时加倍，戏园闭幕时，座客星散，往往有求车不得者"。② 1923 年，杭州"大世界新戏场内亦增有影戏及青年会每星期六开映之影片，皆极受杭人士之欢迎"。③ 1925 年 11 月，作为杭州第一家室内电影院的杭州影戏院开业，这是一家由杭州本土商人徐梦痕集股承租的电影院，"徐与上海明星影片公司部分演员有私交，事前到上海邀他们参加股份，从而在排片方面得到明星公司的支持。又将原有房屋修理改装，仿照上海电影院式样，粉刷一新，所有放映机、布幕及场内座椅与通风设备，都比较完善。开张第一部影片是明星公司出品胡蝶主演的《姐妹花》，日夜两场，场场客满"。④ 显示了电影在杭州市民中受欢迎的程度。1926 年 7 月 28 日，上海戏院上映电影《乡姑娘》，"杭州大戏院以重价租往开映，闻该处观众亦极盛"。⑤ 1930 年 9 月，浙江大戏院开始营业，其建筑"完全按照西班牙最新戏院建造，其中布置，如客座宽敞、视线集中、空气流动、光度适合、卫生消防、设备极为周到。昨为开幕第一天，映演浪漫热情巨片《卡门之爱》，日夜四次，均告满座云"。⑥ 从以上历年杭州放映电影上座率记载情况来看，电影受杭州市民的欢迎，或者说，杭州市民对于电影的热衷程度是相当高的。这也说明，电影作为一种新的商业，它极大地改善并丰富了杭州市民的日常娱乐活动。

民国时期杭州市民的日常娱乐，呈现出多姿多彩、异彩纷呈的多元格局。杭州大多数商人将各自经营的娱乐场所，打造成多种类，甚至是传统与近代并存的娱乐综合体。

---

① 分别参见周少敏：《杭州解放前电影业的兴衰》，政协杭州市委员会文史资料委员会编：《杭州文史资料》（第 18 辑），1993 年版，第 52—53 页；《跨出古老陈迹，走进近代历史》，周峰主编：《杭州历史丛编》，浙江人民出版社 1997 年版，第 8—9 页。

② 静眼：《西湖之初春》，《申报》1915 年 3 月 11 日第 6 版。

③ 《杭州影片情形之纪述》，《申报》1923 年 4 月 17 日第 17 版。

④ 易克健：《解放前杭州电影商业》，《浙江文史资料选辑》（第 28 辑），浙江人民出版社 1985 年版，第 181 页。

⑤ 《各影院换片讯》，《申报》1926 年 7 月 28 日第 22 版。

⑥ 《浙江大戏院昨日开幕》，《申报》1930 年 9 月 7 日第 20 版。

大世界是杭州最为知名的综合娱乐场所。"大世界游乐场是普通老百姓的乐园。据说，当初创办人建设这座乐园，就是为大千世界老百姓服务的。"① 大世界创办于 1921 年，创建人是曾担任浙江省督军及省长的张载阳。大世界建筑规模宏大，共有三层楼，占地面积约 7 亩，"进场后，呈现在眼前的是一个广场，辟为溜冰场；南侧高筑一台，为大型杂技表演场所，驰名南北'拉扯铃'的田双亮、潘家班的童子团都在这里表演过，留下了美名。房屋底层有大京班剧场、共和厅、小舞台、电影场；楼上有几处小舞台，走马楼的通道上陈设西洋镜、手摇活动画片、电灯拉力泵等"。② 可见，大世界是一个名副其实的综合性娱乐场所。

其实，民国时期的杭州，创办综合性娱乐场所是一种趋势，大世界是当时杭州最大的一家，其他多家娱乐场所，规模虽不及大世界，但在经营模式上，无一不呈现出综合性、多方位娱乐的姿态。如当时在杭州也颇具名声的杭州影戏院、西湖共舞台以及西湖商场娱园等，这些娱乐场所经常通过广告的形式，向杭州市民介绍各自的娱乐项目、娱乐设施和价目情况，以吸引市民前去观看。

1927 年，杭州影戏院在《杭州民国日报》上刊登了一则广告，详细说明了其娱乐种类与价目状况。整个影戏院分为日戏和夜戏两场。日戏的价目分别为：花楼四角、优厅三角、包厅二角、边厅角半。相对应的，夜戏的价目不同档次座位价格分别上浮一角。杭州影戏院可称为娱乐丰富、价格低廉。而西湖商场娱园，则打出广告，宣称自己的大舞台有大京班，除大京班外，还将上演京调、小曲、滑稽、拉戏以及武术等，门票只需每位二角六十文。③ 1929 年 6 月 7 日的《杭州民国日报》西湖商场娱园的广告上，娱乐项目呈更多元化趋势。分别有：大舞台大京班，"中国第一名贵影片"《大侠张文祥》，并日夜开演两次，其他如共和厅演出京调、词曲、特别口技等项目，共和厅楼上则有绍兴班日夜上演相应剧目，二楼同乐堂也是日夜有杂技等演出，此外，还有跑冰场、巧走钢丝、各种杂耍、女大力士等花样繁多的娱乐活动。④ 另外如西湖共舞台，其经营风格大体

① 任明耀：《杭州大世界忆旧》，杭州市政协文史委编：《杭州文史丛编》（文化艺术卷），杭州出版社 2002 年版，第 446 页。

② 娄继心：《解放前的杭州大世界》，杭州市政协文史委编：《杭州文史丛编》（文化艺术卷），杭州出版社 2002 年版，第 443 页。

③ 参见《杭州民国日报》1927 年 4 月 16 日第 6 版。

④ 参见《杭州民国日报》1929 年 6 月 7 日第 1 版。

类似于西湖商场娱园。

以上这些娱乐场所，其营业一般都能保持比较良好的状态。如"西湖共舞台、第一大世界等游艺场，游人杂，殊形热闹"。① 杭州大世界的各类演出，"夜场的观众那就多极了，每逢精彩的演出，或连台本戏，场场挤得水泄不通。晚上的演出往往到深夜 12 时以后"。② 杭城市民热衷于这些娱乐场所所提供的娱乐活动项目，足以说明作为杭州商人或在杭州经营的商人，充分认识到了市民娱乐需求的多样化特点，既留有受消费者欢迎的传统娱乐，又大力引进电影等近代娱乐项目，获得了巨大的成功。正是这一点说明了商业和商人对杭州社会的影响力。

第二节　社会观念、宗教信仰与商业发展

民国以来，随着商业和社会的进步，人们的思想观念较之传统，出现了一定程度的变化。在新商业影响之下，杭州市民的婚恋观或婚丧礼仪，都发生了一定的变化。然而，这种变化毕竟是缓慢的，正如商业本身还与传统迷信发生密切关系一样。

一　社会观念的流变

商业与经济的发展，是推进社会观念变化的重要原因。随着科技进步，新商品不断涌现，新商业接踵而至，新的商品与商业，在满足人们日常需求的同时，也不断型塑着人们的思想观念。在杭州，自清末至民国，这种变化不断发生。尤其是民国以来，因为政治和社会制度的同时改变，这种变化明显加快。

民国以来，受商业影响而导致人们社会观念转变的，婚丧礼仪即是其中一个表现。

因为电话公司的出现，就在某种程度上改变了杭州市民婚丧礼仪的观念。

喜爱奢靡和面子是杭州人的一个重要特点。郁达夫是杭州富阳人，据他的观察，"一年四季，杭州人所忙的，除了生死两件大事之外，差不多

---

①　《地方通信·杭州》，《申报》1923 年 2 月 19 日第 12 版。

②　任明耀：《杭州大世界忆旧》，杭州市政协文史委编：《杭州文史丛编》（文化艺术卷），杭州出版社 2002 年版，第 448 页。

全是为了空的仪式。就是婚丧生死，一大半也重在仪式。丧事人家可以出钱去雇人来哭，喜事人家也有专门说好话的人雇在那里，藉时讨彩头。祭天地、祀祖宗、拜鬼神等等，无非是为了一个架子"。[①] 杭州人重面子、爱奢靡的作风于此可见一斑。杭州人在丧葬上，"专重迷信，去礼远甚，近则借亲丧为夸富炫势之会"。[②] 在这种炫富观念之下，杭州人在其亲属的丧葬礼仪方面，往往讲究排场，礼节较为繁杂。"以前，报丧者至亲眷家报丧后，亲眷俟其出门，即毁碗一个，以拔不祥，今则多以电函讣文。"[③] 逝者亲眷家待报丧者离开后，毁坏碗一个，以除不详，既是一种浪费和奢侈的行为，又是一种落后和迷信的观念。但自1906年杭州出现电话公司，并在20世纪20年代发展加速之后，杭州市民这种落后的报丧方式，因此发生了部分变化。既然无须亲自跑去报丧，其亲眷也就无须摔碗，因此"除去不详"的这种落后观念，也自然在某种程度上得以消退。

商业与社会的进步，给人们的婚姻礼仪和婚姻观也带来了某种程度的改变，"上海及江南地处开埠通商、承爱欧风美雨之前沿，自然较内地得开风气之先，于传统婚姻观念的突破也较早于它处，成为新式婚姻最早、最多之地"。[④] 杭州便处在这样一个环境当中。

民国人士干人俊对杭州的婚姻状况有一个详细的描述，"杭市男女结婚，年龄每多在二十岁以上，旧式订婚，往往女小于男，而所差之数，又以偶数为多，女小两岁或四岁者为上婚，六岁以下为下婚。适与绍兴女大于男之风相反。富贵人家，择婿颇严，亦常有年满三十始嫁或未嫁者。旧式婚姻居十之七八，新式者不过十之二三。再娶再醮之风通行，再娶尤多于再醮。再娶俗名讨填房，讨大清娘者。讨再醮妇者少，礼亦简单。再醮俗名死丈夫嫁丈夫。寡妇与人妍识者亦多，纳妾之风尚盛，以殷富及商人为最。政界服务人员，纳妾者亦不少"。[⑤] 这段话一方面说明，随着时代的发展，新式婚姻已渐趋萌芽，而旧式婚姻依然占大多数。这也说明，即便商业和社会已取得了较大的进步，但社会观念往往并非同步，反而有所迟滞。那么，这十之二三的新式婚姻，具体表现在何处呢？

杭州旧式婚礼仪式相当繁杂。首先是定贴。定贴又称传红，即媒人在

① 郁达夫：《杭州》，《中学生》1934年第48期。

② 杭州市地方志编纂办公室编：《杭州地方志资料》（第1辑），1987年版，第234页。

③ 干人俊：《民国杭州市新志稿》（卷23），杭州出版社1983年版。

④ 张国刚主编：《中国社会历史评论》（第3卷），商务印书馆2007年版，第182页。

⑤ 干人俊：《民国杭州市新志稿》（卷23），杭州出版社1983年版。

男方说合的时候，取男家一张红笺地脚（即生辰八字），然后送到女方。如果女方应允这门亲事，那么媒人又拿着女方的生辰八字到男方。然后双方求神问卜，如果都不错，则亲事就此定下，择日完婚，这就是定贴的大概程序。定贴过后是送聘，俗称下盒。其程序，首先由媒人向女方讨要衣服尺寸，送到男方。男方根据这个尺寸，再备鸾书凰目和一些小礼，由媒人送到女方，双方在小礼金签上分别写上一些祝福和吉祥的话。另外还有八字盒，男方八字写在左边，女方八字写在右边。送聘过后是催妆，也就是发奁。先由男方提前三日送催礼，而后女方进行答礼。妆奁一般由八箱二橱或四箱一橱外加一桌组成。妆奁由媒人一起押送到男方，放置妥当后，再由男方有关人员看守。以上这些程序过后，才是最后的迎亲。迎亲的程序相当复杂，这里不赘述。而且，夫妇新婚后，尚有三朝、回郎、同房、上门等必须履行的礼仪程序。[①]

那么，新式婚姻又如何呢？

干人俊这样描述杭州的新式婚礼，"至于新式嫁娶，有完全不用仪式，有男女自由选择，先行同居。经过短时期，然后招集亲友，宣告结婚。于结婚日，用一证婚书，择亲友中一资望较高者为证婚人，签名盖章，交换戒指，谓之文明结婚。花轿则改为汽车，上缀红绿花球，前有著花衣之幼童八人，俗称行人，音乐一队，缓步前行，汽车则蠕蠕然随之"。[②] 新式婚礼明确省去了旧式婚礼中所有的繁杂程序，而代之以西式的互相交换戒指。此外，新式婚礼较为明显的特征，是以近代汽车代替了旧有花轿，这是商业影响新式婚礼礼仪观最具体、最显著之处。

此外，20世纪30年代杭州还出现最新式的集团婚礼。集团婚礼主要由杭州市政府主办，起初于每年的元旦、4月4日、6月2日、8月27日、10月10日、11月12日分别举行，每年举行6次，后来改为每年4次。当杭州市政府举办集团婚礼时，"社会各方面，似甚注意。二十四年（1935年）十月十日举行第一次仪式时，参加者仅八对，及第二次突增加一倍至十六对，第三次又增加一倍至三十二对，至第四次为三十六对。过此以往，虽每有增减，但社会一般对此节省经费，节省手续之公开结婚，已渐由了解而生信仰"。[③] 可见杭州市民在礼仪观方面的重大改变和进步。

---

① 参见杭州市地方志编纂办公室编《杭州地方志资料》（第1辑），1987年版，第233页。

② 干人俊：《民国杭州市新志稿》（卷23），杭州出版社1983年版。

③ 吴崃：《十年来之社会》，杭州市档案馆编：《民国时期杭州市政府档案史料汇编（1927—1949）》，武林印刷厂1990年版，第60页。

商业通过其特有的方式，对杭州城市社会相关观念的改变起到了一定的推动作用。

二 杭州商业与宗教信仰

近代杭州宗教事业极为发达。寺观、庙宇及僧、道、尼遍布，更具代表意义的是历史上形成的每年数次的西湖香市。曾有西湖俚歌描述杭州以上的这些现象，"三天竺登临呀，僧寺密层层。法镜格法净法喜三丛林呀，每逢末，春天烧香汛。愚夫那格愚妇末，拜佛又斋僧"。① 形象地描述了众多杭州僧人和寺庙，每逢杭州香市，市内外各地香客繁忙的烧香情景。

实际上，杭州不但僧人和寺庙众多，其他如道士、道观数量也不少，两者合计，数量更加可观。这些寺庙、道观，与每年前来杭州烧香的虔诚香客，互为因果，造就了杭州一道独特的风景，并且与商业发生了莫大的关系。

据一份 1932 年的调查统计，杭州有大小寺庙 677 处，道观 280 处。佛教男徒众 2128 人，女徒众 1170 人，总计 3298 人。道教男徒众 833 人，女徒众 281 人，总计 1114 人。而就佛道两家所占财产来看，佛教寺庙所占土地面积为 8786 亩，道教所占土地面积为 629 亩。② 这还不包括其他宗教人员及其所占地亩。

以上这些数据是什么概念呢？

当时杭州市的总体面积为 650 方里，在这片并不算广大的城市土地上，竟然有寺庙、道观、教堂等 986 所，平均两方里就有 3 所，这还不包括其徒众所占的房屋住宅。据统计，当时杭州总人口 50 余万人，杭州有各教派徒众 8705 人，占总人口的 1.54%左右，数量是极为可观的。此外，根据调查，杭州僧道占有土地总共达到 9415 亩，占全市田亩总数的 2.68%。单单考察僧人、道士和尼姑，其庙宇和道观总数达到 956 所，其人数总量达到 4412 人，占全市人口的 0.84%。而在 1927 年杭州市政府刚刚成立时，僧人、道士、尼姑的人数总共为 3398 人，1928 年为 3826 人，1929 年为 3374 人，1930 年为 3778 人，1931 年为 4422 人，1932 年为 4412 人。③ 可见，自 1927 年至 1932 年的五年间，杭州市的僧人、道士、

---

① 立人：《杭州西湖景俚歌》，《红杂志》1923 年第 41 期。

② 干人俊：《民国杭州市新志稿》（卷 24），杭州出版社 1983 年版。

③ 参见干人俊《民国杭州市新志稿》（卷 24），杭州出版社 1983 年版。

尼姑总量增加了一千多人，这从一个侧面见证了杭州宗教事业的发展和发达程度。

如此众多的寺庙、道观得以生存和发展的一股极为重要的力量，是历史上长时期形成的香市和庙会。香市和庙会的繁荣，也深刻地与杭州商业产生着联系。

西湖香市有着悠久的历史，早在唐宋时期，天竺、灵隐、昭庆、净慈等寺院都已开设"香会"，供各地香客烧香拜佛。"南宋建都后，历代皇帝都要御驾亲临各寺，烧香敬佛。嗣后，上行下效，四方农民（特别是蚕农）为祈五谷桑蚕丰收，也便趁春闲之时，结队朝山进香了。"① 在这种引导和趋势之下，即使是贫苦农民，就算是典当变卖，一年开春之时，也要到杭州来烧香一次，就这样，朴素善良的农民们，世世代代相沿成习，便形成了杭州繁荣的"春汛"。

根据《杭俗遗风》记载，西湖香市分为"天竺香市""下乡香市""三山香市"三种。因为香市的不同，香客的来源也有所不同。"天竺香市"为农历的二月十九观音圣诞，"全城老的少的，丑的俏的，无不云集，途为之塞"。而所谓的"下乡香市"，以苏州、常州、无锡和杭嘉湖种桑养蚕的各乡村男女村民为主，以一乡一村为单位，成群结伙，乘坐香船来杭，停泊于松木场、拱宸桥一带，多时达千百只，河道堵塞无隙。此外的"三山香市"，即天竺山、小和山和法华山，主要来自苏杭各地。② 以上这段话形象地描绘了各地来杭参加香会的香客数量之众，也说明了，西湖香市以天竺、灵隐、岳王庙、昭庆寺、老东岳、吴山等处最为旺盛。

民国初期，每逢西湖香会，当"每年春汛来临，全市商店坊肆都装潢门面，招徕顾客，还到各寺庙两廊、山门内外搭蓬赶香市，一时形成'有屋则摊，无屋则敞，敞外有蓬，蓬外有摊'，各商铺店肆，鳞次栉比，不论丝绸簪珥、牙尺刀剪、糕点果品、香烛木鱼以及泥人玩具之类，琳琅满目，云集成市"。③ 显然，杭州商人绝不肯错过繁荣香市所带来的巨大商机。

在 20 世纪 30 年代初，每逢杭州香市开始，各地的香客接踵而来，"一次香汛期，各地来杭进香约有十万人之普。尽管他们省吃俭用，但游

---

① 王邦铎主编：《浙江旅游大观》，测绘出版社 1989 年版，第 301—302 页。
② 参见（清）范述祖《杭俗遗风》，六艺书局 1928 年版，第 3—6 页。
③ 任振泰主编：《杭州市志》（第 3 卷），中华书局 1999 年版，第 296 页。

西湖，开'洋荤'当属不免，一个香客说得好，一年来一次，不尝尝素香斋的面，不逛逛西湖，死亦不甘心。若以平均每人花费两元计算，也有二十万银元留在杭州作为'发展基金'了。杭州的一些寺庙，也大多得到了香市和香客的捐助"。① 不难设想，一个仅有50余万人的城市，一次香汛期，由外地涌入的人数就达到10万人，占全市人口的20%左右，是何等的规模。这10万人，不仅留下了20万元的资金，支持了杭州商业的发展，此外还以捐助等形式，大力支持了各寺庙的发展和繁荣。各寺庙因香市得到发展，还可以从香客的有关消费得到印证。西湖香市一开始，"迷信男女肩摩踵接，即外省人来烧香者亦至众。闻城隍山庙宇每次香汛，单锡箔灰收入已达三千余元，其他蜡烛香纸等费至少必两三倍以上。最近灵隐新建大殿，闻耗至十万元以上，此辈寺僧除平日敛钱外，专向达官贵人之眷属施行募化，故所得数目令人可惊。独怪穷苦妇女，平日非常省吃俭用，走近香柜钱筒旁边，必罄其所有投入报效，一若非此不足以尽其心愿者"。② 虔诚的香客和迷信的市民，不但支持了杭州寺庙的发展和繁荣，也直接养肥了一些不务正业的和尚。"杭僧之富，远过他处。盖彼辈募化甚易，养优处尊，服饰玩好亦在搜罗之列。"③

南京国民政府时期，西湖香市的发达与繁荣引起了杭州政商两界的高度关注和重视，其目的是利用香市进一步促进杭州商业的发展。

著名的杭州第一届西湖博览会，按照原计划定于1929年4月1日开幕，但因各种原因筹备会特意作了延期。在其向浙江省政府所作的延期报告理由中，有一条即为，"杭州商市，春季本为盛期，香客游众，拥挤异常。博览会在此时期举行，一般到会观光者，因旅住困难，或裹足不来。于商市既无裨益，于博览会反受损害。延期开幕，则因博览会而招致多数来宾，使杭州商市于香市之外，另得一繁盛机会，其利益实非浅鲜"。④ 很显然，作为政府的代表，西湖博览会筹备会不希望西湖博览会所带来的商机和香市所带来的商机，因为重叠而致效果低落。而是希望能将两者在时间上错开，发挥各自最大的商业作用，从而给杭州多一次商业发展的机遇，这说明了西湖香市对杭州商业的重要性。

盛于20世纪30年代的国货展览会，是杭州市政府联合商界为促进杭

---

① 迟华：《杭州往事》，新华出版社2002年版，第37页。

② 石克士：《新杭州导游》，1934年版，第126—127页。

③ 石克士：《新杭州导游》，1934年版，第142页。

④ 《西湖博览会展期之经过》，《申报》1929年2月27日第14版。

州商业发展的重要举措之一。1937 年 3 月，杭州市国货工厂联合会领导国货厂商参加杭州手工艺品初展会。在展会将召开之际，"各厂商以杭展适在香市期间，杭州游客骤增，确为宣传国货之好机会，故志愿参加者极形踊跃"。① 大量香客来杭州烧香，对商业的重要性从历次商人的作为可见端倪，商界对此的充分认识自然没有疑义，所以借机"极形踊跃"般地宣传自己，是顺理成章的事。

实际上，所谓香市，就是烧香的一种别称，烧香"在杭州有悠久的历史，当人们使用'香市'这一名词时，烧香和服务于烧香者，已具商业性、旅游性、信息性、锻炼性、宗教传播性等文化现象"。② 总而言之，香市对杭州商业有着至为重要的影响力，尤其是在杭州商业趋于衰落之际。

这种传统的西湖香市，到南京国民政府时期，也因为杭州市政府着力发展旅游业而使其内涵得以部分改变。一部分香客借赶香汛烧香的名义，实际上是来杭州旅游和购物，这就进一步促进了杭州商业的发展。有些香客"为儿女迎娶或嫁奁，需购些时兴料、化妆用品、金银首饰等，以及去胡庆余堂购买十全大补膏、殖参、鹿茸丸；去张小泉、宓大昌、王星记、孔凤春、张允升购买剪刀、旱烟、扇子、鹅蛋粉、丝线等'五杭'产品。也有的香客，为了旅游而来。他们乘进香之际，来大都市见见世面，开开眼，看看戏文，耍子耍子西湖，即使平时节衣缩食，为了'开洋荤，即使风宿路餐，也在所不惜'"。③ 因此，可以认为，传统西湖香市在某种程度上与近代新式商业结合在一起，促进了双方的共同发展，也一起推动了杭州城市社会的发展变化。

第三节　国家权力与商人的政治参与

在研究近代杭州商人的政治参与之前，先要阐释两个理论。

一是政治参与。

政治参与是西方行为政治学的一个概念，约于 20 世纪上半叶提出，后来随着西方社会公民政治参与实践的广泛开展，理论创设随之铺开，阐

---

① 《参加杭手工艺初展沪厂出品启运》，《申报》1937 年 3 月 3 日第 12 版。

② 迟华：《杭州往事》，新华出版社 2002 年版，第 35 页。

③ 迟华：《杭州往事》，新华出版社 2002 年版，第 36 页。

释流派众多。根据周晓虹早期的研究，所谓政治参与即是约翰·伯恩斯所说，"被界定为个体公民旨在影响公共事务的活动"。[①] 美国西德尼·维巴（Sidney Verba）等西方学者关于政治参与的定义是"普通公民差不多都是为了直接影响政府官员的选拔过程和将要实施的政策而采取的合法行动"。[②] 这是典型的基于西方社会现实的政治学理论，应用于近代中国等东方社会可能存在理论本土化的问题。

从被更多西方学者接受的层面而言，所谓政治参与具有两个基本特点，一是自愿性，公民是在自愿基础上积极主动地参与影响政治事务的行为，一切非自愿行为不属于政治参与；二是选择性，公民可以表达不同看法与意愿，可以选择不同行为来表达自己的看法与意愿，一切非选择的行为不属于政治参与。[③] 这一观点，与约翰·伯恩斯理论较为接近，本书所指近代杭州商人的政治参与实践即以此理论作为参照。同样需要说明的是，论述近代杭州商人的政治参与，有一个理论预设前提，即市民社会理论，或者说是国家与社会的关系问题。本书采朱英观点，即清末民初，中国已具有以商会为组织基础的市民社会特征。[④]

二是国家权力理论。

这是本书论证杭州商人在不同阶段政治参与程度不同的理论解释来源。近代杭州商人政治参与，与之有关的第一个对象就是国家，或者说是政府，这也是市民社会理论首先要遇到的问题。商人政治参与程度如何，一个重要的参照即是国家权力大小，这就涉及国家权力理论。

英国学者迈可·曼（Michael Mann）区分了两个层面的国家权力，一是国家专制权力（despotic power），在这种权力下，国家精英可以未经与市民社会各集团协商即可自行行动；二是国家基础性权力（infrastructural power），这是一种国家能力，代表着向市民社会渗透的能力，亦即国家或政府在其统治领域内有效贯彻其政治决策的能力。依照这个理论，迈可·曼将历史与现实的国家分成四类，其中中国属于他认为的强专制力弱基础

---

①　参见周晓虹《从国家与社会关系看中国农民的政治参与——毛泽东和后毛泽东时代的比较》，载周晓红《全球化视野下的中国研究》，中国社会科学出版社 2012 年版。

②　Verba, et al., *Participation and Political Equality: A Seven-Nation Comparison*, p. 46, p. 80.

③　中国大百科全书总编辑委员会：《中国大百科全书 政治学》，中国大百科全书出版社1992 年版，第 485 页。

④　参见朱英《转型时期的社会与国家——以近代中国商会为主体的历史透视》，华中师范大学出版社 1997 年版。

性权力型国家。①

　　这一理论对近代中国国家与社会关系有着很强的解释力，近代中国实际情况符合迈可·曼的理论观照，本书对近代杭州政府与商人团体的关系考察表明了这一点，学界诸多研究也印证了这一论断。② 国内学者中，如汪春劼对近代江苏无锡的研究表明，北洋时期的无锡地方治理，是在中央控制不振的情形下，由本地精英实施的。国民党统治时期的无锡，政府统治力明显加强，但国民党基层组织松懈，削弱了其对社会的控制力。③ 无锡与杭州均为近代江南地区传统型城市，两者存在很高的同质性。王奇生认为，国民党执掌全国政权后，自始至终只是建立了一个相对弱势的党治国家秩序。④

　　正是在国家拥有较为强大的专制权力，但基础性权力弱小的情形下，1912—1937 年杭州商人才得以有机会进行政治参与活动。

　　前文已有所述，传统中国社会商人地位较低，政治活动领域鲜有踪影。然而晚清以降，随着政府一系列惠商政策的制定与实施，商人的政治地位空前提高，商人的政治诉求随之提升。因此，清末立宪派为壮大声势，有鼓动商人加强政治意识与政治活动之呼声，"当知国家立宪，与商人有特别之关系。按各国前代，其民之要求立宪最力者，惟两派人，一为政党，一即商人。因政党者原以政治为生活，商人者则别有财产上与商业上之利害。故国家若能整顿政治，则商人受保护之利益者不少，否则无正当知保护，商人之受害必烈……故吾国今日国会请愿之事，尤应以联络商界为中坚。盖吾国人近来实业知识渐发达，商界中尤多具有研究政治之热

①　Michael Mann, *States War and Capitalism*, Oxford：Blackwell, 1988, pp. 5-9。李强：《国家能力与国家权力的悖论》，参照张静主编《国家与社会》，浙江人民出版社 1998 年版。

②　美国学者萧邦齐（R. keith Schoppa）：《中国精英与政治变迁：二十世纪早期的浙江省》；威廉·T. 罗（William T. Rowe）：《汉口：一个中国城市的商业与社会，1796—1899》；玛丽·兰金（Mary Backus Rankin）：《中国士大夫的活动与政治变迁：1865—1911 年的浙江省》；戴维·斯特兰德（David Strand）：《人力车的北京：20 世纪 20 年代的市民与政治》；杜赞奇（Prasenjit Duara）：《文化、权力与国家——1900—1942 年的华北农村》等研究均表明了这一点。

③　汪春劼：《地方治理变迁——基于 20 世纪无锡的分析》，社会科学文献出版社 2012 年版。

④　王奇生：《党政关系：国民党党治在地方层级的运作（1927 —1937）》，《中国社会科学》2001 年第 3 期。

心"。① 这段话一则表明立宪派对商人的倚重，二则间接说明商人政治意识的觉醒。在立宪派呼吁前二周，华商联合社的一则请求书更能说明商人政治意识之觉醒，"夫商业之有赖于国会亦既彰明较著矣，论请愿之事，其必有需于我商人者，何也？无论立宪，国民人人有参预政事之特权，事事有督责政府之能力。即以实业界而论，现拟钱粮盐酒均归正税，年纳如额，作为选民，旧岁咨议局开办之初选人与被选者，我商人实居多数，以故各省通行议案类皆注重实业为地方根本。上计各界之待我商人者如此其厚，而顾可妄自菲薄乎？大凡世界愈进于文明，则商人对于国家亦愈占非常之势力"。②

1912—1926 年北洋政府时期，杭州商人表现出了较为积极的政治参与，下文举例说明。

金润泉是杭州商界中颇有声望的人物，长期执掌中国银行杭州分行事务，在杭州银钱两界拥有很高的声望，曾担任杭州商会会长。1916 年，金润泉因拒绝袁世凯"停兑令"而轰动一时。

1916 年，袁世凯称帝失败后，于 4 月宣布恢复内阁制，造成全国政局动荡，人心惶惶，全国各地到处发生银行兑换券挤兑现洋和纷纷提取存款的风潮。在梁士诒等人谋划下，袁世凯令国务会议决定在全国范围内实行"停兑禁提"。5 月 12 日，袁世凯政府下达国务院 2 号令，"照各国先例，当金融窘迫之际，国家银行有暂时停止兑现及禁止提取银行存款之法，应由财政、交通二部转饬中、交两行，自奉命之日起，所有该行已发行之纸币及应付之款项，暂时停止兑现，一俟大局定后，再行颁布院令定期兑付"。③

"停兑禁提"令到达杭州后，市场大为震动。当时任浙江省都督兼省长的吕公望虽然鉴于此时浙江省已宣布独立，可以不遵守袁氏的命令，但深恐如照常兑现，现钱不够应付，从而引发危机。"而金润泉与杭州商界、银钱业人士商量，一致反对停兑。当时上海中国银行经理宋汉章、副经理张公权，为了银行的信誉和金融安定，已决定拒不执行停兑命令。因

①　《国会请愿代表团敬告各省商会书》，《申报》1910 年 10 月 27 日第 3 版。

②　《华商联合社为国会事公告海内外华商请求书（续）》，《申报》1916 年 7 月 19 日第 3 版。

③　《浙江近代金融业和金融家》，浙江省政协文史资料委员会编：《浙江文史资料选辑》（第 46 辑），浙江人民出版社 1992 年版，第 90 页。

此，金润泉走报吕公望都督，决定于 5 月 15 日起也不执行袁氏停兑令。"① 由于杭州还是照常兑换现洋，之前的恐怖气氛不经数日，便逐渐得以平息，"各界人民闻此兑付消息，欲兑现洋者转觉松懈，浙省金融已复原状"。② 从杭州反对袁氏停兑令事件可以看出，金润泉之所以敢于走到前台，勇于反对袁氏，而继续如常兑换现洋，是有着强大的群体组织基础的，即浙江"全省银钱业的通力合作与上海中国银行的支援"。③ 金润泉在行动之前，先是与杭州商界、银钱业人士商量，在取得一致意见和得到上海中国银行的支援后，才真正展开行动。对于金润泉来说，反对袁氏的命令只此一次。虽然事件本身与商业有关，但此事件因政治而起，被深深地烙上了政治特色，属于一次政治事件，算是金润泉一次非常重要的政治参与。

北洋时期，军阀混战，在商界的有力支持下，金润泉往往能够不畏锋镝，为保护杭州作了不少贡献。

1923 年，因淞沪警察厅厅长徐国良遭人枪杀，造成由谁继任厅长一职的问题。上海总商会由会长等 15 人联名致电"督军省长及护军使，请委总务科长陆荣镶署理，以免纷更"。不久又致电江苏督军齐燮元，"沪上为通商巨埠，警察与地方治安关系最深，如果继任人员情形稍有隔阂，恐难收融洽地方辑和军民之效，查有该厅总务科长，现代理厅长陆荣镶任事有年，情形熟悉，拟请钧署就近委署"。④ 从这里可以看出，上海总商会对于政治参与的热情与主动，敢于染指市警察厅厅长人选。而淞沪警察厅厅长人选的矛盾，实质上是齐燮元与卢永祥的矛盾。因为上海是毒品的集散地，各路军阀都争相觊觎。卢永祥为了控制上海，派人刺杀属于直系势力的徐国良。"江苏督军齐燮元以淞沪行政权向来属于江苏省为由，拟派申振刚就任，遭何丰林拒绝。何另委派该厅警察长路荣镶代理厅长。齐燮元认为何丰林有悖情理，伺机讨伐。"⑤

江苏督军齐燮元联合闽、皖、赣各省势力，计划对浙江卢永祥用兵。而与此同时，太湖附近的苏、浙军队陆续增防，福建军队北移至浙江温、

①　杭州市政协文史委编：《杭州文史丛编》（经济卷下），杭州出版社 2002 年版，第 250 页。

②　《民国日报》，1916 年 5 月 19 日。

③　《浙江近代金融业和金融家》，浙江省政协文史资料委员会编：《浙江文史资料选辑》（第 46 辑），浙江人民出版社 1992 年版，第 91 页。

④　《总商会电请委陆荣镶署厅长》，《申报》，1923 年 11 月 14 日第 13 版。

⑤　郭绪印：《旧上海黑社会秘史》，河南人民出版社 1991 年版，第 66 页。

处两州，东南局势颇有一触即发之势。在此情形之下，"苏、浙两省绅商代表张一唐、黄以霖、黄炎培、金润泉、盛竹书、陈其采等分别于 8 日集沪，是日赴宁晤齐燮元商谈和平。12 日又赴杭晤卢永祥商谈。2 月 1 日，盛竹书、沈田莘、张一唐、黄炎培、史量才、余诚格等在上海集议，请闽、浙、苏、皖各省同时撤防"。① 当然，沪浙商界的努力并未能有效阻止战争的爆发，1924 年齐卢之战爆发。卢永祥为筹集军费，决定发行"军用券"50 万元，在杭州金融界，"金润泉等鉴于这种无准备金之纸币发行，势将贻害地方，因此据理力争，加以阻止"，军用券因而没有得以发行。9 月，卢永祥兵败，但不肯退出浙江地区，"金润泉斡旋其间，商得商界同意，由杭州银钱业垫款 50 万元，卢军始退，免去地方糜烂"。② 金润泉等江浙商界人士，依靠商会等群体的力量，利用军阀之间相互牵制的有利形势，勇敢参与到政治中，维护商界利益，也为保护地方秩序和安宁作出了相当大的贡献。考诸历史，1927 年国民政府成立前，杭州商界类似这样的事件绝非孤例，比如 1927 年 2 月，北伐军入浙前夕，孙传芳兵败，杭州"城站、羊坝头、荐桥一带发生抢劫，商店停业，赖有中国银行垫款调来火车 17 日凌晨把败兵送走，及晚，北伐军抵达杭城，避免了城内的冲突，次日商店照常开市"。③ 当然这件事也与王竹斋有着很大的关系，"已而国民革命军至，所向披靡，溃军知大势去，蜂虿欲图一逞，公见事急，冒险访其将领，动以大义，并善遣之，始悄然引师去，国民军得不血一刃，底定省会"。④ 这里所谓的"善遣之"，当是得到商会的资金支持了。金润泉、王竹斋等依靠杭州中国银行及商界的大力支持，勇敢游说，极力支走军阀败兵，避免了与北伐军在杭州城内的交锋而殃及商民，为地方安宁作出了重大的贡献。

王竹斋是另一位在杭州商界非常有影响力的人物，曾经三度当选杭州商会会长，在杭州政商两界拥有很高的威望和声誉。在担任会长期间，1926 年，王竹斋因为解救杭城于水火而受到全体市民及商家的爱戴与敬重。

---

① 李新主编：《中华民国大事记》（第 2 册），中国文史出版社 1997 年版，第 122 页。

② 《浙江近代金融业和金融家》，浙江省政协文史资料委员会编：《浙江文史资料选辑》（第 46 辑），浙江人民出版社 1992 年版，第 87 页。

③ 杭州市政协文史委编：《杭州文史丛编》（经济卷下），杭州出版社 2002 年版，第 249 页。

④ 杭州市档案馆藏：《杭州市商会、同业公会》档案卷宗，档号：旧 L010-002-005。

1926 年，蒋介石率领国民革命军北伐，北洋军阀孙传芳任江苏、浙江、福建、安徽和江西五省联军总司令。北伐军在江西屡败孙军，孙传芳只得亲临前线指挥作战。此时，担任浙江省长的夏超，欲图乘机崛起，取孙传芳而代之。他接受了国民革命军的委任，担任了十八军军长之职，并调集其部队，沿沪杭线进攻上海，切断孙军在苏浙地区的后路。不料，夏超败给了孙军驻沪军队旅长宋梅村。宋梅村乘胜追击，到达嘉兴后，"率部以搜捕夏超为名，将进杭城掳掠。市民闻讯，人心惶惶，富商巨贾尤是惶恐不可终日。商会举行紧急会议，讨论应急办法"。[1] 当时同是商会重要领袖的王芗泉、金润泉、宓廷芳及浙江省议会副议长祝星五等人取得一致意见，"因王竹斋是商会会长，推其前往宋部折冲"。[2] 因为这一事件，在王竹斋去世之后，1934 年，杭州市商会在为其去世而成立的"王公竹斋治丧委员会"公启中是这样描述的，"王公竹斋，领导商界，致力于社会事业者，垂二十年。当民国十五年（1926 年）宋梅村再度入浙，其先驱已抵者，将下令按户搜查，事闻于公，急遮道迓宋于笕桥，力请制止。宋不可，公曰，果不获请者，先杀我，生不愿见杭人之罹劫运也。宋踌躇再四，卒为感动，寝其议"。[3] 王竹斋为商会领袖，杭州商界为其治丧，公启中未免多有溢美之词。按常理，即便王竹斋再勇敢、再正义，作为军阀的宋梅村绝无可能因为王竹斋的几句豪言壮语，竟至于"卒为感动"而罢其掳掠之计划。事实上，宋梅村最终之所以没有掳掠杭州，是因为商会讨论形成决议，"由商会负责，筹助孙军饷银百万为条件，愿意生命担保，经宋经得孙传芳同意后始允和平进城"，并且，"宋梅村进入杭州时，商会已组织各界在车站举行欢迎大会"。[4] 也即是说，王竹斋得到商会大力支持，有 100 万元的资金作为助力在前，且宋部入城，商会组织列队欢迎在后，足见其商会内部的高度一致，和对王竹斋的支持力度。正因如此，王竹斋才敢于只身奔赴军阀阵营，展开游说，并且成功地避免了可能给杭州带来的一场灾难。

金润泉与王竹斋同样作为杭州商界的领军人物，在取得商人群体的大

① 陈瑞芝：《王竹斋与杭州》，政协杭州市委员会文史资料委员会编：《杭州文史资料》（第 10 辑），1988 年版，第 7 页。
② 杭州市民建、工商联文史组：《解放前的杭州市商会》，政协杭州市委员会文史资料委员会编：《杭州文史资料》（第 5 辑），1985 年版，第 143 页。
③ 杭州市档案馆藏：《杭州市商会、同业公会》档案卷宗，档号：旧 L010-002-005。
④ 童宝泰、陈瑞芝：《杭州中山中路一条街》，政协杭州市委员会文史资料研究委员会：《杭州文史资料》（第 9 辑），《杭州工商史料选》，1988 年版，第 60 页。

力支持后，作出了勇毅的、超越商人常规的举动。

杭州商人在 1925 年声援上海五卅运动中，表现突出。

五卅惨案发生后，杭州各界情绪异常激昂。6 月 3 日上午，各界按照 2 日省教育会联席会议决，在杭州公共运动场召开国民大会并游行示威，人数在 3 万以上，其中即有杭州总商会的参加。省政府特谕饬宪兵营与警察厅加派军警保护游行队伍，但由于秩序紊乱，没有达成具体措施。于是到总商会召开各团体联席会议，各界约九十人与会。由杭州总商会王祖耀主席主持讨论应付办法，杭州各界如莫永贞、褚辅成等人先后发言，均赞成王祖耀提出的"商界自动"主张，反对强迫，并要求商会召集各业开会协商办法。① 最后，总商会提出组织联合会，以应付变局。② 杭州商人政治参与强调"商界自动"，反对任何强迫，正可说明政治学政治参与理论之自愿性与选择性两大特点。

这一时期，杭州商人对国内外政治参与，均明显表现出一个共同特点，即往往以商会或同业公会等团体名义而非单纯个人出面，这其实与全国基本一致。如 1920 年 7 月，当北京政府发布总统令，欲将淞沪护军节度使裁撤，改而设立淞沪镇守使时，"上海十六个工商团体联名致电北京政府，以'地方治安与商业有密切关系'，要求政府俯顺舆情，暂缓裁撤淞沪护军使，以维现状"。③ 十六个工商团体一起出面，彰显了商人借用团体力量以达到某种政治诉求的用心。

无论是商会，或是同业公会，都是一个商人群体。群体的活动，与单独的个人活动不同，必然烙有其独有的特色。那么，为何商人通常以群体方式，或至少以群体名义进行活动？

这其实从"群体心理学"中可以得到部分解释。"群体心理学"创始人是法国社会心理学家古斯塔夫·勒庞。勒庞因创始群体心理学而名噪一时，被誉为"群体社会的马基雅维利"。勒庞的群体心理学理论，集中地体现在《乌合之众——大众心理研究》一书中。勒庞以理论结合历史事件的方式，全面阐述和研究了群体心理特点、群体信仰、群体领袖、群体类别等问题。对于群体的重要性，作者在前言即说明，"有组织的群体在各民族的生活中都发挥着至关重要的作用"。需要说明的是，

---

① 《江浙各界对沪案之援助》，《申报》1925 年 6 月 4 日第 10 版。

② 《江浙各界对沪案之援助》，《申报》1925 年 6 月 5 日第 6 版。

③ 魏文享：《民国时期的工商同业公会研究（1918—1949）》，博士学位论文，华中师范大学，2004 年。

勒庞所定义的群体，并非是一群没有共同目的而聚在一起的人群，而是"在一定的条件下，这个群体会表现出一些新的特点，而且这些特点不同于其中任何一个人的特点，他们自己的特点会消失，从而形成一种新的思想"。此外，"这个心理群体和人数的多少并没有多大的关联，在一定条件下，就四五个人可以形成一个心理群体，而上千人如果是没有目的地聚在一起，是不会形成一个心理群体的"。① 也即是说，只有目标一致，才能形成一个心理群体，且会有一个新的不同于个体的群体心理特点。民国时期的商人即如此，他们以商会或同业公会的形式，在商业领域甚至政治领域，都有着自己群体内部基本统一的目标，也都发挥着自己独特的作用。

勒庞认为，人们之所以倾向于以群体的名义行动，或者说，当一个人处于群体中时，即会变得比以前更有勇气，是因为"他们觉得自己人多势众，没有什么不可以完成的。一个人在孤立的状态下会很清醒地认识到，自己有很多事情不可以做。但是当一个人成为一个团体成员时，他就会觉得自己被赋予了更大的权力，然后他就敢做一些以前不敢做的事"。②

笔者耗费笔墨引入勒庞《群体心理学》阐述杭州商人政治参与的群体性特征，目的在于深入论证近代中国国家与社会关系表象下商人活动之实质及其原因，期从另一侧面深化说明国家权力理论在论证近代杭州商人政治参与中的正确性与重要性。单从书名看，"乌合之众"似乎并不适合指称作为地方上层精英群体之商人。但是，商人作为社会大众之一员，在社会心理层面，与下层民众存在着天然的相似性，此其一。其二，《乌合之众》所谓的群体，其实不单指下层民众，而是指整个社会的所有成员。勒庞之后的法国社会心理学家塞奇·莫斯科维奇在其《群氓的时代》一书中明确指出，"勒庞重新思考了群体的本质问题……无论一个群体的个体成员有多少财富，文化程度如何，他们自身的个性将会丧失，他们的人格则会同样地融入这个集体之中。群体并不是与平民、公众、穷人、无知者、无产者或乌合之众同义的，也不是与社会精英或贵族相对的。群体就是每一个人，就是你、我、我们所有人。当所有人聚集在一起的时候，就

---

①　[法] 古斯塔夫·勒庞：《乌合之众——大众心理研究》，凤凰出版社 2011 年版，第 3—4 页。

②　[法] 古斯塔夫·勒庞：《乌合之众——大众心理研究》，凤凰出版社 2011 年版，第 17 页。

成了一个聚集起来的群体。个人之间并没有任何区别"。① 因此，普通商人或商会领袖无一不可视为群体之成员，既然如此，他们自然也适合群体心理学理论观照。② 为什么杭州商人喜欢以群体名义参与政治呢？这其实还是要回到历史现场，虽然近代中国商人的地位得到提高，北洋政府的权威较之清政府或南京国民政府均显不足——尤其在国家基础性权力层面，这为商人的政治参与提供了热情与机会。但是相对于弱势商人来说，北洋政府依然极为强大，商人以群体面目出现，是借此壮大力量，在一定程度上消弭与国家之间巨大的权力落差。

1927 年后，杭州商人的政治参与热情急遽衰减，实际行动在国内几近泯灭。有学者认为，1927 年，南京国民政府成立，对商人团体进行了整顿和改组，"受此影响，商会的活动范围尤其是政治参与活动有所削弱"。③ 1927 年未必是中国社会或经济的分水岭，但一定是中国政治的转折点。1912 年至 1926 年，中国基本上处在军阀割据的状态，没有一个强有力的中央政府。而 1927 年至 1937 年，南京国民政府取得了在全国的统治权，中央政权的力量较之以前明显强大得多。这种力量对商人政治参与的影响早在国民党取得政权前后即已存在。1926 年 11 月，国民革命军兵锋所向，苏州开始戒严，"夜间巡逻尤严、行人稍有可疑、辄被搜查、各部商团仅各召集一二十人、在事务所中驻守、商界市面、似尚未受戒严影响……一般商人心理，不甚注意政治家与军事家之各种主义，以能安居乐业、为惟一之希望云"。④ 再比如 1927 年 10 月，南京特别市党部制定商人工作计划，其中有称，"各商人团结的分子必须明白三民主义具有为主义奋斗的精神，严密商人的组织严防共产分子及一切腐化恶化分子"。⑤ 可见国民党严厉管制商人之态度。在这种情形下，杭州商人团体的政治活动力，也呈现出衰落之势，至少在对内政治诉求上如此。

这一时期，凡是有关政治参与的，一般都只涉及外争，如杭州商界数

---

① ［法］塞奇·莫斯科维奇著，许列明等译：《群氓的时代》，江苏人民出版社 2003 年版，第 83 页。

② 塞奇·莫斯科维奇同时认为，自群体心理学诞生一百年以来，这门学问所取得的进展十分有限，后来的著述也许少了些粗糙，多了些精致，但无论是问题还是答案，依然没有超出勒庞等人建立起来的框架。参见冯克利：《群体心理——理性化的颠覆者》，《南方周末》2003 年 8 月 14 日。

③ 郑成林：《抗战前夕中国商会的政治参与》，《河南大学学报》2012 年第 1 期。

④ 《苏州》，《申报》1926 年 11 月 17 日第 9 版。

⑤ 《特别市党部消息》，《申报》1927 年 10 月 27 日第 14 版。

次的抵制日货运动。1931 年九一八后，王竹斋代表杭州商界，"召集会员大会，在会上发表演说，痛斥日寇的侵略行径，高呼'中华人民决不当亡国奴'"①的口号，并领导商会积极参加"杭州市各界反日联合会"。杭州市商会借此机会，于 1931 年 10 月 13 日计划成立"抗日救国义勇军"，并拟订章程，规定义勇军"编制采三三制，以十人为一班，三班为一排，三排为一连，三连为一营，三营为一团，三团为一师，三师为一军，军无定额。其从军资格，凡在本市经营商业，无论店主店员学徒，年在十八岁以上四十岁以下，具有牺牲精神者，均得加入"。②当日下午召开了会议，计划先编练一军。当然，此后，再无杭州商会与这个"抗日义勇军"的相关消息。商会虽热心并有志于为抗日作出军事上的贡献，但这与国民政府的相关政策尤其对商人的政策相抵牾，因此，在强大的政治力量面前，商人群体再难展现之前的果断与勇毅。

总而言之，杭州商人在两个阶段的政治参与，以及勒庞群体心理学所折射出的状态，均证实了迈可·曼国家政权理论以及在这一理论观照下，中国近代无论是北洋时期还是南京国民政府时期，较之商人群体，均属于强国家专制权力，而弱国家基础性权力的社会现实。换言之，1912—1937年，国家向市民社会渗透的能力，亦即国家或政府在其统治领域内有效贯彻其政治决策的能力严重不足。就国家基础性权力而言，北洋政府比起南京国民政府更弱而已。因此，商人群体才有机会在北洋时期更有政治参与之可能，而在南京国民政府时期，所谓政治参与，只在民族争权方面略有表现而已。

第四节　杭州商人与公共事务的近代化

城市化是一个不断由以农业为主、商业不发达逐渐向发达的工商业社会转变的历史过程，而公共事务的近代化则是城市化进一步发展的必须。近代以来，杭州与其他城市一样，缓慢地经历了这样的过程。在这个过程中，杭州商人发挥了重要作用。他们在诸如城市公用事业、城市管理、近代教育和慈善事业等方面，都留下了可资追述和研究的历史印记。

---

①　陈瑞芝：《王竹斋与杭州》，政协杭州市委员会文史资料委员会编：《杭州文史资料》（第 10 辑），1988 年第 9 页。

②　《商人发起救国义勇军》，《申报》1931 年 10 月 13 日第 10 版。

一　城市化的先声：公用事业①

清末至民国时期，所谓公用事业，"凡是人民公共享受之事业，胥属之"。② 杭州公用事业大体包括自来水、电气和电话三项。这三项公用事业，"滥觞于清光绪三十二年（1906年），初用磁石式电话，其后遂有大有利电灯公司继起开业，本市遂有电灯，至去年（1931年）十月市政府办理之自来水亦告完工，以供给本市人民之饮水及消防之用，而杭州市之公用事业，始规模大具"。③ 从电话到电灯再到自来水，杭州商人均不同程度地参与其中，其建设发展以及所取得的成效亦各有不同，对杭州城市化进一步发展作出了相应贡献。

我国自清末即已开始自来水建设，1908年，北京实现自来水供应。此后，旅顺、上海、天津、青岛、广州、武汉等城市相继通水。据统计，截至1935年，不包括杭州和南京，全国"计自来水厂十六处"④。自来水作为近代化城市不可或缺的要素，地位之重要不言自明。民国时期，国内有识之士即认识到，"自来水之建设，实较宇内任何工程为重要也"⑤。因此，自来水之建设当时即在国内许多城市积极展开。由于城市具体情况不同，自来水建设主体亦有所差异。"早期的自来水供给大都是以商业投资的形式，上海和天津是以外商投资为主，汉口和北京的自来水则是民族资本的投资。"⑥ 而杭州自来水的创办情形则迥异。虽然早在光绪三十四年（1908年）杭州市电灯初设的时候，好些商界人士连续四五次发起筹建自来水，"结果就都为了集资的困难，无形搁置"。⑦ 作为公用事业，自来水的创办耗资巨大，如果商界独自创办存在很大的困难，因而政府推动就显得极为重要。

---

① 本部分涉及杭州自来水研究一项者，系根据笔者已发表的论文《民国杭州自来水业的官商角色及其成败》部分内容进行整理所得，该文发表在《党史研究与教学》2013年第4期。

② 《十年来之工务》，杭州市档案馆编：《民国时期杭州市政府档案史料汇编（1927—1949）》，杭州武林印刷厂1990年版，第92页。

③ 浙江财务人员养成所编：《杭州市经济之一瞥》，1932年，第92页。

④ 董栽：《参观杭州市自来水厂之后》，《药报》1935年第44期。

⑤ 《南京市自来水工程之计划及其进行》，张研、孙燕京主编：《民国史料丛刊》（第611册），大象出版社2009年版，第27页。

⑥ 刘海岩：《20世纪前期天津水供给与城市生活的变迁》，《近代史研究》2008年第1期。

⑦ 《杭州市自来水筹备情形》，浙江省图书馆古籍部藏书，第1—2页。

在杭州商界连续几次努力均告失败后，在其他已开设自来水省市示范效应下，1928 年，杭州省市两级政府开始共同谋划自来水筹建工作，创始者和推动者，则是时任浙江省民政厅长的朱家骅和任杭州市市长的周象贤。

自来水在杭州的产生，无疑是一件破天荒的大事情，当时即有人认为，"国民革命后，杭州市最大之建设，首推公用事业中自来水一项"。[①]这既是一个最大建设，又是一项新事物，从一开始就遇到了很大的阻碍和困难。当朱家骅决定在杭州筹建自来水事业，并呈请中央发行公债以筹集资金时，就因为"不幸公债正在举募，少数市民昧于事理，有起而责难者，诉谇纷集"[②]的情况发生，筹划经费的时间，耽误了整整有一年之久。因为朱家骅的强硬坚持，以及在绅商委员王竹斋、张旭人、顾子才等人的倡导之下，工程最终才得以顺利展开。

如果说筹建有人反对，朱家骅可以凭借行政力量加以推行，那么巨大的资金困难则是横亘在杭州各界面前的绊脚石。杭州自来水从建设到推广使用，资金困难一直相伴始终，无论是政府，或是商界都时刻感觉资金之缺乏。1928 年，杭州自来水筹备委员会甫经成立，着手寻找水源，有专家建议应在当时的理安山谷间，筑坝遏水，储为水源。这本是既科学合理又考虑长远的意见，然而时至 1929 年 4 月，工程亟待进行，经费犹未着落，杭州市各项建设需款孔急，其财政收入根本不足以支持自来水筹建。1928 年，杭州市财政总收入 89.9908 万元，总支出 75.7725 万元，1929 年，总收入 117.8895 万元，总支出 95.4219 万元[③]，总收入全部用来建设自来水都远不敷用，况除去支出已几无所余。

在资金困难的情况下，杭州商界发挥了极为重要的作用，王竹斋是其中最突出者。自来水属于公用事业，政府希望商界人士鼎力支持，作为商会会长的王竹斋，表现出色。担任筹委会委员不久，因"自来水经始未久，财力不继，得公（王竹斋）擘画，卒底于成"。[④]而所谓擘画，即是王竹斋代表全市各商业团体，向政府提出倡议，建立杭州自来水厂，并表示愿意由商会筹集资金一事。特别在 1930 年，王竹斋接任杭州市自来水筹备委员会主席之后，根据实际情况，"一方面调整建设计划，另一方面

①　周镇伦：《整理杭州市自来水工程计划》，浙江图书馆古籍部藏书，1932 年，第 21 页。

②　《杭州自来水创始纪念刊》，浙江图书馆古籍部藏书，第 1 页。

③　程远帆：《十年来杭州市进展》，《市政评论》1937 年第 5 卷第 7 期。

④　杭州市档案馆藏：《杭州市商会、同业公会》档案卷宗，档号：旧 L010-002-005。

以商会名义积极筹款，终使自来水建设从 1930 年 6 月开工，于次年 8 月 15 日正式供水"。① 所以，朱家骅在 1932 年曾说："故吾人今日所应纪念者，不仅为完成杭州自来水一事，吾人犹应纪念杭市绅商在完成此一事中对政府所表现之合作精神，吾人曾凭借此种合作精神以完成杭州自来水。"②

那么，王竹斋以商会名义，或者说依靠商会力量，筹到了多少资金呢？

根据计划，建设杭州自来水，将依靠发行总额为 250 万元的自来水公债方式募集资金。然而，由于各界资金普遍拮据，自来水公债发行后，认购者不多，责难者却不少，经费筹集发生了极大的危机。面对这种危急情形，王竹斋接任主席一职后，"一方面将一次性投资改为分期建设，把首期建设经费压缩在 150 万元内。另一方面运用商会的影响，在公债募集 61 万元基础上，向各业再募集 12 万元，并以公债票面 60 万元及自来水筹委会全部财产向杭州市各银行、钱庄抵押借款 46.7 万元，终于使建设资金有了着落"。③ 王竹斋运用相关影响力，为自来水建设募集了 58.7 万元，几乎占到当时所能使用资金的一半。

在杭州自来水建设中，包括王竹斋在内的多位杭州商界重要人物，除积极募集所需资金外，还踊跃担任筹委会相关职务，以便开展具体工作。在筹委会方经成立，浙江省政府便推王竹斋、金润泉等商界人士为委员。1928 年筹委会改组后，除王竹斋、金润泉继续任委员外，并加推张旭人、张忍甫等商界人士为委员。1930 年 9 月，朱家骅辞去浙江省民政厅长职务的同时，也辞去了筹备委员会主席委员职务，改由省府聘王竹斋为主席委员。被政府聘为委员的杭州商界人士，除上述几位外，还有顾乃斌、俞伟、王锡莹、祝绍箕等，其中顾乃斌、祝绍箕还担任了筹委会常务委员。在各界共同努力之下，杭州自来水终于建设成功，并于 1931 年 7 月 18 日进行试放水，"试水日适逢同春坊大火，消防龙头大显身手，数分钟即扑灭"。④

---

① 杭州市工商业联合会（商会）志编纂委员会：《杭州市工商业联合会（商会）志》，杭州出版社 2003 年版，第 197 页。

② 杭州市自来水筹备委员会：《杭州自来水创始纪念刊》，浙江图书馆古籍部藏书，1931 年，第 2 页。

③ 杭州市工商业联合会（商会）志编纂委员会编：《杭州市工商联合会（商会）志》，2003 年版，第 98 页。

④ 周峰主编：《民国时期杭州》，浙江人民出版社 1997 年版，第 369 页。

总而言之,杭州商界重要人物,在资金募集、自来水建设倡导以及建设等具体工作方面,发挥了极为重要的作用。杭州自来水之所以能够筹建成功,既非政府单独之力,亦非商界一方之功,而是集合了政府、商界及少数市民的全部力量。他们或出于各自的需要和责任,或因具有先进的城市建设意识与理念,在各自的立场与位置,为杭州自来水的开创立下了历史功绩。正如朱家骅所言,"杭州自来水之兴办,有一特征,足资纪述者。此一特征,即人民与政府之通力合作是也。三四年来,浙江建设,悉皆由政府独立创设,其由人民与政府通力合作共同主持而克底于成,惟此杭州自来水之兴办。此种人民与政府通力合作共同主持之组织,遂为初期进行之基础,日后完成之关键"。① 杭州商人和政府共同推进了杭州城市近代化。

作为杭州商界知名人物的王竹斋,不仅在自来水建设中发挥了巨大作用,还在杭州电话开通中起到了创始之功(有关杭州电话业的发展上文已有论述,此处只简略说明王竹斋在杭州电话业中的历史作用)。"杭州电话股份有限公司"就是王竹斋所创建,其创建初衷,是因为"当时虽已有'杭州大有利电气公司',对街道路灯和商店夜市照明,起到了一定作用,但对其他公用事业设施,如电讯、供水没有配套设施"。有鉴于此,王竹斋创建了电话公司。"公司设在上城华光巷,由各大行业巨商股户投股筹集资金,向德国礼和洋行买来机械设备,经过近两年时间建成通话。"② 虽然王竹斋所创设的电话公司,使用手摇接线话机,设备不能称为先进,但在当时却创杭州电话之先河,深刻影响了杭州近代化的进程。

一个城市的近代化,没有电力支持是不可想象的。杭州城市近代化,因为电力的应用而迎来了一脉明亮的曙光。除自来水和电话外,杭州的电气事业,商人筚路蓝缕,发挥了重要作用。

1908年,杭州工程师杨长清和珠宝商人金敬秋等人共同发起,集资组建了浙江省杭州大有利电灯股份有限公司,地址在上城区板儿巷巷口,主要业务是进行火力发电。这是杭州历史上有电力供应的开始,开创了一个有电纪元。火力发电开始后,由于"经营有年,终鲜成效,乃于宣统二年(1910年)重行改组,定资本二十万元,官股七万元,商股十三万元,定名为浙江大有利官商合股商办电灯股份有限公司。官股设检察一

---

① 《杭州自来水创始纪念刊》,浙江省图书馆古籍部藏书,第1页。
② 陈瑞芝:《王竹斋与杭州》,政协杭州市委员会文史资料委员会编:《杭州文史资料》(第10辑),1988年版,第5—6页。

员，商股设董事七员，其下复设总理、协理、经理各一员"。① 大有利电灯公司经过重组后，就规模和设置而言，"有蒸汽引擎发电机组 3 套，锅炉 2 台，总装机容量 750 千瓦。市区街道立电线杆木近万根，相距 40 或 50 米树一根高 10 米的电杆，装一盏路灯"。在一切准备就绪后，大有利公司于当年中秋节开始向市区供电，"杭城灯月交辉，市民倾城上街观赏，改变了夜间出门提灯笼的状况"。②

起初的大有利公司，向市民收取"电价每度一角六分，包灯半夜四分，全夜五分三厘，电表押金十五元，月租五角"。③ 此价格颇为昂贵，且一只电表收取 15 元押金，还要收取月租费，一般用户难以承担。电厂所需电器设备和材料，均需要从国外进口，价格极为昂贵，如"进口一个 32 支光的灯泡，就需银元 1.7 元"。加上昂贵的预装费和电表月租费，一般的中小商人都觉得难以负担。供电时，"只有大井巷的聚丰园京菜馆和高银巷口的亨达利钟表店两家装了电灯。由于业务不振，电灯公司借债维持，仅欠浙江兴业银行一家就有 10 万余元"。④为了摆脱困窘，大有利公司采取了相应改革措施。首先取消了用户必须安装电表的规定，并且不取保证金，指定装灯地点，限定灯光支数，按路灯开闭明灭，"一盏电灯每月收取电费 5 角银元，以吸引增加用户"。⑤ 1915 年，大有利公司"为扩充营业起见，添购新式电机一座，接展江干、拱宸两线"。⑥ 1916 年，公司再次改组，"增加股本，改定资本总额为三十五万元，官股十二万元，商股二十三万元，又改电灯公司名称为电汽公司"。⑦ 由于公司资金得到了大幅度改善，各项规定得以改革，整个业务也趋于繁荣，债务也得以还清。

---

① 铁道部财务司调查科查编：《京粤支线浙江段杭州市县经济调查报告书》，1932 年，第 450—451 页。

② 《民国时期杭州水电业》，杭州市政协文史委编：《杭州文史丛编》（经济卷下），杭州出版社 2002 年版，第 365 页。

③ 铁道部财务司调查科查编：《京粤支线浙江段杭州市县经济调查报告书》，1932 年，第 451 页。

④ 《民国时期杭州水电业》，杭州市政协文史委编：《杭州文史丛编》（经济卷下），杭州出版社 2002 年版，第 365 页。

⑤ 《民国时期杭州水电业》，杭州市政协文史委编：《杭州文史丛编》（经济卷下），杭州出版社 2002 年版，第 365 页。

⑥ 《杭州快信》，《申报》1915 年 8 月 25 日第 7 版。

⑦ 铁道部财务司调查科查编：《京粤支线浙江段杭州市县经济调查报告书》，1932 年，第 155 页。

尔后，湖滨地带新市场日益扩大，马路也开始修筑，各项事业用电量开始增长。1917 年，开始扩展厂区，并且增装 400 千瓦的汽轮发电机组一套，扩大了业务，电厂开始有了盈利。1918 年进行第二次扩建，增装 1000 千瓦汽轮发电机组一套，供电范围开始由城区向城郊拓展。1919 年，随着杭州丝织业的发展，用电量开始进一步紧张。[①] 1920 年，"改股本为一百万元，官股二十四万元，商股七十六万元，十年（1921 年）设分厂于艮山门外，十三年（1924 年）改股本为三百万元，实收二百万元，官股四十三万五千元，余为商股，改名称为电业公司"。[②] 这期间，为了适应日趋紧张的用电需求，公司于 1923 年又增装 2000 千瓦和 2300 千瓦的发电机组各一套，总容量达到了历史高峰 5100 千瓦。[③] 据《申报》载，"大有利电汽公司前年（1921 年）除开支各项外，纯益二十六万余元，上年度（1922 年）结算纯益已达三十万以上"。[④]

综合以上分析，大有利公司从一家纯商办公司，到官商合股而由商股占绝对地位；营业由起初的艰难，到往后历年的扩展，营业利润不菲，于 1925 年前后达到其发展的顶峰，在这一时期，杭州的商业也呈现发展态势，两者命运基本上一致。1929 年 "浙江省电汽局，于本年（1929 年）五月一日，奉省政府建设厅命令，接收前浙省大有利官商合股商办电业有限公司，改为官办"。[⑤] 杭州大有利公司从此结束了其商办的历史。

上述历史考察表明，无论是在自来水业，还是电话业，甚或是电力行业，商人都发挥了极为重要的作用。这些公用事业在杭州都属于开创性事业，为杭州历史上所未有，是杭州作为一个城市迈向近代化的开始。从某种意义上说，有了上述这三项公用事业的开设，才开启了杭州城市近代化的步伐。而商人，始终站在这一进程的最前沿，为杭州走向近代化作出了应有的历史贡献。

---

① 《民国时期杭州水电业》，杭州市政协文史委编：《杭州文史丛编》（经济卷下），杭州出版社 2002 年版，第 366 页。

② 铁道部财务司调查科查编：《京粤支线浙江段杭州市县经济调查报告书》，1932 年，第 155 页。

③ 参见《民国时期杭州水电业》，杭州市政协文史委编：《杭州文史丛编》（经济卷下），杭州出版社 2002 年版，第 366 页。

④ 《杭州快信》，《申报》1923 年 1 月 29 日第 11 版。

⑤ 《浙省府接收大有利电厂始末》，《工商半月刊》1929 年第 1 卷第 17—20 期。

二　多方位参与城市管理

杭州商人参与城市管理，历史悠久。比如在城市防火领域，早在南宋时期，杭城就设有"水铺、冷铺、义社等民间消防组织"。[①] 自宋代至明清时期，杭州的民间消防组织一直延续，未曾间断。一般而言，这些消防组织所需"经费，由当地土绅发起，各大中商行商店自愿认捐，年底由打更人向住户募收一次'平安米'"。[②] 近代以来，随着商人地位的提高和权利意识的觉醒，对城市管理参与的积极性也空前提高。当新式商人组织，商会在各地纷纷设立的时候，"商人领袖深信，商会能够成为当时流行的各种进步思想的大容器"。[③] 考察历史事实，虽然清末民初杭州商人并不具备这样的先进思想，然较之以往，杭州商人在城市管理参与的广度与深度上，得到了明显的提升。

近代以来，杭州商人参与城市管理，主要体现在城市消防、维护治安和商业安全三个方面。

杭州一直以来就是一个火灾频发的城市，尤其是在宋室南渡，人口剧增之后。因此，杭州绅商也极为重视火灾的预防。1909 年，由杭州部分绅商发起，"浙省救火联合会假座商务总会开成立大会"。浙江救火联合会宣告成立，这是一个纯粹的杭州商界救火组织。在这次成立大会上，杭州多位政府官员参加，"来宾共计二百三十余人，三点钟开会，首由发起人高廷耀报告发起理由，谓本会对于官立消防队有服从之义务，对于商民有保护之责任"。[④] 大会选举了正副会长和总干事等职务。从高耀庭的发言不难看出，商界虽然表示对官立救火队的服从，但浙江救火联合会同时也明确发出了自己对商民保护的责任，显示了其在有关社会管理上的责任自觉和权利意识。

1912 年，杭州总商会改编接收救火联合会和分布于杭城各个区域大小不一的 7 个救火分会，并于 1913 年建立湖墅民办消防队。其主要原因是"省会警察厅建立官办的消防队，但消防能力有限。当时官民救火组织并存。因此在火灾现场往往出现官民救火人员发生纠纷，甚至殴斗，严

---

① 徐凤臣：《消防经济学》，辽宁人民出版社 1995 年版，第 59 页。

② 刘芝涛：《杭州消防史话》，《浙江消防》2001 年第 9 期。

③ ［美］陈锦蒋：《清末现代企业与官商关系》，王迪、张箭译，中国社会科学出版社 2010 年版，第 246 页。

④ 《救火联合会成立会纪事》，《申报》1909 年 9 月 28 日第 12 版。

重影响救火效果"。① 1919年9月底，杭州总商会再次对救火联合会进行改组，经过讨论，决议将会址设在位于江干的机神庙，即杭州绸业会馆所在地。并决定，经过改组后的杭州救火联合会，将负责统一管理杭城所有民办的救火组织。1927年杭州市成立后，救火联合会将地址迁移到佑圣观庙，而后又迁址到弼教坊，并开始聘用专职救火员，负责有关管理和施行救助等组织工作。"1928年，官巷口大火，焚毁房屋300多间，殃及商店100多家，更引起商界人士的重视，于是由商会发动募捐，增添消防设备，并更名为'杭州各界救火联合会'。"② 1929年，杭州救火联合会再次进行改组，名称变为杭州市自治火灾消防组联合会，又称杭州市各界救火联合会。"民国二十二年（1933年），各界救火联合会对救火救护区域重新进行划定，联合会配备会员17名，下辖19个集（组），而每集（组）分别有会员40名。全市总共拥有救火员900余名，置水龙、洋龙29台，消防车3辆。民国二十三年（1934年），筹建河坊街14号救火会所。全市建有消防集（组）43个，共拥有民间救火水龙（抬龙）31台、洋龙23台、消防车3辆。民国二十六年（1937年）七七事变前，为防御日机轰炸及救护火灾，各界组织民间救火力量，成立防空袭消防防护团。"③ 抗日战争初期，消防防护团"随时巡逻，救护受伤灾民"。④ 以上救火联合会表明，在不同历史时期，杭州商界能够度德量力，适应时势，积极担负杭州消防职责，保护商民，负起了相当一部分的城市管理工作。

在维护城市治安方面，自清末以来，杭州商界也付出了努力，并作出了成绩。其主要措施，是以商会名义和力量，组织商团。而杭州商界组织商团的历史，也足以察出杭州商人的某些特质。

杭州商人组建商团可追溯至1908年。由于时局动荡不安，社会秩序较为混乱，在杭州商务总会由潘赤文担任会长时期，在绸业会馆金溶仲的建议下，成立了杭州历史上第一个商人的准武装团体——商团。商团共分为上城、中城、下城、江干、湖墅五区。经费由商家负担，武器则向军械局领取。按照当时杭州商界认识，之所以组建杭州商团，其理由有二，

① 杭州市工商业联合会（商会）志编纂委员会编：《杭州市工商联合会（商会）志》，2003年版，第97页。

② 杭州市工商业联合会（商会）志编纂委员会编：《杭州市工商联合会（商会）志》，2003年版，第96页。

③ 刘芝涛：《杭州消防史话》，《浙江消防》2001年第9期。

④ 杭州市工商业联合会（商会）志编纂委员会编：《杭州市工商联合会（商会）志》，2003年版，第97页。

"一是这时孙中山所领导的革命运动已深入人心，清廷眼看就要崩溃，成立商团后，可在革命勃发时，协同维持市内秩序，使商民不致遭受损失；二是下城区颇多无业游民，设立商团后，可吸收此辈做团员，免得他们平日滋事，而在时局动荡时又可维护地方"。① 显然，在时局动荡的岁月，在政府失去确保商界利益能力的情况下，商人自己组建商团以达到保护自身利益的目的，在某种程度上维护了社会秩序，参与了城市管理。

1911 年辛亥革命发生后，杭州商团即告解散。迫于形势，同年 10 月 22 日，"商团亦决议成立"。② 在此之前，为维护地方秩序，已有杭州民团组织的成立。而此次商团组织者，也是杭州商务总会。10 月 22 日，杭州商务总会"召集各业发起组织商团，初拟先招二千名，概以机料房及失业工人充选，惟现因经济、人才双方具绌，决联合各界合并组织，不分民团商团"。③ 杭州商团重新设立后，主动维持杭州地方秩序，充分发挥了其应有的城市管理职能。1911 年杭州光复，民军即将进入杭州，杭州"各团体接省城汤都督通告，一律预备欢迎民军，市面安静如常。而各处迁避至杭者甚多，城内外均无空房。商团早经成立，沿街巡查，极形严整"。④ 在需要维持秩序的关键时刻，杭州商团发挥了其应有的重要作用。此次所成立的商团于 1912 年解散。

时至 1924 年，由于杭州基本上处于各派军阀统治之下，秩序时常不宁，因此，杭州总商会有重新设立商团的计划。4 月 27 日，总商会"会议办商团。因湖墅、江干两区已有保卫团，故先就城区筹备，分上中下为三区。办有成效，再行联络。各商号慑于匪患频仍，颇望早日成立"。⑤ 5 月 5 日，总商会继续召集有关方面开会，商讨成立商团所需经费如何解决等问题，"议决，照房捐加收二成，作经常费。开办费由各业担任"。⑥ 并定于 12 日继续开会讨论相关问题。12 日，杭州总商会继续开筹备会议讨论，"将杭城商团筹备处组织大纲，逐条讨论，改为十条通过。至经费问题及征募团员方法，待筹备处成立后讨论"。⑦ 26 日，总商会继续开会，

① 程心锦：《旧时代的杭州商会》，浙江省政协文史资料委员会编：《浙江文史集萃》（经济卷下），浙江人民出版社 1998 年版，第 80—81 页。

② 《汉口电·杭州》，《申报》1911 年 10 月 24 日第 3 版。

③ 《杭垣组织商团之现状》，《申报》1911 年 10 月 25 日第 10 版。

④ 《杭州光复记（三）》，《申报》1911 年 11 月 9 日第 6 版。

⑤ 《杭州快信》，《申报》1924 年 4 月 28 日第 10 版。

⑥ 《杭州快信》，《申报》1924 年 5 月 6 日第 7 版。

⑦ 《杭州快信》，《申报》1924 年 5 月 13 日第 7 版。

经过各业详细计算，商团"开办费需一万余金，现拟由入会各业，按照会费加半缴纳，俟征同一实行"。①

在时局不稳定时期，组织商团以维护商人利益是杭州商界的共同愿望，故杭州各大商行"颇望早日成立"。以此而言，顺利成立商团似乎并非难事。然而，当经计算，仅开办费一项就需资金一万余元，并且需要由加入商会各业承担时，他们退却了。"杭总商会提议组织商团，因开办费需万元，分函各业，征求意见。现据各来函复，意见颇不一致，势难成立。"② 再次成立商团的愿望最终落空。

从以上杭州商界历次成立商团的过程可以发现两个特点。一是，杭州商人两次成功设立商团，其存在时间都比较短暂。第一次约3年，第二次不足1年即告解散，这显示了杭州商人对于城市管理，不在非常时期即不愿意积极参与的心态；二是，在时局不靖之时，作为当时杭州商界领导机关的杭州总商会，有意重新组建商团，以维护商家利益。然而，当涉及巨额经费时，却发生分歧，致使计划落空。这反映了杭州商人较为注重短期利益，而缺乏长远眼光和宽广的胸襟。而以上这两个明显的不足，导致杭州商人参与城市管理的能力与深度不足，也进一步制约了自身政治素质的发展。

杭州商人在城市管理上的第三个方面，是在维护商业安全上。

在杭州近代商业历史上，由于米价暴涨，某些商人囤积居奇，导致杭城市民遭遇粮食困难，曾经发生大小严重程度不等近20次捣毁米铺的风潮。尤其是进入清末最后的10年，以至民国时期，这种风潮益趋激烈。如1913年5月，"杭州门售米价上涨，激起群众怨愤，打毁了米业公所董事长李筱宝在横河桥开设的大有利米店，并将李住宅内的所有的家具衣物等全部毁坏。李筱宝仓惶逃跑"。③ 类似这样的例子，在杭州捣毁米店风潮中颇为常见。而在这些风潮中，作为杭州商界领袖的商会，往往立场公允，积极配合官方，出面维持商业安全。

1911年4月，由于杭州灾害连年，粮食歉收，引发粮食供应不足，有不法商人趁机囤积居奇，进而导致杭城民食恐慌。"这年四月，杭州米价已涨到每升九十文，而粮店老板仍囤积不售。继续抬价。四月六日，杭州下城区机匠联合贫民数百人，展开捣毁米店的斗争。他们由东街路出发，去

---

① 《杭州快信》，《申报》1924年5月27日第7版。

② 《杭州快信》，《申报》1924年6月18日第7版。

③ 汪力忠：《杭州商业志》，浙江大学出版社1996年版，第295页。

众安街、羊坝头、清河坊等地，所有米店数十家，悉数捣毁。"① 他们手持火把，各处照耀如同白日，连巡街警察也不敢过问。"惟此辈宗旨，专与米商为难，银钱等物，则不抢掠。"② 在此过程中，有警察将队伍中的贫民数人拘押至审判厅，于是队伍情绪更加激愤，一起哄至审判厅，将厅内所有物品尽数捣毁。队伍迅速扩大到一千余人，声势更加壮大。"于是，增抚立饬螺狮山陆军辎重队，荷枪出巡，各处巡警及卫队等，亦纷纷开枪弹压。至初九早，计共拿获一百九人，解交督练公所暂押，警道欲以军法治之。"③

在这场声势浩大的民众捣毁米店风潮中，杭州商务总会扮演了何种角色呢？由于军方联合警方拘押了109位参加捣毁米店风潮的群众，还表示要对这些被拘押的人进行军法审判，事态严重。这一事件，在杭州商务总会的努力斡旋下，最终"由商务总会官绅会商公决，交审判庭训办。闻已蒙开释者九十三人，未放者不过十余人而已"。④ 依逻辑推断，商会作为商人利益代表，应该站在商人一方。既然官方计划对被拘押民众按军法处置，那么商会完全可以顺水推舟，或不发表意见。然而，结局是，经商会与官方协商，绝大部分人员得以释放，这显示了商会能够从大局出发，从大处维护商业安全的利益考量。

综合以上分析，在不同时期，杭州商人不同程度地参与了城市管理，为杭州城市近代化作出了一定贡献。不足之处当以历史的眼光与逻辑看待。

三　多面的近代教育

杭州近代教育并非肇始于商人，起始与商业也没有关系。1897 年，当时任杭州知府的林启，锐意创办近代教育，在其支持之下，杭州出现了近代以来第一个新式学堂——求是书院。求是书院的创办，开启了杭州近代新式教育的大幕。此后，杭州各种新式学堂蓬勃发展，其中不乏或由商人创办者，或与商业有关者。

由商人创办的第一所杭州近代新式学堂，是杭州商人胡乃麟独资创办的安定中学。"上海叶澄衷，杭州胡安定"，是当时社会各界对上海和杭

---

①　徐和雍、郑云山、赵世培：《浙江近代史》，浙江人民出版社 1982 年版，第 246 页。

②　《国风报》1911 年 4 月 21 日。

③　彭泽益：《中国近代手工业史资料》（第 2 卷），中华书局 1957 年版，第 626 页。

④　彭泽益：《中国近代手工业史资料》（第 2 卷），中华书局 1957 年版，第 626 页。

州两所知名私立学堂的褒奖，和对其创办者的由衷赞誉。胡安定，即胡趾祥，名乃麟，杭州人，清末著名实业家，"巨商胡雪岩之族也，经营商业于汉口，晚年归杭。其戚杨雪渔太史劝其出资兴学，以博乡誉。趾祥乃捐银六万元作基金，以创此校。以其郡望，名曰安定"。① 所谓"以其郡望"，即指胡乃麟祖先出自安定郡，"兼以宋儒胡瑗亦称安定先生，故定名为安定学堂"。② 安定中学正式成立于1902年，学校"规定三年毕业，资送京师大学堂预科肄业"。此后，于"1906年改为五年制中学，一时名噪省垣，负笈来读者云集"。③ 安定中学虽然规模宏大，科教完善，然而因为各种公立、私立新式学堂不断增加，安定中学所面临的竞争也日益严峻，1907年，安定中学"添设银行簿记各科"。④ 1911年，安定中学"计划开办文科，招收学生六十名，凡在高等小学毕业及具有同等程度者，均一律收考"。⑤ 安定中学历经变迁，一直到南京国民政府时期，都保持着较好的发展态势，为杭州近代教育事业作出了杰出贡献。作为独立出资的创办者，作为商人的胡乃麟，在近代新式教育史上起到了开先河的示范作用。而其本人在有生之年，也受到了政府的褒奖。1913年，当时的国务总理熊希龄和教育总长汪大燮呈文袁世凯，请求给予胡乃麟奖赏。袁世凯批复称，"浙江公民胡乃麟，捐资巨万，创办安定中学校，历久不渝，在近代实为罕见。应如何破格给奖，请酌核施行"。⑥ 熊希龄与汪大燮在收到袁世凯的批复后，10月29日继续呈文表示，胡乃麟"捐资兴学，前后十余年，卓著成效，实属急公好义，足以矜式国民。应请按照该部褒奖条例第二条，奖给匾额，并金质一等褒章，并拟请特给二、三等嘉禾章，以示优异"。⑦ 熊希龄和汪大燮的呈文很快得到袁世凯批复，10月31日，袁世凯批复称，"该公民胡乃麟慨捐巨资，命其子胡焕彬等创办安定中学校，成效昭然，洵属急公好义。所请给予勋章以示优异之处，已另有令。余均如拟办理"。⑧ 安定中学在其漫长的办学过程当中，为社会各界输送

---

① 钟毓龙：《说杭州》，浙江人民出版社1983年版，第441页。

② 张彬主编：《浙江教育史》，浙江教育出版社2006年版，第379页。

③ 董楚平等：《广义吴越文化通论》，中国社会科学出版社2012年版，第465页。

④ 《安定学堂之成绩》，《申报》1908年4月17日第12版。

⑤ 《安定学堂开办文科先声》，《申报》1910年12月23日第12版。

⑥ 《请褒奖胡乃麟捐资办学呈袁世凯文》，《政府公报》1913年10月29日。

⑦ 《请褒奖胡乃麟捐资办学呈袁世凯文》，《政府公报》1913年10月29日。

⑧ 《袁世凯批》，《政府公报》1913年10月31日。

了大量人才，如在其设立了银行科后，"其后学生之毕业者，多于银行界
蜚声"。①

　　清末民初，近代新式商业不断发展，因此之故，杭州商界对于商业知
识的追求，显得颇为强烈。1909 年 6 月 1 日，由杭州众多商界人士组合
而成的"杭州商学公会"在杭州"许衢巷就养堂开商学公会成立大会，
计到会者七十二人，由发起人金润泉君托景君本白宣布宗旨云"。② 金润
泉为杭州金融界的显赫人物，也曾担任杭州市商会会长，在杭州商界有着
极大的影响力，由他出面组织领导杭州商学公会，显示了杭州商界学习商
业知识以适应时代发展需求的决心。《杭州商学公会改正章程》明确规
定，"本会之设，意在研究商学，交换知识，以冀商业之发达"。③ 因此，
杭州商学公会与当时的杭州商务总会，其职能有着显著的区别，主要是为
了增进商人的商业知识，并以此求得商业的发达。

　　商学公会在其成立后的第二年，与杭州商务总会联合成立了"杭州
商业学堂"。"六月念五日，杭州商学公会与杭州商务总会，因组织商业
学堂在总商会特开联合会，各会员约到四十余人，集议筹款办法。"④ 而
在筹设商业学堂之前，杭州某些商业已设有商业学堂，如绸业、木业和柴
业，均已设立商业小学堂。这些商业学堂的创设，表明杭州商界具有了学
习西方商业知识的自觉。商业学堂作为专门学习商业知识的职业性学堂，
是杭州近代新式教育的一个重要组成部分，商人在其中既是承办者，又是
学习者。

　　杭州与商人或商业有关的近代新式教育，除商人创办外，还有一种由
官方主导创设，商人在其中参与教习，并且发挥了重要作用。这种学校的
创办，培养了商界人才，间接推动了杭州商业的发展，其中典型代表，即
是浙江中等工业学堂。

　　浙江中等工业学堂的创办，间接受到清末杭州知府林启的影响。1910
年，福建闽侯人郭则沄代任浙江提学使。在任期间，杭州知府林启病故，
他亲历目睹杭州市民与林启家属争灵柩，并葬在孤山。杭州人在林启墓旁
建立了林社，在社中供奉神像和神主。郭见"每年四月二十日（林的死
日），全城学校师生追念林办学功绩，均往孤山祭奠，弥切羡慕"。郭则

---

① 钟毓龙：《说杭州》，浙江人民出版社 1983 年版，第 441 页。

② 《商学公会成立纪事》，《申报》1909 年 6 月 2 日第 12 版。

③ 《杭州商学公会改正章程》，《杭州商业杂志》1910 年第 10 期。

④ 《杭垣组织商业学堂联合会纪事》，《申报》1910 年 8 月 3 日第 10 版。

沄希望自己也能像林启一样，能在自己代理期间做一件足以让后人留念的大事，于是找到许炳堃商量，"商讨结果，遂办一杭州前所未有的工业学堂"。①

方案定下后，决定"将已停办的报国寺铜元局基地房屋机械工场，连库存铜元二十余万元，全部拨充开办费及经常费用。并由督抚聘定许炳堃为浙江中等工业学堂的监督。经过许的筹划，即于 1910 年 2 月正式上课。为适应当时需要，设立机械、机织、染色三科，并附设艺徒班。请中日专家担任授课，日本永三濑负责机械，朱谋先负责染织"。② 许炳堃可以视为商界的一员，而朱谋先则是杭州纬成公司创办人。浙江中等工业学堂虽非他们主办，但许炳堃担任了学堂的监督，朱谋先担任染织科教习，在当时相关人才紧缺的情形下，为学校的发展作出了巨大贡献。

1911 年杭州光复后，浙江中等工业学堂改名为浙江中等工业学校，许炳堃担任校长并兼任学校附设机织传习所所长。1913 年，浙江公立中等工业学校改名为浙江省立甲种工业学校，"1914 年 7 月，浙江甲种工业学校第一届学生毕业，计染织科 15 人，机械科 9 人。1915 年 7 月第二届学生修业期满，根据国民政府教育部规定要求，留校补习一年，于 1916 年 8 月与第三届学生同时毕业，学校遂完成学制转换，步上正规，1918 年还增设应用化学科，1919 年又增设了电机科"。③ 此后学校继续发展。"1920 年，工校又经过省议会通过升格，改名为浙江省工业专门学校，1927 年北伐成功后，改名为第三中山大学工学院，以后又改名为浙江大学工学院。"学校为商界培养了一批人才，最为知名的是都锦生。"该校毕业生都锦生因试制丝织风景成功，商得母校同意，拨借手织机一台及纹花一本，由都锦生就茅家埠住宅开机试织。"④ 都锦生后来所取得的巨大成功，为杭州商界增添了一抹瑰丽的色彩，与浙江中等工业学堂的培养密不可分。

民国以降，杭州工商界创办各类学校的趋势进一步加强。

1912 年，为了增进杭州商人的专业技能，并进一步提高商人知识水

① 许炳堃：《浙江省中等工业学堂创办经过及其影响》，中国人民政治协商会议浙江省委员会文史资料研究委员会编：《浙江文史资料选辑》（第 1 辑），浙江人民出版社 1985 年版，第 120 页。

② 杭州市档案馆编：《杭州市丝绸业史料》，1996 年版，第 123—124 页。

③ 杨达寿等：《浙大的校长们》，中国经济出版社 2007 年版，第 64 页。

④ 杭州市档案馆编：《杭州市丝绸业史料》，1996 年版，第 124 页。

平，"杭州市总商会曾筹款举办簿记学校。1935 年，杭州市商会设办商业补习学校，设普通课和专修课。学生多为店员"。① 普通课和专修课课程内容丰富，契合时代特征，普通课课程有"商业国文、商业簿记、商业英文、商业常识、经济概论、商业算术、公民训练等，专修课课程有会计学、银行学、英文、日文等"。② 1917 年，"浙江中医专门学校由杭州中药行业创办，校董会由胡庆余堂、叶种德堂、万承志堂等二十余家药号之代表组成，并提供经费。其毕业生陈道隆、包超然、许勉斋、陈杏生、毛达文、李汝鹏、高德明等均为一代知名中医"。③ 此外，如杭州私立光明小学，由杭州大有利电灯公司所创办；杭州私立盐务中学，由盐务局出资创办；杭州私立大经小学，由杭州丝绸公会创设；杭州私立观成一小及观成二小，由杭州绸商业公会创办；杭州私立裕成小学，由杭州肉业公会创办；杭州私立三如小学，由杭州火柴业公会创办；杭州私立布业小学，由杭州布业公会创办；杭州私立柴业一小和柴业二小，由杭州柴业公所创办；杭州私立木业一小和木业二小，由杭州木业公会创办；杭州私立盐务小学，由杭州盐务公司创办；杭州私立三省小学，由杭州百货业公会创设；杭州私立恒业小学，由杭州颜料业公会创办。④

　　综观以上杭州商界或商界人士参与创设的各类新式学校，以普及文化知识为主的中小学校占据多数，其次是专业商业学校。这两类学校，无不对杭州普及文化和商业技术知识起到了良好作用。这类教育，改变了以往传统的单一科举式教育，开阔了学生视野，使学生掌握了专业技术技能，为发展杭州商业，既提供了商业知识、技术技能，又提供了商业人才。从这一点上说，杭州商界所从事的近代教育，为杭州城市走向近代化提供了一股强劲的动力。

四　新旧夹杂的近代慈善

　　近代中国多灾多难，战争频仍，各种自然灾害频发。天灾人祸经常共同爆发，导致人民，尤其是社会底层人民生活艰难，多有需要救助的人

---

① 杭州市工商业联合会（商会）志编纂委员会编：《杭州市工商联合会（商会）志》，2003 年版，第 95 页。

② 程心锦：《旧时代的杭州商会》，浙江省政协文史资料委员会编：《浙江文史集萃》（经济卷下），浙江人民出版社 1998 年版，第 80 页。

③ 钟毓龙：《说杭州》，浙江人民出版社 1983 年版，第 467 页。

④ 参见钟伯庸《解放前杭州市的地方教育》，政协杭州市委员会文史资料委员会编：《杭州文史资料》（第 19 辑），1996 年版，第 93—94 页。

群。周秋光等人即认为，"灾荒一旦发生，数以万计的灾民嗷嗷待哺，社会救济需要也就日益迫切了"。而且"由于政治变动的频繁冲击，使中国人民处于苦难的深渊，对民众的慈善救济更为日亟需要"。① 说明了天灾人祸往往叠加而起，慈善事业因此显得更加重要，是符合历史事实的论述。杭州也莫能例外，商人多能以自身力量，积极从事各项慈善活动。他们或以自身及商界整体的力量，救助鳏寡无助，或以商人的身份积极参与政府的各类慈善义举。

传统慈善，就其内容和性质而言，"包括施衣、施药、施粥、育婴、义塾、助赈、助葬等。但大都不外乎是为了救人活口，或给予临时性的某些帮助，而全社会性的公益活动则基本上未曾开展。接受慈善机构救济和帮助的受益者，也始终只是那些遭遇天灾人祸，生活陷入极度困难的一部分人，而不可能是社会大众"。② 换言之，进入近代以来，慈善的内容已突破了这些日常生活困难的救助，慈善的性质，也开始向规范化和突破临时措施性质的方向发展。清末以降，杭州慈善基本上沿着这样的方向发展。即传统慈善方式和内容虽在一定程度上继续存在，但同时也出现了具有近代特色的新慈善事业。

进入民国以后，杭州商人从事传统慈善事业依然广泛存在，并且有些慈善组织已显露出某种近代慈善的特质。

三善堂是杭州知名的传统慈善机构，所谓三善堂，即为同善堂、普济堂和育婴堂的合称。传统上，一般"由有声望之耆绅为三善堂之总董，另有专人分管各堂之事。凡养老、慈幼、恤嫠、启蒙、施粥、医药、棺殓、掩暴露、抚病旅以及惜字、放生诸事，靡不分堂毕举"。③

三善堂在杭州救济慈善历史上曾发挥了很大的作用。其中的育婴堂，是为了收养被遗弃的婴儿所创设，"当时育婴堂的经费，由商会常年补助"。④ 进入民国以后，杭州人口逐渐增多，由于拱墅区离开市区的育婴堂路途较远，因此路上时常可见弃婴。作为当时杭州极为知名和有威望的商人王竹斋，"一再动员当时在中山中路一带置有大量房地产的巨户邵义

---

① 周秋光、曾桂林：《近代慈善事业与中国东南社会变迁》，《史学月刊》2002年第11期。

② 朱英：《经元善与晚清公益事业的发展》，《华中师范大学学报》2001年第1期。

③ 王国平主编：《民国史志西湖文献专辑》，《西湖文献集成》（第11册），杭州出版社2004年版，第882页。

④ 陈瑞芝：《王竹斋与杭州》，政协杭州市委员会文史资料委员会编：《杭州文史资料》（第10辑），1988年版，第6页。

成出资赞助，由王竹斋负责、兴业银行经理徐行恭相助，在湖墅仓基上建立了一所'湖墅育婴堂'，从此拱墅地区的弃婴亦能得到收养"。① "湖墅育婴堂"设立后，成绩卓著，聘有各类哺乳妇女并给予相当报酬。1928年，育婴堂"筑有育婴室四十间。十九年（1930年）七月间，育婴一百四十口，乳媪三十三人，专哺堂内婴孩四十九口，尚有雇媪九十一名，寄养堂外婴孩九十一口。堂内乳媪每名哺双口者，每月工资六元，哺单口者，每月四元，寄养堂外者，每月三元。所有款项均向各慈善家捐募，每月开支约九百七十元"。② 可见，"湖墅育婴堂"规模较大，开支也颇为可观。无论是作为旧时的杭州育婴堂，还是王竹斋主导创设的湖墅育婴堂，杭州商人都在其中发挥了巨大的作用。

潘赤文原为杭州一家钱庄经理，曾任第二任杭州商务总会总理，他为杭州慈善事业也作出了相当大的贡献，人称"潘善士"。其慈善事业，主要是主持成立了"保沙会"。钱塘江因为潮涨潮落，时常有淤沙随之淤塞，渡江人因此经常遭遇危险。有鉴于此，"时任杭州商务总会总理的潘赤文乃创'保沙会'，制救生船4只以救助遇险者。会员要尽每年交付一定会费的义务，可享过江遇险时由救生船搭救的权利"。③ 实行会员制度的"保沙会"，要缴纳一定会员费才能享受相应权利，已显露了某种近代气息的慈善性质。当然，"保沙会"虽然要求会员缴纳一定会费，但对于"一般渡江遇险的人，也是受到了好处的"。④ 此外，潘赤文还"捐资办同善堂、育婴堂、养老堂"⑤ 等慈善组织，为维持和发展杭州慈善事业，慷慨解囊，助益良多。

1924年，"杭州妇孺救济会十五日开成立会"。⑥ 杭州妇孺救济会不同于以往慈善组织，其机构设置，已接近于近代公司性质的管理架构，内

---

① 陈瑞芝：《王竹斋与杭州》，政协杭州市委员会文史资料委员会编：《杭州文史资料》（第10辑），1988年版，第6页。

② 铁道部财务司调查科查编：《京粤支线浙江段杭州市县经济调查报告书》，1932年，第158页。

③ 程心锦：《旧时代的杭州商会》，浙江省政协文史资料委员会编：《浙江文史集萃》（经济卷下），浙江人民出版社1998年版，第58页。

④ 程心锦：《旧时代的杭州商会》，浙江省政协文史资料委员会编：《浙江文史集萃》（经济卷下），浙江人民出版社1998年版，第58页。

⑤ 杭州市民建、工商联文史组：《解放前的杭州市商会》，政协杭州市委员会文史资料委员会编：《杭州文史资料》（第5辑），1985年版，第135页。

⑥ 《杭州快信》，《申报》1924年3月18日第10版。

部设正副理事长，并设各股理事及监察若干名，任期均为二年。1926 年《申报》报道，"杭州妇孺救济会成立已届两载，现因正副理事长，各股理事暨监察均二年任满，已定十一日下午开选举朋会，昨发通告"。① 显示了救济会长效而规范的运作机制，从这点来看，救济会明显具有了近代慈善特色。就救济会的救济内容和方式来看，可以说是传统和近代兼具。杭州妇孺救济会"专以救济被拐被虐待之妇孺为宗旨。凡救济到会之人，查有亲属者，招致认领，或补助以旅费，资送回籍，其无可依归者，收容留养。并于会内设立文学、工织、缝纫、烹饪各科，任其指定学习。如有申请配为妻室，或乞养为子女者，调查相当妥善之家，取有确实保证，征求本人同意后，分别遣嫁或给领，俾得终身有靠。设因病而身故者，则于东岳庙置有公墓地，立碑安葬"。② 诸如为逝者安葬及救济被拐，均属传统意义上的救济内容。但在对这些妇孺救济之余，还设立文学、工织、缝纫、烹饪各科，对之加以技术上的培训，却已超越了传统，明显具有近代新式慈善的特征。

此外，传统意义上的慈善，其对象一般是平民百姓。在杭州，还出现过商业内部之间的互助之举，主导者为王竹斋。在杭州商业不景气时，很多绸业机织个体户陷入了困境。王竹斋认为，商会是各行业的集体组织，应帮助他们渡过难关。他说，"个体机户对发展绸业生产也是一支重要的力量，我们不能见危不救"。王竹斋的建议得到了商会内部积极支持，"由此在每年年终，由商会给个体困难机户，接济补助一次"。③ 这一事件，可以理解为杭州慈善史上的一次创举，具有鲜明的时代特色，而与传统迥异。

杭州近代慈善事业的发展不是一个泾渭分明的路径，而是一个传统与近代相互夹杂的复杂过程。

周秋光等学者认为，传统慈善向近代过渡的一个重要表现，是近代慈善理念的产生，即慈善界人士慈善观念的变化。"在救亡图存的时局背景下，社会各界人士对慈善活动及其作用也有了新的认识，并趋于一致，由此发生了颇为引人注目的变化。这种变化即体现了传统慈善观向

---

① 《杭州快信》，《申报》1926 年 4 月 9 日第 9 版。

② 铁道部财务司调查科查编：《京粤支线浙江段杭州市县经济调查报告书》，1932 年，第159 页。

③ 陈瑞芝：《王竹斋与杭州》，政协杭州市委员会文史资料委员会编：《杭州文史资料》（第 10 辑），1988 年版，第 7 页。

近代公益慈善思想的过渡，酝酿和萌生了近代色彩的慈善理念。"① 作者列举了清末著名实业家经元善"救济不如救贫""善举之惠，应从一身及于一家，从一时及于永久"等具有近代特色的慈善理念来加以佐证。

然而，揆诸杭州近代以来的慈善史实，即便到了 20 世纪 30 年代，也依然没有达到这样的水准。

于 1905 年开设的杭州高义泰棉布商店有着辉煌的发展历史。和杭州很多商人一样，高义泰也对慈善有所赞助，"如在茂记茶场内设广济材集，对死后无钱埋葬的，舍棺材一口。对患病者送膏药、辟瘟丹、催生丸等药品。在接近年关时，'隐名'送米票 5 升至数斗"。就这些举动而言，本身即属于传统的慈善范畴。高义泰的这些义举，也并非出于什么近代的慈善理念，而只是为了"取得四乡农民和居民的信任，招徕生意"② 而已。再者，在杭州各界排斥日货运动开展得轰轰烈烈之际，作为知名商号的高义泰，却屡次被查出藏匿有日货不上交。在商言商，或许不能对高义泰贩卖被禁止的日货作过多的指责。同时也不能否认，缺乏民族同仇敌忾气节的商号，无论如何都与无私的慈善理念相去甚远。

此外，因为近代时局动荡，如欲真正达到经元善所提出的"从一时及于永久"的慈善理念，也极为困难。

晚清杭州巨商胡雪岩，鉴于钱潮汹涌，行人难渡，在 19 世纪 80 年代"独自捐资始创义渡，对搭船渡江者不取分文"。义渡，即钱江义渡，是当时杭州知名的慈善事业。钱江义渡的创设，便利了杭州地区商旅往来，且免费通行，又节约了旅途成本。当时胡雪岩就发誓，"这件事不做则罢，做必一劳永逸，让两岸百姓至少能受益五十到一百年"。③ 随着胡雪岩破产去世，杭州商人俞襄周联合一批绅商，继续胡雪岩的义渡事业，积极筹募善款，增添先进设备"小型机轮一艘，在杭州三廊庙与南岸之间对渡，效果显著，并大大加速了过江时间，又解除了渡江者的不安心情，这一创举博得了广大人民的称颂"。④ 继续免费且升级后的钱江义渡，发

① 周秋光、曾桂林：《近代慈善事业与中国东南社会变迁》，《史学月刊》2002 年第 11 期。

② 董涤尘：《高义泰棉布商店》，政协杭州市委员会文史资料委员会编：《杭州文史资料》（第 14 辑），1990 年版，第 283 页。

③ 霍晨晞、移然：《做人曾国藩做事胡雪岩大全集》，武汉出版社 2011 年版，第 279 页。

④ 俞霭士：《钱江义渡》，杭州市政协文史委编：《杭州文史丛编》（教育医卫社会卷），杭州出版社 2002 年版，第 583 页。

挥了慈善所带来的社会效益，却并未能博得"从一时及于永久"的理想。不久，这种对社会大众的免费午餐即告结束。1910年，浙江咨议局强烈谴责钱江义渡"勒收私费"的行径，认为"义渡，无论渡人渡物，均不应收取规费。不知何时创始，装载牛马猪羊等牲口，每头须收费钱百文至四百文不等。装载灵柩每具须收费钱四百文至一两元不等，及至近来鸡凫雉鸭鸟鹊猫兔，以及蜂桶鱼秧桑秧之类，即在肩挑，无不索费，几与捐局无二。万民侧目，无可泄忿"。① 慈善壮举，具有近代公益事业性质的钱江义渡，至此结束免费，这种恣意收费的行径甚至到了"万民侧目，无可泄愤"之地步。这种状况随着"民国成立后，设立钱江义渡局，并规定收费办法"②，得到了改善。新成立的钱江义渡局成了官督商办企业，这种收费办法往后一直维持，直到抗日战争爆发，义渡无法继续为止。抗战胜利以后，曾有为恢复钱江义渡而筹款之计划，然而因"省府为筹军费，要在全省各公路票价加成收费，便取消了义渡筹款，终使钱江义渡以失败而告终"。③

从以上对钱江义渡历史的简略回顾，不难发现，所谓"从一时及永久"的近代慈善理念，在近代中国是很难实现的。慈善事业，传统性质的也好，近代性质的也罢，在杭州都得以在相互的夹杂中发展前进，而没有哪一种能够独领风骚，独自引领向前。这也从一个侧面印证了近代化在中国不可能一蹴而就，而是一个相对曲折的漫长过程。

① 《浙江咨议局条呈汉良钱江义渡建议案（续）》，《申报》1910年6月16日第26版。

② 政协杭州市委员会文史委编：《杭垣旧事》，《杭州文史资料》（第25辑），2000年版，第188页。

③ 王治平：《"钱江义渡"与"免费公交"》，高小勇主编：《经济学帝国主义》，《经济学消息报》（第5卷），朝华出版社2005年版，第170页。

结语　近代化进程中的杭州商业与商人

清末至民国，杭州一直作为一个消费性城市而存在，其商业也因此而具固有特色。综观 1912 年至 1937 年，总体上看，杭州商业主要由三大门类组成，一是茶叶、丝绸、木材、山货、各类炒货等土特产；二是旅游业以及因旅游业而发展起来的行业，如服务于游客、香客、山客、水客的服务性行业；三是其他一般商业，主要指的是杭州传统小商业，如"五杭"等具有悠久历史的行业。以上这些商业门类构成杭州商业的整体，在杭州经济总量中占有极高的比重。20 世纪 30 代初，在"11910 户工商业中，工业仅 2904 户，占 24%左右；商业有 9006 户，占 75%左右"。[①] 就构成比例来看，杭州商业还是以传统商业和注入新因素后的旧商业为主，纯粹新式商业虽然门类不少，但其资本比例却不占主要地位。如 1931 年，在杭州各类商业中，饮食、服饰、住用三大类在整个商业中占比很大，"这3 大类商业的户数、资本额、营业额、职工人数分别占总数的 67.86%、72.26%、75.13%、72.63%。也就是说，经营吃、穿、住、用的商业比重占 70%左右"。[②]

旅游业是 1927 年以后杭州市政府着重发展的新兴商业门类之一。由于杭州市政府缺乏近代化城市建设的高远思路，也没有能根据杭州城市特色，处理好传统与近代之间的融合，旅游业只是作为挽救传统商业衰落的手段——这在上文已有撰述，因此，旅游业及与之相关的行业，即便在其繁盛期，在整体商业中比重也不高。如 1931 年，杭州市商店共约 12000家，其中旅行类者八业，共 495 家，资本约 124.2 万元，同时期仅衣食类商店约 6000 家，资本额约 580 万元，而杭州全部商店的资本总额此时约

---

① 闵子：《民国时期的杭州民族工商业概况》，政协杭州市委员会文史资料委员会编：《杭州文史资料》（第 9 辑），1988 年版，第 5—7 页。

② 任振泰主编：《杭州市志》（第 3 卷），中华书局 1999 年版，第 8 页。

1654.6 万元。① 就商店家数看，旅游业只占全部家数的约 4%，就资本总额看，杭州旅游业只占全部商业资本总额的 7.5% 左右。1927 年后，虽然杭州市政府为发展旅游业倾注了大量的精力和财力，在这种有利的政策引导和支持下，杭州的旅游业曾经发展得很好，但就这些数据对比而言，旅游业似乎又只是杭州商业暗夜中一丝微弱的光，并不能构成杭州商业的主体。换言之，杭州商业整体的衰落，并未因旅游业的一枝独秀而得到本质改观。因此，考察杭州商业兴衰，主要还是以上述第一和第三类行业为基础。本书第二章已有分析表明，杭州商业整体的兴盛与衰落，与其所代表的丝绸和茶业的兴盛与衰落周期具有高度一致性，亦即，杭州商业在 1912 年至 1927 年处于发展兴盛期，而 1927 年至 1937 年处于衰落期。

一 杭州商业兴衰周期与全国一致性及其共因考察

进一步考察，杭州商业兴衰周期与全国是否存在一致性，其兴衰原因又是什么呢？

据有关研究，在 1912 年至 1927 年期间，全国总创设的工矿企业，其资本在 1 万元以上的，达到 1984 家，资本总额计约 46000 万元。无论是企业创办的数量还是资本总额，都要比 1840 年至 1911 年这 72 年增长 1 倍以上。详细而言，1914 年至 1918 年，全国新设企业 539 家，资本总额约 12000 万元；1919 年至 1922 年，新设企业 673 家，资本总额约 21200 万元；1923 年至 1927 年，虽然因 1927 年国内政治局势不稳导致当年新设企业数量较少，但此期间新设企业数量依然达到 603 家，资本总额计逾 10000 万元。②

不能说 1912 年至 1927 年，全国商业一直保持较好的发展，而是其间也经历了发展顿挫。如在 1918 年，第一次世界大战结束后，欧美各国及日本商业势力卷土重来，加之此时国内纷争未息，商业顿时陷入困境，"于是民九民十（1920—1921 年）两年，铁厂积货如山，上海富有历史之三大油厂，竟同年倒闭"。当然这种不良状况并未持续多久，形势变化加以商人努力，国内商业继续走上发展轨道，"民十四至民十六（1925—

---

① 参见铁道部财务司调查科查编《京粤支线浙江段杭州市县经济调查报告书》，1932 年，第 117—122 页。

② 参见杜恂诚《民族资本主义与旧中国政府（1840—1937）》，上海社会科学院出版社 1991 年版，第 106—108 页。转引自陶水木：《江浙财团研究》，人民出版社 2012 年版，第 23 页。

1927 年）上海新增工业，有五百二十三家"。① 全国商业总体上保持着较
为明显的发展态势。

自 1927 年开始，这种总体的商业发展态势开始逆转，而在 1931 年前
后更加明显。在此期间，国内商业形势极为不佳，"商品销售疲软，商店
营业状况恶化，各类公司、商店纷纷倒闭或改组，商业流通和城乡市场陷
入困境，商人和店铺数量减少，商业资本明显萎缩"。② 尤其从 1931 年前
后开始，全国几乎一致形成了商店倒闭潮，商业资本明显萎缩。

孔祥熙对自清末以来至 1927 年前后国内商业繁荣的原因作了分析。
他认为，清政府颁布的华商实业爵赏章程及 1909 年南洋劝业会的举行，
促进了清末商业的发展，并为民国初期商业发展奠定了基础。民国初年，
南京临时政府的有关商业政策措施，更为之后的商业发展提供了动力。尤
其是欧战打响及五四运动抵制日货的爆发，"对欧美及日本皆为吾国千载
一时之会，国内需求既未尝稍减，则供给国内市场之缺乏与应付出口货之
增加，惟本国之工业是赖"。③ 孔祥熙这种分析是符合历史实际的，这种
极为有利的机会促成了国内商业的繁荣。

1927 年至 1937 年，国内商业陷入持续衰退，是由一系列国际国内原
因所导致的。

1929 年，"由于资本主义世界经济大危机的影响，中国生丝出口急剧
衰减，国内缫丝工业也因此陷入空前困境"。1931 年，"日本帝国主义发
动九一八事变后，东北沦陷，民族面粉工业丧失了近一半的销售市
场"。④ 东北沦陷丧失的不仅是面粉市场，"东北沦陷后，东北和蒙古东部
地区的商业资源和商业流通全部为日本侵略者所控制，民族商业遭到毁灭
性破坏。上海和江苏、浙江地区，继'九一八事变'后不久，又加上
'一二八沪战'冲击，商业资本的衰退和萎缩又比其他地区来得更
快"。⑤ 关于东北丧失和华北事变等事件对杭州商业的巨大破坏性影响，
本书第三章论述杭州丝绸业和茶业兴衰时，已有详细分析。由此可以看
出，国内外不利局势对国内不同地区商业形势所造成的破坏性影响，具有

---

① 孔祥熙：《二十五年来中国之工商》，浙江图书馆古籍部藏书，1930 年，第 11 页。
② 刘克祥、吴太昌主编：《中国近代经济史（1927—1937）》（下册），人民出版社 2010
　　年版，第 1751 页。
③ 孔祥熙：《二十五年来中国之工商》，浙江图书馆古籍部藏书，1930 年，第 8 页。
④ 刘克祥、陈争平：《中国近代经济史简编》，浙江人民出版社 1999 年版，第 524 页。
⑤ 刘克祥、吴太昌主编：《中国近代经济史（1927—1937）》（下册），人民出版社 2010
　　年版，第 1757 页。

高度一致性。

二　杭州商业衰落的三重个因

1927 年至 1937 年杭州商业的衰落，固然有着如上述全国一致的原因，还有上文已有述及的诸如南京国民政府时期捐税繁重，商人竞争意识淡薄等因素。那么，除了以上共性和客观因素外，有没有较为独特的杭州因素影响呢？这就要考察三个方面的问题，一是杭州商业自身的近代化问题，亦即新式商业孕育不充分的问题；二是杭州城市性格问题；三是杭州商业主体——杭州商人的因素。

关于杭州商业自身的近代化问题，亦即杭州新式商业占比问题，在上文已有所论述，即作为整体来说，新式商业占比是很小的。当然，商业近代化问题还包括了旧商业的改造，而这一点，本书相关章节也已有分析，改造也不很成功。所以说，新式商业孕育不充分是导致近代以来杭州商业逐渐衰落的重要原因之一。

实际上，苏州、杭州等长江中下游地区的城市，在近代衰落也都有以上共同的原因。以历史的眼光来看，苏州、杭州是建立在千年小农基础之上的传统商业城市，对农村地区经济的发展依存度很高。不幸的是，农村经济自清末以来不断破产，对以旧商业为主的苏杭商业发展造成严重打击。与杭州类似，到了民国时期，苏州依然还是以传统商业门类为主，新式商业在整个商业中占比很小。民国早期，在苏州有据可查的 721 家商行总共 30 多个行业门类中，其中只是为官员士绅服务的，比如丝纱绸缎、金银珠宝、烟酒玉器等传统行业，就达到 15 个，商行总数达 237 户。[①] 而代表近代化程度最高的工厂数量，1913 年时，上海达到 1784 家，苏州却只有 120 家。[②] 由此可以看出二者差距之大。

苏杭传统商业占比过高，缺乏竞争力，商业中心地位被近代化程度较高的上海所取代，是符合历史发展逻辑的。

杭州城市的性格，长期以来呈现出一种保守与享乐、安逸与消费的意蕴。一言以蔽之，杭州乃属于一座消费型城市。作为消费型城市，其最大的特点即是消费服务类商业发达，却缺少工业生产企业的支持。马克思在《资本论》中指出，"在资本主义社会以前的各个阶段中，商业支配着产

---

① 参见马敏、朱英《传统与近代的二重变奏——晚清苏州商会个案研究》，巴蜀书社 1993 年版，第 11 页。

② 参见孙敬之主编《中国经济地理概论》，商务印书馆 1994 年版，第 74 页。

业，在近代社会，事情是正好反过来了"。① 也即是说，近代社会以来，一个城市的商业若要获得发展，势必有工业企业作为凭借。通观世界历史的发展历程，也证明了这个道理，"凡是不以工业发展为基础的商业繁荣，是不能持久的，而只能成为过眼烟云。从 16 世纪到 18 世纪，意大利、葡萄牙、西班牙、荷兰等国都曾相继充当过欧洲的经济霸主，但又都因为缺乏资本主义工业的基础而相继衰落。英国及以后的德国、美国在资本主义世界的地位上升，就是凭借着自己雄厚的工业基础"。② 依照这个理论视角，反观杭州工商构成状况，即可明白杭州商业近代以来衰落的一个奥妙。据相关统计，1932 年，杭州市"共有工业企业 1849 家，而商业企业却有 10918 家，工商之比为 17：100"。③ 可见工业与商业力量之悬殊以及工业企业发展水平之落后。不但如此，上述 1849 家所谓的工业企业，其中从事生产资料生产的工业企业非常少，绝大部分都是从手工业演化而来的消费性行业，其中就包括了丝织业等。

1936 年杭州市主要工厂资本及劳动力统计表

资本	厂家数	马达匹数	厂家数
500 元以内	2	10 匹以内	53
5000 元以内	55	20 匹以内	18
50000 元以内	27	50 匹以内	13
500000 元以内	3	500 匹以内	4
5000000 元以内	3	500 匹以上	2
合计	90	合计	90

资料来源：根据《杭州市政府十周年纪念特刊》相关资料整理。杭州市档案馆：《民国时期杭州市政府档案史料汇编（1927—1949）》，武林印刷厂 1990 年版。

上表反映了一个最基本的事实，杭州市上规模的工业企业寥若晨星。半数以上的工业企业，其资本额均不足 5000 元。这种不发达的工业企业，完全不能支撑杭州市整体商业的持续发展。如此一来，在中国近代化的大潮之下，曾经"作为手工业和商业中心的杭州，让位于工业化的大都市

---

① 马克思：《资本论·政治经济学批判》（第 3 卷），人民出版社 1966 年版，第 370 页。

② 杜恂诚：《民族资本主义与旧中国政府（1840—1937）》，上海社会科学院出版社 1991 年版，第 16—17 页。

③ 杭州市政协文史委编：《杭州文史丛编》（经济卷下），杭州出版社 2002 年版，第 208 页。

上海"①，是完全符合历史逻辑的。

杭州作为消费型城市的性格，侵袭到商人身上，便使商人烙上一种保守胜于进取的作风，这种作风在杭州知名绅商身上多有体现。比如丁丙，出身于富绅家庭，却"一生痴迷藏书，钟情中华文化，致力于地方志书，不惜家财，乐善好施"。②在这种性格的驱使之下，丁丙成了清末四大藏书家之一，为保留和发扬中国传统文化作出了卓越贡献，却在商业发展上相对逊色。1895年，丁丙与庞元清在拱宸桥创办通益公纱厂，虽一举开了当时杭州创办新式纱厂的先河，并因此使自身成为亦绅亦商的角色，但总的看来，这只是其人生仅有的两次投资之一而已。再比如杭州著名绸庄蒋广昌创始人蒋廷桂，早年锐意进取，成了杭州大富之家。然而之后蒋廷桂醉心买地建楼，而非大肆拓展业务。在其生前，即请风水先生在灵隐附近觅得数亩田地作为墓地，之后又购进墓地不远处的小莲庄，经精心修葺后，改名为蒋庄。蒋廷桂甚至不惜重资，修建"五代坟"。所谓"五代坟"，即是将子孙五代人的坟墓一并修好。蒋廷桂后代更以家族余资"把积善坊已空的工场拆去，约地三亩，决定造西式五开间三层大楼，地下还有一层，建筑费15万元，极为富丽堂皇，当时可算杭州第一"。③杭州商人的这种得富即安，将资金用来买地盖楼，而非扩大再生产的保守思想作风，大大限制了其进一步发展的可能。

此外，杭州商人作为在杭州经营商业者，必然带有杭州地理文化特色。杭州在地理上最大的特点是风景秀丽和西湖风光。在这种环境熏陶下，杭州市民及其商人均染有崇尚奢靡的习惯。杭州作为一座奢靡城市，其来有自。清嘉庆年间浙江仁和人，即今杭州人沈赤然，在其所著的《寒夜丛谈》里记载了杭州上层富人的奢靡景象，"余幼时，见凡宴客者，约则五簋，丰则十品，若仓卒之客不过小九盘而已。其后日渐盛设，用碗必如盆，居山必以鳖，居泽必以鹿兔，所费已倍往昔矣"。并且这种奢靡的风气随着时间的推移呈愈演愈烈之势，"近年（嘉庆年间）以来，吾杭富人，一席之费，几至六七千文，益又务为精别相高，虽罗列数十品，绝

---

① 汪利平：《杭州旅游业和城市空间变迁（1911—1927）》，《史林》2005年第5期。

② 政协上城区委员会编：《漫游中东河》，西泠印社出版社2010年版，第301页。

③ 参看胡慎康《杭州蒋广昌绸庄发迹史》，浙江省政协文史资料委员会编《浙江文史集萃》（经济卷下），浙江人民出版社1998年版，第204页。

无一常味也。甚而有某姓者，尝以五十千治一席"。① 沈赤然后的清人丁立诚在《武林市肆吟》这样描述杭州的奢靡风气，"有清康乾之世南巡者，屡竭民脂膏，以为供御，商贾趋利，万物维备，导民淫侈，风俗丕变。西湖一勺之多，复有'销金窝'之目"。② 民国时，"随着工商业、旅游业的发展，杭州市民的思想观念随之发生变化，奢靡之风愈来愈甚"。③ 作为市民群体之一的商人，大都难以逃脱这样的奢靡风气。在西湖周围，自清末至民国，随处可见富商巨贾所建的别墅。如民国杭州富商陈栩所建的"蝶庄"，蒋光昌创办者蒋廷桂的"小莲庄"，通益公纱厂老板高懿丞所建的"高家花园"，著名茶商汪惕予所建的"汪庄"等等④，不胜枚举。都锦生妻弟在回忆都锦生时说，都锦生在其青年时代，喜欢游山玩水，爱好秀丽的自然风光，时而垂钓湖畔，时而狩猎山林，又时而泛舟湖上。1934 年，在其事业过了顶峰，陷入危机时，"每年总要向银行贷款数次，借以周转。可都锦生本人却讲究个人生活享受，去掉人力包车，改用小汽车"。⑤ 杭州商人这些崇尚奢靡的风气，在某种程度上必然制约其商业的进一步发展。1931 年，由倪幼亭、王竹斋等倡导发起的"杭州商业崇俭会"就明确指出，"方今风俗浮靡，竞尚豪华。一席之资，动辄万钱；一礼之需，竟达百缗。倾囊于盘龙阵里，纠缠于金粉楼头，甚至此唱彼和，卜昼卜夜效豪阔之行为，失商人之本色，不亦惑乎？夫吾侪既厕身商界，冀希招徕营业，联络感情，固不能脱乎酬酢，然贵适乎其中耳。若恣情务浮，盘游无度，则不独丧财伤神，且引后起之效尤，厉害何可胜道"。⑥ 这段话一方面指出了民国时杭州商人奢靡之风的炽烈，另一方面也说明此风导致商人财富损失与风气败坏。可以想见，这种奢靡作风，在一定程度上遏制了商业的发展。

杭州商人的另一个特色，即是政治素质的薄弱，具体表现在作为一个商人阶层，政治参与热情异常淡薄。本书第三章第三节，讨论杭州商会产

① （清）沈赤然：《寒夜丛谈》，转引自叶建华：《浙江通史·清代卷》（上），浙江人民出版社 2005 年版，第 180 页。

② （清）丁立诚：《武林市肆吟·序》，浙江图书馆古籍部藏书，1920 年。

③ 徐和雍：《民国时期杭州》，周峰主编：《杭州历史丛编》，浙江人民出版社 1997 年版，第 6 页。

④ 参见钟毓龙《说杭州》，浙江人民出版社 1983 年版，第 843—848 页。

⑤ 宋永基：《都锦生丝织厂》，政协杭州市委员会文史资料委员会编：《杭州文史资料》（第 14 辑），1990 年版，第 10 页。

⑥ 《杭州商业崇俭会缘起》，《崇俭月刊》1931 年 5 月 15 日第 4 版。

生和发展时，与苏州、天津等城市作了比较，发现三地商会唯独杭州纯粹是在政府督促下设立的，后二者在某种程度上都有商人自身的积极运动和谋划。这显示了杭州商人政治上的相对保守性格。在本书第五章第三节，笔者又讨论了杭州商人及其群体的政治参与。只要略作细微的观察，即可发现这种政治参与的三个显著特点。其一，杭州商人及其团体的政治参与，一般只限于个别商人领袖，如商会会长王竹斋和金润泉等；其二，所谓政治参与，大都只限于临时性和偶发性，并非常规化或计划性的政治参与；其三，通观历次政治参与，或因商业金融而起，或凭借商会等团体所支持的资金力量消弭政治祸乱。也即是说，杭州商人及其团体所谓的政治参与，是临时偶发、个别领袖、商业因素而非常规化、普遍化和政治化。杭州商人这种在政治上相对软弱的表现，与 1923 年上海总商会敢于染指政府警察厅厅长人选事件，形成了鲜明对照。

实际上，在商言商或许是大多数杭州商人由来已久、相沿成俗的心理定式。冯筱才将江浙商人"把维持稳定的商业制度，保护商业经营秩序，充当官商交通的媒介等商会从事的事业，称之为商会的'常态'；将商会短暂的政治参与，以及为避免战事而发起的和平运动，以及对战争的应付举措等均划入'变态'范围"。[①] 也即是说，杭州商人一般只管自己的营业，而不管所谓的政治。

无论是商人对政治无奈的消极，还是有意的冷漠，都对商业的长远发展造成不利的影响。关于这一点，民国初期即有人敏锐地认识到，"吾国商人鲜留心政治，业以求发财，以为国政与商无涉。不知国政之良窳与发达有极大关系，国不治不能发大财，即发财亦不能持久。商人不留心政治，实大误也。国不治，则苛捐重税，发财至难，即发财亦不能永保"。[②] 1912 年至 1937 年，尤其是 1927 年至 1937 年的历史，充分证明了上述这段话的真实性和准确性。

三　亦新亦旧的杭州商业与商人

历史究竟是进步的还是退步的？对历史客观性持怀疑态度的保罗·德曼认为，历史没有所谓进步与倒退之分，历史其实应视为一个事件（e-

---

① 冯筱才：《在商言商：政治变局中的江浙商人》，上海社会科学院出版社 2004 年版，第 297—298 页。

② 《美国最新之地方自治机关》，《申报》1916 年 7 月 19 日第 3 版。

vent），或一次出现（occurrence）。① 这实际上是后现代主义在史学领域的映射。后现代主义虽然对深化历史认识和历史研究具有重要意义和作用，但否定历史的进步意义显然是不足取的。② 进步历史观认为人类历史是不断进步的，尽管这种历史观分享了基督教历史神学的要素，但其赖以产生的直接动力却来自现代自然科学世界观，即现代的商业化文明和新自然科学。③

很显然，本书论证近代杭州商业与商人的主要线索在于其近代化特质。因此，论证近代杭州商业与商人的新与旧——即进步与落后，是在认同人类历史总是在不断进步这一理论预设下进行的。

杭州极具优势的旧商业近代化极为艰难，进而成为杭州商业整体近代化转型的负重。在旧商业部门内部，不同商业面临近代化的挑战却表现出不同的适应性。最典型的丝绸业与茶业，面对国外商品冲击时显得缺乏竞争力，在国内外一系列因素的作用下逐渐衰落。但如钱业、锡箔业，行业内部在近代化面前缺乏改变的动力，且在新时代短暂而言反而较新式商业模式体现出独特优势。④ 旧商业的这种不思进取，可能是两方面原因造成的。一是杭州旧商业因为在传统社会极具竞争力，在这种优势下，商人的

---

① ［法］皮埃尔·诺拉主编，黄艳红等译：《记忆之场——法国国民意识的文化社会史》，南京大学出版社 2017 年版。孙江：《中文版序》。

② Joyce Appleby 认为后现代使人们怀疑进步、开明、理性的必然性，后现代主义者怀疑现在优于过去，也不认为普遍流行的世界观有用。参考《历史的真相》，薛绚译，台湾正中书局 1995 年版。

③ 刘小枫：《洛维特对历史进步观念的批判》，《安徽大学学报（哲学社会科学版）》2015 年第 6 期。

④ 1929 年 1 月 1 日，《商学期刊》创刊号刊登了一篇由杨君雅撰写的《钱庄在金融界之势力》一文，阐述了钱庄较之新式金融机构银行的制度性优越，文章认为，传统钱庄比新式银行优越主要体现在诸如钱庄股东的无限责任、汇划组织的完善、钱庄重视庄票（本票）、钱庄同业间更具有团结精神、钱庄办事手续的变通等。以上种种制度优越性导致钱庄比银行更具客户吸引力而更具竞争力。但时人对此也有不同看法，认为钱庄的这些优点其实也是它的缺点，所谓"利之所在，弊亦随之，办事不拘时间与方式原为农业时代商业的特点，但自世界进化以来，人事日渐纷繁，一切实业必须有纪律及科学管理方法，始能肆应裕如，故以前钱业之利，亦即今日钱业之不利也。钱庄股东负无限责任，此其装票通行无阻的最大原因，但最近自倒闭钱庄之股东不负赔偿债权人以来，其信用亦已成强弩之末矣"。——参见李权时：《钱庄的前途》，《浙江商务》1936 年第 1 卷第 1 期。这实际上一方面体现了钱庄较银行之优势是现实的，但这种现实建立在经济形势较好的基础之上，一旦经济形势下滑，钱庄发生经营困难，则无限责任的风险巨大，所谓优势也不可避免地变成了劣势。

技术改良与忧患意识严重缺乏。1926 年，上海《商人杂志》刊出题为《商人俱乐部：新商人之造就》一文，文中认为，新商人须具备"默察现在商业上的趋势，何者宜兴，何者宜革。最近国际贸易上的情形如何？某种新商业的概况，国家社会最近对于商事上有无事故发生。某业兴衰之原因，本业最近之状况"。① 因此可以断言，旧商人即便过渡到所谓新商人，其一贯的对于改进商业的漠视似乎遽难改变。历史上虽有商人改良工艺之举动，但并没有显示出持久的动力与效果。二是进入 1927 年后，杭州与浙江两级地方政府对杭州近代化缺乏广阔胸襟与高远视野，缺乏对杭州商业合乎近代化范式的长远规划。这又导致另一种不良结果，即杭州市政府没能利用好杭州得天独厚的风景优势，作为新商业的旅游业在杭州商业的近代化中没有发挥应有的作用。杭州市政府的这些局限，抑制了杭州新式商业的发展。在以上诸多因素作用下，近代杭州新商业表现出自然演进特色。即一方面因为新工业产生推动了部分旧商业附着了新商业因素，另一方面是因为西方势力入侵促动社会变化，进而造就了部分新式商业产生，但新商业总体势力极为薄弱。从深层次上说，杭州商业整体近代化的趑趄，是杭州城市不能充分近代化的重要表征。

相比政治上的薄弱表现，杭州商人在诸如抗税斗争、城市公用事业、城市管理、社会慈善等方面表现却是出色的。无论是自来水创设、电话抑或是电力的建设，还是在城市消防、维护治安及商业安全上，甚或是自觉自发的慈善或积极响应政府号召的救济活动，都可见到商人积极活动的身影。抗税斗争大多取得了最后胜利，有效地维护了商人的利益，并促进了商人与政府之间的互动。其他事项或是未竟其功，如自来水事业等；或是新旧夹杂，如慈善事业等。这些事业，同商人所进行的商业活动一起，在一定程度上促进了杭州城市的近代化，但因其局限性，又降低了近代化实现的深度和广度。

考诸史实，如同近代中国处于转型时期一样，近代中国商人也在整体上处于新旧转换时期，杭州商人自然也无法超越。马敏认为近代中国商人团体具有传统与近代的二重性，因为在近代中国，历史演变呈现出来的，是一种极为错综复杂的格局，这种格局又深刻地影响到社会组织形式的构造。"当资本主义自西往东，商品经济空前扩张之时，中国社会内部与古老封建经济相依为命的行帮组织非但没有消亡，反而正处于烂熟期。这一客观历史情形，便决定了新型工商团体——商会，既不可能经过长期历史

---

① 《商人俱乐部：新商人之造就》，《商业杂志（上海 1926）》1929 年第 4 卷第 3 期。

酝酿，像西欧国家那样从本土自然而然地生长出来；也不可能从西方原封不动地移植过来，而只能在欧风美雨的催生下从行帮组织母体中脱胎出来。这就注定了新式商会必然与传统行帮保持着千丝万缕的血缘联系。"① 也即是说，在近代中国，新式商人与旧式商人一起并存，共同发展。这种现象在杭州也表现得极为充分，这正如杭州商业的新旧转换，既有纯粹却弱小的新式商业，也有注入新因素后的旧商业，同时也有几乎不变的旧商业。它们的彼此共存，一同发展，昭示了杭州商业或商人的近代化，都不能在近代历史发展的道路上蹿等。在近代中国历史发展的道路上，杭州商人始终没能彻底走出传统的圈子，这从其所经营事业的特质及其本身所处的政治、经济和文化环境上可见一斑。唐力行通过分析中国近世商人的亲缘和地缘网络，得出了一个结论，即"亲缘和地缘关系的社会网络，在中国资本主义经济启动和初步发展时发挥了重要的作用。但是亲缘和地缘又是与资本的人格格格不入的。这就使中国的资产阶级陷入了一个挣不脱的怪圈。一方面亲缘和地缘网络帮助了资本主义在中国的启动，另一方面亲缘和地缘又制约着资本主义在中国的发展"②。作为近代中国历史进程中的杭州，无论是商业或商人，还是在它们影响下的杭州城市社会，似乎都不能逃脱这样的论断。

进而论之，商人的亦新亦旧与商业的亦新亦旧，其实是互为因果。一方面，近代杭州商人处于新旧转换之际，由于各方面原因，旧向新的转换并不充分——实际上这是合理的，因此商业新旧转换也并不充分；反之，旧商业向新商业转换不充分的前提下，近代杭州旧商人也将因此而不能充分转换到新商人。换言之，无论是近代杭州商人，抑或是商业，在同一时空语境下，新者有之，旧者有之。新中有旧——新从旧中孕育发展，旧中有新——旧向新的方向缓慢发展，这充分说明历史发展的螺旋式与连续性，这既是近代杭州城市发展之特色，也是整个近代中国发展之特色。

---

① 马敏：《过渡形态：中国早期资产阶级构成之谜》，中国社会科学出版社 1994 年版，第 178 页。

② 唐力行：《商人与中国近世社会》，商务印书馆 2006 年版，第 322 页。

参考文献

一 未刊档案

《杭州市商会、同业公会》（旧 L10），杭州市档案馆藏。

《杭州自来水厂》（旧 L025），杭州市档案馆藏。

《有关浙赣铁路资料》（L029），浙江省档案馆藏。

《浙江经济统计》（L071），浙江省档案馆藏。

《浙江省兴筑公路路线网》（L086），浙江省档案馆藏。

二 资料汇编

柴德赓、荣孟源等编：《中国近代史资料丛刊·辛亥革命》，上海人民出版社 1957 年版。

陈重民：《万有文库第一集：一千种中国进口贸易》，商务印书馆，1930 年。

杭州工团联合会编：《英日货调查表》，1925 年。

杭州市档案馆编：《杭州市丝绸业史料》，江苏古籍出版社 1995 年版。

杭州市档案馆编：《民国时期杭州市政府档案史料汇编》，武林印刷厂 2000 年版。

杭州市商会编：《杭州市商会会员统计一览表》。

杭州市政府财政科编：《杭州市政府财政业务报告书》（1927—1931），1933 年。

彭泽益：《中国工商行会史料集》，中华书局 1995 年版。

彭泽益：《中国近代手工业史料》，中华书局 1957 年版。

全浙公会编：《全浙公会会务报告》，1936 年。

孙毓棠：《中国近代工业史资料》，科学出版社 1957 年版。

孙忠焕主编：《杭州运河文献集成》（第 1 册），杭州出版社 2009 年版。

铁道部财务司调查科查编：《京粤支线浙江段杭州市县经济调查报告书》，1932 年。

西湖博览会编：《西湖博览会总报告书》，1931 年。

西湖山农编：《杭州市商业行名录》，1935 年。

严中平：《中国近代经济史统计资料选辑》，科学出版社 1955 年版。

姚贤镐：《中国近代对外贸易史资料》，中华书局 1962 年版。

张研、孙燕京主编：《民国史料丛刊》（408，经济财政），大象出版社 2009 年版。

浙江全省商会联合会秘书处编：《浙江全省商会联合会第一届后半期会务报告》，1936 年。

浙江社会科学院历史研究所：《辛亥革命浙江史料选辑》，浙江人民出版社 1981 年版。

浙江省档案馆编：《浙江民国史料辑要》，2002 年。

中国第二历史档案馆编：《中国国民党第一、二次全国代表大会会议史料》，江苏古籍出版社 1986 年版。

中国第二历史档案馆编：《中华民国档案资料汇编》，2000 年。

中国第二历史档案馆编：《中华民国史档案资料汇编》（第 5 辑第 3 编），江苏古籍出版社 1994 年版。

三　报纸期刊

《财政公报》

《潮梅商会联合会半月刊》

《崇俭月刊》

《大公报》

《工商半月刊》

《工商新闻百期汇刊》

《工商月刊》

《国民政府公报》

《国外情报选编》

《国闻周报》

《杭州商业杂志》

《杭州市国货运动周特刊》

《衡报》

《交行通信》

《金融周报》

《经济汇报》

《经济建设半月刊》

《经济学季刊》

《经济旬刊》

《旅行杂志》

《绿萍》

《民国日报》

《民国浙江省政府公报》

《民智月报》

《农事月刊》

《钱业月报》

《三六九画报》

《商人运动特刊》

《商学期刊》

《商业月报》

《商业杂志》

《商专季刊》

《社光月报》

《社光月刊》

《社会科学杂志》

《申报》

《食货》

《市政季刊》

《市政评论》

《市政月刊》

《铁路协会会报》

《西湖博览会日刊》

《协和报》

《行政院公报》

《兄弟国货月报》

《浙江财政月刊》

《浙江工商》

《浙江公报》

《浙江建设》

《浙江经济》

《浙江军政府公报》

《浙江日报》

《浙江商务》

《浙江省政府公报》

《中外经济周刊》

《中行月刊》

《中央日报》

四　其他史料

（清）陈璚修：《杭州府志风俗物产单行本》，1924 年。

陈重民：《今世中国贸易通志》，商务印书馆 1924 年版。

程长松主编：《杭州丝绸志》，浙江科学技术出版社 1999 年版。

（清）丁丙：《武林坊巷志》，浙江人民出版社 1990 年版。

丁贤勇、陈浩译编：《浙江社会经济调查（1921 年）》，北京图书馆出版社 2008 年版。

干人俊：《民国杭州市新志稿》，杭州出版社 1983 年版。

工商部工商访问局编：《商会法、工商同业公会法诠释》，1930 年。

（清）龚嘉隽主修：《光绪杭州府志》，1925 年。

龚骏：《中国都市工业化程度之统计分析》，商务印书馆 1933 年版。

韩疆士、徐世大、何之泰拟定：《改造杭州市街道计划书意见书》，杭州市工程局，1927 年。

《杭州市各界急赈水灾筹募委员会征信录》，杭州，1931 年。

杭州城站抱经堂书局：《商民协会章程》，1927 年。

杭州市地方志编纂办公室编：《杭州地方志资料》，1987 年。

杭州市各界反日救国联合会编：《杭州市各界反日救国联合会工作实录》，1932 年。

杭州市工程局订：《改造杭州市街道计划意见书》，1927 年。

杭州市市政志编纂办公室编：《杭州市市政志》，1994 年。

杭州市政府工务局：《杭州市水道沟渠调查表》，1928 年。

杭州市政府秘书处编：《杭州市政府现行法规汇编》，1936 年。

杭州市政府秘书处编辑室编：《杭州市政府十周年纪念特刊》，1937 年。

杭州市政府社会科编：《杭州市二十年份社会经济统计概要》，1932 年。

杭州市政府社会科编：《杭州市二十一年份社会经济统计概要》，1933 年。

杭州市政府社会科编：《杭州市十八年份社会经济统计概要》，1930 年。

杭州市政府社会科编：《杭州市十九年份社会经济统计概要》，1931 年。

杭州市政府社会科编：《杭州市十七年份社会经济统计概要》，1929 年。

杭州市政协文史委编：《杭州文史丛编》，杭州出版社 2002 年版。

杭州市自来水筹备委员会编：《杭州自来水创始纪念刊》，1931 年。

杭州自来水厂编：《杭州市自来水厂供水章程》，1934 年。

黄紫轩等编：《几种工商业》，浙江省立民众教育馆推广部，民众生计小丛书第二种，1931 年。

记工编著：《历史年鉴 1917》，吉林文史出版社 2006 年版。

建设委员会调查浙江经济所编：《中国经济志》，1935 年。

建设委员会调查浙江经济所编：《杭州市经济调查》，1932 年。

姜卿云编：《浙江新志》，正中书局 1936 年版。

蒋天荣、王平：《杭州市公共交通志》，杭州市公共交通总公司，2002 年。

《旧杭属第一年典业公所第一年纪事录》，1916 年。

孟问松主编：《杭州市工商行政管理志》，天津人民出版社 1996 年版。

民建杭州市委员会、杭州市工商业联合会编：《杭州工商史料》，浙江人民出版社 1988 年版。

任振泰主编：《杭州市志》，中华书局1997年版。

商务印书馆编译所编：《大清光绪新法令》，商务印书馆，1909年。

沈一隆：《实业统计》，实业部统计处，1943年。

实业部国内贸易局编：《中国实业志·浙江省》，1933年。

唐锡畴、李乃文：《杭州市民手册》，中国文化服务社，1947年。

汪力忠主编：《杭州商业志》，浙江大学出版社1996年版。

王清彬等编辑：《中国劳动年鉴第一次，1928》，北平社会调查部，1928年。

王铁崖：《中外旧约章汇编》，三联书店1957年版。

《我国之手工业及现代化问题》，庐山暑期训练团军训组印，1937年。

（清）雅尔哈善等修：（乾隆）《苏州府志》。

杨大金：《现代中国实业志》，台北华世出版社1978年版。

张光剑编：《杭州市指南》，杭州市指南编辑社1935年。

赵君豪：《杭州导游》，1937年。

浙江财务人员养成所编：《杭州市经济之一瞥》，1932年。

浙江省金融志编纂委员会编：《浙江省金融志》，浙江人民出版社2000年版。

浙江省社科研究所：《浙江人物简志》，浙江人民出版社1984年版。

浙江省外事志编纂委员会编：《浙江省外事志》，中华书局1996年版。

浙江省萧山市委员会文史工作委员会编：《汤寿潜史料专辑》，1993年版。

浙江省银行经济研究室编：《浙江经济年鉴》，1948年。

浙江省政协文史资料委员会编：《浙江文史集萃》，浙江人民出版社1998年版。

（清）郑沄修：《乾隆杭州府志·建置》。

政协杭州市委员会文史资料委员会编：《杭州文史资料》，浙江人民出版社1989年版。

中国人民政治协商会议全国委员会文史资料研究委员会：《辛亥革命回忆录·第一集》，中国文史出版社2012年版。

中国人民政治协商会议浙江省委员会文史资料研究委员会编：《浙江文史资料选辑》，浙江人民出版社1985年版。

中华人民共和国杭州海关编：《杭州海关志》，浙江人民出版社2003年版。

中华人民共和国杭州海关译编：《近代浙江通商口岸经济社会概况——浙海关、瓯海关、杭海关贸易报告集成》，浙江人民出版社 2002 年版。

（宋）周淙纂修：《乾道临安志·州境》，仁和孙氏寿松堂，1894 年。

五　著作

曹聚仁：《万里行记》，三联书店 2000 年版。

曹天生：《中国商人》，哈佛大学出版社 2001 年版。

［美］陈锦江：《清末现代企业与官商关系》，王迪、张箭译，中国社会科学出版社 2010 年版。

陈蝶仙：《拱宸桥竹枝词》，浙江省图书馆古籍部藏书，1900 年。

陈国强主编：《浙江金融史》，中国金融出版社 1993 年版。

程长松：《杭州丝绸史话》，杭州出版社 2002 年版。

迟华：《杭州往事》，新华出版社 2002 年版。

戴鞍钢：《港口·城市·腹地——上海与长江流域经济关系的历史考察（1843—1913）》，复旦大学出版社 1998 年版。

（清）丁立诚：《武林市肆吟》，浙江图书馆古籍部藏书，1920 年。

丁贤勇：《新式交通与社会变迁——以民国浙江为中心》，中国社会科学出版社 2007 年版。

［美］杜赞奇（Prasenjit Duara）：《文化、权力与国家——1900—1942 年的华北农村》，江苏人民出版社 1996 年版。

杜恂诚：《民族资本主义与旧中国政府（1840—1937）》，上海社会科学院出版社 1991 年版。

（清）范述祖：《杭俗遗风》，六艺书局，1928 年。

冯筱才：《在商言商：政治变局中的江浙商人》，上海社会科学院出版社 2004 年版。

高小勇主编：《经济学帝国主义》，《经济学消息报》精选文集，朝华出版社 2005 年版。

工商部工商访问局编：《商会法、工商同业公会法诠释》，1930 年。

恭敏：《浙江近代金融业和金融家》，浙江人民出版社 1992 年版。

［法］古斯塔夫·勒庞：《乌合之众——大众心理研究》，凤凰出版社 2011 年版。

郭孝成编：《中国革命纪事本末》，商务印书馆 2011 年版。

郭绪印：《旧上海黑社会秘史》，河南人民出版社 1991 年版。

韩国钧：《国货外销类编》，巴拿马赛会出品协会事务所印行，1914 年。

杭州课题组：《杭州》，当代中国出版社 2008 年版。

杭州商业学院学报编辑室：《浙江商业史研究文选》1982 年版。

杭州师范学院学报编辑部：《杭州文化研究专辑》，余杭县人民印刷厂印刷 1987 年版。

杭州市上城区茶文化研究会编：《茶文化图考》，西泠印社出版社 2012 年版。

杭州市自来水筹备委员会编：《杭州市自来水筹备情形》，浙江省图书馆古籍部藏书，1930 年。

何一民：《近代中国城市发展与社会变迁（1840—1949）》，科学出版社 2004 年版。

侯建新主编：《经济—社会史：历史研究的新方向》，商务印书馆 2002 年版。

黄逸峰、姜铎等主编：《旧中国民族资产阶级》，江苏古籍出版社 1990 年版。

黄宗智：《长江三角洲小农家庭与乡村发展》，中华书局 2000 年版。

霍晨晞、移然：《做人曾国藩做事胡雪岩大全集》，武汉出版社 2011 年版。

孔祥熙：《二十五年来中国之工商》，浙江图书馆古籍部藏书，1930。

来新夏：《北洋军阀史》，南开大学出版社 2000 年版。

李浦：《商人通例》，朝阳大学，1923 年。

李新主编：《中华民国大事记》（第二册），中国文史出版社 1997 年版。

林正秋：《杭州历史文化研究》，杭州出版社 1999 年版。

林正秋、陶水木、徐海松：《浙江地方史》，浙江人民出版社 2004 年版。

刘佛丁等：《工商制度志》，上海人民出版社 1998 年版。

刘克祥、陈争平：《中国近代经济史简编》，浙江人民出版社 1999 年版。

刘克祥、吴太昌主编：《中国近代经济史（1927—1937）》，人民出版社 2010 年版。

刘志宽等编：《十大古商业史略》，中国财政经济出版社 1990 年版。

（唐）陆羽：《茶经》（卷下），商务印书馆 1922 年版。

吕春生：《杭州老字号》，杭州出版社 1998 年版。

马敏：《官商之间——社会剧变中的近代绅商》，天津人民出版社 1995 年版。

马敏：《过渡形态：中国早期资产阶级构成之谜》，中国社会科学出版社 1994 年版。

马敏：《商人精神的嬗变：辛亥革命前后中国商人观念研究》，华中师范大学出版社 2011 年版。

马敏、朱英：《辛亥革命时期苏州商会研究》，华中师范大学出版社 2011 年版。

耐得翁：《都城纪胜》，上海古籍出版社 1987 年版。

倪锡英：《杭州》，中华书局有限公司，1936 年。

彭南生：《传承与变动：近代转型时期的城乡经济与社会》，湖北人民出版社 2008 年版。

倩以：《杭州全集》，中国文化出版社，1948 年。

仁和学堂：《杭州乡土地理》，1909 年。

阮毅成：《三句不离本杭》，杭州出版社 2001 年版。

三民公司编：《劳资冲突问题》，三民公司，1927 年。

盛久远主编：《情归西湖：西湖文化名人墓探寻》，浙江古籍出版社 2007 年版。

石克士：《新杭州导游》，1934 年。

史晋川、罗卫东：《浙江现代化道路研究（1878—1998）》，浙江人民出版社 2000 年版。

孙良珠：《左宗棠全传》，华中科技大学出版社 2012 年版。

唐立行：《商人与中国近世社会》，商务印书馆 2003 年版。

陶汇曾编：《商人通例释义》，商务印书馆 1925 年版。

陶水木：《江浙财团研究》，人民出版社 2012 年版。

陶水木：《浙江商帮与上海经济近代化研究》，三联书店 2000 年版。

［日］腾部国臣：《中国商业地理》，上海广智书局，1907 年。

（明）汪汝谦：《西湖韵事》，江苏广陵古籍刻印社 1985 年版。

汪敬虞：《中国近代经济史（1895—1927）》，人民出版社 2000 年版。

（清）王廷樑：《王省山观察丁未年警察日记》，1908 年。

王邦铎主编：《浙江旅游大观》，测绘出版社 1989 年版。

王国平主编：《历代西湖文选》，杭州出版社 2004 年版。

王仁葵：《本国商业地理》，世界书局，1931 年。

王桐龄：《江浙旅行记》，北平文化学社，1927 年。

王孝通：《中国商业史》，商务印书馆，1936 年。

王勇等：《游走茶乡——浙江》，中国对外翻译出版公司 2006 年版。

［美］威廉·T. 罗（William T. Rowe）：《汉口：一个中国城市的商业与社会，1796—1899》，中国人民大学出版社 2005 年版。

魏文享：《中间组织：近代工商同业公会研究》，华中师范大学出版社 2007 年版。

吴承明：《中国资本主义与国内市场》，中国社会科学出版社 1985 年版。

［美］萧邦齐（R. keith Schoppa）：*Chinese Elites and Political Change：Zhejiang Province in the Early 20TH Century*，Harvard University Press，1982.

徐凤臣：《消防经济学》，辽宁人民出版社 1995 年版。

徐和雍、郑云山、赵世培：《浙江近代史》，浙江人民出版社 1982 年版。

徐望法主编：《浙江公路史》，人民交通出版社 1988 年版。

徐新吾：《近代江南丝织工业史》，上海人民出版社 1991 年版。

徐新吾：《中国近代缫丝工业史》，上海人民出版社 1990 年版。

许涤新、吴承明：《中国资本主义的萌芽》，人民出版社 1985 年版。

严昌洪：《在商业革命的大潮中——中国近代商事习惯的变迁》，华中理工大学出版社 1997 年版。

杨达寿等：《浙大的校长们》，中国经济出版社 2007 年版。

虞和平：《商会与中国早期现代化》，人民出版社 1993 年版。

袁成毅：《民国浙江政局研究》，中国社会科学出版社 2007 年版。

曾同春：《中国丝业》，商务印书馆 1933 年版。

张彬主编：《浙江教育史》，浙江教育出版社 2006 年版。

张国刚主编：《中国社会历史评论》，商务印书馆 2007 年版。

赵福莲：《1929 年的西湖博览会》，杭州出版社 2000 年版。

赵庆平：《杭州消防史》，新华出版社 2000 年版。

浙江省商务管理局：《浙江之茶》，1936 年。

浙江省商业厅商业史编辑室编：《浙江当代商业史》，浙江科学技术出版社 1990 年版。

郑成林：《从双向桥梁到多边网络：上海银行公会与银行业（1918—1936）》，华中师范大学出版社 2007 年版。

郑传寅、张健：《中国民俗辞典》，湖北辞书出版社 1987 年版。

郑午昌：《商业地理》，中华书局，1933 年。

郑行巽编：《中国商业史》，世界书局，1932 年。

中共杭州市余杭区委宣传部编：《运河古今》，西泠印社出版社 2007 年版。

中国国民党浙江省党部临时执行委员会商人部编辑：《革命商人》，1928 年。

钟毓龙：《说杭州》，老瓦盆斋 1955 年版。

周峰主编：《杭州历史丛编》，浙江人民出版社 1997 年版。

周镇伦著：《整理杭州市自来水工程计划》，浙江省水利局，1932 年。

朱新予：《浙江丝绸史》，浙江人民出版社 1985 年版。

朱英：《近代中国商人与社会》，湖北教育出版社 2002 年版。

朱英：《商民运动研究（1924—1930）》，北京大学出版社 2011 年版。

朱英：《商业革命中的文化变迁》，华中理工大学出版社 2011 年版。

朱英：《辛亥革命时期新式商人社团研究》，华中师范大学出版社 2011 年版。

朱英：《转型时期的社会与国家——以近代中国商会为主体的历史透视》，华中范大学出版社 1997 年版。

朱英、郑成林：《商会与近代中国》，华中师范大学出版社 2007 年版。

朱英主编：《中国近代同业公会与当代行业协会》，中国人民大学出版社 2004 年版。

六　论文

陈柳裕：《民国时期的浙江律师业——以杭县律师公会为中心的分析》，《浙江工商大学学报》2008 年第 6 期。

陈蕴茜、叶青：《论民国时期城市婚姻的变迁》，《近代史研究》1998 年第 6 期。

樊树志：《明清长江三角洲的市镇网络》，《复旦学报》1987 年第

2 期。

冯筱才：《近世中国商会的常态与变态：以 1920 年代的杭州市总商会为例》，《浙江社会科学》2003 年第 5 期。

何一民：《中国传统工商业城市在近代的衰落——以苏州、杭州、扬州为例》，《西南民族大学学报》2007 年第 4 期。

黄逸平：《辛亥革命后的经济政策与中国近代化》，《学术月刊》1992 年第 6 期。

兰天祥：《近代商人从事慈善活动的原因分析》，《贵州社会科学》2008 年第 4 期。

林正秋：《略论南宋杭州繁荣发达的商业》，《商业经济与管理》1981 年第 3 期。

刘佛丁：《中国近代工商制度的转变——中西工商制度比较论纲》，《南开经济研究》1995 年第 6 期。

刘海岩：《20 世纪前期天津水供给与城市生活的变迁》，《近代史研究》2008 年第 1 期。

刘芝涛：《杭州消防史话》，《浙江消防》2001 年第 9 期。

彭南生：《行小善：近代商人与城市街区慈善公益事业——以上海马路商界联合会为讨论中心》，《史学月刊》2012 年第 7 期。

孙毅：《国民党统治时期经济政策的转变》，《北方论丛》2000 年第 2 期。

谭备战：《张静江与近代浙江陆上交通建设》，《中国社会经济史研究》2011 年第 2 期。

陶水木：《略论民国时期杭州商会的商事公断》，《商业经济与管理》2003 年第 11 期。

陶水木：《三十年代前期浙江钱业风潮原因论析》，《民国档案》2009 年第 3 期。

陶水木：《浙江籍买办的崛起及其影响》，《历史教学》1998 年第 7 期。

陶水木：《浙江商帮与中国近代商业的产生》，《商业经济与管理》1998 年第 3 期。

陶水木：《浙江商人与上海经济近代化》，《浙江社会科学》2001 年第 4 期。

陶水木、林素萍：《民国时期杭州丝绸业同业公会的近代化》，《民国档案》2007 年第 2 期。

汪利平：《杭州旅游业和城市空间变迁（1911—1927）》，《史林》2005 年第 5 期。

王家范：《明清江南市镇结构及历史价值初探》，《华东师范大学学报》1984 年第 1 期。

闫广芬、田正平：《近代商人与教育变革》，《文史哲》2004 年第 1 期。

郑成林：《抗战前夕中国商会的政治参与》，《河南大学学报》2012 年第 1 期。

周秋光、曾桂林：《近代慈善事业与中国东南社会变迁》，《史学月刊》2002 年第 11 期。

朱荫贵：《论抗战时期的杭州钱庄业》，《安徽史学》2010 年第 1 期。

朱英：《甲午战后清政府经济政策的变化与商人社会地位的提高》，《贵州社会科学》1998 年第 5 期。

朱英：《近代工商界的"辛亥"记忆与政治经济诉求》，《学术月刊》2011 年第 8 期。

朱英：《近代中国商人与社会变革》，《天津社会科学》2001 年第 5 期。

朱英：《近代中国商业发展与消费习俗变迁》，《江苏社会科学》2000 年第 1 期。

朱英：《经元善与晚清公益事业的发展》，《华中师范大学学报》2001 年第 1 期。

朱英：《论南京临时政府的经济政策》，《华中师范大学学报》1999 年第 1 期。

朱英：《中国传统行会在近代的发展演变》，《江苏社会科学》2004 年第 2 期。

朱英、许峰：《商业与政治：民国时期的辛亥纪念——以"申报"双十节商业广告为例》，《社会科学战线》2011 年第 4 期。

后　记

从 2011 年确立选题，到广泛搜集民国时期杭州商业与商人的档案史料，反复构思与辩难，到 2013 年完成博士论文撰写，并于 2018 年申报国家社科基金后期资助获批立项，迄今已近十年之久。回顾过往，十年以来，深信学术造诣之提高在于努力追求之精神，坚持不辍之耕耘。

师从朱英教授攻读博士学位期间，业师之治学风格与辛勤努力，对我有强烈的启发与感染；华中师范大学近代史研究所有很好的学术传统，定期举行学术沙龙，所有研究生进行论文之相互切磋，使我受益颇多。武汉以酷暑之炽烈与寒冬之凛冽为其显著特色，而我的三年博士生涯还是倏忽而过，或许是觉得自己学识浅薄，专注于学习之故吧。感谢华师大近史所，三年短暂而美好的时光，开启了我的学术之路。

博士毕业后，到浙江科技学院，学术之路，在不断探索与思考中继续前行。2015 年，浙江省社科规划课题立项；2018 年，国家社科基金后期资助获批。两项课题的开展，使我有机会对博士论文进行数度大幅修改，撰写并发表了几篇与之相关的学术论文，提高了我对历史研究本相的感悟，加深了我对历史研究方法的认知，进而提升了学术能力。感谢项目匿名评审专家切中肯綮的修改意见，使我在受教的同时，进一步完善了我的博士论文。

这部基于博士论文修改而成的著作，虽然由于诸多原因离我最初计划出版的时间，延迟了两年有余。在不平静的 2020 年，书稿终将付梓，作为学术研究的阶段性总结，也算是圆了我的一个心愿。

在此，感谢在我搜集史料期间给予方便的杭州市档案馆、浙江省档案馆、浙江省图书馆孤山路古籍部所有的工作人员，以及无私馈赠史料的师长、同门。

特别感谢我的夫人勤奋，在帮助我校对书稿的同时，给予我诸多修改意见。

潘　标

2020 年 10 月 10 日于杭州